GW
27.10.7
29.-

Schriftenreihe
der Juristischen Schulung

Geschäftsführender Herausgeber
Rechtsanwalt Prof. Dr. Hermann Weber

Heft 3

Verwaltungsprozessuale Probleme in der öffentlich-rechtlichen Arbeit

von

Dr. Klaus Stern

o. Professor an der Universität zu Köln

6., vollständig neubearbeitete und erweiterte Auflage

C. H. BECK'SCHE VERLAGSBUCHHANDLUNG
MÜNCHEN 1987

CIP-Kurztitelaufnahme der Deutschen Bibliothek

Stern, Klaus:
Verwaltungsprozessuale Probleme in der öffentlichrechtlichen Arbeit / von Klaus Stern. – 6., vollst. neubearb. u. erw. Aufl. – München: Beck, 1987.
(Schriftenreihe der Juristischen Schulung; H. 3)
ISBN 3 406 32115 1

ISBN 3 406 32115 1

Druck der C. H. Beck'schen Buchdruckerei Nördlingen

Vorwort zur 6. Auflage

Die vorliegende sechste Auflage hat länger auf sich warten lassen, als mir selbst lieb war. Das Zögern beruhte vor allem darauf, weil ich hoffte, die Verwaltungsprozeßordnung, deren Ziele die Vereinheitlichung des Verwaltungsprozeßrechts (Verwaltungsgerichtsordnung, Finanzgerichtsordnung, Sozialgerichtsgesetz) und die Beschleunigung des gerichtlichen Verfahrens sind, bereits in einer Neubearbeitung berücksichtigen zu können. Die Verabschiedung des Gesetzentwurfs der Bundesregierung vom 24. 2. 1982 (BR-Dr 100/82) erfolgte indessen auch in der 10. Legislaturperiode des Deutschen Bundestages nicht, obwohl der Entwurf dem Bundestag am 31. 5. 1985 erneut übersandt wurde (BT-Dr 10/3477).

Fünf Jahre nach dem Erscheinen der letzten Auflage wurde eine völlige Neubearbeitung von der Sache her unvermeidlich. Auch die sechste Auflage folgt den bewährten Grundsätzen ihrer Vorauflagen. Alle Teile des Buches wurden überarbeitet, vertieft und erweitert. Rechtsprechung und Schrifttum wurden bis September 1986 berücksichtigt. Um die Übersichtlichkeit zu verbessern, wurde die Gliederung nach Paragraphen und das System der Randnummern eingeführt. Von den Schemata wurde wegen der besonderen prozessualen Bedeutung lediglich das über den vorläufigen Rechtsschutz im Anhang beibehalten.

Auf das Gesetz zur Entlastung der Gerichte in der Verwaltungs- und Finanzgerichtsbarkeit vom 31. 3. 1978 (BGBl I, 446), geändert durch Gesetz vom 22. 12. 1983 und vom 4. 7. 1985 (BGBl I, 1274), das nunmehr bis zum 31. 12. 1990 verlängert wurde und der Entlastung dieser Gerichtsbarkeiten sowie des Bundesdisziplinargerichts und der Beschleunigung der Verfahren vor diesen Gerichten dient, wurde in den wichtigsten Regelungsbereichen hingewiesen. Für den Adressatenkreis dieses Buches und seine Zielsetzung als Anleitungsbuch zur Lösung öffentlich-rechtlicher Übungs- und Examensarbeiten für Studenten und Referendare konnte auf eine eingehendere Darstellung verzichtet werden. Mein Bestreben war es, die Herzstücke des klassischen Verwaltungsprozeßrechts mit den notwendigen Verbindungslinien zum materiellen allgemeinen Verwaltungsrecht herauszuarbeiten und beim Leser um Verständnis und Neigung für diese nur scheinbar spröde Materie zu werben.

Wie bisher bleiben auch für diese Neuauflage die 1985 neu gefaßten Ausbildungsvorschriften der Länder für die Juristenausbildung im öffentlichen Recht und meine in Prüfungen gewonnenen Erfahrungen an den Prüfungsämtern in München, Berlin, Köln und Düsseldorf die maßgebliche Orientierungslinie für alle behandelten Probleme.

Für wertvolle Unterstützung und selbständige Mitarbeit habe ich Rechtsanwältin Dr. *Helga Stern* zu danken. Referendarin *Sabine Kröger*, wissenschaftliche Mitarbeiterin am Institut für öffentliches Recht und Verwaltungslehre, leistete bei der Redaktion tatkräftige Hilfe. Meine Sekretärin, Frau

Hiltrud Koschinski, bestand ihre erste Bewährungsprobe mit einem handgeschriebenen Manuskript.

Köln, im Januar 1987   *Klaus Stern*

Vorwort zur 1. Auflage

Die Schriftenreihe der Juristischen Schulung wurde 1970 mit einem Band über die BGB-Klausur eingeleitet. *Hermann Weber* hatte darin die Zielsetzung der Reihe umschrieben und betont, in ihren Mittelpunkt ausbildungswichtige Themen zu stellen. Diese Aufgabe setzt Band 3 mit dem Verwaltungsprozeßrecht und mit drei Schemata für verwaltungsrechtliche Klausuren fort. Die Darstellung wendet sich vorzugsweise an den Studenten fortgeschrittenen Semesters, der den Allgemeinen Teil des Verwaltungsrechts bereits studiert hat. Der Examenskandidat wird sie mit Nutzen zur Vertiefung und Wiederholung heranziehen, nicht minder der Referendar, der sich die prozessualen Fragen des verwaltungsgerichtlichen Urteils aneignen möchte.

Der wissenschaftlichen Assistentin am Institut für Öffentliches Recht und Verwaltungslehre, Assessorin *Dr. Helga Horn,* gebührt besonderer Dank für ihre tatkräftige Unterstützung.

Köln, im Februar 1972   *Klaus Stern*

Inhaltsverzeichnis

Abkürzungsverzeichnis XV
Verzeichnis abgekürzt zitierter Literatur XX
§ 1. Einführung 1
  I. Ziel der Darstellung 1
  II. Vorbemerkung zur prozeßrechtlichen Problematik verwaltungsrechtlicher Arbeiten 3
  III. Die Behandlung der Sachurteilsvoraussetzungen in der öffentlich-rechtlichen Arbeit 5

1. Teil. Die Sachurteilsvoraussetzungen

§ 2. Die Unterwerfung unter die deutsche Gerichtsbarkeit 8
§ 3. Die Zulässigkeit des Verwaltungsrechtswegs 9
  I. Die verwaltungsgerichtliche Generalklausel 9
    1. „Öffentlich-rechtliche Streitigkeiten" 11
      a) Abgrenzung zum bürgerlichen Recht 11
      b) Beispielsfälle 12
        aa) Privatrechtliche Betätigung der öffentlichen Hand 12
        bb) Hausverbot 13
        cc) Öffentlich-rechtliche Immissionen 13
        dd) Widerruf ehrverletzender Äußerungen 14
        ee) Öffentliche Anstalten 15
        ff) Politische Parteien 17
        gg) Wettbewerbsverhältnisse 18
        hh) Subventionsvergabe 19
        ii) Öffentlich-rechtlicher Vertrag 22
        jj) Geldleistungen 24
        kk) Privatschulen 24
        ll) Öffentliche Sachen 25
        mm) Besonderes Dienst- und Pflichtenverhältnis 28
        nn) Rundfunkrecht 29
    2. Streitigkeiten „nichtverfassungsrechtlicher Art" 30
      a) Abgrenzung zum Verfassungsrecht 30
      b) Kirchenrechtliche Streitigkeiten 34
    3. Gesetzliche Zuweisungen an ein anderes Gericht 36
      a) Zuweisungen an die Verfassungsgerichte 37
      b) Zuweisungen an die ordentlichen Gerichte 37
        aa) Enteignungsentschädigung 37
        bb) Bundes-Seuchengesetz 38
        cc) Gewerbeordnung 38
        dd) Bundesbaugesetz .... 38 ✗
        ee) Justizverwaltungsakte 39
        ff) Akte der Kartellbehörden 42
        gg) Bußgeldbescheide 42
        hh) Ansprüche gegen die Post 42

VIII Inhaltsverzeichnis

ii) Gesetz über das gerichtliche Verfahren bei Freiheitsentziehungen	43
jj) Dienstgerichte	43
kk) Art. 19 IV 2 GG	44
ll) Aufopferung	44
mm) Öffentlich-rechtliche Verwahrung	45
nn) Verletzung öffentlich-rechtlicher Pflichten	45
oo) Amtspflichtverletzung	47
c) Zuweisungen an die besonderen Verwaltungsgerichte	48
aa) Finanzgerichte	48
bb) Sozialgerichte	49
cc) Disziplinargerichte	50
dd) Wehrdienstgerichte	51
ee) Berufsgerichte	52
ff) Kirchliche Gerichte	53
gg) Bundespatentgericht	53
d) Besondere Zuweisungen in Beamtensachen	53
e) Ausgleichsansprüche	55
4. Der gerichtsfreie Hoheitsakt	55
a) Akte politischer Führung	55
b) Gnadenakte	56
II. Die Rechtswegverweisung	57

§ 4. Die verwaltungsgerichtlichen Klagen 61

I. Das Klagesystem	61
II. Die Anfechtungsklage	62
III. Die Verpflichtungsklage	63
IV. Gemeinsame Probleme von Anfechtungs- und Verpflichtungsklage	64
1. Das Verhältnis beider Klagen bei Ablehnung eines beantragten Verwaltungsakts	64
2. Der Verwaltungsakt als Voraussetzung der Anfechtungs- und Verpflichtungsklage und seine Abgrenzung gegenüber anderen Verwaltungshandlungen	67
a) Vorliegen eines Verwaltungsaktes	67
b) Beispielhafte Abgrenzungen	68
aa) Tatsächliche Verwaltungshandlungen	69
bb) Schlichte Verwaltungsäußerungen	69
cc) Fiskalakte	71
dd) Rechtsnormen	72
ee) Justizverwaltungsakte	73
ff) Regierungsakte	73
gg) Gnadenakte	74
hh) Vertragsakte	74
ii) Innerdienstliche Rechtsakte	75
jj) Besonderheiten	78
V. Sonstige Gestaltungsklagen	81
VI. Sonstige Leistungs- und Unterlassungsklage	82
1. Allgemeines zur Leistungs- und Unterlassungsklage	82
2. Gegenstände von Leistungsklagen	83
a) Ansprüche auf Zahlung von Geld	83
b) Ansprüche auf Realakte	84

c) Ansprüche auf öffentlich-rechtliche Willens- und Wissenserklärungen 84
d) Öffentlich-rechtliche Abwehr- und Folgenbeseitigungsansprüche... 86
3. Gegenstände von Unterlassungsklagen 87
VII. Die Feststellungsklagen 87
1. Die (allgemeine) Feststellungsklage 87
   a) Bestehen eines Rechtsverhältnisses 87
   b) Nichtigkeit eines Verwaltungsaktes 90
2. Die Fortsetzungsfeststellungsklage 90
VIII. Klagetypen sui generis 91
1. Das innerorganschaftliche Streitverfahren 91
2. Verwaltungsrechtliche Wahlprüfungsverfahren 93

§ 5. Das verwaltungsgerichtliche Normenkontrollverfahren 94

I. Bedeutung und Ziel des Normenkontrollverfahrens 94
1. Die verfassungsrechtliche Vorgabe 94
2. Verfahren 95
II. Der Gegenstand des Normenkontrollverfahrens 96
1. Landesrechtliche Rechtsvorschriften 96
   a) Rechtsverordnungen 97
   b) Autonome Satzungen 97
   c) Verwaltungsvorschriften 97
2. Der Prüfungsmaßstab 98
   a) Verfassungsrechtliche Vorbehaltsklausel 98
   b) Bundesrecht 98
   c) Landesrecht 99

§ 6. Die vorläufigen Rechtsschutzverfahren 100

I. Die Zweiteilung des vorläufigen Rechtsschutzes 100
1. Die verfassungsrechtlichen Vorgaben 100
2. Die Zweiteilung 101
   a) Nur vorläufige Streitentscheidung 101
   b) Summarische Prüfung der Sach- und Rechtslage 102
   c) Unterschiede beider Verfahren 102
II. Der vorläufige Rechtsschutz nach § 80 103
1. Die aufschiebende Wirkung 103
   a) Begriff und Wesen 103
   b) Beginn der aufschiebenden Wirkung 104
   c) Ende der aufschiebenden Wirkung 104
2. Der Wegfall der aufschiebenden Wirkung 105
   a) Besondere Anordnung der Verwaltungsbehörde 106
   b) Verfahren 106
   c) Besonderes Interesse 106
   d) Schriftliche Begründung 107
3. Die behördliche Wiederherstellung der aufschiebenden Wirkung 108
4. Die gerichtliche Anordnung bzw. Wiederherstellung der aufschiebenden
   Wirkung oder die Aufhebung der Vollziehung 108
   a) Antragserfordernis 109
   b) Interessenabwägung 109
   c) Rechtsbehelf bei Ablehnung des Antrages 110
   d) Verfahren bei Verwaltungsakten mit teils belastendem, teils begünstigendem Charakter 110

aa) Verwaltungsakt mit Doppelwirkung 110
bb) Verwaltungsakt mit Drittwirkung 111
III. Die einstweilige Anordnung nach § 123 112
1. Der Anwendungsbereich des § 123 112
2. Die Sicherungs- und die Regelungsanordnung 112
3. Die Verfahrensgrundsätze für die einstweilige Anordnung 114

§ 7. Die Zuständigkeit des angerufenen Gerichts 116
I. Begriff 116
II. Sachliche Zuständigkeit 117
1. Oberverwaltungsgericht 118
2. Bundesverwaltungsgericht 118
3. Rechtsmittelgericht 118
III. Örtliche Zuständigkeit 118
IV. Zuständigkeit bei Verweisung 119

§ 8. Die Beteiligtenfähigkeit 120
I. Begriff 120
II. Beteiligte 121
1. Natürliche und juristische Personen 121
a) Natürliche Personen 121
b) Juristische Personen 121
aa) Juristische Personen des Privatrechts 121
bb) Juristische Personen des öffentlichen Rechts 121
cc) Errichtung von juristischen Personen des öffentlichen Rechts 121
α) Körperschaft 122
β) Anstalt 122
γ) Stiftung 122
2. Vereinigungen 123
3. Behörden 124
III. Beiladung 125
IV. Die Streitgenossenschaft 128
V. Massenverfahren 128
1. Begriff 128
2. Regelungen des VwVfG 129
3. Lösungsversuche der Gerichte 129
4. Vorschlag des Gesetzgebers im Entwurf einer VwPO 130

§ 9. Die Prozeßführungsbefugnis 131

§ 10. Prozeßfähigkeit, Prozeßvertretung, Beistand 133
I. Prozeßfähigkeit 134
1. Geschäftsfähige 134
2. Als geschäftsfähig Anerkannte 134
II. Prozeßvertretung 134
1. Gesetzliche Vertretung 134
2. Gewillkürte freiwillige Vertretung 134
3. Gewillkürte notwendige Vertretung 134
III. Beistand (§ 67 II) 135

Inhaltsverzeichnis XI

§ 11. Die Ordnungsmäßigkeit der Klageerhebung 136

§ 12. Das Rechtsschutzbedürfnis 136
  I. Bedeutung und Sinn des Rechtsschutzbedürfnisses 136
  II. Das allgemeine Rechtsschutzbedürfnis für Anfechtungs-, Verpflichtungs- und Leistungsklage 138
  III. Allgemeines und besonderes Rechtsschutzbedürfnis für eine Feststellungsklage 141
    1. Allgemeine Feststellungsklage 141
       a) Berechtigtes Interesse 142
       b) Subsidiaritätsklausel 142
       c) Klärung verwaltungsrechtlicher Vorfragen für den Zivilprozeß 144
       d) Rechtsschutzbedürfnis von Behörden 144
       e) Vorbeugende Feststellungsklage 145
       f) Nichtiger Verwaltungsakt 145
    2. Die Fortsetzungsfeststellungsklage 145
  IV. Allgemeines Rechtsschutzbedürfnis für die vorläufigen Rechtsschutzverfahren 146
    1. Beim Antrag auf Aussetzung oder Wiederherstellung der aufschiebenden Wirkung 146
    2. Beim Antrag auf Erlaß einer einstweiligen Anordnung 147
  V. Allgemeines Rechtsschutzbedürfnis für das verwaltungsgerichtliche Normenkontrollverfahren 147

§ 13. Fehlende Rechtshängigkeit (§ 90 II) und Rechtskraft (§ 121) 149
  I. Fehlende Rechtshängigkeit 149
  II. Fehlende Rechtskraft 150

§ 14. Die Klagebefugnis 153
  I. Die Klagebefugnis bei Anfechtungs-, Verpflichtungs- und Leistungsklage .. 153
    1. Die Bedeutung der Klagebefugnis 153
    2. Die Rechtsverletzungsbehauptung 154
       a) Kläger als Adressat des Verwaltungsaktes 156
       b) Verwaltungsakt mit Drittwirkung 157
          aa) Nachbarklagen 158
          bb) Konkurrentenklagen 158
       c) Juristische Personen des öffentlichen Rechts 159
    3. Die gesetzlichen Ausnahmen 161
  II. Die Klagebefugnis bei der Feststellungsklage 162
  III. Die Klagebefugnis bei vorläufigen Rechtsschutzverfahren 162
    1. Beim Antrag auf Aussetzung oder Wiederherstellung der aufschiebenden Wirkung 162
    2. Beim Antrag auf Erlaß einer einstweiligen Anordnung 163
  IV. Die Klagebefugnis bei Klagearten sui generis 163
    1. Innerorganschaftliche Streitverfahren 163
    2. Verwaltungsrechtliche Wahlprüfungsverfahren 164
  V. Die Klagebefugnis im verwaltungsgerichtlichen Normenkontrollverfahren . 164

Inhaltsverzeichnis

§ 15. Das Vorverfahren 166
   I. Sinn und Zweck des Vorverfahrens 166
      1. Vorverfahren als Verwaltungsverfahren 166
      2. Sachbescheidungsinteresse 167
      3. Widerspruchsbefugnis 167
      4. Volle Ermessensüberprüfung 168
   II. Notwendigkeit und Ablauf des Vorverfahrens 168
      1. Durchführung des Vorverfahrens als Zulässigkeitsvoraussetzung einer Klage 168
      2. Widerspruchsfrist 168
      3. Wiedereinsetzung und neuerliche Vorbescheidung 169
      4. Abhilfeentscheidung und Widerspruchsbescheid 171
      5. Maßgeblicher Zeitpunkt der Entscheidung 172
      6. Aussetzungsbefugnis des Gerichts 172
      7. Förmlichkeit des Vorverfahrens 173
      8. Reformatio in peius 173
   III. Entbehrlichkeit des Vorverfahrens 174

§ 16. Die Klagefrist 175
   I. Grundsätze 175
   II. Die Klagefrist bei Anfechtungs- und Verpflichtungsklage 176
   III. Die Klagefrist bei der Untätigkeitsklage 176
   IV. Wiedereinsetzung in den vorigen Stand 177

2. Teil. Das Urteil

Vorbemerkung 178

§ 17. Das Urteil bei Anfechtungsklagen 178
   I. Das kassatorische Urteil 178
      1. Die Rechtswidrigkeit des Verwaltungsakts 178
         a) Begriff 179
         b) Nichtige und vernichtbare Verwaltungsakte 180
         c) Nachschieben von Gründen 181
         d) Berichtigung von Fehlern 182
      2. Die rechtswidrige Ermessensanwendung 182
         a) Ermessenstatbestände 182
         b) Planungsermessen 184
      3. Ermessensfehler 185
         a) Ermessensüberschreitung 185
         b) Ermessensunterschreitung 186
         c) Ermessensfehlgebrauch 186
      4. Unbestimmte Gesetzesbegriffe und Beurteilungsspielraum 186
         a) Unbestimmte Gesetzesbegriffe 187
         b) Theorien zur Überprüfung unbestimmter Gesetzesbegriffe 187
         c) Gerichtlich nicht voll überprüfbare Verwaltungsentscheidungen 189
         d) Trotz Beurteilungsspielraum überprüfbare Verfahrensfragen 190
         e) Mischtatbestände 191
      5. Der maßgebliche Zeitpunkt zur Beurteilung der Sach- und Rechtslage ... 191
         a) Regelmäßig Zeitpunkt der letzten Verwaltungsentscheidung 192

Inhaltsverzeichnis XIII

b) Ausnahmen 192
c) Bestimmung durch Inhalt des Klageantrages 193
6. Die Beweislast 194
   a) Untersuchungsgrundsatz 194
   b) Gerichtliche Aufklärungspflicht 195
   c) Beweisführungslast 195
   d) Materielle Beweislast 196
      aa) Anfechtungsklage 198
      bb) Feststellungsklage 199
      cc) Verwaltungsverfahren 199
II. Das Leistungs- und Feststellungsurteil 199
   1. Die Verurteilung zur Folgenbeseitigung 200
   2. Die Verurteilung zur Leistung (§ 113 III) 201
   3. Die Neufestsetzung des Verwaltungsakts 201
      a) Festsetzung der Leistung in anderer Höhe 201
      b) Ersetzung der Feststellung durch eine andere 201
   4. Feststellung, daß der Verwaltungsakt rechtswidrig gewesen ist (§ 113 I 4) 202

§ 18. Das Urteil bei Verpflichtungsklagen 203

I. Das Vornahmeurteil 203
   1. Das Erfordernis der Spruchreife 203
   2. Die Spruchreife bei Ermessensverwaltungsakten 204
   3. Der maßgebliche Zeitpunkt zur Beurteilung der Sach- und Rechtslage ... 205
   4. Die Beweislast 206
      a) Grundsätze der Beweislastverteilung 206
      b) Beweislast für Verfassungstreue von Beamtenbewerbern 207
      c) Die Beweislast bei Leistungsklagen 208
II. Das Bescheidungs- und Feststellungsurteil 208
   1. Das Bescheidungsurteil 208
   2. Das Feststellungsurteil 209

3. Teil. Grundzüge des Rechts der Rechtsmittel und der Wiederaufnahme des Verfahrens

§ 19. Die Rechtsmittel im allgemeinen 211

I. Grundsatzfragen des Rechtsmittelrechts 211
   1. Rechtsmittel und Rechtsbehelf 211
      a) Grundsatz 212
      b) Anfechtung der sog. inkorrekten Entscheidung 212
   2. Suspensiveffekt und Devolutiveffekt 212
      a) Begriff des Suspensiveffekts 213
      b) Begriff des Devolutiveffekts 213
   3. Vor- und Nachteile der Gewährung von Rechtsmitteln 213
   4. Die Prüfungskompetenz des Rechtsmittelgerichts 214
   5. Die Entscheidung des Rechtsmittelgerichts 214
      a) In der Berufungsinstanz 214
      b) In der Revisionsinstanz 214
      c) In der Beschwerdeinstanz 214
II. Die Zulässigkeit eines Rechtsmittels 214
   1. Die Unterscheidung von Zulässigkeit und Begründetheit 214
   2. Die Rechtsmittelzulässigkeitsvoraussetzungen 215

a) Statthaftigkeit 216
b) Fristen 216
c) Beschwer 217
d) Zulassung 219
e) Beteiligten-, Prozeß- und Postulationsfähigkeit 219
f) Rechtsmittelverzicht 219

§ 20. Die Berufung 220
  I. Statthaftigkeit 220
 II. Nachprüfungskompetenz und Entscheidung des Berufungsgerichts 220

§ 21. Die Revision 222
  I. Statthaftigkeit und besondere Zulassungsvoraussetzungen 222
    1. Die Zulassung durch das Oberverwaltungsgericht 223
       a) Grundsatzrevision 224
       b) Divergenzrevision 225
       c) Verfahrensmangel 225
    2. Die zugelassungsfreie Revision 226
 II. Die Verletzung von Bundesrecht 227
    1. Revisibles und nicht revisibles Recht 227
    2. Tatsachenfeststellung 228
    3. Die Kausalität der Rechtsverletzung 229
III. Verfahren und Entscheidung des Revisionsgerichts 230
 IV. Die Nichtzulassungsbeschwerde 231

§ 22. Anschlußberufung und Anschlußrevision 232

§ 23. Die Beschwerde 233

§ 24. Die Wiederaufnahme des Verfahrens 235

Anhang: Schema der vorläufigen Rechtsschutzverfahren 236

Paragraphenverzeichnis 239

Sachverzeichnis 243

Abkürzungsverzeichnis

AcP	Archiv für die civilistische Praxis
AGVwGO	Gesetz zur Ausführung der Verwaltungsgerichtsordnung
AO	Abgabenordnung
AöR	Archiv des öffentlichen Rechts
ArbGG	Arbeitsgerichtsgesetz vom 2. 7. 1979 (BGBl I, 853, ber. S. 1036)
Art.	Artikel
AS	Amtliche Sammlung
AuslG	Ausländergesetz vom 28. 4. 1965 (BGBl I, 353)
AWG	Außenwirtschaftsgesetz vom 28. 4. 1961 (BGBl I, 481)
AZG	Allgemeines Zuständigkeitsgesetz vom 2. 10. 1958 (GVBl Bln. S. 947)
BAföG	Bundesausbildungsförderungsgesetz idF. der Bekanntmachung vom 6. 6. 1983 (BGBl I, 645)
BAG	Bundesarbeitsgericht
BauO	Bauordnung
BauRSlg.	Baurechtssammlung
BayDstH	Bayerischer Dienststrafhof
BayObLG	Bayerisches Oberstes Landesgericht
BayVBl	Bayerische Verwaltungsblätter
BayVerfGH	Bayerischer Verfassungsgerichtshof
BayVGH	Bayerischer Verwaltungsgerichtshof
BBauG	Bundesbaugesetz idF. vom 18. 8. 1976 (BGBl I, 2256)
BBG	Bundesbeamtengesetz idF. der Bekanntmachung vom 27. 2. 1985 (BGBl I 479)
BBesG	Bundesbesoldungsgesetz idF. der Bekanntmachung vom 1. 10. 1986 (BGBl. I, 1553)
BDO	Bundesdisziplinarordnung vom 20. 7. 1967 (BGBl I, 751)
BFH	Bundesfinanzhof
BFStrG	Bundesfernstraßengesetz idF. vom 1. 10. 1974 (BGBl I, 2413)
BGB	Bürgerliches Gesetzbuch
BGBl	Bundesgesetzblatt
BGH	Bundesgerichtshof
BGHZ	Entscheidungen des Bundesgerichtshofs in Zivilsachen
BImSchG	Bundes-Immissionsschutzgesetz vom 15. 3. 1974 (BGBl I, 721)
BJagdG	Bundesjagdgesetz idF. der Bekanntmachung vom 29. 9. 1976 (BGBl I, 2849)
BNotO	Bundesnotarordnung vom 24. 2. 1961 (BGBl I, 98)
BRAO	Bundesrechtsanwaltsordnung vom 1. 7. 1959 (BGBl I, 565)
BRat	Bundesrat
BR-Dr	Bundesrats-Drucksache
BRRG	Beamtenrechtsrahmengesetz idF. der Bekanntmachung vom 27. 2. 1985 (BGBl I, 462)
BSG	Bundessozialgericht

XVI Abkürzungsverzeichnis

BSHG	Bundessozialhilfegesetz idF. der Bekanntmachung vom 20. 1. 1987 (BGBl I, 401)
BT-Dr	Bundestags-Drucksache
BVerfG	Bundesverfassungsgericht
BVerfGE	Entscheidungen des Bundesverfassungsgerichts
BVerfGG	Bundesverfassungsgerichtsgesetz idF. der Bekanntmachung vom 12. 12. 1985 (BGBl I, 2229)
BVerwG	Bundesverwaltungsgericht
BVerwGE	Entscheidungen des Bundesverwaltungsgerichts
BVwVG	Verwaltungsvollstreckungsgesetz vom 27. 4. 1963 (BGBl I, 157)
BWVP	Baden-Württembergische Verwaltungspraxis
DGO	Deutsche Gemeindeordnung vom 30. 1. 1935 (RGBl I, 49)
DJT	Deutscher Jursitentag
DiszO	Disziplinarordnung des Landes Nordrhein-Westfalen idF. der Bekanntmachung vom 1. 5. 1981 (GVNW S. 364, SGVAW 20340)
DÖV	Die Öffentliche Verwaltung
DRiG	Deutsches Richtergesetz idF. vom 19. 4. 1972 (BGBl I, 713)
DStR	Deutsches Steuerrecht
DVBl	Deutsches Verwaltungsblatt
EGGVG	Einführungsgesetz zum Gerichtsverfassungsgesetz vom 27. 1. 1877 (RGBl S. 77)
EGKSV	Vertrag über die Gründung der Europäischen Gemeinschaft für Kohle und Stahl
EntlG	Gesetz zur Entlastung der Gerichte in der Verwaltungs- und Finanzgerichtsbarkeit vom 31. 3. 1978 (BGBl I, 446)
EStG	Einkommensteuergesetz idF. vom 27. 2. 1987 (BGBl. I, 657)
ESVGH	Entscheidungssammlung des Hessischen und des Baden-Württembergischen Verwaltungsgerichtshofs
EuGRZ	Europäische Grundrechtszeitschrift
FernmAnlG	Fernmeldeanlagengesetz idF. vom 17. 3. 1977 (BGBl I, 459)
FG	Finanzgericht
FGO	Finanzgerichtsordnung vom 6. 10. 1965 (BGBl I, 1477)
FlurbG	Flurbereinigungsgesetz idF. vom 16. 3. 1976 (BGBl I, 546)
GaststG	Gaststättengesetz vom 5. 5. 1970 (BGBl I, 465)
GewO	Gewerbeordnung idF vom 1. 1. 1987 (BGBl I, 425)
GewStG	Gewerbesteuergesetz idF. vom 22. 9. 1978 (BGBl I, 1557)
GG	Grundgesetz für die Bundesrepublik Deutschland vom 23. 5. 1949 (BGBl S. 1)
GmS-OGB	Gemeinsamer Senat der obersten Gerichtshöfe des Bundes
GO	Gemeindeordnung
GS	Großer Senat
GVBl	Gesetz- und Verordnungsblatt
GVG	Gerichtsverfassungsgesetz idF. vom 9. 5. 1975 (BGBl I, 1077)
GWB	Gesetz gegen Wettbewerbsbeschränkungen idF vom 24. 9. 1980 (BGBl I, 1761)
GSZ	Großer Senat in Zivilsachen

Abkürzungsverzeichnis XVII

HandwO	Handwerksordnung idF vom 28. 12. 1965 (BGBl 1966 I, 1)
HessVGRspr	Rechtsprechung der Hessischen Verwaltungsgerichte
JA	Juristische Arbeitsblätter
JArbSchG	Jugendarbeitsschutzgesetz vom 12. 4. 1976 (BGBl I, 965)
JR	Juristische Rundschau
JurA	Juristische Analysen
Jura	Jura: Juristische Ausbildung
JuS	Juristische Schulung
JZ	Juristenzeitung
KG	Kammergericht
KO	Konkursordnung idF. vom 20. 5. 1898 (RGBl S. 612)
KommWG	Kommunalwahlgesetz
LAG	Lastenausgleichsgesetz idF. vom 1. 10. 1969 (BGBl I, 1909)
LBG	Landesbeamtengesetz
LOG	Gesetz über die Organisation der Landesverwaltung in Nordrhein-Westfalen vom 10. 7. 1962 (GVBl S. 421)
LStrG	Landesstraßengesetz
LVG	Landesverwaltungsgericht
LWG	Gesetz über die Wahl zum Landtag des Landes Nordrhein-Westfalen idF. der Bekanntmachung vom 6. 3. 1979 (GVNW S. 88 /SGVNW 1110)
MDR	Monatsschrift für Deutsches Recht
MRVO Nr. 165	Verordnung Nr. 165 der Militärregierung über die Verwaltungsgerichtsbarkeit in der britischen Zone (VOBlBZ 1948 S. 263)
NDBZ	Neue Deutsche Beamtenzeitung
NJW	Neue Juristische Wochenschrift
NVwZ	Neue Zeitschrift für Verwaltungsrecht
OBG	Ordnungsbehördengesetz des Landes Nordrhein-Westfalen idF. der Bekanntmachung vom 13. 5. 1980 (GVNW S. 528/ SGVNJW 2060)
OLG	Oberlandesgericht
OVG	Oberverwaltungsgericht
OVGE	Entscheidungen der Oberverwaltungsgerichte Münster und Lüneburg sowie des Oberverwaltungsgerichts Berlin
OWiG	Gesetz über Ordnungswidrigkeiten idF. vom 19. 2. 1987 (BGBl I, 602)
PatG	Patentgesetz idF. vom 16. 12. 1980 (BGBl I, 1)
PBefG	Personenbeförderungsgesetz vom 21. 3. 1961 (BGBl I. 241)
PolG	Polizeigesetz des Landes Nordrhein-Westfalen idF. vom 25. 3. 1980 (GVNW S. 234/SGVNW 205)
PVG	Polizeiverwaltungsgesetz idF vom 2. 10. 1958 (GVBlBln. S. 961)
RAO	Reichsabgabenordnung idF. vom 22. 5. 1931 (RGBl I, 161)
RG	Reichsgericht

XVIII Abkürzungsverzeichnis

RGBl	Reichsgesetzblatt
RGZ	Entscheidungen des Reichsgerichts in Zivilsachen
RuStAG	Reichs- und Staatsangehörigkeitsgesetz vom 22. 7. 1913 (RGBl S. 583)
RVO	Reichsversicherungsordnung idF. vom 15. 12. 1924 (RGBl I, 779)
SGG	Sozialgerichtsgesetz idF. vom 23. 9. 1975 (BGBl I, 2335)
SJZ	Süddeutsche Juristen-Zeitung
SozG	Sozialgericht
StaatsGH	Staatsgerichtshof
StabG	Stabilitätsgesetz vom 8. 6. 1967 (BGBl I, 582)
StGB	Strafgesetzbuch
StuW	Steuer und Wirtschaft
StVG	Straßenverkehrsgesetz vom 19. 12. 1952 (BGBl I, 837)
StVZO	Straßenverkehrs-Zulassungs-Ordnung idF. vom 15. 11. 1974 (BGBl I, 3193)
VA	Verwaltungsakt
VBlBW	Verwaltungsblätter für Baden-Württemberg
VerwArch	Verwaltungsarchiv
VerwR	Verwaltungsrecht
VerwRspr	Verwaltungsrechtsprechung
VerwZustG	Verwaltungszustellungsgesetz vom 3. 7. 1952 (BGBl I, 379)
VG	Verwaltungsgericht
VGG	Verwaltungsgerichtsgesetz
VGH	Verwaltungsgerichtshof
VGH n. F.	Sammlung von Entscheidungen des Bayerischen Verwaltungsgerichtshofs mit Entscheidungen des Bayerischen Verfassungsgerichtshofs
VO	Verordnung
VVDStRL	Veröffentlichungen der Vereinigung der Deutschen Staatsrechtslehrer
VwGO	Verwaltungsgerichtsordnung vom 21. 1. 1960 (BGBl I, 17)
VwVfG	Verwaltungsverfahrensgesetz vom 25. 5. 1976 (BGBl I, 1253)
VwVG	Verwaltungsvollstreckungsgesetz
WBO	Wehrbeschwerdeordnung idF. vom 11. 9. 1972 (BGBl I, 1737)
WDO	Wehrdiszplinarordnung idF. vom 4. 9. 1972 (BGBl I, 1665)
WiR	Wirtschaftsrecht
WissR	Wissenschaftsrecht
WoBauG	2. Wohnungsbaugesetz idF. der Bekanntmachung vom 11. 7. 1985 (BGBl I, 1284, ber. S. 1661)
WoBindG	Gesetz zur Sicherung der Zweckbestimmung von Sozialwohnungen idF. der Bekanntmachung vom 22. 7. 1982 (BGBl I, 972)
WPflG	Wehrpflichtgesetz idF. der Bekanntmachung vom 13. 6. 1986 (BGBl I, 879)
WRV	Weimarer Verfassung vom 11. 8. 1919 (RGBl S. 1383)

ZBR	Zeitschrift für Beamtenrecht
ZevKR	Zeitschrift für evangelisches Kirchenrecht
ZPO	Zivilprozeßordnung idF. vom 12. 9. 1950 (BGBl S. 533)
ZPR	Zivilprozeßrecht
ZZP	Zeitschrift für Zivilprozeß

Verzeichnis abgekürzt zitierter Literatur

Achterberg	Norbert Achterberg, Fälle und Lösungen nach höchstrichterlichen Entscheidungen, Allgemeines Verwaltungsrecht, 5. Aufl. 1984
Achterberg, AllgVerwR	Norbert Achterberg, Allgemeines Verwaltungsrecht, 2. Aufl. 1986
Arndt-Rudolf	Hans-Wolfgang Arndt – Walter Rudolf, Öffentliches Recht, 5. Aufl. 1985
Bachof, „Verfassungsrecht"	Otto Bachof, Verfassungsrecht, Verwaltungsrecht, Verfahrensrecht, 2. Aufl., Bd. I, 1964, Bd. II, 1967
BK	Kommentar zum Bonner Grundgesetz, 1950 ff.
Baumbach-Lauterbach	Adolf Baumbach – Wolfgang Lauterbach, Zivilprozeßordnung, 44. Aufl. 1986
Bosch-Schmidt	Edgar Bosch – Jörg Schmidt, Praktische Einführung in das verwaltungsgerichtliche Verfahren, 3. Aufl. 1985
Erbel	Günter Erbel, Öffentlichrechtliche Klausurenlehre mit Fallrepetitorium, Bd. II Verwaltungsrecht, 2. Aufl. 1983
Erichsen	H. U. Erichsen, Verwaltungsrecht und Verwaltungsgerichtsbarkeit I, 2. Aufl. 1984
Erichsen-Martens, Allg. VerwR	H. U. Erichsen und W. Martens (Herausgeber), Allgemeines Verwaltungsrecht, 7. Aufl. 1986
Eyermann-Fröhler	Erich Eyermann – Ludwig Fröhler, Verwaltungsgerichtsordnung, 8. Aufl. 1980
Finkelnburg-Jank	Klaus Finkelnburg – Klaus Peter Jank, Vorläufiger Rechtsschutz im Verwaltungsstreitverfahren, NJW-Schriftenreihe Heft 12, 3. Aufl. 1986
Forsthoff, VerwR I	Ernst Forsthoff, Lehrbuch des Verwaltungsrechts, Bd. I, Allgemeiner Teil, 10. Aufl. 1973
Götz	Volkmar Götz, Allgemeines Verwaltungsrecht, JuS-Schriftenreihe, Heft 43, 3. Aufl. 1985
Grunsky	Wolfgang Grunsky, Grundlagen des Verfahrensrechts, 2. Aufl. 1974
Jauernig	Othmar Jauernig, Zivilprozeßrecht, 21. Auflage 1985
K. H. Klein	Karl Heinz Klein, Gutachten und Urteil im Verwaltungsprozeß, 2. Aufl. 1976
Klinger	Hans Klinger, Verwaltungsgerichtsordnung, 2. Aufl. 1964
Knack, VwVfG	H.-J. Knack (Herausgeber), Verwaltungsverfahrensgesetz, 2. Aufl. 1982
Koehler	Alexander Koehler, Verwaltungsgerichtsordnung, 1962
Kopp	Ferdinand O. Kopp, Verwaltungsgerichtsordnung, 7. Aufl. 1986
Kopp, VwVfG	Kopp, Verwaltungsverfahrensgesetz, 4. Aufl. 1986
J. Martens	Joachim Martens, Die Praxis des Verwaltungsprozesses, JuS-Schriftenreihe Heft 36, 1975
J. Martens, Mustertexte	Joachim Martens, Mustertexte zum Verwaltungsprozeß, JuS-Schriftenreihe Heft 47, 1977

Verzeichnis abgekürzt zitierter Literatur XXI

J. Martens, Verwaltungsverfahren	Joachim Martens, Die Praxis des Verwaltungsverfahrens, JuS-Schriftenreihe Heft 91, 1985
Maunz-Dürig	Theodor Maunz – Günter Dürig, Grundgesetz, 1958 ff.
Maurer	Hartmut Maurer, Allgemeines Verwaltungsrecht, 4. Aufl. 1985
Mayer-Kopp	Franz Mayer – Ferdinand Kopp, Allgemeines Verwaltungsrecht, 5. Aufl. 1985
v. Münch, Übungsfälle	Ingo v. Münch, Übungsfälle zum Staatsrecht, Verwaltungsrecht, Völkerrecht, 4. Aufl. 1972
v. Münch, Bes. VerwR	Ingo v. Münch (Herausgeber), Besonderes Verwaltungsrecht, 7. Aufl. 1985
Obermayer, Grundzüge	Klaus Obermayer, Grundzüge des Verwaltungsrechts und des Verwaltungsprozeßrechts, 2. Aufl. 1975
Papier	Hans-Jürgen Papier, Fälle zum Wahlfach Wirtschaftsverwaltungsrecht, JuS-Schriftenreihe Heft 44, 2. Aufl. 1984
Pappermann-Vesper	Ernst Pappermann – Emil Vesper, Die öffentlichrechtliche Hausarbeit im Referendarexamen, 1975
Pietzner-Ronnellenfitsch	Rainer Pietzner – Michael Ronellenfitsch, Das Assessorexamen im Öffentlichen Recht, 5. Aufl. 1985
Püttner, AllgVerwR	Günter Püttner, Allgemeines Verwaltungsrecht, 6. Aufl. 1983
Püttner, Fälle	Günter Püttner, Verwaltungsrechtsfälle, Ein Repetitorium, 1974
Redeker-von Oertzen	Konrad Redeker – Hans Joachim von Oertzen, Verwaltungsgerichtsordnung, 8. Aufl. 1985
Rosenberg-Schwab	Leo Rosenberg – Karl Schwab, Zivilprozeßrecht, 13. Aufl. 1981
Schenke	Wolf-Rüdiger Schenke, Fälle zum Beamtenrecht, JuS-Schriftenreihe Heft 95, 1986
Schmidt	Walter Schmidt, Einführung in die Probleme des Verwaltungsrechts, 1982
Scholler-Broß	Heinrich Scholler – Siegfried Broß, Fälle und Lösungen nach höchstrichterlichen Entscheidungen, Besonderes Verwaltungsrecht, 3. Aufl. 1984
Schrödter	Hans Schrödter, Die verwaltungsgerichtliche Entscheidung, 2. Aufl. 1965
Schunck-De Clerck	Egon Schunck – Hans Dellerck, Verwaltungsgerichtsordnung, 3. Aufl. 1977
Schwabe	Jürgen Schwabe, Verwaltungsprozeßrecht, 2. Aufl. 1984
Schwerdtfeger	Gunther Schwerdtfeger, Öffentliches Recht in der Fallbearbeitung, JuS-Schriftenreihe Heft 5, 7. Aufl. 1983
Stein-Jonas	Friedrich Stein – Martin Jonas, Kommentar zur Zivilprozeßordnung, Bd. 2, 20. Aufl. 1978
Stern, StaatsR I, II	Klaus Stern, Das Staatsrecht der Bundesrepublik Deutschland, Bd. I, 2. Aufl. 1984; Bd. II, 1980
Tettinger	Peter Tettinger, Einführung in die juristische Arbeitstechnik, 1982
Thomas-Putzo	Heinz Thomas – Hans Putzo, Zivilprozeßordnung, 13. Aufl. 1985
Tschira-Schmitt Glaeser	Oskar Tschira – Walter Schmitt Glaeser, Verwaltungsprozeßrecht, Kurzlehrbuch, 7. Aufl. 1985

Verzeichnis abgekürzt zitierter Literatur

Ule, VwGO	Carl Hermann Ule, Verwaltungsgerichtsbarkeit, 2. Aufl. 1962
Ule, VerwProzR	Carl Hermann Ule, Verwaltungsprozeßrecht, 8. Aufl. 1983
Ule-Laubinger	Carl Hermann Ule – Hans Werner Laubinger, Verwaltungsverfahrensrecht, 3. Aufl. 1986
Vogel	Klaus Vogel, Der Verwaltungsrechtsfall, 8. Aufl. 1980
Wallerath	Maximilian Wallerath, Allgemeines Verwaltungsrecht, 3. Aufl. 1985
Weides	Peter Weides, Verwaltungsverfahren und Widerspruchsverfahren, JuS-Schriftenreihe Heft 6, 2. Aufl. 1981
Wolff-Bachof I	Hans J. Wolff – Otto Bachof, Verwaltungsrecht I, 9. Aufl. 1974
Wolff-Bachof II	Hans J. Wolff – Otto Bachof, Verwaltungsrecht II, 4. Aufl., 1976
Wolff-Bachof III	Hans J. Wolff – Otto Bachof, Verwaltungsrecht III, 4. Aufl., 1978
Zuleeg	Manfred Zuleeg, Fälle zum Allgemeinen Verwaltungsrecht, JuS-Schriftenreihe Heft 54, 1977

§ 1. Einführung

I. Ziel der Darstellung

JuS-Schriften wollen ihr Thema nicht im Stile eines konventionellen Lehrbuchs darstellen, sondern betont ausbildungs- und examensrelevant. Daran hält auch dieser Band fest und bringt dies bereits im Titel zum Ausdruck: Verwaltungsprozessuale Probleme in der öffentlich-rechtlichen Arbeit. Das Buch ist also auf Übungs- und Examensaufgaben zugeschnitten. Dieses Ziel der Darstellung zwingt zu einem Verzicht auf grundlegende dogmatische Auseinandersetzungen, von denen das Verwaltungsprozeßrecht auch mehr als 15 Jahre nach Inkrafttreten der Verwaltungsgerichtsordnung vom 21. 1. 1960 (BGBl I, 17) nicht frei ist und die vielleicht gerade in jüngster Zeit aus mehreren Gründen (Entwurf einer Verwaltungsprozeßordnung,[1] Entlastungsgesetz,[2] Asylverfahrensgesetz, Groß- und Massenverfahren, Rechtsmittelbeschränkung, Beschleunigung der Gerichtsverfahren) zunehmen werden.[3] Auch ist immer wieder an die ebenfalls wachsende Verfassungsrelevanz des verwaltungsgerichtlichen Verfahrens zu erinnern (Rechtsstaatsprinzip, Art. 19 IV GG, Art. 101 und Art. 103 GG, Gewaltenteilung, Grundrechte als Verfahrensmaximen).[4] Darauf kann ebenfalls nur punktuell eingegangen werden; im wesentlichen muß in diesem Zusammenhang auf die Untersuchungen des Verfassungsrechts und die Rechtsprechung des Bundesverfassungsgerichts verwiesen werden.

Wenngleich Streitfragen nicht verschwiegen werden, so orientiert sich die Untersuchung doch vorwiegend an der h. M. Diese Haltung ist notwendig, um dem Ziel der Schrift gerecht zu werden: unmittelbaren Zugang zur Lösung von schriftlichen Arbeiten zu verschaffen und mündlichen Prüfungsfra-

---

[1] Vgl. *Ule*, DVBl 1985, 939.

[2] Vgl. *Meyer=Ladewig*, NJW 1985, 1985.

[3] Auf solche Grundsatzfragen haben die Referate von *Scholz* und *Schmidt=Aßmann*, VVDStRL 34 (1976), 145 ff., hingewiesen. Eine bedeutsame Fortschreibung enthält die Festschrift für C.-F. Menger, System des verwaltungsgerichtlichen Rechtsschutzes, 1985, hrsg. von *Erichsen-Hoppe-v. Mutius*. Vgl. auch das Doppelheft der BayVBl 1980, 257 ff.; ferner *Lerche-Schmitt Glaeser-Schmidt=Aßmann*, Verfahren als staats- und verwaltungsrechtliche Kategorie, 1984. Reichhaltiges Material auch in den Jubiläumsbänden „Staatsbürger und Staatsgewalt", 1963, hrsg. von *Külz-Naumann*, „Verwaltung und Rechtsbindung", 1979, hrsg. von *Maunz*, „Verwaltungsrecht zwischen Freiheit, Teilhabe und Bindung", 1978, hrsg. von *Bachof-Heigl-Redeker*.

[4] Vgl. dazu *Stern*, Staatsrecht, Bd. I, 2. Aufl. (1984), § 20 IV 5, Bd. II, 1980, §§ 33 und 43; *Schmidt=Aßmann*, in: Maunz-Dürig, Art. 19 Abs. IV; *Maunz*, ebda., Art. 101; *Dürig*, ebda., Art. 103; *Hesse*, Grundzüge des Verfassungsrechts der Bundesrepublik Deutschland, 15. Aufl. (1985), Rdnrn. 358 ff., jeweils m. w. Nachw. Besonders zu Entstehung und Entwicklung der Verwaltungsgerichtsbarkeit vgl. *von Unruh*, Verwaltungsgerichtsbarkeit im Verfassungsstaat, 1984.

gen im Ersten und Zweiten Staatsexamen gerecht zu werden. Wer tiefer in die Probleme eindringen will, möge daher die in den Fußnoten nachgewiesene Literatur und Rechtsprechung sowie die Kommentare und Lehrbücher zur Verwaltungsgerichtsbarkeit studieren.[5] *Problemaufdeckung, Problemlösung* und *Zusammenfassung* stehen sonach im Vordergrund. Für denjenigen, der sich einen allerersten Eindruck über die Grundzüge des Verwaltungsprozeßrechts verschaffen möchte, sei auf *meine* Darstellung der Verwaltungsgerichtsbarkeit in der 8. Auflage (1980) des Handwörterbuchs der Wirtschaftswissenschaften Bd. 8, S. 345 ff., verwiesen.

Mag auch das materielle öffentliche Recht, das Gegenstand einer Klausur sein kann, trotz der Reduzierung des Examensstoffes durch die neuen Juristenausbildungsgesetze noch unvorhersehbar sein, so ist jedenfalls der prozessuale Teil berechenbar und erlernbar. Dieser Umstand gestattet es, zumindest Teilgebiete im Griff zu haben und im Ernstfall mehr der immer knappen Zeit dem materiellen Recht zu widmen. Im übrigen wird der Leser erkennen, daß weite Teile des allgemeinen Verwaltungsrechts am Prozeßrecht ,,angeseilt" und daher hier mitbehandelt sind, so etwa der Begriff des Verwaltungsakts, seine Rechtswidrigkeit, die Lehre vom Ermessen, vom unbestimmten Rechtsbegriff und vom Beurteilungsspielraum. Mannigfache Erleichterung bieten das Verwaltungsverfahrensgesetz des Bundes (VwVfG) vom 25. 5. 1976, in Kraft getreten am 1. 1. 1977, das die erste Kodifikation des Allgemeinen Verwaltungsrechts auf Bundesebene darstellt,[6] und die sachlich übereinstimmenden Verwaltungsverfahrensgesetze der Länder.

Es ist nicht Ziel dieser Studie, Fragen des Aufbaus von Klausuren oder der Methodik des Lösens öffentlich-rechtlicher Fälle im allgemeinen zu behandeln. Hierzu sei auf die zahlreichen Anleitungswerke hingewiesen.[7] Über die aktuelle Fortentwicklung des Verwaltungsprozeßrechts unterrichten namentlich die Rechtsprechungsberichte im Verwaltungsarchiv; sie sind unentbehrliche ergänzende Lektüre. Außerdem sind in den besonders für Studenten zugeschnittenen Fachzeitschriften der Juristischen Schulung (JuS), Jura und Juristischen Arbeitsblätter (JA) regelmäßig (Grund-)Fälle zum Verwaltungsprozeßrecht abgedruckt. Ihre Durcharbeitung wird dringend empfohlen. Sinn der nachstehenden Darstellungen ist es vor allem, dem Studenten oder Referendar die Probleme verwaltungsrechtlicher Fälle in prozessualer Hinsicht durch eine systematische Übersicht und an Hand von Beispielen faßbar zu machen. Der Leser soll das Rüstzeug erhalten, dem Fall sofort ,,die Giftzähne" zu ziehen, indem er ihn in bereits erarbeitete oder bekannte Problemkreise einordnen kann. Die Lektüre der gestellten Aufgabe und des einschlägigen Gesetzestextes wird dann sofort Assoziationen auch für die Bearbeitung des neuen Falles hervorrufen, wenn zureichende Kenntnisse bereits erörterter und in Rechtsprechung und Schrifttum behandelter Probleme bestehen.

---

[5] Vgl. die im Literaturverzeichnis enthaltenen Werke zur VwGO sowie zum Allgemeinen Verwaltungsrecht.
[6] Vgl. *Schmitt Glaeser*, in: Festschr. Boorberg Verlag, 1977, S. 1 ff.; ferner *Mußgnug*, in: Festschr. der Juristischen Fakultät für Universität Heidelberg, 1986, S. 203 ff.
[7] Vgl. die im Literaturverzeichnis angegebenen Werke.

§ 1. Einführung 3

II. Vorbemerkung zur prozeßrechtlichen Problematik verwaltungsrechtlicher Arbeiten

In der Regel wird in Examensarbeiten mit verwaltungsprozessualem Teil nach den möglichen *förmlichen* Rechtsbehelfen gefragt, oder es soll der vom Kläger eingelegte förmliche Rechtsbehelf auf seine Erfolgsaussicht hin beurteilt werden. Überaus selten muß den *formlosen* Rechtsbehelfen des Verwaltungsrechts Aufmerksamkeit gewidmet werden. Die förmlichen Rechtsbehelfe sind in der VwGO[8] und in den zur Ausführung der VwGO ergangenen Ausführungsgesetzen und -verordnungen der Länder[9] abschließend geregelt (§ 79 VwVfG), und zwar als Widerspruch[10] und/oder als eine der ausdrücklich geregelten oder stillschweigend anerkannten Klagen nach §§ 42 ff. VwGO. Ihrer Zulässigkeit und Begründetheit ist die nachfolgende Darstellung gewidmet.

Immerhin stehen dem Betroffenen stets zur Überprüfung auch die formlosen Rechtsbehelfe zur Verfügung. Diese führen freilich nur zu einer verwaltungsinternen Kontrolle. Nicht selten bezeichnet man sie daher etwas abschätzig als formlos, fristlos und fruchtlos.[11] Unter ihnen wird herkömmlicherweise unterschieden zwischen Gegenvorstellung, (Sach-)Aufsichtsbeschwerde und Dienstaufsichtsbeschwerde. Mit der Gegenvorstellung wendet sich der Betroffene an die entscheidende Behörde mit dem Ersuchen, die beanstandete Verwaltungshandlung auf Rechtmäßigkeit und Zweckmäßigkeit hin zu überprüfen. Die (Sach-) Aufsichtsbeschwerde richtet sich an die vorgesetzte Behörde mit dem Antrag zu prüfen, ob die Verwaltungshandlung durch die zugrundeliegenden Rechtsvorschriften gedeckt ist. Dienstaufsichtsbeschwerde ist das Ersuchen an den Dienstvorgesetzten, die Verwaltungsmaßnahme auf das persönliche Verhalten des entscheidenden Beamten zu überprüfen.[12]

Streitig ist, ob der Betroffene einen Anspruch auf sachliche Entscheidung über sein Vorbringen hat. Da die Berechtigung, formlose Beschwerden einzulegen, aus Art. 17 GG abgeleitet wird,[13] ist es gerechtfertigt, dem Betroffenen zumindest einen Anspruch auf informatorische Bescheidung zuzuerkennen, da das Beschwerderecht sonst leerlaufen könnte.[14] Die Antwort darf sich nicht auf eine bloße Empfangsbestätigung beschränken, sonst muß die

---

[8] Paragraphen ohne Angabe eines Gesetzes sind solche der VwGO.
[9] Zusammenstellung bei *Redeker-von Oertzen*, Anhang II, S. 860 ff.
[10] Ausnahmen sind in § 190 geregelt: Dazu zählen besonders die Beschwerden nach § 336 LAG, § 141 I 1 FlurbG, § 23 WBO, § 18 KgfEG. Zu beachten bleiben ferner die für das Abgabenrecht geregelten Rechtsbehelfe des Einspruchs (§§ 348, 367 AO) sowie der Beschwerde (§§ 349, 368 AO).
[11] Für Angehörige besonderer Gewaltverhältnisse ist vorgeschrieben, Anträge und Beschwerden auf dem Dienstweg vorzubringen: vgl. § 171 BBG, § 57 BGSG, § 108 StVollzG (*BayVerfGH*, VGH n. F. 28, 210 ff.; *VGH München*, BayVBl 1985, 121).
[12] Vgl. zu den formlosen Rechtsbehelfen *Eichler*, VwVfG, § 79 Erl. III 1; *Pietzner-Ronellenfitsch*, § 14 Rdnr. 6, § 15 Rdnrn. 11 ff.; *Tschira-Schmitt Glaeser*, S. 4 ff.
[13] *Wolff-Bachof* III, § 161 IV b.
[14] *BVerwG*, DÖV 1976, 315 = JuS 1976, 326 Nr. 2; NJW 1977, 118 = JuS 1977, 115 Nr. 2; *OVG Berlin*, DVBl 1976, 261 = JuS 1976, 464 Nr. 2.

§ 1. Einführung

Kenntnisnahme vom Inhalt der Petition sowie die Art der Erledigung erkennen lassen.[15] Insoweit steht dem Bürger auch ein klagbarer Anspruch zu. Auf Dienstaufsichtsbeschwerden ergehende ablehnende Bescheide sind keine Verwaltungsakte, da ihnen die „unmittelbare rechtliche Außenwirkung" fehlt; sie unterrichten nur, daß die Behörde keine Veranlassung zum Eingreifen habe. Dies folgt aus dem Wesen der Dienstaufsichtsbeschwerde als einer Petition i. S. des Art. 17 GG, der dem Petenten keinen Anspruch auf Entscheidung in der Sache gewährt. Richtige Klageart ist somit die allgemeine Leistungsklage.[16] Hat allerdings die Beschwerde Erfolg und wird durch die Aufsichtsbehörde selbst oder auf ihre Weisung hin eine Sachentscheidung getroffen, so liegt ein anfechtbarer Verwaltungsakt vor.[17] Darüber hinaus hat der *Bundesgerichtshof* aus der Pflicht zur sachgerechten Verbescheidung gleichzeitig die Verpflichtung abgeleitet, im Wege der Dienstaufsicht in die Tätigkeit untergeordneter Behörden einzugreifen, wenn gewisse Umstände auf rechtswidriges Handeln dieser Behörde schließen lassen, also in der Sache selbst tätig zu werden.[18] Zu Recht hat *Menger*[19] darauf hingewiesen, daß damit der Umfang der behördlichen Verpflichtung zu weit gezogen wird, da der von Art. 17 GG gewährleistete Anspruch des Bürgers nicht auf eine sachliche Tätigkeit der Behörde gehe.

Trifft die Behörde auf eine Gegenvorstellung[20] keine sachliche Entscheidung oder lehnt die Aufsichtsbehörde ein Einschreiten ab, so liegt ebenfalls kein anfechtbarer Verwaltungsakt vor. Die Behörde verweist nur auf ihre bereits getroffene frühere Entscheidung; es fehlt folglich an einer neuen Regelung.[21]

In der Regel wird der Bearbeiter einer öffentlich-rechtlichen Aufgabe jedoch die Frage nach einem förmlichen Rechtsbehelf, und das bedeutet im Referendarexamen überwiegend nach verwaltungs*gerichtlichem* Schutz,[22] zu beantworten haben. Dann hat er zunächst die Voraussetzungen zu prüfen, die vorliegen müssen, damit ein Sachurteil ergehen kann (die sog. *Sachur-*

---

[15] *BVerfGE* 2, 230f.; *HessStGH,* ESVGH 28, 133; *VGH München,* BayVBl 1981, 212.

[16] *Wolff-Bachof* III, § 166 III c 1; *Seidel,* Das Petitionsrecht, 1972, S. 20; *Friesenhahn,* in: Festschr. f. H. Huber, 1981, S. 374f.; *Redeker-von Oertzen,* § 42 Rdnr. 51; aus der Rechtsprechung *BVerwG,* NJW 1981, 700f.; NJW 1977, 118 = JuS 1977, 115 Nr. 1 m. Bespr. *Neumeyer,* JuS 1979, 34ff.; *OVG Berlin,* DVBl 1976, 261 = JuS 1976, 464 Nr. 2; *VGH München,* BayVBl 1985, 121; 1986, 368; a. A. *Dagtoglou,* Zweitbearb. BK, Art. 17 Rdnrn. 138 ff.

[17] *Redeker-von Oertzen,* aaO; *Pietzner-Ronellenfitsch,* § 14 Rdnr. 6.

[18] *BGH,* DVBl 1971, 824.

[19] *Menger,* VerwArch 1972, 225 ff.

[20] Zur Gegenvorstellung *VGH München,* VGH n. F. 24, 92ff.; *BayVerfGH,* BayVBl 1977, 177f.

[21] *Wolff-Bachof* III, § 161 IV 3h m. Nachw.; *Ule,* VerwProzR, Anh. VI 2 zu § 32; aus der Rechtsprechung *BGHZ* 42, 392; *BVerwG,* DVBl 1961, 88; *BVerwGE* 13, 101, 103.

[22] Ausnahmsweise kann die Frage auch nur nach förmlichem Rechtsschutz im Verwaltungs*verfahren* lauten. Über die dabei auftauchenden Prüfungsgesichtspunkte der Zulässigkeit des Widerspruchs vgl. unten § 15 II.

*teilsvoraussetzungen).*²³ Für diese Zulässigkeitsanforderungen einer Klage sollte der Begriff *Sachurteils*voraussetzung (nicht Prozeßvoraussetzung) verwendet werden; denn nicht alle müssen zu Beginn der mündlichen Verhandlung vorliegen, worauf der Begriff Prozeßvoraussetzung fälschlicherweise hindeuten könnte (vielmehr entscheidet meist der Stand zum Ende der mündlichen Verhandlung).²⁴ Das Gericht kann beim Fehlen einer Voraussetzung deren Nachholung ermöglichen – z. B. das Vorverfahren – oder die Mängel können geheilt werden, z. B. die fehlerhafte Prozeßvertretung.²⁵ Etwas anderes gilt bei Fristversäumung, bei falschem Rechtsweg o. ä., weil diese Fehler nicht korrigierbar sind. In diesen Fällen einer fehlenden Sachurteilsvoraussetzung muß die Klage ohne sachliche Entscheidung als *unzulässig* abgewiesen werden. Man spricht dann von einem *Prozeßurteil.* Für die Fallbearbeitung bedeutet dies, daß bei Heilbarkeit des Mangels seine Heilung unterstellt werden darf und sinngemäß etwa bei fehlendem Vorverfahren und fehlenden Anhaltspunkten dafür, daß die Frist des § 70 bereits abgelaufen ist, zu schreiben wäre: Vor Erhebung der Klage ist gem. § 68 VwGO die Durchführung eines Widerspruchsverfahrens erforderlich. Der Sachverhalt enthält keinen Anhaltspunkt dafür, daß der Kläger Widerspruch eingelegt hat. Da das Vorverfahren bis zum Schluß der mündlichen Verhandlung nachgeholt werden kann, ist davon auszugehen, daß der Kläger fristgemäß Widerspruch einlegen und dieser zurückgewiesen werden wird.

Sollte die Klage dagegen wegen Fehlens einer nicht nachholbaren Voraussetzung, z. B. wegen des eingeschlagenen falschen Rechtswegs, unzulässig sein, so hat der Verfasser in der Regel ein *Hilfsgutachten* zu erstellen.

III. Die Behandlung der Sachurteilsvoraussetzungen in der öffentlich-rechtlichen Arbeit

Längere Ausführungen über die Sachurteilsvoraussetzungen sind nur dann *notwendig,* wenn durch den Aufgabentext Zweifel an ihrem Vorliegen geweckt sind; sonst genügt ein Hinweis, daß sie vorliegen oder bis zum Schluß der letzten mündlichen Verhandlung nachzuholen sind. In der Regel unentbehrlich ist eine wenigstens kurze Bemerkung zur Zulässigkeit des Verwaltungsrechtsweges (§ 3), des Klagetyps (§ 4), der Klagebefugnis (§ 14) und des Vorverfahrens (§ 15). Bei der Prüfung der Sachurteilsvoraussetzungen empfiehlt sich die nachstehende Reihenfolge:

---

[23] *Renck,* BayVBl 1973, 448; ihm folgend *Erichsen,* S. 15 und *Tschira-Schmitt Glaeser,* S. 16, schlagen die Bezeichnung „Sachentscheidungsvoraussetzung" vor, die in der Tat zutreffender erscheint, da außer dem Urteil auch andere Arten gerichtlicher Entscheidungen existieren, wie etwa der Beschluß. Doch hat sich der terminus Sachurteilsvoraussetzung so eingebürgert, daß jedenfalls in diesem Anleitungsbuch nicht davon abgerückt werden soll.
[24] Aus diesem Grunde differenzieren *Rosenberg-Schwab* zwischen Sachverhandlungs- und Sachurteilsvoraussetzung (§ 97 I 2).
[25] Vgl. insgesamt *Tschira-Schmitt Glaeser,* aaO.

1. Unterwerfung unter die deutsche Gerichtsbarkeit
2. Zulässigkeit des Verwaltungsrechtswegs (§§ 40, 41)
3. Klage- oder Verfahrensart
4. Zuständigkeit des angerufenen Gerichts (§§ 45 ff.)
5. Beteiligtenfähigkeit (§ 61)
6. Prozeßführungsbefugnis (§ 78)
7. Prozeßfähigkeit, Prozeßvertretung, Beistand (§§ 62, 67)
8. Ordnungsmäßigkeit der Klageerhebung (§§ 81, 82)
9. Rechtsschutzbedürfnis
10. Fehlende Rechtshängigkeit (§ 90II) und Rechtskraft (§ 121)
11. Klagebefugnis (§ 42 II)
12. Vorverfahren (§§ 68 ff.)
13. Klagefrist (§§ 74 ff.).

Eine andere Reihenfolge, besonders zwischen den unter 4–9 genannten Voraussetzungen, ist zulässig.[26] Ich halte es indessen nicht für richtig, die Klageart nach der sachlichen (und örtlichen) Zuständigkeit des VG zu prüfen.[27] Beabsichtigt der Kläger nämlich, eine Anfechtungsklage zu erheben, so ist das VG zuständig, bei einer Normenkontrollklage (§ 47) ebenso wie bei einer Klage gegen ein von der obersten Landesbehörde ausgesprochenes Vereinsverbot (§ 48) hingegen das *OVG (VGH);* sogar das *Bundesverwaltungsgericht* kann erstinstanzlich zuständig sein (§ 50). Diese Fälle zeigen, daß erst die Klageart das zuständige Gericht für das Rechtsschutzbegehren kennzeichnet. Schon aus diesem Grunde kann der Ansicht von *Grunsky* und *Harms*[28] nicht gefolgt werden, die Prüfungsprioritäten innerhalb der Zulässigkeitsprüfung der Klage verneinen. Das Verwaltungsgericht ist zwar berechtigt, nur auf *eine* (fehlende) Sachurteilsvoraussetzung abzustellen, um sein klageabweisendes Urteil zu begründen. In Prüfungs- und Übungsarbeiten sind jedoch stets alle durch den Aufgabentext angesprochenen Sachurteilsvoraussetzungen zu erörtern. Ist also z. B. die erhobene Klage ihrer Art nach nicht zulässig, so darf die Prüfung nicht damit enden, wenn etwa zusätzlich noch die örtliche Zuständigkeit des Gerichts oder die Klagebefugnis zweifelhaft sind. Sie müssen in einem Hilfsgutachten erörtert werden.

Die Sachurteilsvoraussetzungen sind auch dann zu prüfen, wenn der gestellten Aufgabe ohne Schwierigkeiten zu entnehmen ist, daß der geltend gemachte materiell-rechtliche Anspruch nicht besteht, die Klage also als unbegründet abzuweisen ist. Demgegenüber propagiert eine Mindermeinung die Gleichwertigkeit prozessualer und sachlicher Abweisungsgründe.[29] Ihr kann nicht gefolgt werden.[30]

---

[26] Vgl. *Ule,* VerwProzR, § 31 I; *Pietzner-Ronellenfitsch,* § 4 Rdnr. 6; *Tschira-Schmitt Glaeser,* S. 18; *K. H. Klein,* S. 24 ff.; wie im Text *Schwerdtfeger,* S. 3.
[27] So aber *Ule,* VerwProzR, § 31 III 3.
[28] *Grunsky,* Grundlagen des VerfahrensR, S. 320 ff.; *Harms,* ZZP 1970, 167 ff.
[29] Grundlegend *Rimmelspacher,* Zur Prüfung von Amts wegen im Zivilprozeß, 1966; vgl. aber jetzt *dens.,* ZZP 1975, 245 ff.; ferner *Grunsky,* in: Stein-Jonas, ZPO, Einl. II vor § 511, § 519b Anm. 1, sowie OLG Köln, NJW 1974, 1515 m. abl. Anm. *Gottwald,* NJW 1974, 2241.
[30] *Jauernig,* in: Festschr. f. Schiedermair, 1976, S. 289 ff.; *Sauer,* Die Reihenfolge der Prüfung von Zulässigkeit und Begründetheit einer Klage im Zivilprozeß, 1974,

§ 1. Einführung

Folgende Gründe zeigen die Bedenklichkeit dieser Lehre: Es kann nicht mehr festgestellt werden, inwieweit die Entscheidung in Rechtskraft erwächst. Auch könnte ein unzuständiges oder im falschen Rechtsweg angegangenes Gericht materiell über die Unbegründetheit der Klage entscheiden, was gegen Art. 101 I 2 GG verstieße. Aus den unterschiedlichen Rechtsbehelfen bei echtem und unechtem Versäumnisurteil (§ 330 ZPO) folgt, daß der Gesetzgeber von der Unterscheidung von Prozeß- und Sachabweisung ausgegangen ist; wegen der globalen Verweisung von § 173 VwGO auf die ZPO hat diese grundsätzliche Unterscheidung auch für den Verwaltungsprozeß Bedeutung. Nicht zuletzt haben die Parteien ein Interesse daran zu wissen, ob aus sachlichen oder prozessualen Gründen zur Klage entschieden wurde. Im Verwaltungsprozeß kommt außerdem noch oft genug ein objektives Interesse am Ausgang des Prozesses hinzu.

S. 120 ff.; *Schwab*, JuS 1976, 69 ff.; *Rosenberg-Schwab*, § 97 IV 6 m. w. Nachw.; *Erichsen*, S. 15; *Pietzner-Ronellenfitsch*, § 4 Rdnr. 4; auch *OLG Zweibrücken*, NVwZ 1982, 332. Über die besondere Situation im verfassungsgerichtlichen Verfahren allerdings *BVerfGE* 52, 261; 55, 269; 69, 115. Vgl. jüngst auch *BVerfGE* 70, 115 ff., wo das BVerfG die Frage nach der Zulässigkeit eines konkreten Normenkontrollverfahrens wegen dessen offensichtlicher Unbegründetheit gar nicht prüft. Über die gleiche Problematik beim Rechtsmittel unten § 19 II 1.

1. Teil

Die Sachurteilsvoraussetzungen

§ 2. Die Unterwerfung unter die deutsche Gerichtsbarkeit

Die §§ 18 bis 20 GVG sind in der Verwaltungsgerichtsbarkeit entsprechend anzuwenden. Die in diesen Bestimmungen genannten *Exterritorialen* sind der deutschen Gerichtsbarkeit nicht unterworfen.[1] Insbesondere erstreckt sich die deutsche Gerichtsbarkeit nach § 18 GVG nicht auf Personen, die nach den allgemeinen Regeln des Völkerrechts von der deutschen Gerichtsbarkeit befreit sind. Hierzu gehören:

- ausländische Staaten,[2] jedoch nicht in ihrer Fiskalsphäre,[3] damit sich bei einer Teilnahme am internationalen Handels- und Wirtschaftsverkehr die Staaten nicht jeder anderen Gerichtsbarkeit außer der ihren entziehen können;
- Souveräne fremder Staaten und Personen ihres Gefolges, soweit diese nicht Deutsche sind;[4]
- Vertreter fremder Staaten bei zwischenstaatlichen Konferenzen;[5]
- Gesandtschaftskuriere;[6]
- fremde Staatsschiffe;[7]

---

[1] Vgl. *Rosenberg-Schwab*, § 19 m. w. Nachw.

[2] Ausführlich *Berber*, Lehrbuch des VölkerR, 2. Aufl. 1975, § 25 E, S. 221 ff. m. umf. Nachw; zuletzt *v. Schönfeld*, NJW 1986, 2980 ff.

[3] BVerfGE 15, 34; 16, 33; 46, 364 f.; 64, 16 ff.; BGHZ 40, 197; BGH, Warn 1969, Nr. 145, 291; OLG Frankfurt, RIW 1981, 484, sowie *Kern-Wolf*, GerichtsverfassungsR, 5. Auf. (1975), § 5 III 2, S. 32.

[4] *Rosenberg-Schwab*, aaO; *Verdross-Simma*, Universelles VölkerR, 3. Aufl. (1984) §§ 900 ff. Die Rechtsstellung der Mitglieder der diplomatischen Missionen, ihrer Familienangehörigen einschl. der privaten Hausangestellten ist geregelt in der Wiener Konvention über diplomatische Beziehungen vom 18. 4. 1961 (BGBl 1964 II, 957), die in Art. 31, 37 Immunität verbürgt (*Berber*, § 41 VII d). Dagegen genießen Mitglieder konsularischer Vertretung gemäß dem Wiener Übereinkommen über die konsularischen Beziehungen vom 24. 4. 1963 (BGBl 1969 II, 1587) nur in engeschränktem Maße Immunität, nämlich nur soweit sie in Erfüllung ihrer Aufgaben handeln (Art. 43, 53, 58) (*Berber*, § 42 VII).

[5] *Berber*, § 41 XII; *Verdross-Simma* aaO, § 939.

[6] Vgl. Art. 40 Wiener Konvention über diplomatische Beziehungen; ferner *Verdross-Simma* aaO, §§ 913 f.

[7] Ausnahmen von diesem Grundsatz enthält Art. 3 des Brüsseler Internationalen Abkommens vom 10. 4. 1926 (RGBl II 1927, 484) nebst Zusatzabk. v. 24. 5. 1934 (RGBl II 1936, 303): befugt sind nur Schiffe, die staatlichen Zwecken, nicht Handelszwecken, dienen, sowie Ladungen, die jedenfalls für staatliche Zwecke befördert werden.

§ *3. Die Zulässigkeit des Verwaltungsrechtswegs*

- ausländische Truppenverbände, die befugt deutsches Hoheitsgebiet betreten;[8]
- überstaatliche Gemeinschaften, z. B. die Vereinten Nationen nebst ihren Sonderorganisationen sowie die Organe und Einrichtungen der Europäischen Gemeinschaften.[9]

§ 3. Die Zulässigkeit des Verwaltungsrechtswegs

I. Die verwaltungsgerichtliche Generalklausel

Während bis zum Ende des Zweiten Weltkrieges die Zulässigkeit des Rechtsweges zu den Verwaltungsgerichten in der Regel nach dem sog. Aufzählungsgrundsatz (Enumerationsprinzip) bestimmt war, haben bereits die ersten verwaltungsprozessualen Vorschriften der Nachkriegszeit in Parallele zu § 13 GVG das System der Generalklausel eingeführt.[1] Diese Generalklausel wird nunmehr durch § 40 I folgendermaßen bestimmt: Der Verwaltungsrechtsweg ist in allen öffentlich-rechtlichen Streitigkeiten nichtverfassungsrechtlicher Art gegeben, soweit die Streitigkeiten nicht ausdrücklich durch Gesetz einem anderen Gericht zugewiesen sind.

Ob eine öffentlich-rechtliche Streitigkeit nichtverfassungsrechtlicher Art vorliegt, bestimmt sich nach der *wahren Natur des im Klagevorbringen behaupteten* (nicht wirklichen) *prozessualen Anspruchs*.[2]

Beispiele:
(a) Der Kläger begehrt die Aufhebung eines Verwaltungsakts, mit dem er zur Rückzahlung eines Wiederaufbaudarlehens aufgefordert wurde. Damit erstrebt er, eine nach seiner Behauptung als Maßnahme des öffentlichen Rechts zu qualifizierende Handlung zu beseitigen; dies ist Aufgabe der Verwaltungsgerichte. Das gilt auch, wenn zwischen den Parteien bezüglich der Darlehensrückforderung kein öffentlich-rechtliches, sondern ein bürgerlich-rechtliches Rechtsverhältnis besteht, das vom Bekl. unzulässigerweise hoheitsrechtlich durch Erlaß eines Leistungsbescheids geregelt worden ist.[3] – (b) Ein gewerblicher Wohnungsvermittler verklagt eine kommunale Wohnungsvermittlung, die gem. Art. 89 III 3 BayGO betrieben wird, im Wege der Konkurrentenklage auf Unterlassung. Der Kl. behauptet, für einen Teil der von der Bekl. vermittelten Wohnungen lägen die Voraussetzungen des Art. 89 III 3 BayGO nicht vor. Hier wendet sich der Kl. nicht gegen die Wettbewerbsmethoden als solche, für die wegen der

---

[8] Dazu *Berber*, § 62.
[9] Vgl. die Nachw. bei *Rosenberg-Schwab*, §§ 18, 19 Ib; sowie *Seidl=Hohenveldern*, Das Recht der Internationalen Organisationen einschließlich der Supranationalen Gemeinschaft, 4. Aufl. (1984) bes. Rdnrn. 1910 ff.; vgl. auch die Eurocontrol-Entscheidungen des *VGH Mannheim*, ESVGH 30, 21 m. Anm. *Graulich*, DVBl 1980, 459 f., sowie *BVerfGE* 58, 1 ff.; 59, 63 ff.
[1] Zur Entwicklung der Verwaltungsgerichtsbarkeit *Rüfner*, in: Festschr. f. Menger, 1985, S. 3 ff.
[2] *BVerwGE* 41, 129 ff.; 42, 110; *BVerwG*, NVwZ 1983, 220; NVwZ 1983, 467; *OVG Münster*, NVwZ 1982, 205.
[3] *BVerwGE* 30, 211 ff.; vgl. auch *BVerwGE* 14, 61 ff.; *Redeker-von Oertzen*, § 42 Rdnr. 13 m. w. Nachw.

1. Teil. Die Sachurteilsvoraussetzungen

Anspruchsgrundlage des § 1 UWG die Zivilgerichte zuständig wären, sondern der Streit geht um die Auslegung einer Norm, die öffentlich-rechtlichen Charakter besitzt, weil sie die Verleihung besonderer Rechte an Gemeinden regelt, die dem Privatmann in gleicher Lage nicht zukommen; daher ist das *VG* anzurufen.[4]

Auszugehen ist also vom Sachvortrag des Klägers (jedoch nicht von seiner rechtlichen Würdigung); die Richtigkeit des Sachvortrags wird unterstellt.[5]

Beispiel:
Der Kläger – Vorsitzender einer politischen Partei – verlangt von dem Beklagten – ebenfalls Parteivorsitzender – die Herausgabe einer Niederschrift und eines Tonbandes. Er trägt vor (*Tatsachen*behauptung!): Er habe mit dem Beklagten im Bundeskanzleramt ein Koalitionsgespräch geführt. Entsprechend einer Vereinbarung seien die Gespräche durch Stenographen und Tonband im Wortlaut festgehalten worden, und jeder Teilnehmer habe davon eine vollständige Kopie erhalten sollen. Seinem Verlangen auf Aushändigung einer Niederschrift und eines Tonbandes habe der Beklagte jedoch nicht entsprochen. Der Kläger meint (*Rechts*ansicht!), sein Anspruch habe privatrechtlichen Charakter.[6] Nur der Sachvortrag des Klägers ist zur Ermittlung des zulässigen Rechtswegs zu würdigen; unbeachtlich ist seine Rechtsauffassung.[7]

Nicht ausschlaggebend für die Zulässigkeit des Verwaltungsrechtswegs ist, ob ein Verwaltungsakt im Streit ist,[8] denn es gibt auch die früher so genannten öffentlich-rechtlichen Streitigkeiten (z. B. aus schlichten Verwaltungsäußerungen, öffentlich-rechtlichen Verträgen oder anderen öffentlich-rechtlichen Beziehungen), die nicht durch Verwaltungsakt entschieden werden. Die Tatsache, daß der Streit um die Rechtmäßigkeit eines Verwaltungsakts stets dem öffentlich-rechtlichen Recht zuzuordnen ist,[9] läßt sich nicht ins Gegenteil verkehren dergestalt, daß eine öffentlich-rechtliche Streitigkeit vom Vorliegen eines Verwaltungsakts abhängig ist. In der Praxis fällt sicher die Frage nach der Zulässigkeit des Verwaltungsrechtswegs häufig mit der nach dem Vorliegen eines Verwaltungsakts zusammen; *methodisch* gehört die zweite Frage trotzdem zum Prüfungspunkt „Klageart", denn der Verwaltungsakt ist nur Voraussetzung für die Anfechtungs- und Verpflichtungsklage.

Beispiel:
Der Kläger begehrt Bescheidung seiner beim Petitionsausschuß des Bayerischen Landtags eingereichten Petition. Der Bescheid über eine Petition stellt keinen Verwaltungsakt dar; gleichwohl liegt eine vor dem Verwaltungsgericht zu verfolgende öffentlich-rechtliche Streitigkeit vor.[10]

---

[4] *VGH München*, BayVBl 1976, 628 = JuS 1977, 199 Nr. 12; ebenso *VGH Mannheim*, VBlBW 1983, 78, sowie *OVG Münster*, DÖV 1986, 339f.
[5] Ganz h. M.: *BVerwGE* 12, 65; 41, 129; 50, 259; *GmS-OGB*, NJW 1974, 2087; aus dem Zivilrecht etwa *BGHZ* 56, 365; 89, 125; *BGH*, DVBl 1986, 409.
[6] *BGHZ* 29, 187 („Dehler-Adenauer-Streit").
[7] Der *BGH* hielt den *Verwaltungsrechtsweg* für zulässig; richtigerweise ist die Streitsache *verfassungs*rechtlicher Natur (vgl. die Urteilsanm. *Ule*, JZ 1959, 501; *Wertenbruch*, DÖV 1959, 506f.; *Pohle*, MDR 1959, 824).
[8] *BVerwGE* 38, 167; 60, 144; *BVerwG*, NJW 1981, 67ff.: Problem der Klageart.
[9] Anders offensichtlich *BVerwGE* 38, 1ff.
[10] *VGH München*, BayVBl 1981, 211f. Vgl. zu diesem Problem auch *BVerwGE* 60, 148f. zum Rechtsschutz gegen eine beamtenrechtliche Umsetzung, die kein Verwaltungsakt ist.

1. „Öffentlich-rechtliche Streitigkeiten"

Öffentlich-rechtliche Streitigkeiten sind Streitigkeiten über rechtliche Beziehungen, die dem öffentlichen Recht – mit Ausnahme des Straf- und Prozeßrechts – angehören, also Streitigkeiten auf den Gebieten des Verfassungs-, Verwaltungs-, Völker- oder Kirchenrechts. Ihr Gegensatz sind privatrechtliche Streitigkeiten, für die nach § 13 GVG die Zivilgerichte zuständig sind.

a) Das öffentliche Recht[11] hebt sich ab vom Privatrecht als Inbegriff derjenigen Rechtssätze, deren berechtigtes oder verpflichtetes Zuordnungssubjekt der Staat oder ein anderer Träger öffentlicher Gewalt (Kirchen,[12] Gemeinden,[13] Körperschaften, Anstalten und Stiftungen[14] des öffentlichen Rechts) als solcher, d. h. in seiner Eigenschaft als Hoheitsträger, ist. Rechtssätze, die für alle Rechtspersonen gelten – gleich ob sie Träger öffentlicher Gewalt sind oder nicht – gehören nicht dem öffentlichen Recht, sondern dem Privatrecht an, sog. erneuerte *Subjektstheorie*.[15] Die Subjektionstheorie (auch Subordinationstheorie genannt), nach der öffentliches Recht dann vorliegt, wenn ein Über- und Unterordnungsverhältnis besteht,[16] liefert brauchbare Abgrenzungskriterien nur in der Eingriffsverwaltung, die heute an Bedeutung erheblich verloren hat. Angesichts der sich verstärkenden Tendenz zum Sozialstaat mit zunehmender Leistungs- und Planungsverwaltung sowie der damit verbundenen Ausweitung der sog. schlichthoheitlichen Verwaltung im Bereich der Daseinsvorsorge führt die Subjektionstheorie naturgemäß zu Abgrenzungsschwierigkeiten. Vollends versagt sie dort, wo Ansprüche gleichgeordneter Partner geltend gemacht werden, etwa beim öffentlich-rechtlichen Vertrag (§ 54 VwVfG)[17] oder bei Klagen von Hoheitsträgern untereinander.[18] In

---

[11] *Stern*, in: Evangelisches Staatslexikon, 3. Aufl. (1987), Art. „Öffentliches Recht" m. Nachw.; ferner *Finkelnburg*, in: Festschr. f. Menger, 1985, S. 279ff. m. umf. Nachw., sowie *Renck*, JuS 1986, 184ff.

[12] *Scheuner* und *Friesenhahn*, in: HdbStKirchR I, 1974, S. 5ff., 72, 546ff.; *Obermayer*, in: BK, Art. 140 Rdnrn. 80, 86; *H. Weber*, Die Religionsgemeinschaften als Körperschaften des öffentlichen Rechts im System des GG, 1966, S. 33f., jeweils m. w. Nachw.

[13] Vgl. *VGH Kassel*, DVBl 1977, 49: Klage einer Gemeinde auf Benennung der Anschlußstelle einer Bundesautobahn mit ihrem Namen.

[14] Dazu *BayVerfGH*, VGH n. F. 27, 2ff., über die Stiftung Maximilianeum.

[15] So vor allem *Wolff*, AöR 76, 205ff.; *Wolff-Bachof I*, § 22 IIc; *Ule*, VwGO, § 40 Anm. II; *Stern*, AöR 84, 312ff.; *Erichsen-Hoffmann Becking*, JuS 1971, 144; *Erichsen*, Jura 1980, 105; 1982, 537ff.; *Bettermann*, DVBl 1971, 114; ders., DVBl. 1977, 188; *Burmeister*, DÖV 1975, 695ff.; *Menger*, in: Festschr. f. H. J. Wolff, 1973, S. 149ff.; *Tschira-Schmitt Glaeser*, S. 27f. *Erichsen*, VerwArch. 1974, 311ff., hat allerdings in seiner Besprechung des Schiedsgerichtsurteils vom 21. 5. 1973 (teilw. veröffentlicht in DÖV 1973, 852 m. Bespr. *Scholz*, DÖV 1973, 843ff.) auf die Schwierigkeiten hingewiesen, die die Anwendung der erneuerten Subjektstheorie bei der Qualifizierung von Organisationsnormen bereitet; kritisch auch *Pestalozza*, DÖV 1974, 188.

[16] Die Subjektionstheorie wird vorwiegend vom *BGH* angewendet: vgl. BGHZ 14, 227; 41, 266f.; 53, 186; BGH GSZ 66, 233; 67, 86; während sich beim *BVerwG* eine Annäherung an die Subjektstheorie anzubahnen scheint (*BVerwGE* 69, 194; *Buchholz* 310, § 40 VwGO Nr. 188).

[17] *VGH München*, BayVBl 1978, 146; *BVerwGE* 30, 65.

[18] *OVG Lüneburg*, DVBl 1971, 515ff.

der Regel gelangen jedoch in der Praxis beide Theorien zum gleichen Ergebnis.

b) Eine Abgrenzung zwischen öffentlichem und privatem Recht in den nachstehenden beispielhaft gewählten Fällen würde folgendes Ergebnis zeitigen:

aa) Keine öffentlich-rechtlichen Streitigkeiten sind Rechtsstreitigkeiten aus der privatrechtlichen Betätigung von Trägern öffentlicher Gewalt, insb. aus der „*fiskalischen*" Verwaltung. Ihr Bereich ist nicht in jedem Falle klar zu umgrenzen.[19] Unstreitig gehören dazu die öffentlichen Aufträge und die Bedarfsdeckungsgeschäfte der Hoheitsträger.

Beispiele für privatrechtliche Streitigkeiten:
(a) Eine Straßenbaubehörde kauft für Zwecke des Straßenbaus Grundstücke.[20] – (b) Eine Gebietskörperschaft vergibt Aufträge an Bauunternehmer zur Ausführung von Bauvorhaben.[21] – (c) Ausschluß eines Abschleppunternehmens von der Erteilung von Abschleppaufträgen durch die zuständige Verwaltungsbehörde.[22] – (d) Einkäufe zur Aufrechterhaltung des Behördenbetriebs.

Beispiele für öffentlich-rechtliche Streitigkeiten:
(a) Gemeinde klagt gegen Bundesbahn auf Unterlassung der Benutzung eines nichtamtlichen Gemeindenamens.[23] – (b) Vertragliche Ansprüche der Bundesbahn gegen Gemeinde auf Kostenersatz für die Umbenennung eines Bahnhofs.[24] – (c) Arzneimittelhersteller wendet sich gegen negative Gutachten der kassenärztlichen Bundesvereinigung.[25] – (d) Aufnahmeverweigerung in eine staatlich anerkannte private Ersatzschule.[26]

In den ersten Beispielen wird der Staat wie jede Privatperson tätig. Daraus entstehende Streitigkeiten sind daher privatrechtlicher Natur. Gleiches gilt für das erwerbswirtschaftliche Handeln der öffentlichen Hand.[27]

---

[19] Vgl. im einzelnen *v. Münch,* in: Erichsen-Martens, Allg. VerwR, § 2 III m.w. Nachw.
[20] *BAG,* NJW 1964, 75.
[21] *BVerwGE* 5, 325; 14, 65 ff. Anders jedoch, wenn bei der Auftragsvergabe spezielle öffentlich-rechtliche Verpflichtungen, wie etwa § 74 BVFG oder § 68 BEG zu beachten sind. In diesen Fällen liegt eine öffentlich-rechtliche Streitigkeit vor, da ein Streit um „Inhalt und Ausmaß der Bevorzugungspflicht" entsteht (BVerwGE 34, 215). Vgl. insgesamt auch *BVerwGE* 7, 89ff.; *BVerwG,* MDR 1966, 536f.
[22] *BVerwG,* DÖV 1973, 244; dagegen wollte *OVG Münster* in seiner vorinstanzlichen Entscheidung den Verwaltungsrechtsweg eröffnen (DVBl 1971, 115 m. abl. Anm. *Bettermann).* Wie im Text auch *BGH,* DÖV 1977, 530; *OLG Karlsruhe,* NVwZ 1982, 397.
[23] *BVerwGE* 44, 351 ff. mit Bespr. *Pappermann,* JuS 1976, 305 ff., sowie des vorinstanzlichen Urteils durch *dens.,* DVBl 1971, 519ff. *Pappermann* bezeichnet das Namensrecht der Gemeinden als öffentlich-rechtliches Namensrecht. Beachte ferner die Fallbesprechung bei *v. Mutius,* JuS 1977, 102ff., der den öffentlich-rechtlichen Charakter der Klage aus dem Bezug auf das hoheitliche Organisationsrecht der Bundesbehörde Bundesbahn ableitet. S. auch *BVerfGE* 50, 195.
[24] *BGH,* NJW 1975, 2015.
[25] *BVerwGE* 58, 167; s. aber *BGHZ* 67, 81.
[26] *VGH Mannheim,* NJW 1980, 2597.
[27] Vgl. *Püttner,* Die öffentlichen Unternehmen, 2. Aufl. (1985) S. 125 ff.

§ 3. Die Zulässigkeit des Verwaltungsrechtswegs

Besonderheiten materiell-rechtlicher Art (nicht jedoch hinsichtlich des Rechtsweges) gelten im sog. *Verwaltungsprivatrecht*, in dem materiell-öffentliche Zwecke und Aufgaben in privatrechtlichen Formen verwirklicht werden und in dem die öffentliche Hand zahlreichen öffentlich-rechtliche Bindungen unterliegt.[28]

bb) Noch nicht abschließend geklärt ist die rechtliche Qualifikation eines *Hausverbots*, wie es beispielsweise bei der Vergabe von Aufträgen[29] erlassen wird.[30] Während das *Bundesverwaltungsgericht*[31] die Linie der Rechtsprechung fortsetzt und darauf abstellt, ob das Hausverbot im Zusammenhang mit fiskalischem oder hoheitlichem Handeln ausgesprochen wurde, betont die Lehre[32] den öffentlich-rechtlichen Charakter des Hausverbots als Störungsabwehr. Die letzte Ansicht vermag nicht zu überzeugen. Eine Behörde kann sowohl in öffentlich-rechtlichen als auch in privatrechtlichen Rechtsformen tätig werden. Es ist kein Grund ersichtlich, bei Handlungen im Fiskalbereich einen etwaigen Vertragsabschluß privatrechtlich, jedoch ein im gleichen Zusammenhang ausgesprochenes Hausverbot öffentlich-rechtlich zu qualifizieren; das Hausverbot ist akzessorischer Betandteil zu der jeweils in Rede stehenden Haupttätigkeit.

cc) Ähnlich ist die Frage des Rechtsweges gegen *Immissionen*, die von Einrichtungen eines Hoheitsträgers ausgehen, zu beurteilen. Steht die Maßnahme in einem öffentlich-rechtlichen Planungs- und Funktionszusammenhang, z. B. eine Kläranlage, so sind die Verwaltungsgerichte zuständig.[33]

---

[28] Vgl. zuletzt *v. Münch*, in: Erichsen-Martens, AllgVerwR, § 3 II 2 mit umf. Nachw.; ferner *Ehlers*, DVBl 1983, 422 ff.; *v. Zezschwitz*, NJW 1983, 1873 ff.; *Achterberg*, JA 1985, 510; *ders.*, AllgVerwR, § 12; *Stober*, NJW 1984, 449 ff. Aus der Rspr. zuletzt *BGH*, NJW 1985, 197 ff.; NJW 1985, 1894; DVBl 1984, 1118 f.

[29] Vgl. etwa *BGHZ* 33, 231 f. (Standesamtsfall); ferner *BGH*, NJW 1967, 1911 ff.; *BVerwGE* 35, 103 ff. m. Anm. *Bettermann*, DVBl 1971, 112 ff.; *Bahls*, DVBl 1971, 275 ff., sowie *Stürner*, JZ 1971, 98.

[30] Virulent geworden sind daneben die Fragen des Hausrechts des Rektors einer Universität (vgl. die sich mit Fragen des materiellen Rechts befassenden Entscheidungen *VG Karlsruhe*, DVBl 1973, 351; *OVG Lüneburg*, NJW 1975, 136; *OVG Berlin*, OVGE 13, 99 ff. m. Bespr. *Scholz*, JuS 1976, 232 ff.), des Leiters einer Lehranstalt an einer Universität (*VGH Mannheim*, BadWürttVBl 1975, 57) sowie der Deutschen Bundesbahn (*BayObLG*, DÖV 1977, 107 – das aus Eigentum fließende privatrechtliche Hausrecht der Deutschen Bundesbahn wird nur durch die öffentlich-rechtliche Beförderungspflicht eingeschränkt; daher darf der Zugang zu caritativen Einrichtungen jedenfalls Nichtreisenden verwehrt werden). Auch das Hausverbot, das eine Kirchenstiftung des öffentlichen Rechts im Rahmen eines privatrechtlich gestalteten kirchlichen Kindergartens ausspricht, ist privatrechtlich: *VGH München*, BayVBl 1986, 272 m. abl. Anm. *Renck*, daselbst. Allgemein zum Hausrecht *Knemeyer*, Art. Hausrecht, in: HÖD, Sp. 760 ff.

[31] *BVerwGE* 35, 106; 47, 247.

[32] *Knemeyer*, DÖV 1970, 596 ff.; 1971, 304; *Redeker-von Oertzen*, § 40 Rdnr. 28; *Bethge*, Verwaltung 1977, 313 ff.; *Ehlers*, DÖV 1977, 737 ff.; *Berg*, BayVBl 1980, 823; *ders.*, JuS 1982, 260.

[33] *BVerwGE* 44, 237; 50, 282 ff.; *BVerwG*, DÖV 1974, 132; *BGH*, DVBl 1976, 210; *OVG Münster*, NJW 1984, 1982; 1985, 2350; 1985, 2351 f.; *BauR* 1984, 148; *VGH Mannheim*, NJW 1985, 2352; *OVG Hamburg*, NJW 1986, 2336 f. Zu Geräuschimmis-

dd) Unsicherheiten über den zulässigen Rechtsweg entstehen auch bei der Geltendmachung eines Anspruches auf *Widerruf einer ehrverletzenden Behauptung eines Beamten.* Unstreitig muß gegen ehrkränkende Behauptungen eines Beamten, die dieser als Privatmann aufgestellt hat, auf dem Zivilrechtsweg vorgegangen werden. Schwieriger ist die Rechtsfrage zu beurteilen, wenn der Beamte nicht als Privatmann, sondern im Rahmen seiner Dienstgeschäfte Ehrkränkendes behauptet hat. Dazu zählen etwa Berichte des Luftfahrtbundesamtes,[34] eines Landesamtes für Verfassungsschutz[35] oder eines Vorgesetzten,[36] ferner Auskünfte des Dienstherrn über einen ehemaligen Beamten[37] oder Feststellungen in einem amtsärztlichen Gutachten.[38]

Nach der herrschenden Akzessorietätstheorie ist für die gerichtliche Geltendmachung des Widerrufsbegehrens nach der zugrundeliegenden Tätigkeit, in deren Zusammenhang die ehrkränkende Äußerung erfolgte, zu unterscheiden: Der in seiner Ehre Gekränkte solle Rechtsschutz vor den ordentlichen Gerichten suchen, wenn das Grundgeschäft den fiskalischen Bereich betreffe. Dagegen seien Streitigkeiten über ehrkränkende Äußerungen eines Trägers öffentlicher Verwaltung im hoheitlichen Bereich öffentlich-rechtlicher Natur, gegen die in der Regel auf dem Verwaltungsrechtsweg vorgegangen werden müsse.[39] Doch soll das Zivilgericht ausnahmsweise dann zuständig sein, wenn sich der Amtswalter zu persönlichen, „unvertretbaren" Äußerungen hat hinreißen lassen,[40] d. h. „wenn ein von einem Beamten erhobener Vorwurf also unbeschadet seiner Zurechnung zur Amtsführung so sehr Ausdruck seiner persönlichen Meinung oder Einstellung ist, daß wegen des persönlichen Gepräges der Ehrkränkung die Widerrufserklärung eine unvertretbare persönliche Leistung des Beamten darstellt und deshalb nur dann, wenn sie vom Beamten persönlich abgegeben wird, geeignet ist, die Ehre des Klägers wiederherzustellen."[41] Die grundsätzliche Akzessorietät von „Grundgeschäft" und Ehrenschutz wird mit der Einheitlichkeit des Sachverhaltes begründet.[42] Diese Auffassung hat allerdings die Konsequenz, daß die gleiche ehrkränkende Behauptung einmal vor dem Zivil-, ein anderes Mal vor den Verwaltungsgerichten beurteilt wird, nur weil der Anlaß anders gelagert ist. Aus Gründen der Rechtssicherheit und Rechtsklarheit sollte man weniger auf den Rechtscharakter des Anlasses abstellen als vielmehr allein darauf, ob der Beamte die ehrkränkende Behauptung „in Ausführung und nicht nur gelegentlich seines Amtes" als Vertreter eines Trägers öffentlicher Gewalt und für

---

sionen durch liturgisches Glockengeläute vgl. *BVerwGE* 68, 63 mit Anm. *Schatzschneider,* NJW 1984, 991; *Müssig,* DVBl 1985, 837 ff.
[34] *BVerwGE* 14, 323 (betr. Verschulden an Luftunfall).
[35] *VGH München,* DVBl 1965, 447 (betr. Eignung als Geheimnisträger).
[36] *BVerwG,* DÖV 1968, 429 (Bericht des Schulleiters); *BGH,* DVBl 1977, 183 (Öffentliche Rüge durch Dienstvorgesetzten).
[37] *BVerwGE* 38, 336 (betr. Eignung als Leiter eines Sanatoriums).
[38] *BVerwG,* DÖV 1970, 642 (Einstufung als „geisteskrank").
[39] *Frotscher,* JuS 1978, 505.
[40] *Frotscher,* JuS 1978, 505.
[41] *BGH,* NJW 1978, 1860 f.; *OLG Zweibrücken,* NVwZ 1982, 332; grundlegend *BGHZ* 34, 107.
[42] *Frotscher,* JuS 1978, 505; vgl. auch die Nachw. bei *Berg,* JuS 1984, 522 Fußn. 11 ff.

§ 3. Die Zulässigkeit des Verwaltungsrechtswegs

diesen getan hat oder ob die den Bürger beeinträchtigende Äußerung ebenso, also mit gleichen Auswirkungen, auch von einem Privatmann hätte erfolgen können.[43] Auch bloße Auskünfte sind öffentlich-rechtlicher Natur, soweit der Beamte sie nur in Ausführung seines Amtes, also „amtlich-dienstlich" erteilt hat.[44]

ee) Dem Privatrecht zuzuordnen sind Rechtsstreitigkeiten aus dem *Benutzungsverhältnis mit öffentlichen Einrichtungen*,[45] die eine *privatrechtliche Nutzungsordnung* haben,[46] z. B. öffentliche Verkehrsunternehmen der Gemeinde, weil sich die Rechtsbeziehungen mit den Benutzern nach privatem Recht regeln.[47] Dazu zählen auch Streitigkeiten mit der Deutschen Bundesbahn,[48] soweit sie dem Gebiet des Güter- und Personenverkehrs zuzurechnen sind, weil die Bundesbahn ihre öffentliche Aufgabe mit Mitteln des Privatrechts erfüllt (wie schon *RGZ* 161, 341 entschieden hat). Wird sie jedoch nicht als Teilnehmerin am allgemeinen Wirtschaftsverkehr, sondern als Trägerin öffentlicher Verwaltung in Anspruch genommen, sind die entstehenden Rechtsbeziehungen dem öffentlichen Recht zuzuordnen.

Beispiel:
Journalist erhebt Anspruch auf Teilnahme an sog. überregionalen Pressefahrten, die von der Bundesbahn im Rahmen ihrer Öffentlichkeitsarbeit zur Unterrichtung über bestimmte Fragen des Güter- oder Personenverkehrs veranstaltet werden.[49]

Streitigkeiten aus dem Postbenutzungsverhältnis sind hingegen stets vor den Verwaltungsgerichten auszutragen, da die Beziehungen zwischen der Bundespost und dem einzelnen Kunden dem öffentlichen Recht zugerechnet werden.[50]

Beispiele:
(a) Die Herstellung eines Telefonanschlusses ist heute ein mitwirkungsbedürftiger Verwaltungsakt auf Grund § 8 FernmeldeG und der Fernmeldeordnung.[51] – (b) Die

---

[43] *Berg*, JuS 1984, 523.
[44] So auch *VGH München*, DVBl 1965, 448.
[45] Die vom Staat betriebenen „Daseinsvorsorge"-Unternehmen müssen nicht in der Form einer öffentlich-rechtlichen Anstalt betrieben werden, sondern können auch als juristische Personen des Privatrechts gegründet werden; die Rechtsbeziehungen zu den Benutzern bestimmen sich dann schon aus diesem Grunde nach Privatrecht, wenngleich die Unternehmen durchaus an bestimmte Grundsätze des Verwaltungshandelns gebunden sein können, etwa bei Monopolstellung etc. Vgl. dazu *BGH (Kartellsenat)*, DVBl 1974, 558 ff., über Landegebühren auf dem Hamburger Flughafen, sowie *Ossenbühl*, DVBl 1974, 541 ff.; über auftretende Grundrechtsfragen vgl. *Stern*, JZ 1962, 181 ff.
[46] Nachw. bei *Redeker-von Oertzen*, § 40 Rdnrn. 24 ff.; *Kopp*, § 40 Rdnrn. 16 ff.; *Eyermann-Fröhler*, § 40 Rdnrn. 50 ff.; zu Ausnahmen im folgenden.
[47] BGHZ 52, 325 f.; *VGH München*, VGH n. F. 24, 93 ff.
[48] *Kunz*, BayVBl 1983, 425 ff.
[49] *BVerwGE* 47, 247 ff.
[50] *GmS-OGB BVerwGE* 37, 369 m. Nachw.; *BVerwGE* 52, 92; *BVerwG*, NJW 1986, 949; *VGH Kassel*, DVBl 1976, 84. Das gilt auch für das Verhältnis zwischen Post und Empfänger der Sendung: *BVerwGE* 29, 318; 71, 87.
[51] Nach *RGZ* 155, 333, noch öffentlich-rechtlicher Vertrag.

1. Teil. Die Sachurteilsvoraussetzungen

Umschaltung vom Ortsnetz X nach Y ist ebenfalls öffentlich-rechtlicher Natur und für den Teilnehmer Verwaltungsakt.[52] – (c) Klage gegen den Empfänger einer Postanweisung auf Erstattung einer Überzahlung.[53]

Der Verwaltungsrechtsweg ist eröffnet, wenn bei Zulassungsstreitigkeiten zur Benutzung von öffentlichen Einrichtungen im Falle eines gesetzlich eingeräumten Zulassungsanspruchs,[54] wie er etwa in den Gemeindeordnungen[55] normiert ist, über das „Ob" der Zulassung entschieden werden muß.[56]

Beispiele:
(a) Die Klage gegen die Staffelung von Gebühren nach dem Einkommen der Eltern für die Benutzung eines kommunalen Kindergartens gehört vor das Verwaltungsgericht, weil die Entgeltregelung zur Zulassung gehört.[57] – (b) Politische Parteien haben für Zwecke der Wahlwerbung, des Wahlkampfes und der Abhaltung von Parteiveranstaltungen einen Anspruch auf Benutzung gemeindlicher Einrichtungen wie Stadthalle, städtische Säle, städtische Plakattafeln etc., von dem sie nicht mit Hinweis auf ihre Verfassungswidrigkeit ausgeschlossen werden dürfen, solange diese nicht vom Bundesverfassungsgericht festgestellt ist.[58]

Dies gilt selbst dann, wenn die Benutzungsordnung privatrechtlich geregelt ist,[59] ferner auch dann, wenn das Nutzungsverhältnis nicht eindeutig privatrechtlich ausgestaltet ist. Man spricht insoweit von einer „Vermutung" zu-

---

[52] Vgl. *BVerwGE* 44, 1 ff.
[53] *BVerwGE* 71, 87.
[54] Allg. zum Zulassungsanspruch *Ossenbühl*, DVBl 1973, 289 ff. Nach *BVerwGE* 39, 235 ff. (Verkauf technischer Geräte auf Schleusengelände) besteht ein genereller Anspruch auf Zulassung zur Benutzung einer öffentlichen Anstalt nur, wenn der Anspruch durch materielles objektives Recht, insbesondere eine spezielle Rechtsnorm, begründet ist; sofern das nicht der Fall ist, soll auch eine Pflicht der Behörde zur Ermessensbetätigung (und damit ein Anspruch auf ermessensfehlerfreie Entscheidung) nur gegenüber solchen Personen bestehen, die die Anstalt „im Rahmen des Anstaltszwecks" benutzen wollen. Bespr. der Entscheidung von *Erichsen*, VerwArch 1973, 299 ff., sowie *Hoffmann Becking*, Jus 1973, 615 ff.
[55] Allgemeine Überlegungen zur rechtlichen Ausgestaltung gemeindlicher Einrichtungen (§ 18 I GONW) bei *Zuleeg*, JuS 1973, 34 ff., der die Rechtsfolgen bei öffentlich-rechtlichem Benutzungsverhältnis und bei privatrechtlicher Ausgestaltung gegenüberstellt; ferner *Badura*, JuS 1966, 17 ff.; *Erichsen*, Jura 1986, 148 ff., 196 ff. m. w. Nachw.; *Püttner-Lingemann*, JA 1984, 121 ff.; 274 ff.
[56] Dazu *Ule*, VerwProzR, § 8 II; *Rauball-Pappermann-Roters*, Gemeindeordnung für Nordrhein-Westfalen, 3. Aufl. (1981), § 18 Rdnrn. 6, 9; *Erichsen* aaO, S. 196; *Püttner-Lingemann* aaO, S. 274. Zulassungsstreitigkeiten können auch bei privaten Unternehmen öffentlich-rechtlich sein, wenn Inhalt und Ausmaß einer öffentlich-rechtlichen Verpflichtung des Unternehmens in Rede stehen: *BVerwGE* 38, 243 ff.
[57] *VGH Kassel*, NJW 1977, 452 mit Bespr. *Menger*, VerwArch 1977, 389 ff.
[58] *BVerwGE* 31, 368; 32, 333; 47, 280, 286; *VGH Kassel*, NJW 1979, 997; *VGH Mannheim*, NJW 1979, 1844; *OVG Münster*, NJW 1976, 820; 1980, 901; DÖV 1984, 946; *OVG Lüneburg*, DÖV 1985, 165; *OVG Koblenz*, DÖV 1986, 153.
[59] Der Abschluß zivilrechtlicher Mietverträge (Anmietung eines gemeindlichen Festsaals durch politische Partei) dient nur der Ausgestaltung und Abwicklung eines nach öffentlichem Recht bestehenden Nutzungsrechts: *OVG Koblenz*, DÖV 1986, 153; s. auch *BVerwGE* 32, 334 sowie die vorinstanzliche Entscheidung des *OVG Münster*, DVBl 1968, 842 ff.

§ 3. Die Zulässigkeit des Verwaltungsrechtswegs

gunsten des öffentlichen Rechts, die von der Gemeinde eindeutig widerlegt werden müsse.[60] Dabei muß die Gemeinde den Nachweis führen, „daß sich aus der eindeutigen Beschränkung der Bereitstellung ergebe, die Einrichtung solle als private Einrichtung betrieben werden."[61]

Beispiel:
Eine politische Partei, die Herausgeberin einer Zeitung ist, beantragt bei der Stadt als Eigentümerin der sog. Rhein-Wiesen, wo traditionell Großveranstaltungen abgehalten wurden, ihr diese für ein Pressefest zur Verfügung zu stellen. Da eindeutige Anhaltspunkte für eine öffentlich-rechtliche (etwa Widmung o. ä.) oder privatrechtliche Organisation des Festplatzes fehlen, greift die Vermutung zu Lasten der Gemeinde ein, daß es sich um eine öffentliche Einrichtung im Sinne des § 18 GO handelt und der Streit um die Zulassung (das „Ob") von den Verwaltungsgerichten zu entscheiden ist.[62]

Im Anstaltsrecht ist eine öffentlich-rechtliche Streitigkeit weiterhin – unabhängig von der Ausgestaltung des Benutzungsverhältnisses – dann gegeben, wenn Rechtsbeziehungen zwischen der Anstalt und einem nicht als Benutzer derselben auftretenden Bürger in Rede stehen.

Beispiel:
Betretungsverbot gegen den Besucher einer gemeindlichen Obdachlosensiedlung ist Ausübung des öffentlich-rechtlichen Hausrechts des Anstaltsherrn.[63]

ff) Ähnlich gelagerte Probleme können sich im Bereich der *politischen Parteien* ergeben. Zwar besitzen die Parteien grundsätzlich als (idR nichtrechtsfähige) Vereine[64] privatrechtlichen Status. Doch werden dadurch, daß die Parteien eine von der Verfassung gestellte Aufgabe zu erfüllen haben, weite Bereiche aus dem – bürgerlich-rechtlichen – Vereinsrecht herausgenommen und den speziellen Normen des öffentlichen Rechts, nämlich Art. 21 GG und dem Parteiengesetz, unterstellt.[65] Vor diesem Hintergrund läßt sich für den zulässigen Rechtsweg folgende Feststellung treffen: Rechtsstreitigkeiten mit politischen Parteien sind regelmäßig vor den ordentlichen Gerichten auszutragen, sofern nicht eine Partei-Schiedsgerichtsbarkeit[66] wie etwa im innerparteilichen Bereich eingreift.

---

[60] *Ossenbühl*, DVBl 1973, 289 ff. m. Nachw.; *Rauball-Pappermann-Roters*, aaO, § 18 Rdnr. 4; *VGH Mannheim*, NJW 1979, 1900; nach *BGHZ* 63, 121 greift eine solche Vermutung jedenfalls dann ein, wenn eine Behörde in Erfüllung typischer Aufgaben aus dem Bereich der ihr übertragenen hoheitlichen Befugnisse tätig wird.
[61] *Ossenbühl*, DVBl 1973, 290; *Rauball-Pappermann-Roters*, aaO, § 18 Rdnrn. 1, 4.
[62] Vgl. die Nachw. in Fußn. 58.
[63] *OVG Münster*, OVGE 30, 216. Vgl. oben sub I 1 b bb zum Hausverbot.
[64] Davon ist auch das Parteiengesetz ausgegangen, wie die Regelung des § 37 PartG beweist, der nur einige Bestimmungen des Vereinsrechts für nicht anwendbar erklärt.
[65] Ganz h. M.: *Henke*, Das Recht der politischen Parteien, 2. Aufl. (1972), S. 53 ff.; ders., in: BK, Zweitbearb., Art. 21 Rdnr. 47; *Stern*, StaatsR I, § 13.
[66] Dazu *Heimann*, Die Schiedsgerichtsbarkeit der politischen Parteien in der Bundesrepublik Deutschland, 1976; *Stern*, StaatsR II, § 43; zuletzt CDU-Bundesparteigericht, NVwZ 1982, 159 f. Vgl. auch *BGH*, NJW 1980, 443 m. Anm. *Hasenritter*.

Beispiele:
(a) Der Anspruch auf Aufnahme in die Partei muß vor dem Zivilgericht geltend gemacht werden,[67] ebenso die Unzulässigkeit des Ausschlusses.[68] – (b) Ein Ablehnungsgesuch bezüglich der gesamten Schiedsgerichtskommission in einem Parteiordnungsverfahren gehört vor das ordentliche Gericht.[69] – (c) Die Klage über den Antrag eines Parteimitglieds auf Feststellung, daß parteiinterne Wahlen wegen Verstoßes gegen das Demokratiegebot unwirksam sind, hat das Zivilgericht zu entscheiden.[70]

Finden dagegen die Regelungen des Art. 21 GG oder des Parteiengesetzes Anwendung, so liegt eine öffentlich-rechtliche Streitigkeit vor.

Beispiele:
(a) Antrag einer politischen Partei auf Zuteilung von Sendezeit vor Kommunalwahlen gemäß § 5 ParteiG.[71] – (b) Antrag auf Benutzung kommunaler Einrichtungen.[72]

gg) Besondere Schwierigkeiten treten im Bereich der *Wettbewerbsverhältnisse* zwischen der öffentlichen Hand und einem privaten Unternehmen auf. Da die Ausgestaltung des Benutzungsverhältnisses zur Qualifikation insoweit nicht einschlägig ist, weil das Konkurrenzunternehmen in keinen unmittelbaren rechtlichen Beziehungen zur öffentlichen Hand steht, bleibt als Kriterium zur Beurteilung nur die in Streit stehende Maßnahme. Nur wenn diese dem hoheitlichen Bereich zuzuordnen ist, sind die Verwaltungsgerichte zuständig. Als Orientierungshilfe kann der Satz dienen: Streit über Zugang zum Wettbewerb ist öffentlich-rechtlich, Streit über Art und Weise ist privatrechtlich.[73]

Beispiele:
(a) Das Wettbewerbsverhältnis zwischen einem privaten Bestattungsunternehmen und einer öffentlich-rechtlichen Bestattungsanstalt ist – unabhängig von der Regelung des Benutzungsverhältnisses – privatrechtlicher Natur, soweit Interessenten zwischen den konkurrierenden Angeboten beider Seiten frei wählen können.[74] – (b) Als privatrechtlich zu qualifizieren ist ebenfalls der Anspruch einer Kraftfahrzeugschilder herstellenden Firma gegen die in gleicher Weise tätige Kfz-Zulassungsstelle auf Unterlassung des Verkaufs, weil die Kunden wählen können, bei wem sie kaufen wollen.[75] – (c) Dagegen gehört der Anspruch eines gewerblichen Wohnungsvermittlungsunternehmens gegenüber der ebenfalls Wohnungsvermittlung betreibenden Stadt München auf Unterlassung nach Ansicht des *VGH München* zum öffentlichen Recht; hier gehe es nicht um § 1 UWG, der eine privatrechtliche Streitigkeit begründen würde, sondern um die öffentlich-rechtliche Norm des Art. 89 III 3 BayGO, der den Gemeinden die Wohnungsvermittlung unter bestimmten Voraussetzungen gestatte, der aber auf Priva-

---

[67] *VGH Mannheim*, NJW 1977, 72 = JuS 1977, 189 Nr. 1.
[68] *VGH Mannheim*, JuS 1977, 189.
[69] *OLG Frankfurt*, DVBl 1971, 75 = JuS 1971, 154 Nr. 2.
[70] *BGH*, NJW 1974, 183f. = JuS 1974, 253 Nr. 3.
[71] *OVG Lüneburg*, DVBl 1974, 883f.
[72] Vgl. oben 1 b ee in und zu Fußn. 56.
[73] *Püttner*, DÖV 1974, 787; *Scholz*, NJW 1978, 16ff.; *Kleinmann*, NJW 1985, 1367ff.; *Kopp*, § 40 Rdnrn. 30ff. m. w. Nachw.
[74] *Gerichtshof für Kompetenzkonflikte beim BayObLG*, DÖV 1975, 394ff. m. Anm. *Püttner*.
[75] *BGH*, DÖV 1974, 785ff.

§ 3. Die Zulässigkeit des Verwaltungsrechtswegs 19

te keine Anwendung finde. Ein Streit darüber, ob die Voraussetzungen des Art. 89 III 3 BayGO vorlägen, sei öffentlich-rechtlicher Natur.[76]

Als eine Schranke für die ordentlichen Gerichte wurde bislang der Antrag des Klägers gewertet, die Unterlassung der wettbewerbswidrigen Maßnahme durch eine dem öffentlichen Recht zuzurechnende organisatorische Änderung des Geschäftsbereichs der beklagten öffentlich-rechtlichen Körperschaft durch dienstliche Anweisung zu erreichen. Da ein Zivilgericht nicht in den hoheitlichen Bereich eingreifen dürfe – wie schon *BGH GSZ* 34, 39 ff., klargestellt hat –, wurde insoweit das Verwaltungsgericht für zuständig erklärt.[77]

Beispiel:
Der Kläger, der ein Bestattungsunternehmen betreibt, setzt sich dagegen zur Wehr, daß der in der Bestattungsordnung der Beklagten vorgesehene städtische Bestattungsordner, der für einen ordnungsgemäßen Ablauf der Bestattung verantwortlich ist, laut Dienstanweisung gleichzeitig den Verkauf von Bestattungsartikeln durch die Beklagte regelt sowie Aufträge zur Erledigung anderer Dienstleistungen (Leichenversorgung etc.) durch die Beklagte entgegennimmt. Er begehrt eine Änderung der Behördenorganisation dahingehend, daß der Geschäftsbereich des Bestattungsordners auf die Vornahme derjenigen Amtshandlungen beschränkt wird, die unter den Benutzungszwang fallen.[78]

Der *Große Zivilsenat* des *Bundesgerichtshofs* ist in einer Grundsatzentscheidung[79] von dieser These abgerückt und hat für rechtens erklärt, daß Zivilgerichte durch ein Verbot unlauterer oder sonst gesetzwidriger Maßnahmen des Staates in dessen Tätigkeitsbereich auch dann eingreifen dürfen, wenn die Leistungsbeziehungen zu seinen Abnehmern öffentlich-rechtlich ausgestaltet sind. Diese Auffassung stieß auf Kritik im Schrifttum.[80] Ihre Ablehnung hatte die Vorinstanz[81] noch zur Klageabweisung veranlaßt.

hh) Andererseits können auch bei Benutzung privatrechtlicher Gestaltungsformen öffentlich-rechtliche Rechtsbeziehungen vorliegen. Dies gilt insbesondere im Bereich der öffentlichen *Subventionierung Privater,*[82] wie bei der Bewilligung von Krediten,[83] deren Durchführung in den Formen des

---

[76] *VGH München,* BayVBl 1976, 628 = JuS 1977, 199 Nr. 12; *BVerwG,* NJW 1978, 1539f.; vgl. auch *OVG Münster,* DÖV 1986, 339f., zum Anspruch gegen die Gemeinde auf Unterlassen eines Saunabetriebes.
[77] *Bettermann,* DVBl 1977, 180ff.; *Menger,* VerwArch 1977, 293ff.; *Brackmann,* NJW 1982, 84f.
[78] *BVerwGE* 39, 330ff.
[79] *BGHGSZ* 66, 229ff., sowie der sich mit der gleichen Problematik befassende Beschluß *BGHGSZ* 67, 81ff.
[80] Kritisch etwa *Püttner,* DÖV 1976, 635; *Menger,* VerwArch 1977, 293ff.; gänzlich ablehnend *Bettermann,* DVBl 1977, 180ff. in seiner Anmerkung zu *BGHGSZ* 67, 81ff.; vgl. *Redeker-von Oertzen,* § 40 Rdnr. 21; *Kopp,* § 40 Rdnrn. 30f.
[81] *OLG Köln,* NJW 1974, 802ff. mit Bespr. *Scholz,* NJW 1974, 781.
[82] *Ipsen* und *Zacher,* VVDStRL 25 (1967), 257ff.; *Götz,* Recht der Wirtschaftssubventionen, 1966; *Stich,* JuS 1964, 386; *Friauf,* DVBl 1966, 729ff.; *Pfeffer,* BayVBl 1967, 253ff.
[83] Oder die Gewährung von Aufbaudarlehen: *OVG Saarlouis,* DVBl 1972, 616ff.; desgl. die Vergabe öffentlicher Mittel für den sozialen Wohnungsbau: *BVerwG,* DÖV 1972, 382f.; s. auch *BVerwGE* 41, 128f.

Privatrechts erfolgt. Hier ist nach der sog. *Zweistufentheorie*[84] das „Grundverhältnis" (die Bewilligung oder Versagung) öffentlich-rechtlich, dagegen das „Abwicklungsverhältnis" (der Vollzug der Bewilligung) privatrechtlich.[85]

Beispiele:
(a) Die Bewilligung eines Wiederaufbaudarlehens zur Beseitigung von Kriegsschäden hat öffentlich-rechtlichen Charakter (Verwaltungsakt).[86] Nach Abschluß des Darlehensvertrages ist das Wiederaufbaudarlehen jedoch allein nach bürgerlich-rechtlichen Gesichtspunkten zu beurteilen.[87] – (b) Auch der Anspruch auf zusätzliche „Straf"-zinsen bei Verstößen gegen bestimmte gesetzliche Verpflichtungen gemäß § 25 I WoBindG muß vor den ordentlichen Gerichten geltend gemacht werden; diese Vorschrift ergänzt den Darlehensvertrag und gehört daher zur zweiten Stufe.[88] – (c) Leistet der Staat gemäß § 36 BAföG Ausbildungsförderung, so kann er nach § 37 BAföG den bürgerlich-rechtlichen Unterhaltsanspruch des Auszubildenden gegen dessen Eltern auf sich überleiten. Die Überleitung wird im öffentlich-rechtlichen Bereich bewirkt; dagegen bleibt der Unterhaltsanspruch trotz Gläubigerwechsel im zivilistischen Bereich. Das gegen die Überleitungsanzeige angerufene Verwaltungsgericht darf daher nur die in § 37 BAföG vorausgesetzten Umstände prüfen, nicht aber Bestehen und Umfang des übergeleiteten Anspruchs, es sei denn, dieser ist objektiv ausgeschlossen. Einwendungen gegen den übergeleiteten Anspruch beeinträchtigen höchstens seine Realisierung.[89]

Dagegen betrachtet der *Bundesgerichtshof* Subventionen in Form verlorener Zuschüsse selbst bei Einschaltung eines Kreditinstituts dann als einheitliches öffentlich-rechtliches Rechtsverhältnis, wenn das Kreditinstitut lediglich die den Bewilligungsbescheid vollziehende Stelle ohne eigene Entscheidungsmöglichkeiten ist.[90]

Für die Zweistufentheorie ist ebenfalls dann kein Raum, wenn sich sämtliche Rechte und Pflichten der Parteien bereits bindend und erschöpfend aus den der Subventionierung zugrundeliegenden Rechtsnormen oder inner-

---

[84] Ausf. *Eyermann-Fröhler*, § 40 Rdnrn. 41 ff.; *Bettermann*, DVBl 1971, 112f.; *K. H. Klein*, S. 35f. Zuletzt *OLG Frankfurt*, DVBl 1980, 381.
[85] Nach *Menger*, VerwArch 1973, 305ff., ist auf der Grundlage der Zweistufentheorie eine privatrechtliche Ausgestaltung des Leistungsverhältnisses auch bei Anschluß- und Benutzungszwang möglich; ebenso *Erichsen*, Jura 1986, 203 m. w. Nachw.; *OVG Lüneburg*, NJW 1977, 450.
[86] Dazu zählt sowohl die Geltendmachung eines Anspruchs auf Subventionierung (*BVerwG*, NJW 1972, 2325 – Herabsetzung des Abschöpfungssatzes für Getreideimporte im Wege der Subventionierung –; *VG Berlin*, DÖV 1974, 100f. – Antrag auf Subventionierung einer Berliner Tageszeitung –; *OVG Berlin*, OVGE 13, 109 – Klage einer Zeitung gegen die Vergabe langfristiger zinsloser Darlehen an zwei andere Zeitungen –) als auch eine Herabsetzung der Zinsen eines öffentlich-rechtlichen Darlehens (*BVerwGE* 13, 47) oder die Rückforderung eines Aufbaudarlehens (*BVerwGE* 13, 307).
[87] *BGH*, DVBl 1964, 115; *BGHZ* 40, 206; 52, 155; 57, 130; *BGH*, MDR 1972, 308.
[88] *BGH*, DÖV 1974, 355f., im Anschluß an *BVerwG*, DÖV 1972, 382.
[89] *BVerwGE* 49, 311ff.; 49, 316f.; 49, 319f. Zur Rückforderung von unter Vorbehalt gezahlten Mitteln vgl. *OVG Münster*, NJW 1986, 1511.
[90] *BGHZ* 57, 136; *BGH*, NVwZ 1985, 517f.; *OVG Münster*, NVwZ 1984, 522; *Redeker-von Oertzen*, § 40 Rdnr. 23; *Maurer*, § 17 Rdnr. 28.

§ 3. Die Zulässigkeit des Verwaltungsrechtswegs

dienstlichen Vorschriften ergeben: Dann ist ausschließlich das Verwaltungsgericht zuständig.

Beispiel:
Für Ansprüche auf Rückzahlung vertraglich gewährter Studienförderungsmittel ist der Verwaltungsrechtsweg jedenfalls dann gegeben, wenn die Finanzierung der Ausbildung zum Zwecke der späteren Verwendung im Beamtenverhältnis, also zur Sicherung des Beamtennachwuchses, erfolgt.[92]

Voraussetzung für die Anwendung der Zweistufentheorie ist jedoch, daß öffentlich-rechtliche Normen existieren, die die Entscheidung determinieren (z. B. § 74 BVFG, § 68 BEG, §§ 27 I 1, 40 II 1 Erstes WoBauG 1953). Dem unbestreitbaren Vorteil dieser Theorie, durch den hoheitlichen Begründungsakt die öffentlich-rechtlichen Bindungen auf das Gesamtrechtsverhältnis anwenden zu können, steht der große Nachteil gegenüber, daß ein einheitliches Lebensverhältnis in verschiedene Teilabschnitte mit möglicherweise verschiedenen Rechtsschutzformen zerstückelt wird.[93] Auf Grund der Ansicht, der Staat könne sich den öffentlich-rechtlichen Bindungen auch durch die Wahl privater Rechtsformen bei Erfüllung seiner Aufgaben nicht entziehen, scheint sich eine Eindämmung der Zweistufentheorie anzubahnen.[94] So hat etwa das *VG Wiesbaden*[95] im Streit über die Benutzung eines gemeindlichen Kindergartens entschieden, daß Zulassungsakt und Benutzungsverhältnis bei kommunalen Einrichtungen jedenfalls dann öffentlich-rechtlicher Natur seien, wenn der Träger der öffentlichen Verwaltung die Leistung selbst erbringt. Das „gesamte Rechtsverhältnis über die Benutzung einer von einem Träger öffentlicher Gewalt im Rahmen ihrer öffentlichen Aufgaben zu öffentlichen Zwecken bereitgestellten öffentlichen Einrichtung ist *einheitlich* als öffentlich-rechtlicher Vertrag zu beurteilen." Doch verbleiben ihr andere Aufgabenbereiche, wie z. B. die Ausübung des gesetzlichen Vorkaufsrechts der Gemeinden (§§ 24ff. BBauG). Hier sollte man sich klar zur Zweistufentheorie bekennen und die Erklärung der Ausübung des Vorkaufsrechts als öffentlich-rechtliche Maßnahme ansehen – wie es § 24 IV BBauG[96] vorsieht –, den Vollzug des ausgeübten Vorkaufsrechts dagegen privatrechtlich werten.[97]

---

[91] *BGHZ* 57, 130ff. (Rückzahlung einer Spielfilmprämie).
[92] *BVerwGE* 30, 65 – Fernmeldeaspirant –; *BGH*, DÖV 1972, 314f. – Bundeswehrverwaltung.
[93] Kritik bei *Götz*, Recht der Wirtschaftssubventionen, S. 56ff.; *Martens*, Öffentlich als Rechtsbegriff, 1969, S. 95 Fußn. 87; *Rüfner*, Formen öffentlicher Verwaltung im Bereich der Wirtschaft, 1967, S. 372ff.; *Brohm*, Strukturen der Wirtschaftsverwaltung, 1969, S. 182; *Bethge*, JR 1972, 139ff.; *Ossenbühl*, DVBl 1973, 289ff.
[94] *BVerwGE* 35, 103ff.; 35, 172; *BVerwG*, DVBl 1970, 866; *BGHZ* 57, 130ff.; *Kopp*, BayVBl 1980, 609; *Friehe*, DÖV 1980, 673; *v. Zezschwitz*, NJW 1983, 1877; *Dawin*, NVwZ 1983, 400f.; vgl. auch die Nachw. in Fußn. 28.
[95] *VG Wiesbaden*, DVBl 1974, 243ff. unter Bezug auf *Pappermann*, JZ 1969, 484ff., und *Ossenbühl*, DVBl 1973, 289ff.; so auch *VGH Kassel*, ESVGH 27, 117ff.
[96] I. d. F. v. 18. 8. 1976, BGBl I, 2256. So schon nach altem Recht *VGH Mannheim*, ESVGH 24, 101.
[97] *Stern*, JZ 1962, 297; so auch *K. H. Klein*, S. 36. Den privatrechtlichen Charakter

ii) Öffentlich-rechtliche Beziehungen können auch durch *Verträge* zwischen Trägern öffentlicher Gewalt untereinander oder zwischen Trägern öffentlicher Gewalt und einem Bürger, möglicherweise sogar zwischen zwei Bürgern[98] begründet werden.[99] Die Zulässigkeit öffentlich-rechtlicher Verträge hat nunmehr der Gesetzgeber in den §§ 54 ff. VwVfG anerkannt. Ob ein öffentlich-rechtlicher oder ein privatrechtlicher Vertrag vorliegt, hängt davon ab, ob der Gegenstand der Regelung durch öffentliches oder privates Recht erfaßt wird;[100] ein Vertrag ist auch dann als öffentlich-rechtlich zu qualifizieren, wenn er inhaltlich so eng mit öffentlich-rechtlichen Berechtigungen oder Verpflichtungen zusammenhängt, daß er kraft Sachzusammenhangs dem öffentlichen Recht zugeordnet werden muß.[100a] Bei teils öffentlich-rechtlichen, teils privatrechtlichen Elementen wird man auf den Schwerpunkt der Vereinbarung abzustellen haben.[101]

---

betonen *Schütz-Frohberg*, BBauG, 3. Aufl. (1970), § 24 Anm. 4; *Heitzer-Oestreicher*, BBauG, 5. Aufl. (1973), Anm. 3d zu § 24; für den öffentlich-rechtlichen Charakter: *Schrödter*, BBauG, 3. Aufl. (1973), § 24 Rdnrn. 6 ff.; *Eyermann-Fröhler*, § 42 Rdnrn. 46 ff.; *Redeker-von Oertzen*, § 42 Rdnr. 59, jeweils m. Nachw.; *OVG Münster*, OVGE 23, 280 ff.; 27, 236 ff., und *VGH Mannheim*, ESVGH 24, 101 f., begreifen das Vorkaufsrecht als privatrechtsgestaltenden Verwaltungsakt. Eine Synopse der Meinungen findet sich in den Urteilen *BGHZ* 60, 275; *BGH*, DVBl 1975, 487. Der *BGH* betrachtet die Ausübung des Vorkaufsrechts als privatrechtliche Willenserklärung.

[98] Vgl. *OVG Lüneburg*, OVGE 27, 341; *Pestalozza*, JZ 1975, 51 f.; *Gern*, Der Vertrag zwischen Privaten über öffentlich-rechtliche Berechtigungen und Verpflichtungen, 1977; *ders.*, NJW 1979, 694 ff.; *Kasten-Rapsch*, NVwZ 1986, 708 ff.

[99] *Salzwedel*, Die Grenzen der Zulässigkeit des öffentlichrechtlichen Vertrages, 1958; *Stern*, VerwArch 1958, 106 ff.; *AöR* 84, 137, 273; *Birk*, NJW 1977, 1797 ff.; *Krebs*, VerwArch 1981, 49 ff.; *Plagemann*, JA 1981, 594 ff.; *Schulin*, JZ 1986, 476 ff.; *Ehlers*, DVBl 1986, 529 ff.; *Götz*, S. 163 ff.; *Schimpf*, Der verwaltungsrechtliche Vertrag unter besonderer Berücksichtigung seiner Rechtswidrigkeit, 1982.

[100] H. M., vgl. *Erichsen*, S. 140 ff., mit ausführlicher Darstellung des Streitstandes; ferner *Erichsen-Martens*, in: Erichsen-Martens, AllgVerwR, § 25 II; *Kopp*, VwVfG, § 54 Rdnrn. 6 ff.; *Gern*, VerwArch 1979, 219 ff.; *Lange*, NVwZ 1983, 313 ff.; *Schulin*, JZ 1986, 476 ff.; *BVerwGE* 42, 333; 64, 362 ff.; *BVerwG*, DÖV 1977, 206; NJW 1976, 2360 = JuS 1977, 127 Nr. 16; DÖV 1981, 878; *BSG*, JZ 1986, 501 ff.; *GmS-OGB*, NJW 1986, 2359 f. (entgegen der Ansicht des vorlegenden *BSG* wurde das Zivilgericht für zuständig erklärt); *OVG Lüneburg*, OVGE 27, 341; *VGH Kassel*, ESVGH 26, 80 ff.; *VGH München*, BayVBl 1978, 146; BayVBl 1985, 372; *VGH Mannheim*, NVwZ 1982, 253; *BGH*, NJW 1984, 1820 f.; *OLG Bamberg*, BayVBl 1980, 695; *OLG München*, BayVBl 1980, 504. Der öffentlich-rechtliche Charakter eines Vertrages ergibt sich auch daraus, daß er eine von der gesetzlichen Ordnung abweichende Verschiebung öffentlicher Lasten und Pflichten vorsieht: *BGH*, DÖV 1972, 719 f. VA.

[100a] *Menger*, VerwArch 1973, 203; *v. Mutius*, VerwArch 1984, 201; *Eidenmüller*, DÖV 1984, 229; *BGH*, NJW 1983, 23; *VGH München*, BayVBl 1978, 146; *VGH Kassel*, NJW 1984, 1139.

[101] *OVG Bamberg*, BayVBl 1986, 285; vgl. auch *BGHZ* 76, 20. Differenzierter je nach dem im Streit stehenden Teil des Vertrages *BVerwG*, DÖV 1981, 878; nach a. A. soll stets dann, wenn der Vertrag auch nur eine Regelung enthält, die einem Träger öffentlicher Gewalt vorbehalten ist, der Vertrag dem öffentlichen Recht zuzuordnen sein: *Papier*, JuS 1981, 499; *Erichsen-Martens*, aaO; *Knack*, VwVfG, § 54 Rdnrn. 4, 32.

§ 3. Die Zulässigkeit des Verwaltungsrechtswegs 23

Beispiele:
(a) Die Stadt *A* übernimmt unter Freistellung des Bauherrn *B* dessen Verpflichtung aus der Reichsgaragenordnung, Einstellplätze für Kraftfahrzeuge auf dem Baugrundstück oder in dessen Nähe zu erstellen. Dafür verpflichtet sich *B* zur Zahlung einer Ablösungssumme.[101a] – (b) Die Gemeinden *X* und *Y* schließen einen Vertrag über Errichtung und Unterhaltung einer gemeinsamen Schule. – (c) Verträge über Erschließungsleistungen nach § 123 III BBauG,[102] sog. Erschließungsverträge. – (d) Verträge zwischen Bürger und Gemeinde über Vorausleistungen auf den Erschließungsbeitrag.[103] – (e) Vereinbarung über Kanalanschlußgebühren.[104] – (f) Vertrag über die Gewährung von Subventionen.[105]

Die früher bestehenden Schwierigkeiten bei Klagen aus öffentlich-rechtlichen Verträgen, daß je nach dem geltendgemachten Anspruch entweder das Zivilgericht oder das Verwaltungsgericht angerufen werden mußten, hat der Gesetzgeber durch die Neufassung des § 40 II ab 1. 1. 1977 beseitigt und die Entscheidungskompetenzen insgesamt den Verwaltungsgerichten übertragen. Diese judizieren nicht nur – wie schon früher – dann, wenn eine der Parteien z. B. auf Erfüllung klagt[106] oder sonstige Ansprüche aus dem Vertrag geltend macht;[107]

Beispiele:
(a) *A* tritt einen Grundstücksteil an die Gemeinde unentgeltlich unter dem Vorbehalt der Verrechnung auf später entstehende Straßenbaukosten ab. Die Abtretung ist ein öffentlich-rechtlicher Vertrag. Die Geltendmachung des Anspruchs auf Verrechnung gegenüber dem Anspruch der Gemeinde auf Ersatz der Baukosten bzw. des bei Nichtbeachtung der Abmachung an seine Stelle tretenden Ausgleichsanspruchs in Geld hat als Anspruch aus dem öffentlich-rechtlichen Vertrag vor den Verwaltungsgerichten zu erfolgen.[108] – (b) Zwischen Gemeinde und Eigentümer eines kanalanschlußpflichtigen Grundstücks wird ein Vertrag mit dem Inhalt geschlossen, daß die Kanalanschlußgebühren abgegolten seien. Gegen einen Bescheid, mit dem der Eigentümer zur Zahlung

---

[101a] Vgl. *BGHZ* 32, 214; 35, 69; vgl. auch § 47 V BauONW und *BVerwGE* 23, 213 ff.

[102] *BGHZ* 54, 287 ff.; 61, 359; *OVG Lüneburg*, OVGE 24, 356 ff.; ferner *BVerwGE* 32, 37 ff.; *BVerwG*, DVBl 1973, 499 f.; vgl. in diesem Zusammenhang auch *OVG Münster*, OVGE 33, 147; *OVG Münster*, NJW 1980, 2093.

[103] *OVG Münster*, OVGE 28, 24.

[104] *VGH München*, DÖV 1976, 99.

[105] *OVG Münster*, NVwZ 1984, 522 ff.; dazu *Knuth*, JuS 1986, 523 ff.

[106] *Redeker-von Oertzen*, § 40 Rdnr. 15; *Simons*, Leistungsstörungen verwaltungsrechtlicher Schuldverhältnisse, 1967; *Obermayer*, BayVBl 1977, 546 ff.; *Bullinger*, DÖV 1977, 812 ff.; *Kopp*, § 40 Rdnr. 71 jeweils m. w. Nachw. bes. aus der Rspr. – Die Behörde ist dabei nicht in jedem Falle auf eine Leistungsklage angewiesen, sondern kann durch Leistungsbescheid vorgehen, wenn die durchzusetzende Forderung schon im Gesetz und nicht erst im Vertrag begründet ist, vgl. *BVerwGE* 50, 172 ff. m. w. Nachw.; *OVG Münster*, OVGE 26, 180 ff.; *OVG Münster*, DVBl 1977, 905; *VGH Kassel*, VerwRspr 20, 872.

[107] Klage auf Rückzahlung bei Rückgewährklausel *BVerwGE* 30, 65 ff.; für die Klage auf Rückgewährung einer Leistung auf Grund eines ungültigen Vertrages s. auch *BGHZ* 56, 365 ff.; *Kopp*, § 40 Rdnr. 72 m. w. Nachw.

[108] *BGH*, DÖV 1974, 712 f.

von Kanalanschlußgebühren herangezogen wird, wendet dieser seine vertraglich vereinbarte Freistellung ein.[109]

sondern auch, wenn Schadensersatzansprüche aus dem Vertrag geltend gemacht werden.[110] Zu den öffentlich-rechtlichen Verträgen ist auch der *Prozeßvergleich* in der Verwaltungsgerichtsbarkeit zu rechnen. Er ist zwar einerseits Prozeßhandlung, andererseits aber materiell-rechtlich ein Vertrag (Doppelnatur).[111]

jj) Auch Ansprüche auf *Geldleistungen* können öffentlich-rechtlicher Natur sein, z. B. *Erstattungsansprüche.*[112] Hier wird der Rechtsweg für den Rückforderungsanspruch durch die Rechtsnatur der Leistung bestimmt, da der Rückforderungsanspruch die „Kehrseite" der Leistung ist.[113]

kk) Klagen aus dem – zivilrechtlichen – „Beschulungsvertrag" mit einer *staatlich anerkannten Privatschule* sind nach neuerer Auffassung[114] nur dann vor dem Verwaltungsgericht zu erheben, wenn die Streitigkeiten im Bereiche der staatlich verliehenen Befugnis angesiedelt sind.

Beispiele:
(a) Anspruch auf Aufnahme in eine private Ersatzschule, wenn die Schule durch die Annahme des Schülers zur Aufnahmeprüfung zugesagt hat, ihn im Falle des Bestehens der Prüfung aufzunehmen, gehört vor das *Verwaltungsgericht.*[115] – (b) Das Rechtsverhältnis zwischen Schülern und einer staatlich anerkannten Privatschule ist hinsichtlich der Verhaltenspflichten der Schüler jedenfalls dann rein privatrechtlich, wenn die Schüler der allgemeinen Schulpflicht nicht mehr unterliegen.[116] – (c) Dagegen sind Streitigkeiten über Zeugniserteilung oder Prüfungsentscheidungen dem öffentlichen Recht zuzurechnen.[117]

Dagegen ist für Klagen gegen Maßnahmen einer staatlich nur *genehmigten*, nicht aber staatlich anerkannten Privatschule in jedem Fall das Zivilgericht

---

[109] *VGH München*, DÖV 1976, 99ff.
[110] Dazu unten 3 b nn.
[111] *BVerwGE* 14, 103ff.; 28, 332ff.; *BVerwG*, DÖV 1977, 206; vgl. auch *OVG Lüneburg*, OVGE 32, 313; *Kniesch*, in: Staatsbürger und Staatsgewalt II, S. 507; *Breetzke*, NJW 1969, 1408ff.; *Redeker-von Oertzen*, § 106 Rdnr. 1; *Eyermann-Fröhler*, § 106 Rdnrn. 1 f.; *Pappermann*, DÖV 1972, 161; *Schröder*, Der Prozeßvergleich in den verwaltungsgerichtlichen Verfahrensarten, 1971; *Meyer-Hesemann*, DVBl 1980, 869. Zum wirksamen Vergleich: *OVG Münster*, DÖV 1977, 790.
[112] Dazu allgemein *Erichsen-Martens*, in: dies., AllgVerwR, § 30 III; *Maurer*, § 28 IV; *Ossenbühl*, Staatshaftungsrecht, 3. Aufl. (1983), § 38; *Wallerath*, AllgVerwR, § 17 II; *Mayer-Kopp*, § 58; *H. Weber*, JuS 1986, 29ff.; *v. Mutius*, VerwArch 1980, 413ff., jew. m. w. Nachw.; *VGH Mannheim*, DÖV 1979, 802; *OVG Münster*, OVGE 25, 286; *BVerwGE* 36, 108ff.; 48, 283f.; 71, 87ff.; *BVerwG*, NVwZ 1982, 377; *BGHZ* 67, 70 sowie *VG Düsseldorf*, DVBl 1977, 260; *VG Minden*, NVwZ 1985, 679; desgleichen wenn der Anspruch gegen den Rechtsnachfolger gerichtet ist: *OVG Lüneburg*, DVBl 1971, 625.
[113] *BGHZ* 71, 182; 72, 57; *BGH*, NVwZ 1984, 266.
[114] Umfassend *v. Campenhausen*, Erziehungsauftrag und staatliche Schulträgerschaft, 1967, S. 83 ff. m. w. Nachw.
[115] *BVerwGE* 17, 41 f.; *VGH Mannheim*, NJW 1980, 2597.
[116] *VGH Mannheim*, NJW 1971, 2089 ff.
[117] *VGH Mannheim*, NJW 1971, 2091.

§ 3. Die Zulässigkeit des Verwaltungsrechtswegs

zuständig, weil die staatlich nur genehmigte Ersatzschule über keinerlei Hoheitsbefugnisse verfügt.[118]

ll) Besondere Probleme hinsichtlich der Abgrenzung der öffentlich-rechtlichen Streitigkeiten bestehen im Recht der *öffentlichen Sachen;*[119] hier befinden sich nach der von der h. M. noch immer vertretenen Konstruktion des modifizierten Privateigentums bürgerliches Eigentumsrecht und öffentlichrechtliche Sachherrschaft in Gemengelage.

Grundsätzlich besteht an jeder öffentlichen Sache privates Eigentum,[120] das sowohl einem Verwaltungsträger als auch einer Privatperson zugeordnet sein kann. Der Eigentümer ist regelmäßig befugt, über die Sache privatrechtlich zu verfügen, sie etwa zu veräußern oder zu belasten. Auch gutgläubiger Erwerb einer öffentlichen Sache ist möglich, soweit der öffentlich-rechtliche Zweck der Sache nicht beeinträchtigt wird.[121] Jedoch wird hier weitgehend § 935 BGB eingreifen, da Beamte, Angestellte und Arbeiter des öffentlichen Dienstes i. d. R. nur Besitzdiener sein werden.[122] Entsteht auf dieser Ebene ein Rechtsstreit, z. B. weil das Eigentumsrecht von einem anderen beansprucht wird, oder weil die Unwirksamkeit einer dinglichen Belastung der Sache behauptet wird, ist das Zivilgericht zuständig.

Beispiele:
(a) *A* hat sich aus der Universitätsbibliothek ein seltenes und sehr wertvolles Buch entliehen, das er an *B*, den Eigentümer einer großen Privatbibliothek, veräußert. Als *B* Kenntnis von dem Vorgang erlangt, erhebt er Klage mit dem Antrag festzustellen, daß er das Eigentum gutgläubig erworben habe. – (b) Die Sekretärin *J* im Ministerium veräußert ihre ,,dienstliche" Schreibmaschine an ihre Freundin, die die ,,private" Maschine der *J* zu erwerben glaubt und nach dem Aufdecken der Handlung Klage auf Feststellung ihres Eigentumserwerbs erhebt.[123]

Da nach der Lehre vom modifizierten Privateigentum die öffentliche Zweckbindung das private Recht überlagert, ist der Verfügungsgewalt eine Schranke gezogen. Das bedeutet, daß die Geltendmachung z. B. des aus dem Eigentum fließenden Rechts zum Besitz ausgeschlossen ist, solange die öffentliche Zweckbindung besteht; bei gutgläubigem Erwerb geht diese auf den neuen Eigentümer über: § 936 BGB ist ausgeschlossen.[124] Der Staat kann folglich von dem Erwerber den Besitz der Sache verlangen. Dieser Anspruch auf Herausgabe ergibt sich lediglich aus der öffentlich-rechtlichen Zweckbindung; das private Eigentumsrecht bleibt unbeachtet. Ein Rechtsstreit hierüber müßte vor den Verwaltungsgerichten anhängig gemacht werden.[125]

---

[118] *BVerwGE* 45, 117 ff.; *Salzwedel*, in: Erichsen-Martens, AllgVerwR, §§ 45 ff.
[119] Dazu W. *Weber* und *Stern*, VVDStRL 21 (1964), S. 145 ff.; *Stern*, EvStL, 3. Aufl. (1987), Art. ,,Öffentliche Sache"; *Wolff-Bachof* I, §§ 45 ff.; *Salzwedel*, in: Erichsen-Martens, AllgVerwR, §§ 43 ff., jeweils m. umf. Nachw.; *Papier*, Recht der öffentlichen Sachen, 1977; *ders.*, Jura 1979, 93 ff.; *Pappermann*, JuS 1979, 794 ff. in Fortsetzungsbeiträgen, zuletzt 1981, 269.
[120] *Wolff-Bachof* I, § 57 II a; *Stern*, EvStL, aaO (o. Fußn. 119).
[121] *Wolff-Bachof* I, § 57 II b 2.
[122] Ausf. m. Beispielen *Frotscher*, VerwArch 1971, 154 ff.
[123] Beispiele nach *Frotscher*, aaO (o. Fußn. 122).
[124] *Wolff-Bachof* I, § 57 II 2, 3.
[125] *Frotscher*, (o. Fußn. 122) S. 159.

Ähnliche Rechtsfragen wie beim Verwaltungsvermögen ergeben sich im Wegerecht; hier ist zwischen dem privaten Eigentum, dem dieses überlagernden Gemeingebrauch und den Sondernutzungen zu unterscheiden.[126]

Daß bei Streitigkeiten über das Eigentum und aus dem Eigentum an einer dem Gemeingebrauch unterliegenden Sache das *Zivilgericht* zuständig ist, folgt aus den gleichen Gründen wie beim Staatsvermögen. Stehen Fragen des Gemeingebrauchs in Streit, so wird die öffentlich-rechtliche Zweckbindung der Sache betroffen: zuständig sind die Verwaltungsgerichte.[127]

Beispiele:

(a) *X* will seinen Lkw über Nacht sowie an Sonn- und Feiertagen auf einer öffentlichen Straße abstellen (sog. Laternengarage).[128] Dagegen rechnet das Abstellen eines nicht zugelassenen Pkw's auf einer öffentlichen Straße selbst dann nicht mehr zum Gemeingebrauch, wenn der Wagen technisch fahrbereit ist, weil Dauerparken nur dann zum Straßenverkehrsrecht gehört, wenn der Wagen zugelassen ist;[129] anders, wenn der Wagen zwar zugelassen, aber technisch nicht mehr verkehrssicher ist: Gemeingebrauch.[130] – (b) *Y* klagt auf Duldung eines Notweges über ein städtisches Grundstück, das für den Feuerwehrdienst gewidmet ist.[131] – (c) Z klagt auf Herausgabe seines Grundstücksteils, über den ohne seine Zustimmung ein öffentlicher Weg gelegt wurde.[132]

Schwierig wird es, wenn der Komplex der über den Gemeingebrauch hinausgehenden Sondernutzungen[133] in Rede steht: Hier muß darauf abgestellt werden, ob der Gemeingebrauch durch die Sondernutzung beeinträchtigt wird. Ist eine solche Beeinträchtigung gegeben, so bedarf die Sondernutzung einer öffentlich-rechtlichen Erlaubnis der Straßenbaubehörde (§ 8 I BFStrG sowie die Parallelbestimmungen der Landesstraßengesetze). Streitigkeiten hierüber sind vor den Verwaltungsgerichten auszutragen.

---

[126] Zur begrifflichen Unterscheidung zwischen schlichtem Gemeingebrauch, dem durch Art. 14 I GG gewährleisteten Anliegergebrauch sowie Sondernutzungen *Thiele,* DVBl 1980, 977ff. m. w. Nachw.
[127] Vgl. die interessante Entscheidung des *OVG Lüneburg,* DVBl 1964, 365 f.: Dort klagte ein Droschkenunternehmer auf Benutzung einer nicht gewidmeten Privatstraße. Der *Senat* gelangte zur Zulässigkeit des Verwaltungsrechtswegs nur dadurch, daß er die tatsächliche Benutzung der Straße als Teilnahme an einer öffentlichen Einrichtung ansah, so daß die Eigentumsverhältnisse nicht beachtlich waren. Abl. Bespr. von *Badura,* JuS 1966, 17 ff.
[128] *BVerwGE* 23, 325ff.; 34, 320ff.; *BVerwG,* DVBl 1979, 155; NJW 1982, 2332; *BayObLG,* NJW 1980, 1807 (strafrechtl.); vgl. dazu § 12 III a StVO.
[129] *BayObLG,* DÖV 1977, 106 f.; vgl. aber die Entscheidungen *BVerwG,* NJW 1986, 337, sowie *OVG Lüneburg,* DVBl 1986, 410, zum Parken eines abgekuppelten Wohnwagens.
[130] *BayObLG,* NVwZ 1984, 541 f.
[131] *BGH,* VerwRspr 20, 886.
[132] *BGHZ* 48, 239.
[133] Dazu *Ziegler,* DVBl 1976, 89ff. m. w. Nachw.; *BayObLG,* BayVBl 1980, 630; *OVG Lüneburg,* NJW 1986, 863.

§ 3. Die Zulässigkeit des Verwaltungsrechtswegs 27

Beispiele:
(a) *A* will ein Straßencafé errichten: Sondernutzung, weil den Gemeingebrauch beeinträchtigend.[134] – (b) Dagegen stellt der Verkauf *zur* Straße keine Sondernutzung dar, sondern hält sich im Rahmen des Gemeingebrauchs, da für das Anbieten der Ware kein Straßenraum beansprucht und damit der Allgemeinheit vorenthalten wird.[135] – (c) Anbringung von senkrecht in den Luftraum über der Straße hineinragenden Werbeträgern ist Sondernutzung, da auch für den Anliegergemeingebrauch die Beschränkung auf Fortbewegungszwecke gilt.[136] – (d) Auch das Ansprechen von Passanten auf öffentlichen Wegen zu Zwecken gewerblicher Werbung beeinträchtigt den Gemeingebrauch und ist daher erlaubnispflichtige Sondernutzung.[137]
Das Aufstellen von Werbetafeln einer politischen Partei, sei es im Wahlkampf als Sichtwerbung,[138] sei es als Einladung zu einem Pressefest,[139] ist erlaubnispflichtige Sondernutzung, ebenso das Aufstellen von Informationsständen mit parteipolitischem Werbematerial auf öffentlicher Straßenfläche.[140]

Wohl geklärt ist jetzt die Frage, ob das Verteilen von Flugblättern politischen Inhalts noch zum Gemeingebrauch zu zählen ist oder die Grenze der Gemeinverträglichkeit bereits überschreitet. Während die Rechtsprechung das Austeilen von gewerblichen Werbezetteln früher noch überwiegend als erlaubnispflichtige Sondernutzung[141] betrachtet hatte, mehrten sich die Stimmen, die im Bereich politischer Informationsangebote den Begriff des Gemeinwohls extensiv („verfassungskonform") interpretieren wollen aus Rücksicht auf die in Art. 5 GG garantierte Pressefreiheit. Der sog. kommunikative Verkehr gehört nunmehr zum Gemeingebrauch,[142] da die „Straße den Charakter eines erweiterten Lebensraumes für die Allgemeinheit besitze".[143] Doch auch nach diesem weiten Verständnis des Gemeingebrauchs stellt je-

---

[134] Vgl. den Fall bei *Geck-Furkel,* JuS 1968, 35 ff.
[135] *VG Hannover,* DVBl 1973, 513.
[136] *BGH,* NJW 1978, 2201 f.; *BVerwG,* NJW 1979, 440 f.; *OVG Münster,* DÖV 1986, 575 f.
[137] *OVG Hamburg,* NJW 1986, 209.
[138] *BVerwGE* 47, 280 ff.; 47, 293 ff.
[139] *OVG Münster,* OVGE 30, 56.
[140] *BVerwGE* 56, 63 ff.; *BGHSt* 28, 75 ff.; *VGH München,* VGH n. F. 28, 113; *OLG Karlsruhe,* DÖV 1976, 534 ff.; *OLG Celle,* NJW 1975, 1894; NJW 1976, 204; *OLG Saarbrücken,* NJW 1976, 1362; *OLG Stuttgart,* DVBl 1979, 77.
[141] *BVerwGE* 35, 325 ff. m. Bespr. *Menger,* VerwArch 1971, 188 ff.; *OVG Münster,* OVGE 27, 12; *VGH München,* DVBl 1967, 920; differenzierend *VGH München,* VGH n. F. 31, 89; ausführlich *Steinberg,* NJW 1978, 1898 ff.; *Stock,* Straßenkommunikation als Gemeingebrauch, 1979; s. ferner den praktischen Fall von *Geck-Böhmer,* JuS 1973, 499 ff.
[142] Zum Problem etwa *Pappermann,* NJW 1976, 1341 ff.; *Crombach,* DVBl 1977, 277 ff.; *Sigrist,* DÖV 1976, 376 ff. Aus der Rspr. vgl. *OLG Stuttgart,* DVBl 1976, 113 ff. = JuS 1976, 195 Nr. 12; *OLG Frankfurt,* NJW 1976, 203 f. = JuS 1976, 195 Nr. 12; *OLG Bremen,* GewArch 1976, 331 f.; *OVG Lüneburg,* NJW 1977, 916 f. Teilweise wird zwar eine Sondernutzung angenommen, ihre Erlaubnispflicht jedoch unter Hinweis auf Art. 5 GG verneint: So etwa *OLG Celle,* DVBl 1976, 111 ff.; *OLG Düsseldorf,* NJW 1975, 1288; vgl. auch *OLG Hamm,* NJW 1980, 1702.
[143] Zuletzt *OVG Lüneburg,* NJW 1986, 863 m. w. Nachw.; vgl. auch *OLG Stuttgart,* DVBl 1976, 113; DVBl 1979, 77, sowie *Pappermann,* NJW 1976, 1341.

denfalls wildes Plakatieren auf Verteilerschränken von Stromversorgungsunternehmen, die auf dem Gehweg stehen, keinen kommunikativen Verkehr – und damit auch keinen Gemeingebrauch – dar.[144] Beeinträchtigt dagegen die Sondernutzung den Gemeingebrauch nicht, sind die Zivilgerichte zuständig (§ 8 X BFStrG; nach § 23 LStrGNW: „sonstige Nutzung").

Beispiele:
(a) *A* will einen Zigarettenapparat an der Hauswand anbringen.[145] – (b) Ein öffentliches Versorgungsunternehmen will Leitungen an einer Straße unterirdisch verlegen und muß dazu den Straßenkörper für kurze Zeit aufreißen (§ 8 X BFStrG).[146]

Wird jedoch darum gestritten, ob die beabsichtigte Benutzung der Straße dem Bereich des Gemeingebrauchs oder der Sondernutzung zuzurechnen ist, so ist das Verwaltungsgericht zuständig.

Beispiele:
(a) *A* wendet sich gegen die Heranziehung zu Sondernutzungsgebühren für die Aufstellung eines Zigarettenautomaten mit der Begründung, für ihn als Gewerbetreibenden stelle die Installierung eines Warenautomaten eine Konkretisierung des sog. „Kontakts nach außen" dar und gehöre damit zum – gebührenfreien – Gemeingebrauch.[147] – (b) Erteilung einer Erlaubnis zum Befahren einer Fußgängerzone.[148]

Beachte aber: Die Stadt klagt aus § 1004 BGB auf Beseitigung von baurechtlich genehmigten Reklameauslegern, die in mehr als 3 m Höhe in den Straßenraum hineinragen, nachdem die Beklagte eine Einigung über die „sonstige Benutzung" gegen Gebühr, die dem Gebührentarif für Sondernutzungen entsprach, abgelehnt hat. Da der Streit über Sondernutzung oder Anliegergebrauch im Rahmen eines zivilistischen Beseitigungsbegehrens geltend gemacht wurde, waren die Zivilgerichte zur Entscheidung berufen.[149]

mm) Eine öffentlich-rechtliche Streitigkeit liegt auch dann vor, wenn Ansprüche aus einem *besonderen Dienst- oder Pflichtverhältnis* (Sonderstatusverhältnis)[150] zwischen Staat und Bürger geltend gemacht werden und dieses Dienstverhältnis „so stark öffentlich-rechtlich geprägt ist, daß es insge-

---

[144] *OLG Hamm*, DVBl 1977, 289 f.
[145] *Geck-Furkel*, aaO. (o. Fußn. 134); zu dieser Frage ferner *Ridder-Schmidt*, JuS 1966, 241; *BayObLG*, DVBl 1969, 755 Nr. 256; siehe auch *VGH München*, DVBl 1979, 75 f., und *BVerwG*, NJW 1975, 357 (Warenautomat ist Sondernutzung).
[146] *Wagner*, JuS 1968, 198; a. A. für Regelung nach altem Recht: *VGH Kassel*, VerwRspr 20, 872.
[147] *BVerwG*, NJW 1975, 357.
[148] *VGH Mannheim*, DÖV 1980, 730.
[149] *OLG Hamm*, DÖV 1975, 576 f.; *Ganschezian-Finck*, DÖV 1976, 305 ff.; vgl. *BGH*, NJW 1978, 2201 f.
[150] Gleiches gilt für die Geltendmachung von Ansprüchen aus einem Vorverhältnis, das infolge Ablehnung des Bewerbers nicht zu einem besonderen Dienstverhältnis gediehen ist, sofern dieses hätte öffentlich-rechtlich begründet werden sollen: *VGH Mannheim*, DVBl 1974, 817 ff.

§ 3. Die Zulässigkeit des Verwaltungsrechtswegs 29

samt dem öffentlichen Recht zugeordnet werden muß", z. B. beim beliehenen Unternehmer.[151]

Beispiele:
(a) Bestellungskörperschaft klagt gegen den amtlich bestellten Fleischbeschauer auf Feststellung, daß diesem keine weiteren Vergütungsansprüche zustehen.[152] – (b) Lehrauftragsverhältnis zwischen Lehrbeauftragtem und Anstellungskörperschaft.[153] – (c) Staatlich anerkannter Prüfingenieur klagt auf angemessene Beschäftigung.[154]

Der Verwaltungsrechtsweg ist dagegen nach Ansicht des *Bundesverwaltungsgerichts* nicht gegeben für Ersatzansprüche eines „öffentlich-rechtlichen Arbeitgebers" gegen einen Angestellten des öffentlichen Dienstes nach dem *Erstattungsgesetz*,[155] da diese Erstattungsansprüche bürgerlich-rechtlicher Natur und deshalb vor den Arbeitsgerichten auszutragen seien.[156] Diese Meinung erscheint problematisch. Gegenstand des Rechtsstreits war das Aufhebungsbegehren eines nach dem Erstattungsgesetz ergangenen Erstattungsbeschlusses. Das Erstattungsgesetz regelt jedoch unzweifelhaft öffentlich-rechtliche Tatbestände,[157] und daß der Erstattungsbeschluß Verwaltungsaktscharakter hat, wird auch vom *Bundesverwaltungsgericht* nicht bestritten.

Unstreitig öffentlich-rechtlicher Natur sind die klassischen ehedem besondere Gewaltverhältnisse genannten Sonderstatusverhältnisse des Beamten-, Richter- und Soldatenverhältnisses, des Schul- und Strafgefangenenverhältnisses. Hier stellt sich jedoch die Frage, inwieweit Anordnungen in deren Rahmen gerichtlich überprüfbar sind (dazu unten § 4 IV 2 b ii).

nn) Schwierigkeiten bereiten nach wie vor die Rechtswegfragen auf dem Gebiet des *Rundfunkrechts*.[158] Während die fiskalischen Hilfsgeschäfte ebenso wie die erwerbswirtschaftliche Tätigkeit durch Werbefunk und Werbefernsehen unstreitig dem Zivilrecht zuzurechnen sind, ist die Zuordnung der Klagen aus dem Anstaltsnutzungsverhältnis noch immer nicht geklärt. Neben anderen Kriterien folgt schon aus der Tatsache, daß Rundfunkanstalten juristische Personen des öffentlichen Rechts sind und mit ihrer Tätigkeit Aufga-

---

[151] Zum Beliehenen *Tettinger*, DVBl 1976, 752 ff. m. w. Nachw.; *Stern*, StaatsR II, § 41 IV 10 d m. w. Nachw.
[152] *BVerwGE* 29, 168.
[153] *BVerwGE* 49, 137 ff.
[154] *BVerwG*, DÖV 1972, 500 f.
[155] Vom 18. 4. 1937 (RGBl I, 461).
[156] *BVerwGE* 38, 1 ff.
[157] Vgl. die Bespr. von *Bettermann*, DVBl 1972, 85 f.; *Neumann*, JuS 1972, 573, sowie *v. Mutius*, VerwArch 1972, 97 ff.
[158] Zum folgenden *Buri*, NJW 1971, 468 ff.; NJW 1972, 705 ff.; *Bethge*, VerwArch 1972, 152 ff.; ferner *OLG Köln*, NJW 1973, 858 f. m. abl. Bespr. *Bethge*, NJW 1973, 1508; *Kopp*, § 40 Rdnr. 28 f.; *Martens*, Negatorischer Rechtsschutz im öffentlichen Recht, 1973, S. 17 ff., will die dem staatlichen Einfluß entzogene und unter Grundrechtsschutz stehende Programmgestaltung nicht als hoheitliches Handeln ansehen, offensichtlich dem Urteil des *OLG Frankfurt*, NJW 1971, 47 („Aktenzeichen XY – ungelöst"), insoweit zustimmend. Anders jetzt *BVerwG*, DÖV 1977, 65 f., im Rechtsstreit gegen das Fernsehen auf Unterlassung, Sportveranstaltungen lediglich wegen der dabei betriebenen Werbung abzusagen.

ben der Leistungsverwaltung wahrnehmen,[159] eine Vermutung für den öffentlich-rechtlichen Charakter des Anstaltsnutzungsverhältnisses, die mangels eines eindeutigen Votums zugunsten des Privatrechts (vgl. oben I 1 b ee) ausreicht, den Verwaltungsrechtsweg zu eröffnen. Die von der Rechtsprechung[160] zugrunde gelegte Argumentationskette, daß Staatsfreiheit des Rundfunks Privatrechtlichkeit des Handelns indiziere, ist nicht schlüssig. Die Rechtsprechung des *Bundesverwaltungsgerichts* und des *Bundesverfassungsgerichts* in der Gebührenfrage und in der Zuteilung von Sendezeit[161] hat sich zu Recht für den Verwaltungsrechtsweg entschieden.

2. Streitigkeiten „nichtverfassungsrechtlicher Art"

§ 40 VwGO eröffnet den Rechtsweg nur für Streitigkeiten *nichtverfassungsrechtlicher* Art.

a) Diese Formulierung stellt keine Tautologie mit der gesetzlichen Zuweisung des Rechtsstreits an ein anderes Gericht nach § 40 I 1 Halbs. 2 VwGO dar, da § 13 BVerfGG die vor dem *Bundesverfassungsgericht* möglichen Verfahren enumerativ aufzählt. Würde daher die Klausel „nichtverfassungsrechtlicher Art" in § 40 I 1 fehlen, so fielen alle von der Enumeration nicht erfaßten verfassungsrechtlichen Streitigkeiten in die Kompetenz der Verwaltungsgerichte.[162] Daraus erhellt, daß es verfassungsrechtliche Streitigkeiten geben kann, die nicht justitiabel sind.[163]

Beispiele:
(a) Die Kläger sind Wahlkreisbewerber der Wahlkreise des Wahlkreisverbandes Ch. für die Wahlen zum Abgeordnetenhaus. Ihre Klage auf Feststellung, daß eine andere Einteilung der Wahlkreise entsprechend einem früheren Beschluß der Bezirksverordnetenversammlung allein rechtens wäre, ist infolge des verfassungsrechtlichen Charakters vor dem Verwaltungsgericht unzulässig. Entscheidend für die Qualifizierung als verfassungsrechtliche Streitigkeit ist nur der materielle Verfassungsrechtscharakter, unabhängig davon, ob eine verfassungsgerichtliche Zuständigkeit gegeben ist. Der untrennbare Gesamtakt „Wahl zur Volksvertretung" ist verfassungsrechtlicher Natur. Die Einteilung der Wahlkreise kann nur mit den in den Wahlvorschriften vorgesehenen

---

[159] So *OVG Lüneburg*, DVBl 1974, 883 ff., für die Vergabe von Sendezeiten an politische Parteien während des Wahlkampfes; zuletzt *VG Mainz*, NVwZ 1985, 136, zur Untersagung der Ausstrahlung eines Beitrages, der religiöse Gefühle eines Großteils der Bevölkerung verletzen kann. Vgl. auch *Lerche*, in: Festschr. f. Löffler, 1980, S. 217 ff.
[160] Vgl. *BGHZ* 66, 182 ff. = JuS 1976, 598 Nr. 1 (Klage gegen die Sendung „Panorama" auf Widerruf bzw. Unterlassung von Äußerungen im Fernsehen, die das allgemeine Persönlichkeitsrecht verletzen, sowie auf Schadensersatz und Schmerzensgeld); zur *BGH*-Entscheidung abl. *Bettermann*, NJW 1977, 513 ff. In der Rspr. wird außerdem eine zivilrechtliche Klage gegen einen verantwortlichen Redakteur oder Reporter auf Schadensersatz bejaht (vgl. *BGH*, NJW 1978, 1797; *BVerfGE* 54, 208).
[161] Zum Streit um die Zuteilung von Sendezeit für Wahlwerbung *OVG Münster*, OVGE 31, 75 ff.; 31, 84 ff.; *VGH Mannheim*, DÖV 1977, 69 f., sowie *OVG Koblenz*, NJW 1977, 970.
[162] Ebenso *Rupp*, AöR 85, 156 f.
[163] *BVerfGE* 13, 96; *Ule-Laubinger*, DVBl 1970, 763.

§ 3. Die Zulässigkeit des Verwaltungsrechtswegs

Rechtsbehelfen und nur im Wahlprüfungsverfahren angefochten werden.[164] – (b) Eine Fraktion des Berliner Abgeordnetenhauses kann nicht vor dem Verwaltungsgericht gegen die Rückforderung von zweckwidrig verwendeten Fraktionszuschüssen durch den Präsidenten des Abgeordnetenhauses klagen, weil die Streitigkeit dem Verfassungsrecht zuzuordnen ist.[165]

Der Regelung des Art. 19 IV GG widerspricht das nicht, da ,,Recht" im Sinne dieser Vorschrift nur individuelle Rechte, also solche mit spezifisch personaler Komponente, nicht aber Organrechte meint[166] und zudem Rechtsverletzungen des einzelnen durch die öffentliche Gewalt nicht Gegenstand einer verfassungsrechtlichen Streitigkeit sind.

Beachte aber: Klagt ein Mitglied eines Parlaments gegen eine Kürzung seiner Abgeordnetenentschädigung, und qualifiziert man diese Streitigkeit als verfassungsrechtlich,[167] so soll beim Fehlen einer verfassungsgerichtlichen Zuständigkeit das Verwaltungsgericht auf Grund ergänzender Auslegung des Art. 19 IV GG zuständig sein: die dem Abgeordneten gewährte Entschädigung, die die Funktionsfähigkeit des Parlaments und die Unabhängigkeit seiner Mitglieder gewährleisten soll, hat gleichzeitig die persönliche Lebenshaltung des Abgeordneten zu sichern und schließt insoweit auch einen dem Schutz des Art. 19 IV GG unterstehenden individuellen Anspruch des einzelnen Mandatsträgers ein.[168]

Der Formulierung ,,nichtverfassungsrechtlicher" Art ist zu entnehmen, daß die Vorschrift auf die verfassungsrechtliche Natur der Streitigkeit, also auf die dem Verfassungsrecht im materiellen Sinne zugehörenden Streitigkeiten zwischen Verfassungsorganen abstellt.[169] Es muß sich also um Meinungsverschiedenheiten über Inhalt, Auslegung und Anwendung der – geschriebenen oder ungeschriebenen – Verfassung handeln.[170] Diese Fragen müssen den *Kern*[171] der Streitigkeit, nicht nur eine *Vorfrage* bilden.

---

[164] *VG Berlin*, DVBl 1976, 269 ff.
[165] *BVerwG*, DÖV 1986, 246 f. Art. 19 IV GG greift nicht ein, weil die Fraktion als Teil eines Verfassungsorgans, nicht als Rechtsperson betroffen ist. Die mangelnde Justitiabilität dürfte auf das Fehlen eines Verfassungsgerichts in Berlin zurückzuführen sein; in anderen Bundesländern käme ein Organstreitverfahren vor dem Landesverfassungsgericht in Betracht. Vgl. dazu auch *BVerfGE* 27, 157; 62, 201.
[166] Dazu *Schmidt=Aßmann*, in: Maunz-Dürig, Art. 19 IV, Rdnrn. 117, 147 f.; *Schenke*, in: BK, Zweitbearb., Art. 19 IV, Rdnr. 37; zuletzt *OVG Hamburg*, DÖV 1986, 439 f.
[167] Vgl. *BVerfGE* 4, 149; 64, 312 ff.
[168] *BVerwG*, DÖV 1986, 244 ff.
[169] H. M.; vgl. die Nachweise bei *Eyermann-Fröhler*, § 40 Rdnrn. 61 ff.; *Maurer*, JZ 1963, 29; *BVerfGE* 27, 244 ff.; *Stern-Bethge*, Öffentlichrechtlicher und privatrechtlicher Rundfunk, 1971, S. 118.
[170] Zur näheren Erläuterung des Begriffs ,,verfassungsrechtliche Streitigkeiten" vgl. *Stern*, in: BK, Zweitbearb., Art. 99, Rdnrn. 12 ff.; *ders.*, StaatsR II, § 44 IV 2 b.
[171] Das str. Rechtsverhältnis muß ,,entscheidend" vom Verfassungsrecht geformt sein: zuletzt *BVerwG*, DÖV 1986, 244, unter Bezugnahme auf *BVerfGE* 42, 114 f. m. w. Nachw., sowie *BVerwG*, DÖV 1986, 246. Zum Problem vgl. auch die Bespr. der Entscheidungen von *Pestalozza*, NJW 1986, 33 f.; ferner *Schnapp*, DVBl 1985, 694, sowie *BVerfG*, NJW 1985, 2316 ff. m. abw. Meinung *Steinberger*, daselbst S. 2318.

Beispiel:
Der von allen Bundesländern aufgrund des Numerus-clausus-Urteils des *Bundesverfassungsgerichts* abgeschlossene „Staatsvertrag über die Vergabe von Studienplätzen" vom 20. 10. 1972 ist ein verwaltungsrechtlicher, kein verfassungsrechtlicher Vertrag, weil Vertragsgegenstand Regelungen sind, die durchweg der „Verwaltung eines Mangels" – hier von Studienplätzen – dienen und über verwaltungsrechtliche Fragen nicht hinausgehen. Nicht alles, was durch Verfassungsrecht geboten ist, wie etwa die Verwirklichung des Art. 12 GG, muß auch mit verfassungsrechtlichen Mitteln durchgeführt werden. An der Qualität des Vertrages ändert auch die Tatsache nichts, daß dieser der Zustimmung der Landesparlamente unterworfen ist und die Länder mit seinem Abschluß einer verfassungsrechtlichen Pflicht nachgekommen sind.[172]

Neben die Einschränkung durch den Gegenstand tritt noch diejenige durch die streitenden Prozeßparteien: Es müssen Berechtigte und Verpflichtete eines Verfassungsrechtsverhältnisses (Regierung, Parlament) beteiligt sein, also Rechtssubjekte, die *unmittelbar* aus dem materiellen Verfassungsrecht ihre Rechte und Pflichten ableiten. Danach können echte Verfassungsstreitigkeiten nur auf der Ebene der Gleichordnung entstehen, keinesfalls zwischen Bürger und Staat, selbst wenn ein Verfassungsorgan daran beteiligt ist.[173]

Beispiele:
(a) Der Kläger ist der Auffassung, daß sich Richter und Anwälte in einem Gerichtsverfahren, an dem er beteiligt war, pflichtwidrig verhalten hätten. Er hat deshalb beim hessischen Parlament die Einleitung einer Richteranklage ohne Erfolg begehrt; mit seiner Klage gegen den Landtag will er die Erteilung eines „verfassungsmäßigen Bescheides" erreichen. Während der *Verwaltungsgerichtshof* die Klage als unzulässig abgewiesen hat, weil die Erhebung einer Richteranklage eine verfassungsrechtliche Streitigkeit darstelle, bejaht das *Bundesverwaltungsgericht* seine Zuständigkeit, weil der Bürger niemals einen Verfassungsstreit initiieren könne; auch ein Hinweis auf die Möglichkeit einer Verfassungsbeschwerde greife nicht durch: diese sei zwar dem *Bundesverfassungsgericht* zugewiesen, stelle aber keine echte Verfassungsstreitigkeit dar.[174]
– (b) Die Klage eines Bürgers gegen den Landesrechnungshof wegen Inhalt und Verbreitung des Jahresprüfungsberichts ist eine verwaltungsrechtliche Streitigkeit: weder hat der Rechnungshof Verfassungsorganqualität[175] noch stellt der Prüfungsbericht eine echte Mitwirkung an der parlamentarischen Entscheidung dar, denn er dient nur als Unterrichtung zur Vorbereitung der maßgebenden Parlamentsentschließung und bleibt damit im „Vorfeld des Verfassungsgeschehens".[176] – (c) Bei Klagen gegen den Verfas-

---

[172] *BVerfGE* 42, 112 ff. = JuS 1976, 811 Nr. 2; *BVerwGE* 50, 129 ff. = JuS 1976, 811 Nr. 2.

[173] *Kopp*, § 40 Rdnr. 33; *VGH München*, BayVBl 1981, 209 f.; *BVerwG*, BayVBl 1981, 214 f.

[174] *BVerwG*, DÖV 1976, 315 f. = JuS 1976, 326 Nr. 2; vgl. auch *BVerwGE* 51, 69.

[175] Zum organschaftlichen Status der Rechnungshöfe vgl. *Stern*, StaatsR II, § 34 IV 5 (S. 449 f.).

[176] *OVG Münster*, NJW 1980, 137 f.; *Krebs*, VerwArch 1980, 78 ff., zur weitgehend in Bezug genommenen früheren unveröffentlichten Entscheidung des *OVG Münster; Kopp*, JuS 1981, 419 ff. m. w. Nachw.; differenzierend *VG Düsseldorf*, NJW 1981, 1396 ff., das eine verwaltungsrechtliche Streitigkeit nur dann bejaht, wenn der Antrag darauf gerichtet ist festzustellen, der Prüfungsbericht sei rechtswidrig zustandegekommen, weil insoweit nicht das Rechtsverhältnis zwischen Rechnungshof und den Verfassungsorganen des Landes betroffen werde, sondern dasjenige zwischen Rechnungshof und Kläger.

§ 3. Die Zulässigkeit des Verwaltungsrechtswegs

sungsschutzbericht hängt die gerichtliche Zuständigkeit davon ab, welche Personen in dem Rechtsstreit befangen sind.[177]

Verfassungsrechtliche Streitigkeiten sind z. B.:

- Meinungsverschiedenheiten über Auslegung und Anwendung der Verfassung zwischen den obersten Staatsorganen oder den in der Verfassung mit eigenen Rechten ausgestatteten Beteiligten (z. B. politischen Parteien), zwischen Bund und Ländern und zwischen verschiedenen Ländern (Art. 93 I Nr. 1, 3, 4 GG)[178]
- parlamentarische Wahlprüfungen (z. B. Art. 41 II GG)
- Ministeranklagen (Art. 59 BayVerf)
- Entscheidungen über Verlust der Abgeordneteneigenschaft (Art. 41 II GG)
- Ausschluß von Wählergruppen (Art. 15 II BayVerf). Nach Ansicht des *Bayerischen Verfassungsgerichtshofs*[179] ist jedoch für eine Klage gegen die Ablehnung der Eintragung ins Wählerverzeichnis der Verwaltungsrechtsweg eröffnet, da die Entscheidung von der Gemeindebehörde und nicht vom Wahlorgan getroffen wird.
- Anhörung der Gemeinde bei Eingemeindung nach § 16 GONW.[180] Diese dient der Vorbereitung des Gesetzgebungsverfahrens und ist daher dem Verfassungsrecht zuzurechnen.
- Streitigkeiten aus der Zulässigkeit eines Volksbegehrens nach Art. 68 VerfNW.

Beachte: Für die Zulässigkeit des Verfassungsrechtsweges gilt das Enumerationsprinzip.[181]

Dagegen sind Streitigkeiten über die Erstattung von *Wahlkampfkosten* dem Verwaltungsrecht zuzuordnen,[182] da der Bundestagspräsident als Verwaltungsbehörde und nicht als Verfassungsorgan tätig wird und sich sein Recht auf Verwaltung der Mittel nicht aus dem Grundgesetz, sondern aus dem Parteiengesetz ergibt. Bei der Rückforderung von Fraktionszuschüssen handelt dagegen das Verfassungsorgan(-teil) Parlamentspräsident auf Grund verfassungsrechtlicher, einfachgesetzlich nicht konkretisierter Wertungen über die Zweckmäßigkeit der Geldverwendung; es liegt eine verfassungsrechtliche Streitigkeit vor.[183]

---

[177] *Gusy,* NVwZ 1986, 11 f. m. w. Nachw.
[178] *Ule,* VerwProzR, § 7; *Eyermann-Fröhler,* § 40 Rdnr. 63; *BVerfGE* 2, 151 ff.; s. aber auch *BVerwGE* 12, 253 f. Für Koalitionsvereinbarungen politischer Parteien vgl. *BGHZ* 29, 187 m. Anm. *Ule,* JZ 1959, 501; *Schüle,* Koalitionsvereinbarungen im Lichte des Verfassungsrechts, 1964.
[179] *BayVerfGH,* VGH n. F. 21, 202 ff. Der Anspruch auf Eintragung ins Wählerverzeichnis ist jedenfalls dann vor den Verwaltungsgerichten geltend zu machen, wenn die Aufnahme nicht für ein bestimmtes Wahlverfahren, sondern allgemein erstrebt wird; insoweit kommt § 49 BWahlG, der die Überprüfung von Wahlfehlern in das verfassungsrechtliche Wahlprüfungsverfahren verweist, nicht zur Anwendung: *BVerwGE* 51, 72; *Kopp,* § 40 Rdnr. 33; *Franzke,* DVBl 1980, 730, jeweils m. zahlr. Nachw.
[180] Dazu *Stern-Bethge,* Anatomie eines Neugliederungsverfahrens, 1977, S. 16 ff.
[181] § 13 BVerfGG; Art. 75 VerfNW; § 13 VerfGHGNW.
[182] *BVerfGE* 27, 152 ff. Vgl. zum Problem der *Wahlkampfkostenerstattung* noch die sich nur mit Fragen des materiellen Rechts befassende Entscheidung *BVerwGE* 44, 187 ff., sowie die gegen dieses Urteil eingelegte Verfassungsbeschwerde, *BVerfGE* 41, 399 ff. = JuS 1976, 670 Nr. 1, und *BVerwG,* NJW 1980, 2092 f. (betr. Landtagswahl).
[183] *BVerwG,* DÖV 1986, 246.

Merke: Rechtsbeziehungen zwischen Bürger und Staat sind daher in der Regel nicht verfassungsrechtlich. Eine verfassungsrechtliche Streitigkeit liegt insbesondere dann nicht vor, wenn die Verletzung von Grundrechten oder sonstigen objektiven Verfassungsprinzipien vom Bürger im Streit mit einer Behörde gerügt wird.

Öffentlich-rechtliche Streitigkeiten *nichtverfassungsrechtlicher Art* sind demnach Streitigkeiten über rechtliche Beziehungen, die dem Verwaltungsrecht, dem Völkerrecht oder dem Kirchenrecht angehören. Völkerrechtliche Streitigkeiten scheiden jedoch in der Regel aus, da die Verwaltungsgerichtsbarkeit nur auf innerstaatliche Zwecke gerichtet ist.[184]

Beachte aber: Ein Ausländer kann vor dem Verwaltungsgericht Schutz vor Übergriffen der deutschen Hoheitsgewalt erreichen.

Beispiele:
(a) Ein ehemaliger deutscher Kriegsgefangener verlangt von der Bundesrepublik Nachzahlung von Offiziersgehalt für die Zeit seiner Gefangenschaft.[185] – (b) Ein Ausländer, der von einem fremden Staat zum Konsul ernannt ist, begehrt von der Bundesrepublik die Erteilung des Exequatur.[186]

b) Schwierigkeiten bereitet die Frage der Zulässigkeit des Rechtswegs in *kirchenrechtlichen* Angelegenheiten.[187] Um der Sicherung der rechtsstaatlichen Ordnung willen muß auch die von den Kirchen ausgeübte Gewalt als öffentliche Gewalt i. S. des Art. 19 IV GG angesehen werden,[188] namentlich in Kirchensteuerangelegenheiten, Kirchenbaulastfragen, der Benutzung kirchlicher Friedhöfe, Fragen des Kirchenaustritts.[189] Damit ist jedoch nicht gesagt, daß jeder kirchliche Akt durch staatliche Gerichte nachprüfbar ist. Vielmehr ist zu beachten, daß die Religionsgemeinschaften nach Art. 140 GG i. V. mit Art. 137 WRV originäre, nicht vom Staat abgeleitete Gewalt ausüben. In ihrem *innern*, ausschließlich auf Glaubensfragen bezogenen Bereich ist daher eine gerichtliche Überprüfung von Entscheidungen ausgeschlossen, „öffentliche", besser: staatliche Gewalt liegt insoweit nicht vor.[190]

Beispiele:
(a) Übertragung oder Fortbestehen eines kirchlichen Amtes[191] – (b) Verweigerung von kirchlichen Dispensen, der Sakramente, des kirchlichen Begräbnisses – (c) Pensio-

---

[184] Ebenso *Ule*, VwGO, § 40 Anm. III.
[185] *BGHZ* 34, 349.
[186] *BVerwGE* 15, 59.
[187] Vgl. *Stern*, StaatsR II, § 43 III 3 c; *Rüfner*, Rechtsschutz gegen kirchliche Rechtshandlungen, HdbStKirchR I, S. 759 ff.; *Maurer*, in: Festschr. f. Menger, 1985, S. 285 ff., jeweils m. w. Nachw.
[188] Dazu die instruktive Entscheidung des *VGH München*, BayVBl 1986, 272 f.
[189] *BVerwGE* 25, 365; 52, 105; *BVerwG*, NJW 1979, 2324; *VGH Kassel*, DÖV 1980, 459; *VG Schleswig*, NJW 1977, 1412.
[190] *BVerfGE* 42, 321 f.; 46, 85 ff.; *BVerfG*, NJW 1980, 1041 Nr. 2; NJW 1983, 2569; NJW 1986, 367 f.; *BVerwGE* 66, 242 ff.; *BVerwG*, NJW 1983, 2582 f.; *OVG Münster*, OVGE 33, 105 ff.; Verfassungs- und Verwaltungsgericht der *VELKD*, NJW 1985, 1863.
[191] *BVerfGE*, 18, 385 ff.; *BVerfG* NJW 1980, 1041; *BVerwGE* 25, 228 f.; 66, 242 ff.; *OVG Münster*, OVGE 33, 105; dagegen ist der Verwaltungsrechtsweg eröffnet, da stets eine kirchliche Rechtswegzuweisung gem. § 135 S. 2 BRRG vorlag, wenn es dem

§ 3. Die Zulässigkeit des Verwaltungsrechtswegs 35

nierung eines Geistlichen wegen Ablehnung der Kindertaufe[192] – (d) Verleihung und Entzug der kirchlichen Lehrbevollmächtigung (missio canonica)[193] – (e) Ausspruch einer Disziplinarmaßnahme[194] – (f) Organisation caritativen Wirkens durch kirchliche Einrichtungen.[195]

Es gibt indes Aufgaben im innerkirchlichen Bereich, deren Erfüllung über diesen hinaus in den weltlichen Bereich hineinwirkt: etwa das kirchliche Glockengeläute, das als spezifische Kulthandlung zur Religionsausübung mit dem Ruhebedürfnis von Nachbarn kollidieren kann. Hier ist Rechtsschutz durch die Verwaltungsgerichte zu gewähren.[196]

Gleiches hat zu gelten, wo Divergenzen zwischen staatlichen Vorschriften und kirchlichen Angelegenheiten auftreten, wo also der innerkirchliche Bereich verlassen wird; auch hier gebietet Art. 19 IV GG die Eröffnung des Rechtswegs.[197] Damit ist noch keine Feststellung über den zulässigen Rechtsweg getroffen; denn selbst wenn man mit einer neueren Lehre rechtlich relevantes kirchliches Handeln wegen des öffentlich-rechtlichen Status der Kirchen stets nach öffentlichem Recht beurteilen will,[198] so können sie sich doch wie jede andere öffentlich-rechtliche Körperschaft auch bei Regelung ihrer Angelegenheiten des Privatrechts bedienen und damit den Rechtsweg zu den Zivilgerichten eröffnen.

Beispiele:
(a) Abschluß eines Darlehensvertrages mit einem Theologiestudenten zu Zwecken der Ausbildungsförderung[199] – (b) Ausspruch eines Hausverbots bei einem privatrechtlich gestalteten kirchlichen Kindergarten.[200]

Doch selbst wenn das staatliche Gericht angerufen werden kann, dürfen dort nur Streitigkeiten ausgetragen werden, die den innerkirchlichen Bereich nicht berühren:

---

klagenden Geistlichen – auch – um seine vermögensrechtlichen Ansprüche geht, jedoch nur hinsichtlich letzterer: *BVerwGE* 66, 242ff. *OVG Lüneburg,* OVGE 19, 503ff., will dagegen den Verwaltungsgerichten auch die Kompetenz zur Überprüfung des Dienstverhältnisses geben, weil dies Art. 19 IV GG gebiete.
[192] *VG der Evang. Landeskirche Baden,* DVBl 1970, 329.
[193] Dazu die instruktive Entscheidung des *VG Aachen,* DVBl 1974, 57ff. m. Anm. *Listl.*
[194] *BVerfG,* NVwZ 1985, 105.
[195] *BVerfGE* 53, 391ff.; 57, 241ff.
[196] *BVerwGE* 68, 63ff.; VGH München, NJW 1980, 1973, betrachtet die Streitigkeit demgegenüber als privatrechtlich. Vgl. dazu *Isensee,* in: Gedächtnisschr. f. Constantinesco, 1983, S. 313ff.
[197] *BVerfGE* 42, 321ff.; 66, 20f.; *HessStGH,* ESVGH 16, 1ff.; *BVerwGE* 44, 196ff.; dazu *Böckenförde,* DÖV 1974, 253ff.; *Maurer,* DVBl 1974, 663ff.
[198] *Maurer,* in: Festschr. f. Menger, 1985, S. 302; *Isensee* (o. Fußn. 196), S. 313ff.; *Renck,* BayVBl 1982, 329f.
[199] *LG Hanau,* NJW 1983, 2577 m. Bespr. von *H. Weber,* NVwZ 1986, 363ff., und *Tiedemann,* DÖV 1981, 428.
[200] *VGH München,* BayVBl 1986, 272 m. Anm. *Renck,* daselbst.

Beispiel:
Bei der Erklärung des Kirchenaustritts ist der Standesbeamte nicht befugt, eine sich auf innerkirchliche Bereiche beziehende Zusatzerklärung (sog. modifizierter Austritt) entgegenzunehmen.[201]

Wichtig wird die Eröffnung des Rechtswegs vor allem für Klagen von Geistlichen gegen die Kirche aus ihrem Dienstverhältnis. Durch § 135 S. 2 i. V. mit § 126 BRRG ist für vermögensrechtliche Ansprüche bei Vorliegen übereinstimmender kirchlicher und staatlicher Regelungen der Verwaltungsrechtsweg gegeben; fehlt eine ausdrückliche kirchliche Rechtswegzuweisung, dann hat die Kirche in der Regel stillschweigend auf die staatlichen Gerichte verwiesen.[202] Die kirchliche Regelung kann auch zum Inhalt haben, ein „unabhängiges und nur dem in der Kirche geltenden Recht unterworfenes Kirchengericht" zu schaffen, das zuständig ist u. a. „für die Entscheidung von Streitigkeiten aus dem Dienstverhältnis der ordinierten Diener am Wort und der Kirchenbeamten", mithin auch zur Entscheidung über vermögensrechtliche Streitigkeiten.[203] Die davon zu trennende Frage, ob Kirchenbediensteten wegen ihrer vermögensrechtlichen Ansprüche staatlicher Gerichtsschutz gemäß Art. 19 IV GG zukomme, weil die Kirche in diesem Bereich öffentliche Gewalt im Sinne dieser Grundrechtsbestimmung ausübe, so daß man zu einer Primärzuständigkeit der Verwaltungsgerichte gelangt, ist höchstrichterlich bislang noch nicht geklärt.[204]

3. Gesetzliche Zuweisungen an ein anderes Gericht

Die Zuweisung einer Streitigkeit an ein anderes Gericht[205] muß in einem förmlichen Bundesgesetz[206] *ausdrücklich* vorgenommen sein. Landesgesetze genügen nur dann, wenn sie von der VwGO ausdrücklich aufrechterhalten oder nach dieser erlassen sind.[207] Zuständigkeiten kraft Tradition gibt es heute nicht mehr. Für eine ausdrückliche Zuständigkeitsregelung genügt jedoch, daß „der Wille, eine bestimmte Rechtsmaterie in ihrer Gesamtheit einem anderen Gerichtszweig zuzuweisen, aus der gesetzlichen Regelung zu erkennen ist, ohne daß dies auch für alle einzelnen diesem Rechtsgebiet zuzurechnenden Streitigkeiten besonders gesagt sein muß".[208]

---

[201] *BVerwG,* NJW 1979, 2324 f.; *VGH München,* DVBl 1976, 908.
[202] *BVerwGE* 25, 232; 28, 346 ff. (m. abl. Anm. *H. Weber,* NJW 1968, 1345); 30, 327 f.; 66, 247 ff.; ferner Verfassungs- und Verwaltungsgericht der *VELKD,* DVBl 1971, 117 f.; *VGH Mannheim,* DVBl 1981, 31.
[203] Dazu *BVerwGE* 66, 248 f.
[204] Zuletzt *BVerwGE* 66, 249 f. m. w. Nachw.
[205] An der grundsätzlichen Befugnis des Gesetzgebers zu einer solchen Verweisung bestehen keine verfassungsrechtlichen Bedenken: Es gibt kein „verfassungsrechtlich gesichertes Entscheidungsmonopol der Verwaltungsgerichte für alle öffentlich-rechtlichen Fragen" (*BVerfGE* 4, 399; ebenso *BGHZ* 38, 208; vgl. auch *Kopp,* § 40 Rdnr. 53).
[206] *BVerwGE* 15, 34. Bei vorkonstitutionellen Gesetzen ist zu prüfen, ob sie gem. Art. 123 ff. GG als Bundesrecht fortgelten: *GmS-OGB, BVerwGE* 37, 373.
[207] *Kopp,* § 40 Rdnr. 48.
[208] *BVerwGE* 15, 36; *BGHZ* 67, 87; *BSG,* NJW 1978, 1702. Das gilt auch für den

§ 3. Die Zulässigkeit des Verwaltungsrechtswegs 37

Beispiel:
Entschädigungsansprüche bei Rückübereignung nach Enteignungen.[209]

Die Zuständigkeit anderer Gerichte als der Verwaltungsgerichte kann in öffentlich-rechtlichen Streitigkeiten nicht allein aus dem Zusammenhang hergeleitet werden.[210]

a) Zuweisungen an die Verfassungsgerichte

Diese Zuweisung kann nur dort bedeutsam werden, wo es sich nicht um einen verfassungsrechtlichen Streit handelt, da sonst der Rechtsweg zu den Verwaltungsgerichten bereits durch § 40 I 1 1. Halbs. VwGO verschlossen ist. Zu denken ist hier vor allem an die in Art. 93 I Nr. 4a, 4b GG, §§ 90, 91 BVerfGG geregelten Verfassungsbeschwerden,[211] sofern man nicht insoweit Bürger und Gemeinde als unmittelbare Berechtigte des Verfassungsrechtskreises ansieht. Auch an Art. 93 I Nr. 4 GG, §§ 71 ff. BVerfGG ist zu erinnern.[212]

b) Zuweisungen an die ordentlichen Gerichte

Die wichtigste anderweitige Zuständigkeit ist die der Zivil- und Strafgerichte. Ein Rechtsstreit kann aus zwei Gründen zum ordentlichen Gericht gelangen: entweder mittels ausdrücklicher gesetzlicher Regelung i. V. mit § 40 I und § 13 GVG oder aber als *legalisierte* Traditionszuständigkeit nach § 40 II.[213] Die zahlreichen Zuweisungen an die ordentlichen Gerichte können hier nicht erschöpfend aufgezählt werden,[214] im folgenden seien jedoch die (besonders für Übungsarbeiten) wichtigsten angeführt:
aa) Streitigkeiten über die Höhe der *Enteignungsentschädigung* (Art. 14 III 4 GG i. V. mit § 40 I 1) und die Höhe der Entschädigung bei enteignungsgleichen Eingriffen.[215]

Fall, daß die Zuweisung in einem Gesetz nach Inkrafttreten der VwGO geregelt wird: so für § 26 II PostG *OVG Berlin, DVBl* 1971, 278.
[209] Vgl. *BGHZ* 73, 312; 76, 365.
[210] *BVerwGE* 15, 35; 69, 197; *Kopp,* § 40 Rdnr. 51.
[211] Dazu *Eyermann-Fröhler,* § 40 Rdnr. 66.
[212] Dazu die Darstellung des Problems bei *H. Weber,* JuS 1976, 812, zu *BVerfGE* 42, 103 ff.
[213] Eine instruktive Darstellung von Bedeutung und Inhalt der Zuweisung nach § 40 II VwGO gibt *BVerwGE* 37, 231 ff.
[214] Vgl. dazu eingehend *Stich,* in: Staatsbürger und Staatsgewalt II, S. 387. Für Zuweisungen an die ordentlichen Gerichte *durch Landesgesetz* (für Bayern) *Herrmann,* BayVBl 1964, 140.
[215] Zum enteignungsgleichen Eingriff *BGHZ* 6, 270 ff.; 7, 298; 13, 88 ff.; 55, 231; 57, 372; *BGH,* NJW 1984, 1174; 1984, 1877; sowie die Bespr. von *BGHZ* 54, 332 ff., durch *Ossenbühl,* JuS 1971, 575 ff.; ferner *ders.,* StaatshaftungsR, 3. Aufl. (1983), S. 143 ff. m. w. Nachw.; *Schwerdtfeger,* JuS 1983, 110. Nach der sog. Naßauskiesungsentscheidung des *Bundesverfassungsgerichts (BVerfGE* 58, 300 ff.) gehört der enteignungsgleiche Eingriff nicht mehr zum Bereich der Enteignung; ein Entschädigungsanspruch wäre danach unter aufopferungsrechtlichen Gesichtspunkten geltend zu machen. Zum Problem vgl. *Kopp,* § 40 Rdnr. 61; *Papier,* NVwZ 1983, 286 ff. m. umf. Nachw.

38 1. Teil. Die Sachurteilsvoraussetzungen

Merke: Hierzu gehören auch Streitigkeiten über den *Grund* des Entschädigungsanspruchs; denn von dem Streit über die Höhe des Anspruchs ist die Frage nach seinem Grund nicht zu trennen. Die ordentlichen Gerichte sind daher auch dann zuständig, wenn sich die Klage dagegen richtet, daß dem Kläger gar keine Entschädigung zuerkannt worden ist,[216] sog. Vorfragenkompetenz. Ist dagegen vom Verwaltungsgericht bereits rechtskräftig über ein Tatbestandsmerkmal der Enteignung entschieden worden, so ist das Zivilgericht im Rahmen der Rechtskraftwirkung an diese Entscheidung gebunden.[217]

Beachte aber die Doppelspurigkeit des Rechtswegs: für die Anfechtung der exekutiven Enteignungsmaßnahme als solcher ist der Verwaltungsrechtsweg gegeben.[218]

Dagegen ist der Anspruch auf Rückerstattung des Eigentums nach durchgeführtem Enteignungsverfahren für den Fall, daß der Zweck der Enteignung nicht mehr erreicht werden kann, vor dem Verwaltungsgericht geltend zu machen.[219] Dieser Anspruch auf *Rückenteignung* – so die Terminologie des § 102 BBauG – bzw. *Rückübereignung* ist inzwischen auch außerhalb spezialgesetzlich getroffener Regelungen zumindest seit dem Beschluß des *Bundesverfassungsgerichts*[220] als Ausfluß des Eigentumsrechts aus Art. 14 GG allgemein anerkannt. Der Anspruch stellt als besonders geregelter Fall des Folgenbeseitigungsanspruchs das Gegenstück zur Enteignung dar.

Ist jedoch vor Einleitung des Enteignungsverfahrens eine vertragliche Abtretung an den Staat erfolgt, so soll nach Ansicht des *BayObLG*[221] für den Anspruch auf Rückübereignung das ordentliche Gericht zuständig sein, da der Vertrag dem Privatrecht zugerechnet werden müsse.

bb) Entschädigungsansprüche aus dem *Bundes-Seuchengesetz* (§ 61), § 49 V 3 VwVfG, §§ 58 ff. Bundesleistungsgesetz.[222]

Beispiel:
Ansprüche eines Ansteckungsverdächtigen wegen Verdienstausfalles, wenn ihm die Ausübung seiner bisherigen Erwerbstätigkeit (z. B. im Lebensmittelgewerbe) verboten ist (§ 49 BSeuchenG).

cc) Entschädigungsansprüche aus der *Gewerbeordnung* (§ 51 II GewO), wenn die weitere Benutzung einer gewerblichen Anlage wegen überwiegender Nachteile und Gefahren für das Gemeinwohl untersagt wird (§ 51 I GewO).[223] Gleiches gilt nach § 21 VI BImSchG.

dd) *Baulandsachen* nach dem Bundesbaugesetz (§ 157 BBauG).[224]

---

[216] *BVerwGE* 1, 44; 39, 182; *BGH, NJW* 1985, 3025 m. Nachw.
[217] *BGHZ* 77, 341 f.; 86, 232 f.; 90, 12; *BGH, NJW* 1985, 3025.
[218] *BVerfGE* 4, 129; *OVG Lüneburg,* OVGE 11, 376.
[219] *BGH, NJW* 1979, 1710; 1980, 1571.
[220] *BVerfGE* 38, 175 ff., m. Bespr. *v. Mutius,* VerwArch 1975, 283 ff.
[221] *BayObLG,* BayVBl 1973, 499 ff.
[222] *BGH, NJW* 1983, 2029.
[223] *Fuhr,* GewO, § 51 Anm. 3; *BGHZ* 45, 23 ff.; *Menger-Erichsen,* VerwArch 1968, 1, 2 ff.; *Salewski,* in: Landmann-Rohmer, GewO, (Stand 1984), § 51 Rdnr. 28; a. A. *Eyermann-Fröhler,* § 40 Rdnr. 81, die die VGe für zuständig halten.
[224] *BVerfGE* 4, 387 ff.; *BGH, NJW* 1966, 1267 f. – *OVG Lüneburg, NJW* 1970, 1142 f. hat für einen Ausnahmefall – Anfechtung von Vermessungsarbeiten – den Ver-

§ 3. Die Zulässigkeit des Verwaltungsrechtswegs 39

Beispiel:
Verwaltungsakte, die in einem Umlegungs-, Grenzregelungs- oder Enteignungsverfahren ergehen (§§ 45 bis 122 BBauG). Dabei darf im Wege der Inzidentprüfung auch der Bebauungsplan auf seine Gültigkeit überprüft werden, etwa ob der in § 1 VII BBauG vorgeschriebene Abwägungsvorgang stattgefunden hat.[225]

ee) Anfechtung von *Justizverwaltungsakten* (§ 179 VwGO i. V. mit §§ 23 ff. EGGVG). Justizverwaltungsakte sind Anordnungen, Verfügungen oder sonstige Maßnahmen, die von den Justizbehörden zur Regelung einzelner Angelegenheiten auf den Gebieten des bürgerlichen Rechts einschließlich des Handelsrechts, des Zivilprozesses, der freiwilligen Gerichtsbarkeit und der Strafrechtspflege erlassen werden, sowie Anordnungen, Verfügungen oder sonstige Maßnahmen der Vollzugsbehörde im Vollzug der Freiheitsstrafen, der Maßregeln der Besserung und Sicherung, des Jugendarrests und der Untersuchungshaft. Der Begriff des Justizverwaltungsakts ist weiter als der des Verwaltungsakts, da er auch sonstige Verwaltungsmaßnahmen und Unterlassungen in den in § 23 EGGVG aufgeführten Bereichen umfaßt.[226]

Beispiele:
(a) Zuweisung eines Sitzungssaales durch den Landesgerichtspräsidenten.[227] –
(b) Körperliche Durchsuchung beim Betreten der Strafanstalt.[228]

§ 23 EGGVG ist als Ausnahmeregelung eng auszulegen,[229] so daß nicht von dieser Vorschrift erfaßte Justizverwaltungsakte weiterhin dem Verwaltungsgericht zugewiesen sind, wie etwa solche des Arbeits- oder des Sozialrechts.

Von der Verweisung an die *Zivilgerichte* erfaßt werden z. B. Befreiung von Eheverboten,[230] Anerkennung freier Ehen rassisch und politisch Verfolgter[231] oder die Befreiung vom Ehefähigkeitszeugnis.[232]

Die *Strafgerichte* sind zuständig für alle Justizverwaltungsakte auf dem Gebiet der Strafrechtspflege, also allen Maßnahmen, die der Ermittlung und Erforschung strafbarer Handlungen nach den Vorschriften der StPO dienen.[233] Dazu gehört etwa die Verfolgung strafbarer Handlungen durch die Polizei als Hilfsbeamte der Staatsanwaltschaft[234] oder polizeiliche Verhöre im

---

waltungsrechtsweg eröffnet. Allgemein zu den Baulandkammern *Friauf*, in: v. Münch, Bes. VerwR, S. 493 f.
[225] Vgl. die noch zum alten Recht (§ 1 IV 2 BBauG) ergangene Entscheidung *BGH*, DÖV 1976, 640 f.
[226] *Bosch-Schmidt*, § 9 II 6 a m. w. Nachw.
[227] *OLG Hamburg*, NJW 1979, 279.
[228] *BGH*, NJW 1980, 351.
[229] *Baumbach-Lauterbach-Albers-Hartmann*, ZPO, 44. Aufl. (1986), § 23 EGGVG Anm. 1 B, sowie *OVG Münster*, NVwZ 1982, 205.
[230] So *Lüke*, JuS 1961, 207; *OLG Hamm*, DVBl 1974, 685 (spanisches Eheverbot der höheren Weihen).
[231] *BGHZ* 22, 65.
[232] *BGH*, MDR 1978, 653.
[233] So *BVerwGE* 47, 260.
[234] *BVerwGE* 25, 169 ff.; *VGH München*, VGH n. F. 20, 1; *Holland*, JuS 1968, 559 f.

Auftrag der Staatsanwaltschaft;[235] ferner bei Anfechtung von Akten im Strafvollzug.[236] Ist aber durch spezialgesetzliche Regelung eine Nachprüfung von Akten öffentlicher Gewalt ausgeschlossen – hier die Einstellung des Ermittlungsverfahrens wegen Geringfügigkeit nach § 153 II StPO gemäß § 172 II 3 StPO – kann der Rechtsweg weder über § 40 VwGO zu den Verwaltungsgerichten noch über § 23 EGGVG zu den Strafgerichten eröffnet werden.[237]

Ein Justizverwaltungsakt liegt jedoch dann nicht vor, wenn die Polizei nicht auf dem Gebiet der Strafrechtspflege, sondern ausschließlich *präventivpolizeilich* tätig geworden ist.

Beispiele:
(a) Die Polizei dringt gegen den Willen des Hausmeisters in ein Studentenwohnheim ein und ordnet die Räumung der Zimmer an, nachdem sie von Heimbewohnern mit Flaschen und Steinen beworfen worden war.[238] – (b) Die Polizei nimmt einen mutmaßlichen Rädelsführer vorübergehend fest, um weitere Demonstrationen zu verhindern.[239] – (c) Gastwirt veranstaltet lautstarke Feier; die von den Nachbarn wegen erheblicher Ruhestörung herbeigerufene Polizei ordnet das Abschalten der Musikbox sowie die Räumung des Lokals an. Als der Gastwirt dieser Aufforderung nicht nachkommt, nimmt ihn die Polizei bei ihrem nächsten Einsatz zum Zwecke der Beseitigung des ordnungswidrigen Zustandes (§ 118 OWiG) in polizeilichen Gewahrsam.[240] – (d) Die Polizei ordnet für Zwecke des Erkennungsdienstes die Anfertigung von Lichtbildern und Fingerabdrücken an (§ 81 b 2. Alt. StPO).[241]

Die Polizei besitzt insoweit eine Doppelfunktion; sie ist einmal Teil der Strafrechtspflege, zum anderen kann sie tätig werden zur Abwehr künftiger Störungen der Sicherheit. In welcher ihrer beiden Funktionen sie tätig wird, bestimmt nach objektiver Auslegung der wirkliche Wille.[242] Die Schwierigkeiten bei der Abgrenzung der Rechtswege voneinander ergeben sich aus der generalklauselartigen Fassung des § 23 EGGVG, der von Maßnahmen der „Justizbehörden" spricht. Unstreitig ist die Polizei dann als Justizbehörde

---

[235] *OVG Hamburg,* DVBl 1971, 283 f.
[236] § 110 StrafvollzugsG vom 16. 3. 1976 (BGBl I, 581 ff.) i. V. mit §§ 78 a ff. GVG. Dazu etwa *OLG Frankfurt,* NJW 1977, 2176; *OLG Hamburg,* JZ 1982, 161; *OLG Hamm,* NJW 1984, 880; *OLG Koblenz,* NJW 1985, 2038; *OLG Stuttgart,* NJW 1985, 2343.
[237] *BVerfG,* NJW 1984, 1451; 1985, 1091; *OVG Lüneburg,* NJW 1972, 74; vgl. auch *OVG Münster,* DÖV 1977, 792 zu § 96 StPO.
[238] *OVG Berlin,* DÖV 1974, 27 f.; bestätigt durch *BVerwG,* DVBl 1974, 846 ff.
[239] *BVerwGE* 45, 51 ff.
[240] *OLG Karlsruhe,* DÖV 1977, 171. – Als sich der Gastwirt dem Vollzug des Polizeigewahrsams tätlich widersetzte, sah die Polizei darin ein nach § 113 StGB strafbares Vergehen, leitete ein Ermittlungsverfahren ein und ordnete im Zusammenhang damit die Entnahme einer Blutprobe an. Die hiergegen gerichtete Klage richtet sich gegen eine Maßnahme einer Justizbehörde i. S. des § 23 EGGVG. Gleichwohl hielt das Gericht den Rechtsweg nicht für gegeben, weil die Handlung nicht Justizverwaltungsakt, sondern Prozeßhandlung sei und als solche nicht selbständig anfechtbar; vgl. *Kopp,* § 179 Rdnr. 8 m. w. Nachw.
[241] Dazu unten in und zu Fußn. 246.
[242] Vgl. insgesamt *Emerig,* DVBl 1958, 338 ff.; *Amelung,* Rechtsschutz gegen strafprozessuale Grundrechtseingriffe, 1976; *Götz,* JuS 1985, 872.

§ 3. Die Zulässigkeit des Verwaltungsrechtswegs

anzusehen, wenn sie in ihrer Funktion als Hilfsorgan der Staatsanwaltschaft gemäß § 152 GVG tätig wird, weil sie insoweit nur den verlängerten Arm der Staatsanwaltschaft darstellt. Zweifelhaft hingegen war die Behandlung der Fälle, in denen die Polizei nicht ausschließlich präventiv-polizeilich handelte, sondern zugleich im Zusammenhang mit der Verfolgung strafbarer Handlungen von ihrem in § 163 StPO verbrieften Recht des „ersten Zugriffs" Gebrauch machte. Hier hat sich das *Bundesverwaltungsgericht*[243] zu der in der Literatur[244] häufig vertretenen Meinung bekannt, der Begriff „Justizbehörde" sei funktional auszulegen mit der Folge, daß alle Strafverfolgungsmaßnahmen der Polizei, auch wenn diese zugleich zum Zwecke der Gefahrenabwehr eingegriffen habe, von den mit dem Justizverfahren besser vertrauten Strafgerichten zu überprüfen seien.

Beispiel:
Anspruch auf Bekanntgabe der Identität eines V-Mannes.[245]

Bei Klagen gegen die Aufbewahrung erkennungsdienstlicher Unterlagen ist ebenso wie gegen deren Herstellung gem. § 81b 2. Alt. StPO das Verwaltungsgericht zuständig, weil die Aufbewahrung außerhalb der konkreten Strafverfolgung liegt.[246]

Keine Justizverwaltungsakte sind Maßnahmen der Justizprüfungsämter; sie sind, soweit sie überhaupt einer Gerichtskontrolle unterliegen, im Verwaltungsrechtsweg zu überprüfen.[247]

Zweifelhaft ist, vor welchem Gericht die Entscheidungen über die Zulassung als Rechtsbeistand oder Prozeßagent nach § 157 ZPO überprüft werden. Es zeichnet sich die Meinung ab, bei Streitigkeiten nach § 157 ZPO den Zivilrechtsweg zu eröffnen,[248] während für die Erlaubnis nach dem Rechtsbe-

---

[243] *BVerwGE* 47, 255 ff. = JuS 1975, 468 Nr. 12, zur vorläufigen Festnahme zwecks Feststellung der Personalien; vgl. auch das Parallelverfahren, von dem in NJW 1975, 895 nur der Leitsatz abgedruckt ist, mit im wesentlichen inhaltsgleichen Ausführungen zur Rechtmäßigkeit der Aufnahme von Lichtbildern zur Durchführung des Strafverfahrens; ferner *BVerwGE* 66, 195; 69, 195; *BVerwG*, DÖV 1985, 70. Diese Rechtsprechung wurde bestätigt von *BVerfG*, NJW 1984, 1452; *OVG Hamburg*, DVBl 1976, 253 f., *OLG Karlsruhe*, DÖV 1977, 171, sowie *VGH München*, NJW 1984, 2235; BayVBl 1986, 337.
[244] Etwa *Kopp*, § 179 Rdnr. 6; *Schenke*, VerwArch 1969, 332 ff.; ders., NJW 1975, 1529 f.; ders., NJW 1976, 1816 ff.; *Bosch-Schmidt*, § 9 II 6 c; *Kleinknecht-Meyer*, StPO, 37. Aufl. (1985), § 23 EGGVG Anm. 2; *Naumann*, DÖV 1975, 278; *Amelung*, JZ 1975, 526; *Dörr*, NJW 1984, 2259 ff.; *Götz*, Jura 1985, 870 ff.; *Kissel*, GVG, 1981, § 23 EGGVG Rdnr. 21; abl. *Markworth*, DVBl 1975, 575 ff.
[245] *OLG Hamburg*, NJW 1982, 297; *OLG Stuttgart*, NJW 1985, 77; a. A. *Kopp*, § 179 Rdnr. 7.
[246] *BVerwGE* 26, 169 ff.; 66, 193 ff.; 66, 204 ff.; *BVerwG*, NJW 1983, 1338; BayVBl 1983, 183; *VGH München*, VGH n. F. 20, 1; *VGH München*, NJW 1984, 2235; *OVG Münster*, OVGE 27, 316; *VGH Mannheim*, ESVGH 24, 72; *Holland*, JuS 1968, 559 f.; *Cramer*, Die erkennungsdienstliche Behandlung, Diss. Frankfurt, 1978.
[247] Vgl. *Klinger*, § 179 Anm. A 1 m. Nachw.; *OVG Münster*, OVGE 34, 183; *Gleisberg*, JuS 1979, 227; vgl. auch *BVerfGE* 52, 380.
[248] *BGHZ* 46, 357; wohl auch *BGH*, DÖV 1974, 534 f.; *BVerwG*, DVBl 1970, 285.

ratungsmißbrauchsG die Verwaltungsgerichte zuständig sind.²⁴⁹ Abweichend hiervon hat das *Bundesverwaltungsgericht* bei Streitigkeiten um die Zulassung als Prozeßagent bei den Sozialgerichten den Verwaltungsrechtsweg für zulässig erachtet.²⁵⁰

ff) Anfechtung von Verwaltungsakten der *Kartell*behörden (§ 62 IV GWB).²⁵¹

Beachte: Keine Zuweisung an die ordentlichen Gerichte bei öffentlich-rechtlicher Streitigkeit kartellrechtlichen Inhalts zwischen einer Körperschaft des öffentlichen Rechts und ihrer staatlichen Aufsichtsbehörde.²⁵²

gg) Anfechtung von *Bußgeldbescheiden* (nach §§ 62 I 1, 68 OWiG)²⁵³ sowie Vollstreckungsmaßnahmen aus dem Bußgeldbescheid gem. § 104 I Nr. 1 OWiG.²⁵⁴

hh) Haftungsansprüche gegen die *Post* (§ 26 II PostG).

Beispiel:
Anspruch auf Ersatz eines verlorengegangenen Pakets.²⁵⁵

Dabei zählen zu den Haftungsansprüchen i. S. von § 26 II PostG nur echte Schadensersatzansprüche, nicht hingegen Ansprüche auf Aufwendungsersatz oder auf Rückgewähr nicht geschuldeter Leistungen.

Beispiele:
(a) Die Klage der Deutschen Bundespost gegen einen Postscheckteilnehmer auf Zahlung eines Fehlbetrages, der durch eine irrtümlich durchgeführte Überweisung entstanden ist, für die das Konto keine Deckung aufwies, ist vor dem Verwaltungsgericht zu erheben.²⁵⁶ – (b) Gleiches gilt für die Klage gegen den Empfänger einer Postanweisung auf Erstattung einer Überzahlung²⁵⁷ oder für den Streit um die postempfangsberechtigte Person²⁵⁷ᵃ oder um die Zulässigkeit der Erhebung einer Zustellgebühr.²⁵⁷ᵇ

Bereits in § 26 I PostG war klargestellt, daß für alle sonstigen Streitigkeiten das Verwaltungsgericht zuständig ist,²⁵⁸ z. B. für die Verweigerung der Beförderung von Sendungen²⁵⁹ oder die richtige Adressierung einer Fernsprechrechnung²⁶⁰ oder die Einsichtnahme in Kontrollstreifen, die bei einer Telefonüberwachung angefertigt wurden.²⁶¹

---

[249] *Schunck-De Clerck,* § 40 Anm. 7b aa.
[250] *BVerwGE* 40, 112.
[251] Dazu *Zweigert,* DVBl 1958, 737 ff.
[252] *BGHZ* 41, 194.
[253] *VG Schleswig,* MDR 1971, 247; *VG Freiburg,* NJW 1972, 919; vgl. auch den praktischen Fall von *Urban,* JuS 1971, 423.
[254] *VGH Mannheim,* NJW 1986, 1190.
[255] *OVG Berlin,* DVBl 1971, 278 f.
[256] *BGHZ* 67, 69 ff.
[257] *BVerwG,* NJW 1985, 2436.
[257a] BVerwG, DVBl 1986, 291.
[257b] BVerwG, DVBl 1986, 730.
[258] Vgl. *OVG Münster,* DVBl 1973, 318.
[259] *BVerwGE* 32, 129; *BVerwG,* DVBl 1970, 178 f., sowie *Berg,* DVBl 1970, 163 ff.
[260] Obgleich das Fernsprechbenutzungsverhältnis nicht dem Postgesetz unterfällt: vgl. *BVerwGE* 31, 236 f.
[261] *OVG Münster,* OVGE 30, 174.

§ 3. Die Zulässigkeit des Verwaltungsrechtswegs

Nach der ersten Entscheidung des *Gemeinsamen Senats der obersten Gerichtshöfe des Bundes* ist gem. § 9 I 2 FernmAnlG bei Streitigkeiten über Grund und Höhe der Gebühren für die Benutzung von Fernsprechanlagen das ordentliche Gericht zuständig,[262] weil die Bezeichnung „ordentliches Gericht" auch im Zeitpunkt des Erlasses des Gesetzes klar und eindeutig schon in Art. 107 WRV vom Verwaltungsgericht abgegrenzt gewesen sei. § 9 I 2 beinhalte daher nicht nur eine bloße Rechtswegeröffnung, sondern müsse als ausdrückliche Zuweisung verstanden werden. Dagegen dürfe § 13 TelegraphenwegeG nicht als ausdrückliche Zuweisung i. S. von § 40 I 1 VwGO anzusehen sein, da diese Vorschrift nur generell einen Rechtsweg eröffnen sollte.[263]

Beachte: Die Rechtswegverweisung gilt aber nicht für das Verfahren gegen einen Verwaltungsakt der Post, der zur Beitreibung der Fernmeldegebühren erlassen wurde.[264]

Gleichwohl folgt aus der Verweisung von Streitigkeiten über Grund und Höhe der Fernmeldegebühren an die ordentlichen Gerichte aus § 1 II BVwVG, daß die Bundespost ihre Gebührenforderung nicht im Wege der Verwaltungsvollstreckung beitreiben darf, sondern beim Zivilgericht einen Titel erwirken und die Vollstreckung nach den Vorschriften der ZPO betreiben muß; denn jedem Erkenntnisverfahren ist ein spezifisches Vollstreckungsverfahren zugeordnet. Diesen Grundsatz aufrechtzuerhalten, ist § 1 II BVwVG bestimmt; der Bürger soll die Möglichkeit haben, sich gegen Gebührenforderungen rechtzeitig, d. h. schon vor Zahlung zur Wehr zu setzen, wenn der Gesetzgeber eine Zuständigkeit der Zivilgerichte für das Erkenntnisverfahren begründet.[265]

ii) Streitigkeiten nach dem Gesetz über das gerichtliche Verfahren bei *Freiheitsentziehungen*,[266] nicht aber die Klage auf Widerruf des Inhalts der ärztlichen Untersuchung.[267]

jj) Zuweisung an die *Dienstgerichte:* Für die Richter im Bundes- und Landesdienst haben das Deutsche Richtergesetz i. d. F. vom 19. 4. 1972 (§§ 38 ff. DRiG) und subsidiär (vgl. § 46 DRiG sowie statt aller Landesgesetze § 4 I LRiGNW vom 29. 3. 1966) die Beamtengesetze einen Katalog von Dienstpflichten statuiert, deren schuldhafte Verletzung ein Dienstvergehen darstellt (sog. materielles Disziplinarrecht). Dienstvergehen der Richter werden einer disziplinarrechtlichen Kontrolle unterzogen, vergleichbar der disziplinarrechtlichen Verantwortung der Beamten,[268] deren Verfahrensvorschriften

---

[262] *GmS-OGB*, BVerwGE 37, 369 ff. m. abl. Anm. *Kloepfer*, DVBl 1971, 621, sowie *Erichsen*, VerwArch 1972, 93; *BVerwGE* 54, 316 f. m. Anm. *Rupp*, NJW 1978, 335.
[263] *Redeker-von Oertzen*, § 40 Rdnr. 52; *GmS-OGB*, BVerwGE 37, 373; *BVerwGE* 64, 177.
[264] *VGH Mannheim*, DVBl 1972, 583.
[265] *VG Köln*, MDR 1977, 342 f. m. Anm. *Tettinger; OVG Hamburg*, DÖV 1977, 788; a. A. *BVerwGE* 54, 317 m. Anm. *Rupp*, NJW 1978, 335; *Kopp*, § 40 Rdnr. 52.
[266] *(Sartorius* Nr. 617); in NW vgl. PsychKG *(Hippel-Rehborn*, Nr. 56). Vgl. dazu *OVG Hamburg*, MDR 1981, 79.
[267] *BVerwG*, DÖV 1970, 642 f.
[268] Dazu unten 3 c cc.

gem. § 63 I DRiG, § 47 LRiGNW entsprechend heranzuziehen sind. Für Richter des Bundes ist ein besonderer Senat des Bundesgerichtshofs (§ 61 DRiG) als Dienstgericht zuständig. Dieses entscheidet neben Disziplinarsachen (§ 62 I Nr. 1 DRiG) über Versetzungsverfahren (§§ 62 I Nr. 2, 65 DRiG) sowie über Prüfungsverfahren (§§ 62 I Nr. 3, 4, 66 DRiG). In allen anderen richterlichen Streitigkeiten wie etwa Besoldungsfragen entscheiden die Verwaltungsgerichte aufgrund der Verweisung in § 46 DRiG.[269] Für Richter im Landesdienst sind die gemäß § 77 I DRiG in den Ländern zu errichtenden Dienstgerichte (in NW nach §§ 35, 42, 46 LRiG ein Dienstgericht mit Berufungsmöglichkeit an den Dienstgerichtshof) in den in § 78 DRiG aufgezählten, inhaltlich mit der für Bundesrichter geltenden Regelung übereinstimmenden Fällen zuständig.

Beispiele:
(a) Ein Richter wendet sich gegen eine Beurteilung in seinem Dienstleistungszeugnis mit der Behauptung, die Beurteilung beeinträchtige ihn in seiner richterlichen Unabhängigkeit. Da Dienstleistungszeugnisse als Maßnahmen der Dienstaufsicht i. S. von § 26 III i. V. mit § 62 I Nr. 4 e DRiG gelten, ist der Rechtsweg zu den Dienstgerichten einzuschlagen.[270] – (b) Anfechtung der Anordnung, sich medizinisch untersuchen zu lassen, um die Frage der Dienstfähigkeit des Richters abzuklären.[271] – (c) In anderen als den in den §§ 62, 78 DRiG aufgeführten Streitigkeiten zwischen Richter und Dienstherrn entscheiden die Verwaltungsgerichte, wie etwa über Reise- und Umzugskosten, Beihilfen und Schadensersatzansprüche.[272]

kk) Die *Auffangzuständigkeit* nach Art. 19 IV 2 GG, deren Bedeutung nach dem Inkrafttreten des § 40 I 1 jedoch nahezu erloschen zu sein scheint.[273]

ll) Vermögensrechtliche Ansprüche aus *Aufopferung* für das gemeine Wohl (§ 40 II 1).[274] Keine Aufopferungs-(oder Enteignungs-)entschädigungsansprüche sind die Entschädigungsansprüche aus dem Viehseuchengesetz;[275] *beachte* aber oben bb); ferner Entschädigungsansprüche *aufopferungsrechtlicher* Natur aus *polizeirechtlichen* Vorschriften.

Beispiel:
Ein Polizeibeamter schießt auf einen flüchtigen Verbrecher, dabei wird ein unbeteiligter Passant durch die Kugel verletzt.

---

[269] Vgl. *Redeker-von Oertzen*, § 40 Rdnr. 69 m. w. Nachw.
[270] *BGH*, DVBl 1972, 178 f. unter Hinweis auf *BGHZ* 52, 292; vgl. auch *BGHZ* 73, 312.
[271] *BGH*, NJW 1981, 2011.
[272] *BVerwGE* 67, 222.
[273] *Stich*, in: Staatsbürger und Staatsgewalt II, 405 ff.; *Eyermann-Fröhler*, § 40 Rdnr. 89. Zum Verhältnis Art. 19 IV GG zur Verwaltungsgerichtsbarkeit vgl. *Schmidt=Aßmann*, in: Festschr. f. Menger, 1985, S. 107 (108 ff.), sowie *Lorenz*, daselbst, S. 143 ff.
[274] *Schack*, DÖV 1967, 613 ff.; *Konow*, DVBl 1968, 205 ff.; *Kopp*, § 40 Rdnr. 61.
[275] Wie hier: *BVerwGE* 7, 257; *BVerwG*, NJW 1966, 217 f.; vgl. auch *BVerfGE* 20, 351 ff. In *BVerwGE* 39, 10 ff. wird darauf hingewiesen, daß der *BGH* an seiner Auffassung, die Zivilgerichte seien zuständig, nicht mehr festhalte; a. A. noch *BGHZ* 17, 137; *BGH*, NJW 1962, 252; *BGHZ* 43, 196 ff.

§ 3. Die Zulässigkeit des Verwaltungsrechtswegs

mm) Vermögensrechtliche Ansprüche aus *öffentlich-rechtlicher Verwahrung* (§ 40 II 1).[276]

Beispiel:
Anspruch bei öffentlich-rechtlicher Beschlagnahme von Gegenständen, z. B. im Strafverfahren.

Von der Zuweisung an die Zivilgerichte wird nur der Anspruch des Bürgers gegen den Staat erfaßt; verlangt der Staat Ersatz von Aufwendungen aus dem öffentlich-rechtlichen Verwahrungsverhältnis, ist der Verwaltungsrechtsweg eröffnet.[277]

Beispiel:
(a) Die Polizei verlangt den Ersatz von Futterkosten für einen Hund, den sie als angebliche Fundsache verwahrt hatte.[278] – (b) Anspruch auf Ersatz der Lagerkosten eines Motorrades, das die Polizei wegen Diebstahlverdachts sichergestellt hatte.[279] – (c) Der Bund nimmt Bundeswehrreservisten wegen verlorengegangener Grundausstattung auf Schadensersatz in Anspruch.[280]

nn) Schadensersatzansprüche aus der Verletzung *öffentlich-rechtlicher Pflichten* (§ 40 II 1). Diese Vorschrift erfaßt Schadensersatzansprüche nur dann, wenn sie „unmittelbar als solche und ausschließlich Gegenstand der Klage sind".[281]

Beispiele:
(a) Die öffentliche Hand erläßt einen Bescheid, in dem sie Verzugszinsen wegen fälliger Erschließungsbeiträge vom Bürger verlangt. Wendet sich der Bürger gegen die Zahlungsverpflichtung, sind die Verwaltungsgerichte zuständig, weil (unmittelbarer) Gegenstand der Klage der Bescheid und nicht der Schadensersatz als solcher ist.[282] – (b) Sichert die Behörde den Erlaß eines Verwaltungsaktes zu und erfüllt diese Zusicherung nicht fristgemäß, hat der Betroffene einen dadurch entstandenen Schaden vor den Zivilgerichten einzuklagen.[283]

Welche Schadensersatzansprüche der Zuweisung des § 40 II 1 im einzelnen unterfallen, ist noch nicht abschließend geklärt. Es wird mehr und mehr auf Bedeutung und Entstehungsgeschichte dieser Norm abgestellt und betont, daß „nur für solche öffentlich-rechtlichen Streitigkeiten der ordentliche Rechtsweg erhalten bleibt, in denen ein enger Sachzusammenhang mit der Enteignung und der Amtshaftung gegeben ist".[284]

---

[276] Zum Begriff der öffentlich-rechtlichen Verwahrung s. *BGHZ* 34, 354; ferner *BGH*, DVBl 1974, 480; ausführlich *Schwerdtfeger*, Rdnrn. 310 ff. Zur Problematik bei öffentlich-rechtlicher Verwahrung durch den Bürger vgl. *Müller*, JuS 1977, 232 ff.
[277] *Kopp*, § 40 Rdnr. 67 m. w. Nachw.; anders jetzt wohl *OLG Oldenburg*, NJW 1984, 187.
[278] *Wilke*, JuS 1966, 481 ff.
[279] *LG Köln*, NJW 1965, 1440; krit. *Menger-Erichsen*, VerwArch 1966, 73 ff.
[280] *VG Arnsberg*, MDR 1975, 255 = JuS 1975, 401 Nr. 13; *Müller*, JuS 1977, 233.
[281] *BVerwGE* 27, 132.
[282] *BVerwGE* 37, 239 ff.
[283] *VGH Mannheim*, DVBl 1981, 265.
[284] Dazu *BVerwGE* 37, 231 f.; *BVerfG*, DÖV 1974, 133 f.; DÖV 1976, 319; ferner neuestens *Schoch*, in: Festschr. f. Menger, 1985, S. 320 ff.

Legt man diese Auffassung zugrunde, so erfaßt § 40 II 1 etwa Ansprüche gegen den Vormund nach § 1833 BGB, gegen den Konkursverwalter nach § 82 KO, gegen den Notar nach § 19 BNotO.[285] Dazu gehören auch Ansprüche auf Verzugsschaden aus einem öffentlich-rechtlichen Verhältnis von anderer als vertraglicher Art,[286] wenn sie mit einem Amtshaftungsanspruch verbunden sind. Ferner Ansprüche aus der Verletzung eines öffentlich-rechtlichen Benutzungsverhältnisses (str.).[287]

In der neueren Rechtsprechung zeichnete sich immer deutlicher die Tendenz ab, die Ausgestaltung des öffentlich-rechtlichen Benutzungs- und Leistungsverhältnisses[288] entsprechend den Vorschriften des allgemeinen Schuldrechts vorzunehmen; diese Praxis hat nun ihre Bestätigung in § 62 VwVfG gefunden.[289] So wendet etwa *BGHZ* 59, 303 ff. Kaufrecht entsprechend an und gewährt Schadensersatz wegen positiver Forderungsverletzung.[290] Bei einem Schaden, der bei der Bergung eines umgestürzten Öltankwagens durch die von der Gemeinde unterhaltene Feuerwehr der Haftpflichtversicherung des Lkw's entstanden war, gewährte der *Bundesgerichtshof*[291] einen Ersatzanspruch aus Geschäftsführung ohne Auftrag. Im Urteil vom 28. 10. 1976[292] wurden bei Schäden durch fehlerhafte Planung und Ausführung von Arbeiten an einer gemeindlichen Abwasseranlage die §§ 276, 278 BGB entsprechend herangezogen.

Beispiele:
(a) Der Kläger, der der gemeindlichen Wasserversorgungsanlage angeschlossen ist, macht einen durch kohlensäurehaltiges Wasser an seinem Warmwasserboiler entstandenen Schaden geltend.[293] – (b) Eine an das städtische Wasserversorgungsnetz angeschlossene Molkerei erleidet Schaden beim Buttern, weil das Wasser verunreinigt ist.[294] – (c) Zuweisung von baulich mangelhaften Einstellplätzen auf einem kommunalen

---

[285] Vgl. die Zusammenstellung bei *Redeker-von Oertzen*, § 40 Rdnr. 43; *Schunck-De Clerck*, § 40 Anm. 4 b qq; ferner *Stich*, in: Staatsbürger und Staatsgewalt II, S. 393.
[286] *BVerwGE* 37, 231 ff. Der Gedanke des engen Sachzusammenhangs mit den Amtshaftungsansprüchen veranlaßte den *BGH*, den Rechtsweg auch bei vertraglichen Schadensersatzansprüchen zu den Zivilgerichten zu eröffnen: *BGHZ* 43, 34 ff.
[287] Bejahend *BayObLG*, DÖV 1968, 808; *BGH*, DVBl 1963, 438; *BGHZ* 54, 299 ff.; *BGH*, DÖV 1974, 711 ff.; BayVBl 1980, 151; NVwZ 1983, 571; verneinend *OVG Lüneburg*, DÖV 1968, 803; *BSG*, DVBl 1970, 293; *Bettermann*, JZ 1966, 445; w. Nachw. bei *Kopp*, § 40 Rdnr. 72.
[288] Zur Haftung aus einem Benutzungsverhältnis allg. vgl. *Götz*, JuS 1971, 349 ff.; *Tiemann*, VerwArch 1974, 380 ff.; ferner *Bender*, StaatshaftungsR, S. 79; *Rüfner*, in: Erichsen-Martens, AllgVerwR, § 53 IV; *Schwerdtfeger*, Rdnr. 348. Allgemein zum öffentlich-rechtlichen Schuldverhältnis *Ehlers*, DVBl 1986, 912 ff.
[289] Ausführlich *Ule-Laubinger*, VerwaltungsverfahrensR, § 64 IV.
[290] Vgl. das Beispiel unten sub (b).
[291] *BGHZ* 63, 172.
[292] *BGH*, NJW 1977, 197 f. (mit Bespr. *Palder*, NJW 1977, 954) = JuS 1977, 478 Nr. 9. Bei *Palder* gute Zusammenstellung des Streitstandes.
[293] *BayObLG*, DÖV 1968, 808 m. zust. Bespr. *Menger-Erichsen*, VerwArch 1969, 180 f.
[294] *BGHZ* 59, 303 ff. m. Bespr. *Menger*, VerwArch 1973, 305 ff.; *Stürner*, JuS 1973, 749 ff.; *BGH*, DVBl 1977, 893 ff.

Schlachthof, der schlicht hoheitlich betrieben wird, wodurch Tiere zu Schaden kommen.[295] Auch an eine Haftung aus culpa in contrahendo ist zu erinnern.[296] Die Zuweisung in Satz 1 bezieht sich nur auf Klagen auf Schadensersatz in Geld, nicht auch auf Unterlassung, Beseitigung oder Naturalrestitution.[297] § 40 II 1 erfaßt ferner nur die Zuweisung von Ansprüchen des *Bürgers gegen den Staat.*

Die bislang streitige Frage, ob und gegebenenfalls welche Schadensersatzansprüche aus der Verletzung von öffentlich-rechtlichen Verträgen von § 40 II 1 erfaßt werden, hat sich durch die Neufassung dieser Vorschrift auf Grund § 97 Nr. 1 VwVfG erledigt: diese Ansprüche sind künftig vor den Verwaltungsgerichten geltend zu machen.

Beispiel:
Anspruch auf Verzugszinsen bei Verletzung eines öffentlich-rechtlichen Vertrages.[298]

Doch bleibt zu beachten, daß daraus nicht gefolgert werden kann, auch Schadensersatzansprüche aus öffentlich-rechtlichen Benutzungsverhältnissen seien der Entscheidungskompetenz der Zivilgerichte entzogen. Diese Verhältnisse können, müssen aber nicht durch Vertrag begründet werden; möglich ist auch z. B. Anschluß- und Benutzungszwang.[299]

oo) Schadensersatzansprüche aus *Amtspflichtverletzung* einschließlich der Rückgriffsansprüche des Staates gegen den Beamten (Art. 34 S. 3 GG, § 40 II).[300]
Bei diesen Ersatzansprüchen ist zweifelhaft, ob sich die zivilrechtliche Zuständigkeit aus § 40 I 1 VwGO i. V. mit Art. 34 S. 3 GG ergibt[301] oder als Schadensersatzanspruch aus der Verletzung öffentlich-rechtlicher Pflichten auf § 40 II VwGO basiert. Letzterer Auffassung dürfte aus rechtsdogmatischen Gründen zu folgen sein, da die Formulierung in Art. 34 S. 3 GG keine Zuständigkeit begründet, sondern voraussetzt.[302]

---

[295] *BGHZ* 61, 7 ff. m. Bespr. *Erichsen*, VerwArch 1974, 219 ff.
[296] Dazu *BVerwG*, DÖV 1974, 133 f.; *BGHZ* 71, 386; auch *VGH Mannheim*, JuS 1978, 59 Nr. 13. Allg. zur Haftung wegen Verschuldens bei Vertragsschluß die Nachw. bei *Wolff-Bachof* I, § 44 III c; *Schwerdtfeger*, Rdnr. 346; *Battis*, ZBR 1971, 300 ff.; *Püttner*, AllgVerwR, S. 110. *BGH*, DVBl 1986, 409 f., will für einen Schadensersatzanspruch aus culpa in contrahendo den Zivilrechtsweg eröffnen, weil er als „gesetzliches" Schuldverhältnis sich so weit vom Entstehungsgrund eines Vertrages entfernt habe, daß er nicht mehr darauf beruhe i. S. des § 40 II 1. Dagegen *Henke*, JZ 1984, 446; *Kopp*, § 40 Rdnr. 72; *Scherer*, NVwZ 1986, 540 f.
[297] Vgl. *Kopp*, § 40 Rdnr. 73 m. w. Nachw.
[298] *BVerwG*, NVwZ 1986, 554 m. Bespr. *Friehe*, daselbst S. 538 ff.
[299] Bei Anschlußzwang vgl. *BGHZ* 54, 299 ff.
[300] Vgl. dazu *BVerwG*, NJW 1963, 70. Zum Befreiungsanspruch des Beamten gegen seinen Dienstherrn vgl. *OVG Berlin*, OVGE 7, 24 m. abl. Anm. *Ule*, JZ 1962, 214.
[301] So wohl *BVerwGE* 37, 231 ff.; *Stich*, in: Staatsbürger und Staatsgewalt II, S. 390; *Redeker-von Oertzen*, § 40 Rdnr. 42; *Ule*, VwGO, § 40 Anm. IV 1; *Kopp*, § 40 Rdnr. 70.
[302] *Dagtoglou*, in: BK, Zweitbearb., Art. 34 Rdnr. 357; *Eyermann-Fröhler*, § 40 Rdnr. 80.

Merke. Beamtenrechtliche Schadensersatzansprüche aus Verletzung der Fürsorgepflicht (§ 40 II 2 i. V. mit § 126 BRRG) unterfallen nicht dem Art. 34 S. 3 GG.

c) Zuweisungen an die besonderen Verwaltungsgerichte

Neben den Zuweisungen an die ordentlichen Gerichte stehen die Zuweisungen an die besonderen Verwaltungsgerichte, die im folgenden aufgeführt werden sollen.

aa) Zuweisungen an die *Finanzgerichte* (§ 33 I FGO):[303]
(1) alle öffentlich-rechtlichen Streitigkeiten über Abgabenangelegenheiten,[304] soweit die Abgaben der Gesetzgebung des Bundes unterliegen und durch Bundes- oder Landesfinanzbehörden verwaltet werden;

Beispiele:
(a) Finanzamt lehnt die Festsetzung des Lohnsummensteuermeßbetrages nach § 27 I GewStG ab. – (b) Für die Anordnung, die Wohnung eines Vollstreckungsschuldners zum Zwecke der Vollstreckung zu durchsuchen, ist das Finanzgericht zuständig, sofern es sich um die Vollstreckung von Abgabenschulden handelt.[305]

Beachte: Nicht vor das Finanzgericht gehört der Anspruch des Dienstherrn gegen einen Beamten auf Erstattung der verauslagten Lohnsteuer. Die in § 38 EStG getroffene Regelung des Lohnsteuerabzugsverfahrens betrifft nur das Steuerrechtsverhältnis zwischen dem Steuergläubiger einerseits und dem Steuerschuldner sowie dem Steuerhaftenden andererseits, gewährt jedoch keinen Ausgleichsanspruch für den Fall, daß der Dienstherr dem Beamten die Bruttobezüge ausgezahlt und aufgrund nachträglichen Haftungsbescheids die Lohnsteuer an das Finanzamt abgeführt hat. Dieser Ausgleichsanspruch ist erst Folge, nicht Teil des steuerrechtlichen Rechtsverhältnisses.[306]

(2) alle öffentlich-rechtlichen Streitigkeiten über die Vollziehung von Verwaltungsakten in anderen als Abgabenangelegenheiten, soweit diese von Bundes- oder Landesfinanzbehörden nach der AO zu vollziehen sind und ein anderer Rechtsweg ausdrücklich nicht gegeben ist;
(3) alle öffentlich-rechtlichen und berufsrechtlichen Streitigkeiten über Rechtsverhältnisse nach dem Zweiten und Sechsten Abschnitt des Zweiten Teils des SteuerberatungsG, die Streitigkeit über die Zulässigkeit der Hilfeleistung in Steuersachen sowie diejenige über Anwendung von Zwangsmitteln, um eine Untersagung der Hilfeleistung oder eine Aufsichtsmaßnahme durchzusetzen;

Beispiel:
Streitigkeiten über die Zulassung zum Beruf;[307] nicht dagegen Streitigkeiten zwischen Steuerberater und Berufskammer über Mitgliedsbeiträge, da § 33 I Nr. 3 FGO

---

[303] Dazu insg. *K.-F. Vogel*, Zur Zulässigkeit des Finanzrechtsweges in Abgrenzung zu den anderen Verwaltungsrechtswegen, 1969.
[304] Zum Begriff *BVerwGE* 21, 161; vgl. auch die instruktive Entscheidung des *BFH*, NJW 1978, 78 f.; ferner *BFH*, NVwZ 1983, 766.
[305] *BFH*, NJW 1977, 975.
[306] *BVerwGE* 28, 68 ff.
[307] *Tipke-Kruse*, AO, § 33 FGO Rdnr. 23.

§ 3. Die Zulässigkeit des Verwaltungsrechtswegs 49

ausdrücklich nur bestimmte Abschnitte des Zweiten Teils des SteuerberatungsG erfaßt.[308]

(4) alle dem Finanzgericht ausdrücklich zugewiesenen Streitigkeiten.[309]

bb) Zuweisung an die *Sozialgerichte:*[310]
(1) Öffentlich-rechtliche[311] Streitigkeiten[312] in Angelegenheiten der Sozialversicherung,[313] der Arbeitslosenversicherung und der übrigen Aufgaben der Bundesanstalt für Arbeitsvermittlung und Arbeitslosenversicherung – nach dem ArbeitsförderungsG vom 25. 6. 1969 jetzt Bundesanstalt für Arbeit benannt – sowie der Kriegsopferversorgung (§ 51 I SGG). Zu den öffentlichrechtlichen Streitigkeiten in Angelegenheiten der Sozialversicherung gehören die Materien, die durch das öffentliche Sonderrecht ausschließlich dem Staat oder ihm ein- bzw. angegliederten Rechtsträgern zugeordnet sind, im wesentlichen also die Rechtsverhältnisse, die die RVO und ihre Nebengesetze erfassen.[314]

Beispiele:
(a) Streitigkeiten aus dem Versicherungsverhältnis mit einer Ersatzkasse[315] –
(b) Streitigkeiten über die sozialversicherungsrechtlichen Voraussetzungen der Nachversicherung[316] – (c) Streitigkeiten über einen Rentenanspruch[317] – (d) Maßnahmen der Häftlingshilfe, wenn die oberste Landesbehörde als Behörde der Versorgungsverwaltung tätig geworden ist.[318]

Das *Bundesverwaltungsgericht*[319] spricht von den ,,sog. klassischen Zweigen der Sozialversicherung". Öffentlich-rechtliche Streitigkeiten aus Versorgungseinrichtungen der Ärztekammer gehören in den allgemeinen Verwal-

---

[308] *VG Hamburg,* DStR 1966, 95; a. A. noch *BVerwGE* 20, 334 ff. zur Rechtslage nach § 228 I Nr. 3 AO.
[309] Zusammenstellung von Zuweisungen bei *Tipke-Kruse,* § 33 FGO Rdnr. 24; ferner *Ule,* VerwProzR, § 6 IV.
[310] Vgl. den Praktischen Fall von *Henke,* JuS 1977, 40 ff.; zum Sozialrecht einführend *Moritz,* Jura 1980, 347 m. Nachw.
[311] Das *BSG,* NJW 1972, 2151 m. abl. Anm. *Bethge,* NJW 1973, 534, sieht jedoch die Rechtsbeziehungen zwischen der Versorgungsanstalt des Bundes und der Länder und den bei ihr Versicherten als privatrechtliche Beziehungen an; insoweit unterbleibt deshalb die Prüfung der Frage, ob es sich gem. § 51 SGG um Angelegenheiten der Sozialversicherung handelt. Vgl. auch *BGH,* NJW 1984, 1820 ff. zum (privatrechtlichen) Vertrag zwischen Kassenpatient und Krankenhausträger bezüglich der Krankenbehandlung und dem (öffentlich-rechtlichen) Vertrag zwischen Krankenkasse und Krankenhausträger bezüglich der Behandlungskosten.
[312] Vgl. *BGHZ* 36, 91 m. Anm. *Stern,* JZ 1962, 177. Zum Problemstand zuletzt *Knispel,* NJW 1986, 1525 ff. m. w. Nachw., sowie *GmS-OBG,* NJW 1986, 2359 f. nebst dem Vorlagebeschluß *BSG,* JZ 1986, 501 ff. mit zust. Bespr. von *Schulin,* JZ 1986, 476 ff.
[313] Vgl. aber *BVerwG,* NVwZ 1986, 467.
[314] Vgl. die Zusammenstellung der Gesetze bei *Stern,* StaatsR I, § 21 II 3 a.
[315] *BSG,* DVBl 1970, 293; *SG Berlin,* JZ 1971, 422 ff.
[316] *BVerwGE* 23, 184.
[317] *BSG,* DVBl 1972, 546 ff.
[318] *BVerwG,* DÖV 1974, 357.
[319] DVBl 1964, 33.

tungsrechtsweg.[320] Angelegenheiten der Sozialversicherung sind jedoch kraft ausdrücklicher Vorschrift die Angelegenheiten des sog. Kassenarztes gemäß §§ 368 ff. RVO (§ 51 II 1 SGG).[321] Zu den *Angelegenheiten der Kriegsopferversorgung* gehören nicht Maßnahmen auf dem Gebiet der sozialen Fürsorge nach §§ 25 bis 27 BVG (§ 51 II 2 SGG).

(2) Sonstige öffentlichrechtliche Streitigkeiten, für die durch Gesetz der Rechtsweg zu den Sozialgerichten eröffnet ist (§ 51 IV SGG).

Beispiel:
Öffentlich-rechtliche Streitigkeiten in Angelegenheiten des Kindergeldgesetzes (§ 28 KindGG).[322]

cc) Zuweisung an die *Disziplinargerichte des Bundes und der Länder:*
Die schuldhafte Verletzung der den Beamten in den Beamtengesetzen des Bundes und der Länder auferlegten besonderen Pflichten stellt ein Dienstvergehen dar (§ 77 I 1 BBG) – materielles Disziplinarrecht –, das im Wege eines Disziplinarverfahrens zu ahnden ist.[323] Das formelle Disziplinarrecht (Disziplinarverfahrensrecht) ist in speziellen Gesetzen des Bundes (BDO i. d. F. vom 20. 7. 1967) und der Länder (statt aller DONW i. d. F. vom 20. 1. 1970) niedergelegt. Danach werden im Bereich der Bundesbeamten sowie des sonstigen betroffenen Personenkreises – etwa Verfahren nach § 9 G 131[324] – das Bundesdisziplinargericht (§ 42 BDO) mit Berufungsmöglichkeit an die beim Bundesverwaltungsgericht eingerichteten Disziplinarsenate (§ 55 BDO) eingerichtet. Eine entsprechende Einteilung (Disziplinarkammer, Disziplinarsenat, vgl. § 41 DONW) findet sich in den Ländern.[325] Die Disziplinargerichte können auf zwei Wegen mit der Verfolgung von Dienstvergehen befaßt werden: Zum einen kann der Beamte gegen eine Disziplinarverfügung nach erfolgloser Beschwerde beim Disziplinargericht Antrag auf gerichtliche Entscheidung stellen (§ 31 III BDO, § 31 III DONW):

Beispiele:
(a) Überprüfung des auf Verlust des Unterhaltszuschusses erkennenden Bescheids, wenn der Referendar schuldhaft, z. B. wegen Streiks, der Arbeitsgemeinschaft fernbleibt[326] – (b) Anfechtung einer schriftlichen Mißbilligung[327]

---

[320] *BVerwGE* 17, 78; vgl. auch *OVG Münster,* OVGE 17, 123.
[321] Vgl. dazu *BSGE* 11, 1, 102; *BSG,* NJW 1964, 2224.
[322] Auch dann, wenn Beamter klagt, vgl. *VGH München,* BayVBl 1978, 180; *OVG Bremen,* NJW 1985, 2045 f.
[323] Zum Gang des Verfahrens *Wolff-Bachof,* VerwR II, § 115 II g; *Scheerbarth-Höffgen,* Beamtenrecht, 4. Aufl. (1982), § 18; vgl. auch *v. Münch,* in: v. Münch, Bes. VerwR, S. 43 ff.
[324] Einen Überblick über den der Bundesdisziplinargerichtsbarkeit unterfallenden Personenkreis bei *Redeker-von Oertzen,* § 40 Rdnr. 71.
[325] Ungeklärt ist die Qualifizierung der Organe der Landesdisziplinargerichtsbarkeit; gem. § 187 wurden Kammern der *VGe* bzw. Senate der *OVGe* mit diesen Aufgaben betraut. Diese angesichts der mangelnden organisatorischen Trennung von der allg. Verwaltungsgerichtsbarkeit als Sonderverwaltungsgerichte zu bezeichnen, scheint problematisch (zum Problem auch *Redeker-von Oertzen,* § 40 Rdnr. 73).
[326] *OVG Münster,* OVGE 29, 179; ähnlich *BVerwG,* NJW 1984, 504, allgemein zur

§ 3. Die Zulässigkeit des Verwaltungsrechtswegs

oder es wird ein förmliches Disziplinarverfahren eingeleitet (§§ 33 ff., 56 ff. BDO, 33 ff. DONW).

Beispiele:
(a) Die Disziplinargerichte entscheiden über die Rechtmäßigkeit der Einleitung des förmlichen Disziplinarverfahrens.[328] – (b) Die Bundesdisziplinargerichte sind zuständig für die gerichtliche Nachprüfung der Feststellung des Gehaltsverlustes nach § 73 II BBG i. V. mit § 9 BBesG; dies gilt auch nach dem Inkrafttreten des § 126 BRRG.[329] – (c) Der Disziplinarrechtsweg ist auch gegeben gegen verwaltungsinterne Anordnungen des Dienstherrn gegenüber einem Beamten als Glied der Verwaltung, die lediglich dessen Amtsführung lenken.[330] – (d) Die Feststellung, Haschischkonsum stelle selbst bei Genuß außerhalb des Dienstes ein schweres Dienstvergehen dar, trifft das Disziplinargericht.[331] – (e) Durch §§ 55 e ff. BadWürttHochschulG ist die akademische Gerichtsbarkeit den Verwaltungsgerichten übertragen worden.[332]

dd) Zuweisungen an die *Wehrdienstgerichte:* Ähnlich wie für Beamte bestehen für Soldaten[333] besondere, in Vollzug der Wehrdisziplinarordnung i. d. F. vom 4. 9. 1972 (WDO) eingerichtete Verwaltungsgerichte[334] in Gestalt von Wehrdienstgerichten (Truppendienstgerichte als 1. Instanz, § 63 WDO, nebst den übergeordneten Wehrdienstsenaten des Bundesverwaltungsgerichts, § 73 WDO). Diese Gerichte befassen sich neben den förmlichen Disziplinarverfahren gemäß § 75 ff. WDO

Beispiele:
(a) Feststellung einer Pflichtverletzung, wenn ein bei der Bundeswehr als Fahrlehrer tätiger Stabsunteroffizier in Zivil mit 1,4‰ Blutalkoholgehalt einen Verkehrsunfall nach einer Feier verursacht.[335] – (b) Grobe Ausdrücke und körperliche Einwirkung durch Stöße und Tritte während der Grundausbildung durch den Ausbilder stellen Dienstpflichtverletzungen dar.[336] – (c) Feststellung der Verletzung der Verfassungstreuepflicht eines Soldaten mit Vorgesetztendienstgrad.[337]

Gehaltskürzung; vgl. auch zur Überprüfung eines Unterhaltsbeitrags *BVerwG,* NVwZ 1985, 423.
[327] *BVerwGE* 33, 34 f.; nach § 6 III NWDO ist der Rechtsweg zum Disziplinargericht bei Anfechtung einer Mißbilligung ausdrücklich ausgeschlossen; nach § 40 II, § 126 I BRRG ist das VG zuständig: *BVerwG,* DVBl 1971, 577 ff.
[328] Vgl. *OVG Lüneburg,* OVGE 12, 409. Vgl. auch *BVerwG,* NJW 1985, 215; ferner *BVerwG,* NVwZ 1985, 117.
[329] So *BVerwGE* 23, 176 ff.; *BVerwG,* ZBR 1976, 163; *OVG Münster,* DÖV 1964, 27; zur Zulässigkeit von Ruhegehaltskürzungen vgl. *BVerwG,* 46, 64 ff.
[330] *BVerwGE* 14, 86. Beachte aber *BVerwG,* DVBl 1986, 147, zur Versetzung eines Beamten wegen strafbarer Handlungen.
[331] *BVerwG,* DÖV 1986, 658 f.; vgl. auch *BVerwGE* 73, 82 zum Drogenkonsum eines Soldaten.
[332] *BVerwGE* 29, 125.
[333] Allgemein über das Beschwerde- und Disziplinarrecht der Soldaten *Rauschning,* in: v. Münch, Bes. VerwR, S. 842 ff.
[334] Für Wehrdienstgericht als besonderes Verwaltungsgericht: *BVerwGE* 33, 307.
[335] *BVerwGE* 46, 274 ff.
[336] *BVerwGE* 46, 316 ff.
[337] *BVerwG,* NJW 1984, 813.

auch mit den ihnen durch die WBO i. d. F. vom 11. 9. 1972 zugewiesenen Streitigkeiten;[338] gem. § 17 II WBO tritt dieses Verfahren an die Stelle des an sich zulässigen Verwaltungsrechtsweges gem. § 59 SoldG.

Beispiele:
(a) Antrag auf gerichtliche Entscheidung gegen den sog. Haarerlaß.[339] – (b) Antrag auf gerichtliche Entscheidung über die unterschiedliche Kleiderordnung an Bundeswehrhochschulen und Bundeswehrfachhochschulen.[340] – (c) Die Nachprüfung einer Versetzung gehört auch dann in die Kompetenz der Wehrdienstgerichte, wenn mit dem Antrag auf Versetzung letztlich eine Höherstufung in eine andere Besoldungsgruppe erstrebt wird.[341] – (d)Entscheidung über das Begehren, vom Bundesminister der Verteidigung auf einer gleichwertigen Stelle verwendet zu werden, nachdem nicht der Antragsteller, der für den Dienstposten „aufgebaut" worden sei, die freie Stelle bekommen habe, sondern ein anderer Bewerber.[342] – (e) Dagegen gehört die Feststellung darüber, daß die Ablehnung des Antrags eines in den USA stationierten Soldaten, zum Zweck der Teilnahme an einer Soldaten-Wallfahrt nach Lourdes mit einem Bundeswehrflugzeug mitzufliegen, rechtswidrig war, in die Zuständigkeit der Verwaltungsgerichte, weil eine nicht von § 17 I und III WBO erfaßte Sachleistung im Streit steht.[343] – (f) Die Anfechtung der Auswahl eines Buchpreises nach Teilnahme am Wettbewerb „Winterarbeiten" der Bundeswehr gehört vor die Wehrdienstgerichte, weil der Wettbewerb einen Anreiz zur Fortbildung der Soldaten bieten soll.[344]

ee) Zuweisungen an die *Berufsgerichte:*[345] Ehrengerichtliche Verfahren
– der Rechtsanwälte (§ 119 BRAO)[346] und Notare (§ 99 BNotO);[347]
– der Ärzte, Zahnärzte, Tierärzte, Apotheker (Landesgesetzgebung);
– der Steuerberater (§ 51 SteuerberatG);
– der Wirtschaftsprüfer (§ 72 WirtschPrO);
– der Architekten (Landesgesetzgebung).[348]

---

[338] Allgemein *Neufelder,* DÖV 1974, 842 ff. Vgl. auch *BVerwG,* NVwZ 1984, 590.
[339] *BVerwGE* 46, 1 ff. S. auch *BVerwG,* NJW 1985, 1658.
[340] *BVerwGE* 46, 361 ff.
[341] *BVerwGE* 43, 343; ferner *BVerwGE* 46, 79; zur Klage gegen die Aufhebung einer Beurteilung im Dienstaufsichtsweg *BVerwG,* DVBl 1986, 942 f.
[342] *BVerwGE* 53, 23 ff.; *BVerwG,* NVwZ 1985, 587 f.
[343] *BVerwGE* 46, 11 f.
[344] *BVerwGE* 46, 135 f.
[345] Vgl. dazu, insbesondere zur Berufsgerichtsbarkeit für Heilberufe, *Meyer=Hentschel,* DVBl 1964, 53; *Bettermann-Walter,* NJW 1963, 1649 ff.; ferner *Bettermann,* in: Festschr. f. Bötticher, 1969, S. 29 ff.; vgl. zu den Berufsgerichten der Ärztekammern *BVerfGE* 18, 241; 22, 42; allgemein zur Bundesärzteordnung *BVerwGE* 31, 312 ff.
[346] *EGH Hamburg,* NJW 1985, 1085; *BGHZ* 55, 236 ff.; *BGHZ* 60, 152; *BVerwG,* DÖV 1974, 430; NJW 1984, 191; allg. zur Zulässigkeit der Ehrengerichtshöfe für Rechtsanwälte sowie zu deren Kompetenzen *BVerfGE* 26, 186 ff.; vgl. auch *BVerfGE* 50, 16 ff. Jedoch soll für Klagen von Dritten der Verwaltungsrechtsweg gegeben sein, so für Klage eines Bürgers gegen Rechtsanwaltskammer auf Einschreiten gegen Rechtsanwalt, *VG Freiburg,* NJW 1978, 967; *Kopp,* § 40 Rdnr. 49.
[347] *BGHZ* 38, 208; vgl. *OVG Bremen,* NJW 1978, 966. Nach § 111 BNotO werden Verwaltungsakte durch Antrag auf gerichtliche Entscheidung vor dem OLG angefochten, vgl. *BGH,* DVBl 1973, 182, zur Genehmigung einer Sozietät nach § 9 BNotO; vgl. zum Umfang der Zuweisung gemäß § 111 BNotO auch *OVG Bremen,* NJW 1978, 966.
[348] Eine Übersicht der Landesgesetze bei *Bettermann-Walter,* NJW 1963, 1649.

§ 3. Die Zulässigkeit des Verwaltungsrechtswegs

Für den Ausschluß des Verwaltungsrechtswegs kommt es darauf an, ob die Berufsgerichte „andere Gerichte" i. S. des § 40 I sind, d. h. ob sie die Wesensmerkmale eines Gerichts (organistorische Selbständigkeit, sachliche und persönliche Unabhängigkeit: Art. 20 II, 92, 97 GG) haben.[349] Gem. § 187 I können die Länder Berufsgerichte den Gerichten der allgemeinen Verwaltungsgerichtsbarkeit angliedern.[350]

ff) Zuweisungen an *kirchliche Gerichte:*[351] Für die Zuweisung ist ein Kirchengesetz erforderlich und genügend.[352] Das kirchliche Gericht muß einem Gericht i. S. der Art. 20 II, 92, 97 GG entsprechen.

gg) Zuweisungen an das *Bundespatentgericht* (§§ 65ff. PatG).[353]

d) Besondere Zuweisung in Beamtensachen

Eine besondere Zuweisung zum Verwaltungsgericht für alle Klagen der Beamten, Ruhestandsbeamten, früheren Beamten und der Hinterbliebenen *aus dem Beamtenverhältnis* sowie für Klagen des Dienstherrn gegen Beamte enthält § 126 BRRG – für Bundesbeamte § 172 BBG. Diese Vorschrift ist lex specialis zu § 40 VwGO,[354] ein Fall von § 40 I 2. Halbs. liegt nicht vor, weil § 126 BRRG beamtenrechtliche Streitigkeiten nicht einem „anderen" Gericht zuweist, und § 40 II 2 bezieht sich jedenfalls nur auf vermögensrechtliche Ansprüche.[355]

Dabei ist § 126 BRRG weit auszulegen.[356] Die Vorschrift findet auch Anwendung, wenn der Beamte einen Schadensersatzanspruch wegen Nichteinhaltung einer Zusicherung, die ihm bei Begründung des Beamtenverhältnisses gegeben wurde, geltend macht,[357] oder für die Klage des Dienstherrn auf

---

[349] Vgl. dazu *BVerfGE* 18, 241 ff.

[350] So z. B. in einigen Ländern die Berufsgerichte für die Heilberufe (vgl. Übersicht bei *Meyer=Hentschel*, DVBl 1964, 55). In Bayern sind die Berufsgerichte für die Heilberufe bei der ordentlichen Gerichtsbarkeit errichtet: *Landesberufsgericht für die Heilberufe* beim *BayObLG*, BayVBl 1975, 252ff.; BayVBl 1977, 347f.

[351] Vgl. auch *Ule*, VerwProzR, § 6 VI; gegen die Möglichkeit einer solchen Zuweisung *Weber*, DVBl 1970, 250ff.

[352] *Ule*, VwGO, § 40 Anm. IV 2 g; *BGHZ* 34, 372 m. Anm. *Maurer*, DVBl 1961, 625; *D. u. U. Mann*, DVBl 1962, 246f.; a. A. *Rupp*, AöR 85, 161ff.; *Mikat*, in: Staatsbürger und Staatsgewalt II, S. 318, 320.

[353] Vgl. dazu *Bernhardt*, NJW 1961, 998f. Ob das Bundespatentgericht zur ordentlichen oder zur Verwaltungsgerichtsbarkeit gehört, ist streitig. Da es Verwaltungsakte einer Verwaltungsbehörde nachprüft, wird man es zur Verwaltungsgerichtsbarkeit rechnen können, obwohl ihm nicht das *BVerwG*, sondern der BGH nachgeschaltet ist (ebenso *Spanner*, JZ 1960, 333 f.; *Eyermann-Fröhler*, § 40 Rdnr. 100; a. A. *Röhl*, NJW 1960, 1796, und amtliche Begründung zum 12. Gesetz zur Änderung des GG v. 6. 3. 1961, BT-Dr III/1748, 3).

[354] *Frotscher*, JuS 1971, 533 Erl. 1.

[355] Zur Entwicklung der verschiedenen beamtenrechtlichen Klagemöglichkeiten vgl. *Plog-Wiedow*, BBG, § 172 Rdnrn. 4f.

[356] Ausführlich dazu *Erichsen*, S. 31ff. m. Nachw.; *BVerwGE* 52, 249; 67, 225; DVBl 1983, 505; DÖV 1983, 884; *OVG Münster*, OVGE 33, 199. Nicht darunter fällt das Lehrauftragsverhältnis an der Universität (*BVerwGE* 49, 140; 50, 258).

[357] *BVerwG*, DVBl 1968, 646f.; *BVerwGE* 26, 31ff.

Rückzahlung von Dienstbezügen und Ausbildungskosten, wenn dies für den Fall vorzeitigen Ausscheidens aus dem Dienst vereinbart war.[358] Demgegenüber sollen für Klagen eines Beamten auf Kindergeld die Sozialgerichte zuständig sein.[359] Auf der anderen Seite wird über § 126 BRRG der Verwaltungsrechtsweg für Schadensersatzansprüche, die ein zum kommunalen Wahlbeamten gewählter Bewerber erhebt, weil seine Wahl später für ungültig erklärt wurde, als gegeben angesehen.[360] Diese Entscheidung scheint bedenklich, weil § 126 BRRG nur auf Klagen ,,aus dem Beamtenverhältnis" anwendbar ist, während hier ein Beamtenstatus gerade nicht begründet wurde. Das Urteil des *VGH Kassel* wurde durch einen Spruch des *VGH Mannheim* zu § 52 Nr. 4 VwGO bestätigt, der die Geltendmachung eines Anspruchs auf Zulassung zu einer beamtenrechtlichen Eingangsprüfung als beamtenrechtliche Klage gewertet hat, denn ,,bei einer nicht am Wortlaut haftenden, sondern am Sinn und Zweck der Bestimmung orientierten Auslegung gehören zu § 126 I BRRG alle Klagen, bei denen die Ansprüche aus einem bereits begründeten Beamtenverhältnis abgeleitet werden oder aus einem Beamtenvorverhältnis, das zur Begründung eines Beamtenverhältnisses führen soll."[361] Auch für die Klage eines ehemaligen Referendars, der sich nach Bestehen der 2. Staatsprüfung um Übernahme in den öffentlichen Dienst beworben hat, auf Entfernung negativer Gutachten, in denen sich der *OLG*-Präsident unter Hinweis auf einzelne schlechte Prüfungsleistungen gegen eine Übernahme ausgesprochen hat, aus seinen Personalakten ist das Verwaltungsgericht zuständig. Der Kläger ist zwar nicht mehr Beamter, aber die Frage, ob bestimmte Vorgänge den Personalakten zuzuordnen sind, läßt sich nur aus dem Beamtenrecht beantworten.[362] § 126 BRRG findet auch Anwendung bei Klagen auf Rückzahlung von Dienstbezügen, wenn die Beamtenernennung nichtig war. Durch die Ableistung des Dienstes *wie* ein Beamter wurde jedenfalls ein *faktisches öffentlich-rechtliches Dienstverhältnis* begründet, dessen Abwicklung ebenfalls öffentlich-rechtlich ist.[363]

Gerade im Beamtenrecht bestehnt die Möglichkeit, ein Klagebegehren auf zwei unterschiedliche materiell-rechtliche Anspruchsgrundlagen zu stützen und dadurch zwei Rechtswege zu eröffnen.

Beispiel:
Ein Beamter klagt auf Entfernung von Eintragungen aus seinen Personalakten. Er kann sein Begehren auf die öffentlich-rechtliche Fürsorgepflicht seines Dienstherrn stützen und zum Verwaltungsgericht gehen[364] oder sein Ziel durch zivilrechtliche Schadensersatzklage erreichen.[365]

---

[358] *BVerwG*, DÖV 1974, 597 ff.
[359] *VGH München*, BayVBl 1978, 180; *OVG Bremen*, NJW 1985, 2045 f.
[360] *VGH Kassel*, DVBl 1969, 844 f. m. abl. Anm. *Pappermann.*
[361] *VGH Mannheim*, ESVGH 24, 222; *Kopp*, § 40 Rdnr. 76; ähnlich *OVG Münster*, DVBl 1974, 60.
[362] *BVerwGE* 50, 301.
[363] *VGH München*, VGH n. F. 25, 141; vgl. auch *BVerwG*, DÖV 1972, 573.
[364] Das ihm nur einen Berichtigungsanspruch zugesteht, vgl. *BVerwGE* 15, 3 ff.; *BVerwG*, DöD 1981, 190.
[365] Der *BGH* hat auf Entfernung der angegriffenen Äußerungen erkannt: ZBR 1961, 317.

§ 3. Die Zulässigkeit des Verwaltungsrechtswegs

Wird der Verwaltungsrechtsweg beschritten, so ist die Klage zulässig, jedoch unter Beschränkung auf den öffentlich-rechtlichen prozessualen Anspruch.[366]

e) Besondere Zuweisung bei *Ausgleichsansprüchen* wegen Rücknahme eines Verwaltungsaktes[367]

Nach der durch § 97 Nr. 1 VwVfG bewirkten Neufassung des § 40 II 2 ist klargestellt, daß Ausgleichsansprüche wegen Rücknahme eines rechtswidrigen Verwaltungsaktes nach § 48 VI VwVfG sowie verwandter Vorschriften vor den Verwaltungsgerichten einzuklagen sind. Auf die Konkurrenzfragen zum Anspruch aus enteignungsgleichem Eingriff, der tatbestandlich häufig gegeben sein dürfte, weist *Kopp*[368] zutreffend hin; damit stellt sich für den Bürger die Frage, welches Gericht er praktischerweise zuerst anruft.

4. Der gerichtsfreie Hoheitsakt

Die unter 1 bis 3 gemachten Ausführungen haben eine Verletzung von durch die Rechtsordnung geschützten *Rechten* gemeinsam; gegen eine solche Rechtsverletzung kann Gerichtsschutz in einem gesetzlich näher geregelten Rechtsweg in Anspruch genommen werden. Damit wird das verfassungsrechtliche Gebot des Art. 19 IV GG erfüllt.

Gerichtsschutz ist nicht zu gewähren, wenn ein Akt nicht rechtserheblich ist, also keine unmittelbare Rechtsbeeinträchtigung zeitigen kann: Es liegt keine *Rechts*streitigkeit vor. Man spricht insoweit von den sog. „justizfreien *Hoheitsakten*". Sie werden herkömmlicherweise in die Kategorien Regierungsakt und Gnadenakt unterteilt.

a) Nahezu unbestritten ist, daß diejenigen Akte der öffentlichen Gewalt keiner gerichtlichen Kontrolle unterliegen, die sich nicht als Akte der Vollziehung, sondern der *politischen Führung* darstellen,[369] also Akte, die nicht unmittelbar in Rechte der Bürger eingreifen können. Daß beim sog. Regierungsakt[370] die Regierung die Entscheidung trifft, ist nicht ausschlaggebend;[371] es kommt auf den Inhalt der Regelung an.

---

[366] *Bettermann*, NJW 1977, 513; *Menger*, VerwArch 1977, 293; *BVerwGE* 50, 259; *BGH*, NJW 1983, 1798.

[367] Dazu *Johlen*, NJW 1976, 2155 f.; *Kopp*, § 40 Rdnr. 79; *Schoch*, in: Festschr. f. Menger, 1985, S. 326 ff.; beachte jedoch *OVG Lüneburg*, DVBl 1986, 695.

[368] *Kopp*, VwVfG, § 48 Rdnr. 107; siehe auch *Klappstein*, in: Knack, VwVfG, § 48 Rdnr. 9.2.5., der den Anspruch zutreffend als Unterfall des Folgenbeseitigungsanspruches bezeichnet. Vgl. ferner *Schmidt*, JuS 1973, 534 f.; *Papier*, DVBl 1975, 570 f.

[369] Ähnlich *Eyermann-Fröhler*, § 42 Rdnr. 36; *Wolff-Bachof* I, § 46 III b.

[370] Zum Begriff *Schneider*, in: Festg. f. Makarov, 1958, S. 449 ff.; *Stern*, StaatsR II, § 39 II 2.

[371] *Ule*, VwGO, § 42 Anm. IV 6; vgl. auch die Zusammenstellung bei *Frotscher*, Jura 1980, 1 ff.; *Schenke*, JA 1981, 588 ff.; *Tschira-Schmitt Glaeser*, S. 23; *Wolff-Bachof I*, § 46 III b; *OVG Münster*, DVBl 1973, 732; dazu *M. Schröder*, BayVBl 1979, 231.

Beispiele:
(a) Regierung oder Minister treffen Maßnahmen nach § 1 StabG;[372] – (b) Anordnung des militärischen Bereitschaftsdienstes nach § 6 VI WehrpflichtG;[373] – (c) u. U. auch die Beantwortung einer kleinen Anfrage im Bundestag und ihr Widerruf.[374] – (c) Dagegen ist die Entschließung des Auswärtigen Amtes darüber, ob und wie einem deutschen Staatsbürger Auslandsschutz zu gewähren ist, ein anfechtbarer Verwaltungsakt,[375] weil dieser Schutz eine Grundpflicht des Staates ist und ihm ein entsprechendes Recht des Bürgers gegenübersteht, dessen Verletzung gem. Art. 19 IV GG den Rechtsweg eröffnet.

Die angeführten Beispiele zeigen, daß es sich im wesentlichen um politische bzw. verfassungsrechtliche Entscheidungen handelt, für die höchstens die Verfassungsgerichte zuständig sein könnten; deren Zuständigkeit scheitert jedoch oft an dem dort herrschenden Enumerationsprinzip.

Von Verfassungs wegen sind auch die Berichte von Untersuchungsausschüssen von gerichtlicher Überprüfung freigestellt, Art. 44 IV GG. Dagegen sind die einzelnen Maßnahmen, die der Untersuchungsausschuß kraft der ihm verliehenen Hoheitsbefugnisse verhängt, um zu einem Abschlußbericht zu gelangen, wie etwa Anforderung von Ermittlungs- oder Steuerakten oder Zeugenladungen, regelmäßig keine justizfreien Hoheitsakte, weil subjektive Rechte der von diesen Maßnahmen Betroffenen beeinträchtigt werden können.[376]

b) Ähnlich wie bei Regierungsakten hat das *Bundesverfassungsgericht* in einer vieldiskutierten Entscheidung[377] dargelegt, daß ein *Gnadenakt* jedenfalls bei Einzelbegnadigung gerichtlich nicht nachprüfbar sei.[378] Art. 60 II GG habe dem Träger des Begnadigungsrechts ein Eingriffsrecht der Exekutive in die rechtsprechende Gewalt zugestanden, das nicht den Sicherungen, Gewaltenverschränkungen und -balancierungen unterliege, die Exekutivakte einer gerichtlichen Kontrolle aussetzten. Diese Begründung hält jedoch nur solange, als das Begnadigungsrecht keinerlei gesetzlichen Bindungen unter-

---

[372] *Stern-Münch-Hansmeyer,* Gesetz zur Förderung der Stabilität und des Wachstums der Wirtschaft, 2. Aufl. (1973), S. 75 f.
[373] *BVerwGE* 15, 63 f.
[374] Dazu *OVG Münster,* DVBl 1967, 51 (vgl. die Wiedergabe in JuS 1967, 182 Nr. 3); *Steinberger,* DVBl 1963, 728; s. auch *VGH Kassel,* DVBl 1968, 811.
[375] *OVG Münster,* OVGE 34, 131 ff.
[376] *OVG Koblenz,* NVwZ 1986, 575 f. sowie der Beschluß der Vorinstanz *VG Mainz,* NVwZ 1986, 589 f.; ferner *FG Hamburg,* NVwZ 1986, 598 f. zur Aktenvorlage; *BVerwG,* BayVBl 1981, 214 f. zur Zeugenladung; *OVG Lüneburg,* DVBl 1986, 476, zu Maßnahmen des Zeugniszwanges. Zur gerichtlichen Kontrolle von Einsetzung und Aufgaben des Untersuchungsausschusses vgl. *BayVerfGH,* DVBl 1986, 233 ff.; *NdsStGH,* DVBl 1986, 237 f.; DVBl 1986, 238 ff.; VG Hamburg, DVBl 1986, 1017 ff. Zum Problem insges. *Stern,* AöR 1984, 199 ff., bes. 220, 246.
[377] *BVerfGE* 25, 352 ff., dazu abl. *Knemeyer,* DÖV 1970, 121; *Menger-Erichsen,* VerwArch 1970, 168; *Baltes,* DVBl 1972, 562 ff.; *Brandt,* DVBl 1973, 349 ff.; vgl. auch die Ansicht der dissentierenden Richter in *BVerfGE* 25, 363 ff., die den Rechtsweg wenigstens über Art. 19 IV GG eröffnen wollten. Siehe weiter *BVerfGE* 30, 108; *BVerwG,* NJW 1983, 187 ff.; *HessStGH,* ESVGH 24, 1 ff. m. Anm. *Evers,* DÖV 1974, 131 f. sowie Besprechungen *Brandt,* DVBl 1974, 925 ff., *Petersen,* JuS 1974, 502 ff.
[378] Zu Gnadenakten vgl. *Stern,* StaatsR II, § 30 III 6 b m. w. Nachw.

§ 3. Die Zulässigkeit des Verwaltungsrechtswegs

liegt. Sind aber die Gnadenbehörden an Gesetz und Recht gebunden, so sind die Gnadenakte justitiable Rechtsakte.

Beispiel:
Ein Rechtsanwalt wurde 1948 in Bayern aus der Rechtsanwaltschaft ausgeschlossen; eine gnadenweise Aufhebung des Ausschlusses wurde abgelehnt. Der Betroffene kann dagegen klagen, weil in Bayern infolge der Delegation des Begnadigungsrechts eine Bindung der Behörde an Gesetz und Recht besteht.[379]

Justitiabilität soll auch dann gegeben sein, wenn der Widerruf einer Begnadigung in Rede steht, weil dann die durch die Begnadigung gewährten Freiheitsrechte schutzbedürftig seien.[380] Zweifelhaft ist in diesem Falle jedoch die Frage nach dem Rechtsweg; da der Widerruf häufig im Zusammenhang mit einer Strafhaft steht, dürfte es sich um einen nach §§ 23 ff. EGGVG von den Oberlandesgerichten zu überprüfenden *Justizverwaltungsakt*[381] handeln.

Ist die gerichtliche Überprüfbarkeit des Klagebegehrens fraglich, so hat das Gericht zu entscheiden, das bei Bejahung der Justitiabilität sachlich zuständig wäre.

Beispiel:
Begehrt der Kläger Aufhebung eines Bescheides, durch den sein Antrag auf Begnadigung gegenüber einer Maßnahme der Strafjustiz abgelehnt wurde, so ist nach § 23 EGGVG der Strafsenat des örtlich zuständigen OLG für die Entscheidung zuständig.[382]

II. Die Rechtswegverweisung

Ist der Verwaltungsrechtsweg nicht gegeben, so ist die Klage (wegen Unzulässigkeit des Rechtsweges) durch Prozeßurteil abzuweisen.

Das Gesetz gibt aber die Möglichkeit, auf Antrag[383] des Klägers in dem klageabweisenden Prozeßurteil die Sache an das Gericht des ersten Rechtszuges zu verweisen, zu dem das Verwaltungsgericht den Rechtsweg für gegeben hält (§ 41 III – Parallelen: § 17 GVG, 48a ArbGG, 52 SGG, 34 FGO). Die Verweisung kann auch durch *Beschluß* erfolgen, wenn der Beklagte mit dem Verweisungsantrag des Klägers einverstanden ist (§ 41 IV). – Die Entscheidung lautet in diesem Falle: ,,Der Verwaltungsrechtsweg ist unzulässig. Der Rechtsstreit wird an das ...gericht verwiesen." Dies kann jedoch nur gelten, wenn der Kläger seinen Verweisungsantrag als Hauptantrag stellt. Bei nur hilfsweise beantragter Verweisung muß durch Urteil verwiesen werden, da dem Kläger sonst die Möglichkeit genommen würde, die Frage des Rechts-

---

[379] *BVerwGE* 49, 221 ff.; vgl. aber *BVerwG*, BayVBl. 1976, 215. Zum Stand der Meinungen *Eyermann-Fröhler*, § 42 Rdnr. 37a m. w. Nachw. Den Rechtsweg wollen jedenfalls über Art. 19 IV GG eröffnen *Frotscher*, Jura 1980, 1 ff.; *Schenke*, JA 1981, 588 ff.; *Tschira-Schmitt Glaeser*, S. 23.
[380] So *BVerfGE* 30, 108; *Seuffert*, in: Festschr. f. G. Müller, 1970, S. 491 f.; vgl. auch *Erichsen*, VerwArch 1971, 409 f.
[381] Zum Begriff unten 3 b ee.
[382] *BVerwGE* 49, 221 ff.
[383] Nicht von Amts wegen: *BVerwGE* 47, 257.

wegs einer urteilsmäßigen Entscheidung zuzuführen, an der er regelmäßig ein Interesse haben wird.[384] Eine Verweisung ist nicht möglich, wenn ein prozessualer Anspruch auf mehrere materielle Anspruchsgrundlagen gestützt wird und nur für einen der Klagegründe der Rechtsweg zulässig ist, für die übrigen aber unzulässig: Das verweisende Gericht würde sich die Möglichkeit zur Sachentscheidung nehmen, obgleich es für mindestens einen Teil der Klagegründe kompetent ist.[385]

Beispiele:
(a) Der beamtete Kläger verlangt vor dem Verwaltungsgericht Schadensersatz, weil er zu Unrecht nicht befördert worden sei; er stützt diesen Anspruch auf die Verletzung der beamtenrechtlichen Fürsorgepflicht und auf Amtspflichtverletzung. Für den ersteren Klagegrund ist der Rechtsweg zum Verwaltungsgericht gegeben (§ 126 BRRG), für den letzteren zum Zivilgericht (Art. 34 GG). Das Verwaltungsgericht *muß* über den Klagegrund entscheiden, für dessen Prüfung der Rechtsweg zu ihm eröffnet ist; aber auch *nur* über ihn darf es entscheiden. – (b) Ein Beamter klagt auf Entfernung von Eintragungen aus seiner Personalakte. Macht er – mittels allgemeiner Leistungsklage – einen Anspruch aus Fürsorgepflichtverletzung durch den Dienstherrn geltend, so steht ihm nach verwaltungsgerichtlicher Rechtsprechung nur ein Anspruch auf Berichtigung der inkriminierten Teile der Akteneintragung zu,[386] während bei einer Klage auf Schadensersatz wegen Amtspflichtverletzung die Zivilgerichte auf volle Entfernung der Aktennotiz erkennen.[387]

Anders liegt der Fall bei *zwei* prozessualen Ansprüchen, z. B. Beförderung für die Zukunft, Schadensersatz für die Vergangenheit, oder bei der Geltendmachung von Haupt- und Hilfsanträgen.[388] Da bei verschiedenen prozessualen Ansprüchen trennbare Klagen vorliegen, besteht für das Gericht die Möglichkeit, die Klage bezüglich des einen Anspruchs zu verweisen, gleichzeitig aber über den anderen Anspruch zu judizieren.

Beispiele:
Dem Kläger war zum Betriebe seiner Firma ein Darlehen nach dem Lastenausgleichsgesetz bewilligt und teilweise ausgezahlt worden. Als die Firma in Zahlungsschwierigkeiten geriet, stellte das Kreditinstitut die weiteren Zahlungen ein und forderte den bereits gezahlten Betrag zurück. Der Kläger klagt auf Feststellung, daß er zur Rückzahlung nicht verpflichtet sei – Rechtsweg vor die Verwaltungsgerichte – sowie auf Schadensersatz wegen der unterbliebenen Zahlungen – Zuständigkeit der Zivilgerichte.[389]

Zweifelhaft ist die Beurteilung einer im Prozeß geltend gemachten *Aufrechnung*,[390] wenn für die Gegenforderung ein anderer als der eingeschlagene

---

[384] BVerwGE 24, 210.
[385] BGHZ 13, 143; BVerwGE 18, 181 ff.; 22, 45 ff.; 30, 49; 52, 249 ff.; BVerwG, DVBl 1968, 646 f., sowie BGH, JZ 1971, 336 m. abl. Anm. *Grunsky; Hanusch,* NVwZ 1982, 11 ff.; a. A. *Eyermann-Fröhler,* § 40 Rdnrn. 31 ff.
[386] BVerwGE 15, 3 ff.; BVerwG, DöD 1981, 190.
[387] BGH, ZBR 1981, 317.
[388] BGH, DÖV 1956, 668.
[389] BVerwGE 30, 46 (49).
[390] Allg. zur Aufrechnung im Anfechtungsprozeß *Battis,* DVBl 1971, 572 ff.; *Pietzner,* VerwArch 1982, 453 ff.; *ders.,* VerwArch 1985, 87 ff.; *Ehlers,* NVwZ 1983, 446 ff.;

§ 3. Die Zulässigkeit des Verwaltungsrechtswegs 59

Rechtsweg gegeben ist,[391] z.B. im Verwaltungsprozeß die Aufrechnung mit einer privaten Forderung. Man wird die Aufrechnung nur insoweit zulassen können, als nicht gegen das Prinzip der Trennung der einzelnen Gerichtszweige verstoßen wird,[392] also etwa wenn die Gegenforderung bereits rechtskräftig feststeht. Sonst kann das angegangene Gericht das Verfahren aussetzen und eine Entscheidung über die Gegenforderung in dem kompetenten Rechtsweg abwarten.[393]

Von der Frage nach der Zulässigkeit des Rechtswegs ist das Problem der *Vorfragenkompetenz* zu unterscheiden: Die Gerichte jedes Rechtszweiges können grundsätzlich über alle erheblich werdenden rechtlichen Vorfragen einschlußweise (incidenter) entscheiden, auch wenn diese – als Hauptfrage – in einem anderen Rechtsweg anhängig zu machen wären.[394]

Beispiel:
Das Verwaltungsgericht kann in der Anfechtung einer Inanspruchnahmeverfügung nach dem Bundesleistungsgesetz über das Eigentum an der Sache, das Zivilgericht in Amtshaftungsprozessen über die Beamteneigenschaft entscheiden.

Dies gilt nur dann nicht, wenn ein verfassungsgerichtliches Entscheidungsmonopol (auf Bundesebene Art. 100 GG) dadurch tangiert werden würde.[395]

Beachte: Zivilgerichte müssen grundsätzlich Verwaltungsakte als wirksam hinnehmen (sog. Tatbestandswirkung eines Staatsaktes), solange sie nicht nichtig oder rechtskräftig für ungültig erklärt sind.[396] Wichtige Ausnahme: in Amtshaftungs- und Enteignungsprozessen kann auch die Recht- oder Unrechtmäßigkeit eines Verwaltungsakts nachgeprüft werden. Durchbrechung der Ausnahme: Hat das Verwaltungsgericht den Verwaltungsakt rechtskräftig für gültig oder ungültig erklärt, so ist das Zivilgericht an diese Feststellung gebunden (Rechtskraftwirkung: § 121).

Jedes Gericht ist an die Entscheidung des verweisenden Gerichts insofern gebunden, als es nicht zurückverweisen kann (§ 41 I 2).[397] Dieser Grundsatz gilt jedoch dann nicht, wenn in Hauptsacheverfahren und Eilverfahren unterschiedliche Rechtswege für zulässig erkannt wurden: Das Berufungsgericht

---

BVerwGE 66, 218ff.; *BVerwG*, NJW 1983, 776; NVwZ 1984, 168; *OVG Münster,* DÖV 1976, 673f., die die Aufrechnung im Anfechtungsverfahren für unbeachtlich erklärten und nur als Hindernis für die Vollstreckung werteten, daselbst weitere Nachweise zum Streitstand; zur Aufrechnung gegen einen Leistungsbescheid *Arnold,* BayVBl 1972, 151ff.
[391] *Eyermann-Fröhler,* § 40 Rdnrn. 38ff.; *Redeker-von Oertzen,* § 40 Rdnr. 19; *Lüke,* JuS 1980, 649.
[392] *BGHZ* 38, 254ff.; *Kopp,* § 40 Rdnr. 45 m. w. Nachw.
[393] *VGH München,* DVBl 1960, 646, bejaht Pflicht zur Aussetzung; dagegen will *OVG Münster,* DÖV 1974, 824, unter dem Vorbehalt abweisen, daß im ordentl. Rechtsweg eine Entscheidung über die zur Aufrechnung gestellte Forderung ergeht.
[394] Vgl. *Klinger,* § 40 Anm. B I 3; *Ule,* VwGO, § 43 Anm. I 3b; *Eyermann-Fröhler,* § 40 Rdnr. 23 (jeweils m. Nachw. der Rspr.); ferner *Lüke,* JuS 1980, 648. Eine Aussetzungsmöglichkeit besteht unter der Voraussetzung des § 94 (= § 148 ZPO).
[395] *Redeker-von Oertzen,* § 1 Rdnrn. 6ff.
[396] *BayObLG,* DÖV 1974, 243f.; BayVBl 1974, 369.
[397] *Pietzner-Ronellenfitsch,* § 5 Rdnr. 10; *Kopp,* § 41 Rdnr. 14; *Lüke,* JuS 1980, 648: „abdrängende", aber nicht „aufdrängende" Verweisung.

in der Hauptsache ist nicht an die Entscheidung der Gericht im Eilverfahren gebunden, weil es sich nicht um „dieselbe Sache" handelt.[398] Über die Frage, ob es auch an ein anderes Gericht nicht weiterverweisen darf – sog. *absolute Bindung*[399] – besteht Uneinigkeit. Dem von den Vertretern einer absoluten Bindung vor allem hervorgehobenen Hinweis der *rechtskräftigen* Feststellung der Zuständigkeit des Gerichts, an das verwiesen wurde,[400] ist entgegenzuhalten, daß eine Verweisung nie von Amts wegen, sondern nur auf Antrag erfolgt, so daß auch eine Klageabweisung ohne gleichzeitige Weiterverweisung möglich ist. Ferner zeigt die Entstehungsgeschichte, daß der Gesetzgeber die im Vorgänger des § 41 ausgesprochene absolute Bindung gerade nicht übernommen hat.[401] Eine bloß relative Bindung scheint daher eher dem § 41 zu entsprechen.[402]

Auch wenn die Verweisung zu Unrecht ausgesprochen wurde, besteht eine Bindungswirkung.[403] Das Adressatgericht hat die volle Rechtsschutzfunktion zu übernehmen.

Schwierigkeiten tauchen bei der Frage auf, welche *Verfahrensordnung* das Gericht anzuwenden hat, an das verwiesen wurde, und wonach sich der Umfang der materiell-rechtlichen Prüfung bemißt.[404]

Da jedem Gerichtszweig eine in Art und Inhalt unterschiedliche Verfahrensordnung zugeordnet ist, erlauben es die allgemeinen Prozeßgrundsätze nicht, daß das Adressatgericht ohne weiteres die Prozeßordnung des seiner Meinung nach zuständigen Gerichts anwenden könnte.[405] Andererseits muß dem Bürger größtmöglicher Rechtsschutz gewährt werden; daraus dürfte zu folgern sein, daß diejenigen Verfahrensmaximen der für das Gericht geltenden Prozeßordnung heranzuziehen sind, die dem Rechtsschutzbegehren des Klägers am besten entsprechen.[406] So wird z.B. bei Anfechtungs- und Verpflichtungsklage vor einem Zivilgericht die auch in der ZPO geregelte Inquisitionsmaxime zu wählen sein. Für die materiell-rechtliche Seite der Klage ist das Recht anzuwenden, das für den Anspruch gilt.[407]

Die Bindungswirkung einer Verweisung entfaltet eine weitere Konsequenz: Hat ein Gericht einer anderen Gerichtsbarkeit über den zu ihm beschrittenen Rechtsweg zuvor rechtskräftig judiziert, so sind die allgemeinen

---

[398] *VGH München*, BayVBl 1986, 271.
[399] *Ule*, VwGO, § 41 Anm. II 3; *Menger*, VerwArch 1963, 403; bes. *Eyermann-Fröhler*, § 41 Rdnrn. 14ff.
[400] So *Eyermann-Fröhler*, aaO.
[401] *Tschira-Schmitt Glaeser*, S. 43.
[402] BSGE 12, 283; BGHZ 38, 289ff.; BVerwG, DVBl 1960, 775; NJW 1967, 2128; *Rupp*, AöR 85, 175; zum Stand der Meinungen *Krause*, ZZP 1970, 303 Fußn. 43; ausdrücklich offengelassen von *BVerwG* 27, 170.
[403] *BVerwGE* 27, 170ff.; *BVerwG*, DÖV 1974, 430.
[404] Zur Verfahrensordnung *Krause*, DÖV 1970, 695ff. m.w. Nachw.; *Saure*, Die Rechtswegverweisung, 1971.
[405] So auch *Baumbach-Lauterbach*, ZPO, § 13 GVG Anm. 6 A–J, unter Hinweis auf *Dürig*, in: Maunz-Dürig-Herzog-Scholz, Art. 19 IV Rdnr. 63; desgl. *KG*, NJW 1957, 1407.
[406] *BVerwGE* 27, 175.
[407] So für den umgekehrten Fall ausdrücklich *BVerwGE* 27, 175f.

§ 4. Die verwaltungsgerichtlichen Klagen   61

Verwaltungsgerichte an diese Entscheidung gebunden (§ 41 II).[408] Dies gilt selbst dann, wenn nach rechtskräftiger Ablehnung des zunächst geltend gemachten Zahlungsanspruchs durch ein Zivilgericht nunmehr in derselben Sache eine das Einschreiten gegen die Beklagte ablehnende Entscheidung der Aufsichtsbehörde angefochten wird, weil damit jede zivilrechtliche Streitigkeit ins öffentliche Recht gezogen und ein zusätzlicher Rechtsweg „erschlichen" werden könnte.[409]
Neben der Verweisung an ein Gericht eines anderen Gerichtszweiges nach § 41 ist als weiterer Fall in § 83 die Verweisung an das *örtlich oder sachlich zuständige Gericht* der allgemeinen Verwaltungsgerichtsbarkeit vorgesehen.

Beispiel:
Die Bundesrepublik Deutschland unterhält im Land Baden-Württemberg eine überwiegend von amerikanischen Streitkräften genutzte Schießanlage. Das Land hat der Bundesrepublik aufgegeben, an dieser Anlage zusätzliche Sicherungsmaßnahmen vorzunehmen. Dagegen richtet sich die Klage. Das angerufene Verwaltungsgericht hat durch Zwischenurteil seine sachliche Zuständigkeit bejaht, der Verwaltungsgerichtshof erklärte auf die Berufung gegen das Zwischenurteil des Verwaltungsgerichts wegen § 50 I Nr. 1 für unzuständig und verwies nach § 83 an das Bundesverwaltungsgericht.[410]

§ 4. Die verwaltungsgerichtlichen Klagen

I. Das Klagesystem

Die Verwaltungsgerichtsordnung (VwGO) konkretisiert die formellen Rechtsschutzansprüche des Staatsbürgers gegen die öffentliche Gewalt (Art. 19 IV GG) dadurch, daß sie bestimmte Klagearten zur Verfügung stellt. Dennoch ist Rechtsschutz nicht nur zu gewähren, wenn die angegriffene oder begehrte behördliche Handlung mit den in der VwGO ausdrücklich aufgeführten Klagearten verfolgt werden kann. Denn aus § 40 folgt, daß in allen öffentlich-rechtlichen Streitigkeiten nichtverfassungsrechtlicher Art ein Rechtsweg zu den Verwaltungsgerichten eröffnet ist. Die in der VwGO genannten Klagearten sind nur beispielhaft aufgezählt; andere Typen, wie sie etwa die ZPO kennt, sind ebenfalls zulässig (§ 173). Ist z. B. eine mit einer Anfechtungsklage angefochtene Maßnahme kein Verwaltungsakt,[1] sondern lediglich eine schlichte Verwaltungsäußerung (vgl. unten IV 2 b bb), so darf die Klage nicht als unzulässig abgewiesen werden,[2] bevor das Rechtsschutz-

---

[408] Vgl. dazu *VG Münster,* NVwZ 1982, 327.
[409] *BVerwG,* DÖV 1977, 366 f.
[410] *BVerwG,* DÖV 1976, 750; vgl. auch *BVerwG,* DVBl 1979, 818.
[1] *BVerwGE* 34, 248 ff.; ähnlich auch *OVG Lüneburg,* OVGE 25, 484 ff., wo allerdings zugleich auf die fehlende Rechtsverletzung hingewiesen wird.
[2] Ausf. *Frotscher,* DÖV 1971, 259 ff.; *Tschira-Schmitt Glaeser,* S. 202 ff.; *Kopp,* Vorb. § 40 Rdnrn. 3 ff.; *BVerwGE* 60, 148 f.

1. Teil. Die Sachurteilsvoraussetzungen

begehren einer anderen Klageform unterstellt wird. Andernfalls würde man in Wahrheit ein verkapptes Enumerationsprinzip einführen. Nach der Ablehnung des Verwaltungsakts ist deshalb zu prüfen, ob mit einer allgemeinen Gestaltungsklage,[3] einer allgemeinen Leistungsklage, Unterlassungsklage oder gegebenenfalls einer Feststellungsklage Rechtsschutz gewährt werden kann.[4] Häufig werden allerdings in solche Fällen die Klagebefugnis oder das Rechtsschutzbedürfnis fehlen, so daß man auf diesem Wege zur Unzulässigkeit der Klage kommt.[5]

Neben den Klagen als wichtigsten Teil des verwaltungsgerichtlichen Rechtsschutzsystems kennt die VwGO noch weitere Verfahrensarten, deren Einleitung mit einem Antrag beginnt: das verwaltungsgerichtliche Normenkontrollverfahren (unten § 5) und die vorläufigen Rechtsschutzverfahren (unten § 6).

II. Die Anfechtungsklage[6]

Die beiden spezifisch auf den Verwaltungsprozeß zugeschnittenen Klagearten sind die Anfechtungs- und Verpflichtungsklage. Mit der Anfechtungsklage wird die Aufhebung eines (belastenden) Verwaltungsakts begehrt, soweit dieser rechtswidrig ist.[7] Sie ist daher eine *Gestaltungsklage*, ihr Anwendungsbereich vornehmlich die Eingriffsverwaltung. Das objektive[8] Vorliegen eines Verwaltungsakts ist Voraussetzung für die Zulässigkeit der Anfechtungsklage; gegen andere Maßnahmen der Verwaltung ist die Anfechtungsklage unzulässig.[9] Dies ergibt sich aus dem Wortlaut der §§ 42 I, 79 I. Mit der Anfechtungsklage angreifbar sind aber auch *nichtige* Verwaltungsakte (arg. e § 43 II 2). Gegen Verwaltungshandlungen, die nicht Verwaltungsakte sind, kann nur mit einer anderen Klageart vorgegangen werden (unten IV 2 b).

---

[3] Zur Zulässigkeit der Gestaltungsklage im Verwaltungsprozeß vgl. unten V.
[4] Dazu *BVerwGE* 36, 192 ff.; vgl. auch *VGH Mannheim*, ESVGH 26, 220, sowie *OVG Münster*, OVGE 30, 155; *OVG Münster*, DÖV 1974, 498 f.; *VGH München*, VGH n. F. 28, 34, die bei fehlendem Verwaltungsakt eine allgemeine Leistungsklage kassatorischen Inhalts konstruieren; ebenso jetzt auch *BVerwGE* 60, 148 f. Instruktiv auch *OVG Lüneburg*, DÖV 1971, 494 f., das bei einer unzulässigen Anfechtungsklage – es handelte sich insoweit um eine Rechtnorm – weitere mögliche Klagearten prüft.
[5] *Frotscher*, DÖV 1971, 259 ff.
[6] Vgl. dazu *Erichsen*, Jura 1980, 153 ff.; *Tschira-Schmitt Glaeser*, S. 74 ff.
[7] Zur Zulässigkeit der sog. Teilanfechtung *OVG Lüneburg*, DVBl 1972, 584 f.
[8] Dazu sogleich sub IV 2.
[9] *BVerwGE* 30, 288; *OVG Lüneburg*, DÖV 1971, 494 f. Ausführlich hierzu *J. Martens*, bes. S. 71 ff., der sich kritisch mit dem von der h. M. geforderten Verwaltungsakt als Voraussetzung einer Anfechtungsklage auseinandersetzt. Bedenken melden auch *Pietzner-Ronellenfitsch*, § 7 Rdnrn. 5 ff. an, die neben der (typischen) Anfechtungsklage gegen Verwaltungsakte noch eine atypische Anfechtungsklage gegen sonstige hoheitliche Maßnahmen in Form der allgemeinen Gestaltungsklage zulassen möchten. – Im übrigen ist festzuhalten, daß mit der Verneinung des Vorliegens eines Verwaltungsakts nicht die Unzulässigkeit einer Klage feststeht, vielmehr kann lediglich nicht im Wege der *Anfechtungsklage* vorgegangen werden, vgl. dazu *Tschira-Schmitt Glaeser*, S. 84 m. w. Nachw.

§ 4. Die verwaltungsgerichtlichen Klagen 63

Eine Anfechtungsklage[10] eigener Art stellt die sog. *Aufsichts- oder Beanstandungsklage*[11] dar. Sie wurde in einigen Ländern durch Landesgesetz eingeführt und räumt der Aufsichtsbehörde ein Klagerecht gegen Verwaltungsakte oder Widerspruchsbescheide ein, die ein bei der Behörde gebildeter Ausschuß erläßt. Inhalt oder Umfang der Aufsichtsklagen sind in den einzelnen Ländern unterschiedlich geregelt: Teilweise sind sie an keine weiteren Voraussetzungen gebunden, teilweise muß eine Rechtsverletzung oder ein Ermessensmißbrauch behauptet werden (§ 15 I AGVwGOSaarl), oder es muß sich um eine Selbstverwaltungsangelegenheit handeln und der Bescheid von der Körperschaft der beteiligten Behörde nicht angefochten werden (§ 17 I AGVwGORhPf). Eine besondere gesetzliche Ausgestaltung war indessen notwendig, weil es abweichend von § 42 II meist an einer Verletzung eigener Rechte fehlen wird.[12]

III. Die Verpflichtungsklage

Mit ihr kann der Erlaß eines abgelehnten oder unterlassenen (in der Regel begünstigenden) Verwaltungsakts begehrt werden.[13]

Beachte: Wird allein die Aufhebung einer belastenden Nebenbestimmung zu einem Verwaltungsakt, deren Zulässigkeit und Voraussetzungen nunmehr § 36 VwVfG regelt, begehrt, so ist die zu wählende Klageart[14] von den Nebenbestimmungen[15] abhängig: Steht fest, daß der Verwaltungsakt nicht ohne Nebenbestimmung erlassen worden wäre, diese mithin Teil des Verwaltungsaktes ist, so kann sie nicht selbständig angefochten werden.[16] Der Kläger muß beantragen, die Behörde zum Erlaß eines Verwaltungsakts ohne Nebenbestimmung zu verurteilen, also eine Verpflichtungsklage erheben. Das ist bei *Bedingungen, Befristungen, Widerrufsvorbehalten* regelmäßig der Fall. Dagegen wird die *Auflage* als selbständiger Verwaltungsakt angesehen mit der Folge, daß diese Nebenbestimmung eigenständig durch Anfechtungsklage angegriffen werden kann;[17] denn die Wirkung einer Auflage erschöpft sich idR darin, der Behörde bei Nichtbeachtung einen gesonderten Vollzugstitel zu verschaf-

---

[10] *Bettermann*, NJW 1967, 435, will daneben auch die Verpflichtungsklage einbeziehen.
[11] Vgl. *BVerwGE* 35, 173 ff.; 37, 48 f.; *OVG Koblenz*, AS 9, 130 ff.; zur verfassungsrechtlichen Zulässigkeit *BVerfGE* 20, 238 ff.; 21, 116.
[12] *Redeker-von Oertzen*, § 42 Rdnrn. 16 f.
[13] Ausführlich *Pietzner-Ronellenfitsch*, § 7 Rdnrn. 17 ff.
[14] *Pietzner-Ronellenfitsch*, § 7 Rdnrn. 11 f. m. Nachw. aus der Rechtsprechung; *Schwerdtfeger*, Rdnr. 208.
[15] Allgemein zu Nebenbestimmungen *Maurer*, AllgVerwR, § 12; *Ule-Laubinger*, § 50; *Kloepfer*, Die Verwaltung 1975, 295 ff.; *Schachel*, Nebenbestimmungen zu Verwaltungsakten, 1979; *ders.*, Jura 1981, 449 ff.; *Gern-Wachenheim*, JuS 1980, 276 ff.; *H. J. Schneider*, Nebenbestimmungen und Verwaltungsprozeß, 1981; *Schenke*, JuS 1983, 182 ff.
[16] *BVerwGE* 29, 265.
[17] *BVerwGE* 36, 153 f.; 41, 181; *BVerwG*, DÖV 1974, 536; NVwZ 1982, 191 f.; dies gilt nach *BVerwG*, NVwZ 1984, 366, selbst bei echter Auflage nur dann, wenn sich Genehmigung und Nebenbestimmung nicht in unlösbarem Zusammenhang befinden; ferner *OVG Münster*, OVGE 23, 177 ff. Bedenken in *BVerwGE* 55, 135; 56, 254.

fen. Anders liegt es bei der sog. *modifizierenden Auflage* (vorhabenbezogene Auflage); sie bewirkt eine „qualitative Änderung der Gewährung in bezug auf den Antragsgegenstand" und ist daher mit der Verpflichtungsklage anzugreifen.[18] Im einzelnen ist vieles in Fluß geraten; die Entwicklung scheint zu einer verstärkten sog. isolierten Anfechtung der Nebenbestimmungen zu tendieren,[19] sofern der Verwaltungsakt nicht ohne diese eine Inhaltsänderung erfährt oder nicht mehr dem geltenden Recht entspricht.[20] Das Vorliegen einer Verwaltungsakt und Nebenbestimmung umfassenden Ermessensentscheidung steht einer Teilanfechtung nicht mehr entgegen.[21]

Die Verpflichtungsklage ist eine *Leistungsklage*, ihr Anwendungsbereich vornehmlich die Leistungsverwaltung. Die Verpflichtungsklage muß auf einen Verwaltungsakt gerichtet sein (vgl. den Wortlaut des § 42 I). Eine „Amtshandlung" i. S. von § 113 IV 1 genügt nicht: Aus einer Bestimmung über den Urteilsinhalt kann nicht auf eine Erweiterung von Vorschriften über die Klagevoraussetzung geschlossen werden.[21a] Ist Endziel der Klage schlichtes Verwaltungshandeln, wie etwa die Auszahlung von Geldern, muß geprüft werden, ob mit der Zahlung ein Bewilligungsbescheid, in dem die Voraussetzungen der Leistung im Einzelfall geprüft sind, ausdrücklich oder stillschweigend verbunden ist; liegt dies vor, ist die Geldleistung mittels Verpflichtungsklage zu begehren.[22] Andernfalls ist sie wie alle sonstigen Amtshandlungen mit der *allgemeinen Leistungsklage* zu verfolgen (dazu unten VI).

Die Unterscheidung zwischen der Verpflichtungsklage gegen die *Ablehnung* eines Verwaltungsakts (Weigerungs- oder Versagungsgegenklage) und der Verpflichtungsklage gegen die *Unterlassung* des Erlasses eines Verwaltungsakts (Untätigkeitsklage)[23] ist für das Vorverfahren (§ 68 II) und die Klagefrist (§§ 74 S. 2, 75 S. 2, 3) von Bedeutung (dazu unten §§ 15, 16).

IV. Gemeinsame Probleme von Anfechtungs- und Verpflichtungsklage

1. Das Verhältnis beider Klagen bei Ablehnung eines beantragten Verwaltungsakts[24]

Anfechtungs- und Verpflichtungsklage sind zu trennen. Gegen die Ablehnung eines Antrags auf Erlaß eines Verwaltungsakts ist, um den begehrten Verwaltungsakt zu erreichen, nur eine Verpflichtungsklage zu erheben, nicht

---

[18] Dazu zuletzt *Weyreuther*, DVBl. 1984, 365 ff.; *Paetow*, DVBl 1985, 369 ff. Aus der Rechtsprechung *BVerwGE* 35, 378; 70, 161.
[19] Vgl. *BVerwGE* 60, 274; *Schenke*, aaO.
[20] Nachw. bei *Schwerdtfeger*, Rdnrn. 200 ff.; *Kopp*, § 42 Rdnr. 18; *Pietzner-Ronellenfitsch*, aaO.
[21] *BVerwG*, NJW 1982, 2269, unter Aufgabe von *BVerwGE* 55, 135 ff.
[21a] *BVerwGE* 31, 301 f.; 36, 192 f.; s. jetzt aber *BVerwGE* 61, 41.
[22] *Jakobs*, NVwZ 1984, 28 f.
[23] Ausführlich zur schlichten Untätigkeitsklage *OVG Münster*, DÖV 1974, 97 f.; DÖV 1974, 104; Eildienst 1975, 144 f.
[24] Zur Abgrenzung von Anfechtungs- und Verpflichtungsklage vgl. *v. Wedel*, MDR 1975, 97 ff.; *Metzner*, BayVBl 1976, 11 ff., sowie *BVerwGE* 25, 357; 41, 178 ff.; 51, 20 ff.; *OVG Münster*, DVBl 1977, 258.

§ 4. Die verwaltungsgerichtlichen Klagen

aber eine zusätzliche Anfechtungsklage mit dem Ziel einer Aufhebung des ablehnenden Bescheids.[25] Das ergibt sich aus §§ 42 I, 113 IV. Denn ist die Ablehnung eines Verwaltungsakts rechtwidrig und der Kläger in seinen Rechten verletzt, so hat das Gericht die Verpflichtung der Verwaltungsbehörde auszusprechen, den beantragten Verwaltungsakt zu erlassen bzw. den Kläger unter Beachtung der Rechtsauffassung des Gerichts neu zu bescheiden. Es hat also ein Leistungsurteil, nicht ein Gestaltungsurteil zu ergehen.[26] Ausnahmsweise ist eine Verbindung von Anfechtungs- und Verpflichtungsklage denkbar, wenn sich der Aufhebungsantrag nicht lediglich gegen den ablehnenden Bescheid der Behörde richtet.[27]

Beispiel:
Ein Ausländer, dessen Asylgesuch abgelehnt und dem daraufhin gemäß § 28 I 1 AsylVfG Abschiebung angedroht wurde, kann mittels Anfechtungsklage nur gegen die Abschiebungsandrohung vorgehen; über sein eventuelles Bleiberecht ist ausschließlich unter allgemein ausländerrechtlichen Gesichtspunkten zu entscheiden; es ist in separatem Verfahren mittels Verpflichtungsklage zu verfolgen.[28]

In besonderen Fällen dürfte jedoch eine Anfechtungsklage zulässig sein, etwa dann, wenn der Kläger ein berechtigtes Interesse an der Aufhebung des ablehnenden Verwaltungsakts hat und den beantragten positiven Bescheid zur Zeit nicht erstrebt = sog. *isolierte Anfechtungsklage.*[29]

Beispiel:
Der Kläger beantragt eine Genehmigung nach dem Außenwirtschaftsgesetz für ein Exportgeschäft. Sie wird nach längerer Zeit abgelehnt. Infolge der Veränderung der Konjunkturlage ist das Exportgeschäft zur Zeit inopportun. Der Kläger hat jedoch ein berechtigtes Interesse, die von ihm für rechtswidrig gehaltene und später nachteilige Ablehnung der Genehmigung aufheben zu lassen, um bei veränderter wirtschaftlicher Situation das Geschäft vornehmen zu können.

Das *Bundesverwaltungsgericht*[30] will generell eine isolierte Anfechtungsklage zulassen, selbst wenn der Kläger seinem letztlich erstrebten Ziel mit

---

[25] *BVerwG,* VerwRspr 17, 63; BVerwGE 37, 151 ff.; *Redeker-von Oertzen,* § 42 Rdnr. 3; *Bettermann,* NJW 1960, 651; DÖV 1962, 151; *Eyermann-Fröhler,* § 42 Rdnr. 10.
[26] Vgl. *Ule,* VwGO, § 42 Anm. I 1.
[27] *VGH Kassel,* HessVGRspr 1969, 49. Dies gilt auch bei der sog. positiven Konkurrentenklage (dazu unten § 14 I 2 b bb): wenn der Drittbetroffene die Begünstigung für sich selbst beansprucht, muß er neben der Verpflichtungsklage eine Anfechtungsklage gegen die Begünstigung erheben; vgl. nur *VGH München,* DVBl 1983, 275; *v.Mutius,* VerwArch 1978, 105; a. A. *Finkelnburg,* DVBl 1980, 810f., der die Anfechtung für genügend erachtet.
[28] *Lauterbach,* DVBl 1986, 401; *BVerwG,* DVBl 1986, 518.
[29] Vgl. dazu ausführlich *Tschira-Schmitt Glaeser,* S. 67 ff. m. w. Nachw.; *Kellner,* MDR 1968, 965; *Bettermann,* DVBl 1973, 375 f.; *Kopp,* § 42 Rdnr. 22; *Martens,* Verwaltungsprozeß, S. 77; *Gerontas,* DÖV 1982, 438.
[30] E 38, 99 ff. m. abl. Anm. *Bettermann,* DVBl 1973, 375. Einschränkend jetzt jedoch *BVerwGE* 69, 92; *BVerwG,* DÖV 1985, 408. Zur Zulässigkeit der isolierten Anfechtung im finanzgerichtlichen Verfahren wegen der besonderen Rechtslage zwecks Ermöglichung der Sprungklage nach § 45 FGO vgl. *BFHE* 120, 151 ff. = JuS 1977, 415 Nr. 16. Zum Problem vgl. *Laubinger,* in: Festschr. f. Menger- 1985, S. 443 ff.

einer Verpflichtungsklage näher gekommen wäre: Die Zulässigkeit einer solchen Klage könne zwar zweifelhaft sein, aber nicht wegen etwa fehlender Statthaftigkeit der Anfechtungsklage, sondern nur wegen mangelnden Rechtsschutzbedürfnisses. Dagegen hält das *OVG Lüneburg*[31] einschränkend eine isolierte Anfechtung nur dann für möglich, wenn ein Rechtsschutzbedürfnis an der Aufhebung besteht und nur der ablehnende Bescheid in Rechte eingreift. Dieser Auffassung ist zuzustimmen. Sie dürfte durch § 44a bestärkt worden sein.[32]

Nach h. M.[33] ist der baurechtliche Nachbarschutz im Wege der Anfechtungsklage zu erstreben; denn der Nachbar wehrt sich gegen einen ihn belastenden Verwaltungsakt. Indessen kann sich aus einer Zusage eine besondere Konstellation ergeben: Sagt die Baubehörde dem Nachbarn die Einhaltung des objektiven Baurechts verbindlich zu und erteilt sie die Baugenehmigung unter Verletzung dieser Zusage, so kann der Nachbar dagegen nicht mit der Anfechtungsklage, sondern nur mit der auf Rücknahme der Baugenehmigung gerichteten Verpflichtungsklage vorgehen.[34]

Anfechtungsklage kommt auch für die sog. Konkurrentenklage eines Teilnehmers am Wirtschaftsverkehr in Frage, der sich gegen eine Begünstigung eines Konkurrenten wehrt; haben sich beide um die Subvention beworben, so ist eine Verpflichtungsklage gerechtfertigt.[35] Will der Drittbetroffene nicht nur die Begünstigung des Konkurrenten beseitigen, sondern diese selbst an dessen Stelle empfangen, sind beide Klagen zu verbinden.[36]

Der ablehnende Bescheid muß vom Gericht entgegen der h. M. *ausdrücklich aufgehoben* werden.[37] Hierfür sind Gründe der Rechtsklarheit und Rechtssicherheit sowie die Gefahr seiner Vollziehung maßgebend.

---

[31] DÖV 1972, 169f.
[32] So auch *Tschira-Schmitt Glaeser*, S. 67. Allg. zu Rechtsbehelfen gegen behördliche Verfahrenshandlungen nach § 44a jetzt *Hill*, Jura 1985, 61ff.
[33] *BVerwGE* 22, 129ff.; *BVerwG*, DÖV 1980, 690; *Tschira-Schmitt Glaeser*, S. 66f.; *Bosch-Schmidt*, § 18 II 4; *Schwerdtfeger*, Rdnr. 224. Bei nur anzeigepflichtigen Vorhaben gewährt das *OVG Münster* eine Verpflichtungsklage (DÖV 1974, 387). Vgl. ferner die Nachw. zum Antrag nach § 80 (unten § 6 II 4d bb).
[34] *BVerwGE* 49, 244ff.
[35] Dazu zuletzt *Scherer*, Jura 1985, 11ff. m. w. Nachw.; vgl. im übrigen unten § 14 I 2b bb.
[36] Dazu oben Fußn. 27 und allgemein unten § 14 I 2b bb.
[37] Vgl. *Eyermann-Fröhler*, § 113 Rdnr. 65; *Rupp*, AöR 85, 307; a. A. *Bettermann*, NJW 1960, 651; *Menger*, VerwArch 1963, 202. Nach *BVerwG*, DÖV 1963, 385 hat der ausdrückliche Ausspruch der Aufhebung „nur deklaratorische Bedeutung"; *Pfeifer*, DVBl 1963, 657, hält die gerichtliche Aufhebung für überflüssig; *Ule*, VwGO, § 42 Anm. I 1, meint, die Verwaltungs*behörde* müsse den Ablehnungsbescheid aufheben.

§ 4. Die verwaltungsgerichtlichen Klagen

2. *Der Verwaltungsakt als Voraussetzung der Anfechtungs- und Verpflichtungsklage und seine Abgrenzung gegenüber anderen Verwaltungshandlungen*[38]

a) Der Verwaltungsakt muß objektiv vorliegen oder begehrt werden; die Behauptung des Klägers ist nicht maßgebend und nicht ausreichend.[39] Eine Legaldefinition des Begriffs Verwaltungsakt enthält nunmehr § 35 S. 1 VwVfG: Verwaltungsakt ist jede Verfügung, Entscheidung oder andere hoheitliche Maßnahme, die eine Behörde zur Regelung eines Einzelfalles auf dem Gebiet des öffentlichen Rechts trifft und die auf unmittelbare Rechtswirkung nach außen gerichtet ist.[40] Verwaltung sind Rechtssubjekte, die Hoheitsgewalt besitzen, also Staat, Gemeinden und sonstige Körperschaften, Anstalten und Stiftungen des öffentlichen Rechts sowie die mit öffentlicher Gewalt beliehenen Unternehmen (z. B. eine sog. genehmigte oder anerkannte Privatschule, soweit sie sich im Rahmen ihrer öffentlichen Befugnis betätigt).[41] Die Organe jener Träger öffentlicher Verwaltung bezeichnet man in der Regel als Behörden (§ 1 IV VwVfG).

Beachte: Keine Behörde sind die Parlamente, soweit sie gesetzgeberische Aufgaben wahrnehmen. Als gesetzgebendes Organ handelt ein Parlament auch dann, wenn es die Immunität eines seiner Mitglieder aufhebt.[42] Dagegen wird es als Behörde tätig, wenn es eine Petition entgegennimmt.[43] Auch der parlamentarische Untersuchungsausschuß ist Behörde,[44] wenn er gegen einen Zeugen eine Ordnungsstrafe verhängt.

Der Begriff des Verwaltungsakts bestimmt sich nach seinem Inhalt,[45] nicht nach seiner Form.[46] Der Behörde ist damit verwehrt, durch die Wahl einer bestimmten äußeren Form die Rechtsqualität ihres Handelns selbst zu bestimmen und damit den Rechtsschutz festzulegen oder gar auszuschließen (Formenmißbrauch), etwa indem eine Aufsichtsverfügung der Aufsichtsbehörde gegenüber der Kommune als „innerdienstliche Weisung" bezeichnet wird.[47] Ein Verwaltungsakt muß allerdings angesichts der Regelungsfunktion, die ihm innewohnt, seinen Charakter als hoheitliche verbindliche Regelung eines Einzelfalls auf dem Gebiet des öffentlichen Rechts hinreichend

---

[38] Dazu *Badura*, in: Erichsen-Martens, AllgVerwR, § 41 II; *Wolff-Bachof* I, §§ 45 ff.; *Götz*, Das Verwaltungshandeln, § 12; *Kopp*, Anhang § 42; *Maurer*, Allg VerwR, § 9; *Löwer*, JuS 1980, 805.
[39] BVerwGE 30, 288; 31, 306; OVG Lüneburg, OVGE 25, 494; *Tschira-Schmitt Glaeser*, S. 74; a. A. *Eyermann-Fröhler*, § 42 Rdnrn. 11, 11a.
[40] Vgl. auch § 118 AO vom 16. 3. 1976 (BGBl I, 613).
[41] BVerwGE 17, 41 ff.; *Löwer*, JuS 1980, 808.
[42] BayVerfGH, VGH n. F. 5, 216.
[43] Str., vgl. BayVerfGH, VGH n. F. 10, 23 f.; *Dürig*, in: Maunz-Dürig, Art. 17 Rdnr. 81; *Weber*, NJW 1977, 594 f.
[44] OVG Berlin, OVGE 10, 164.
[45] BVerwGE 7, 55; 60, 145, 147; *Ule*, VwGO, § 42 Anm. IV 1 c; *Wolff-Bachof* I, § 46 VIa; *Stern*, JuS 1963, 71 Fußn. 48.
[46] Auch ein „formloser" Brief kann die Qualität eines Verwaltungsakts besitzen, vgl. BVerwGE 57, 161.
[47] *Tschira-Schmitt Glaeser*, S. 78.

klar erkennen lassen.[48] Verwaltungsakt ist daher auch das Handzeichen des Verkehrspolizisten[49] oder das Ausstellen von rechtserheblichen Bescheinigungen.[50] Maßgebend ist nicht der innere, sondern der erklärte Wille, wie ihn der Adressat bei objektiver Würdigung verstehen konnte.[51] Unklarheiten müssen hierbei zu Lasten der Behörde gehen; eine Benachteiligung des Bürgers durch mißverständliche Willensäußerungen der Verwaltung untersagt auch Art. 19 IV GG.[52] Jedoch bleibt „eine von einer Behörde als Verwaltungsakt gewollte und in der gesamten Form sowie der Veröffentlichungsart als solche ausgestaltete Anordnung grundsätzlich auch dann ein Verwaltungsakt, wenn sie ihrem wesentlichen Inhalt nach etwas regelt, was nur durch eine Rechtsnorm wirksam geschehen kann".[53] Gleiches gilt, wenn eine Behörde eine Maßnahme als Verwaltungsakt deklariert, die bürgerlich-rechtlicher Natur ist: Es liegt ein – wegen fehlender Rechtsgrundlage rechtswidriger – Verwaltungsakt vor.[54] Der Verwaltungsrechtsweg ist weiterhin eröffnet für die Klage gegen ein Schreiben, dem die Behörde eine Rechtsmittelbelehrung beigegeben hat, das sie also als Verwaltungsakt betrachtet hat (weshalb sie folgerichtig auch über den eingelegten Widerspruch zu entscheiden verpflichtet ist). Die Behörde hat damit ihren Willen zum Ausdruck gebracht, von den ihr angeblich zustehenden öffentlich-rechtlichen Befugnissen Gebrauch zu machen, um einen Einzelfall hoheitlich zu regeln. Deshalb ist das Verwaltungsgericht für eine Klage zuständig. Für deren Zulässigkeit kommt es nicht darauf an, ob die öffentlich-rechtlichen Befugnisse wirklich bestehen.[55] Diese Überlegungen gelten auch dann, wenn die Maßnahme nur vorbereitenden Charakter hat, die Behörde jedoch einen Verwaltungsakt erlassen wollte.[56]

b) Zur Abgrenzung des Verwaltungsakts von anderen Verwaltungshandlungen[57] seien folgende Fälle angeführt:

---

[48] *Badura*, in: Festschr. Boorberg-Verlag, 1977, S. 215 ff. Es darf kein Nichtakt sein, z. B. Scherzerklärung.
[49] Ebenso wie das Ampelsignal: *VG Hannover*, NJW 1984, 1644.
[50] *BVerwGE* 60, 113; *BVerwG*, DVBl 1986, 188; *OVG Berlin*, NVwZ 1984, 245; *VGH Mannheim*, DÖV 1981, 803.
[51] Vgl. *BVerwGE* 29, 310, zur Abgrenzung einer – privatrechtlichen – Zahlungsaufforderung vom Leistungsbescheid im Beamtenrecht; ferner zur Anforderung einer Abgabe in Form einer Rechnung ohne Rechtsmittelbelehrung, die sich bei objektiver Würdigung des Erklärungsinhalts als zivilrechtliche Zahlungsaufforderung und nicht als Verwaltungsakt darstellt, *BVerwGE* 41, 306; weiter *BVerwGE* 60, 228; 67, 305; *BVerwG*, DÖV 1985, 165; ferner *Schwerdtfeger*, Rdnr. 57.
[52] *BVerwGE* 41, 306.
[53] Stichwort: Formenmißbrauch, *BVerwG*, DÖV 1974, 426; MDR 1980, 399; *Kopp*, Anh. § 42 Rdnr. 7.
[54] *BVerwGE* 13, 307 ff.; 30, 211 f.; *Bettermann*, DVBl 1954, 298; *Tschira-Schmitt Glaeser*, S. 77 f.
[55] *BVerwG*, DÖV 1972, 382 f.
[56] *OVG Lüneburg*, DÖV 1972, 133.
[57] Vgl. dazu *Obermayer*, Verwaltungsakt und innerdienstlicher Rechtsakt, 1956; *Frotscher*, Jura 1980, 1 f.; *Zimmer*, Jura 1980, 242 ff.; insgesamt auch *Wolff-Bachof* I, § 45 II; *Püttner*, S. 73 ff.; *Wendt*, JA 1980, S. 25 ff.; *Achterberg*, AllgVerwR, § 21 Rdnrn. 62 ff.

§ 4. Die verwaltungsgerichtlichen Klagen 69

aa) *Tatsächliche Verwaltungshandlungen* (Realakte), z. B. Verrichtungen, Akteneinsicht,[58] Anlegen und Führen von Akten.[59] Nur ausnahmsweise können dazu Vollstreckungshandlungen gehören. In der Regel sind sie selbst als Verwaltungsakte zu qualifizieren, jedenfalls dann, wenn sie eine selbständige nach außen hervortretende Entscheidung enthalten.[60]

Beispiele:
Androhung und Festsetzung des Zwangsmittel;[61] die Ersatzvornahme und der unmittelbare Zwang selbst dürften nur tatsächliche Handlungen sein, es sei denn, sie werden beim sofortigen Vollzug ohne Verwaltungsakt als Verwaltungsakte auf Duldung betrachtet.[62]

Im einzelnen ist vieles ungeklärt. Das wirkt sich auch auf den Rechtsschutz aus.[63]

bb) *Schlichte Verwaltungsäußerungen.*[64] Sie besitzen keine Rechtserheblichkeit und keine Rechtsverbindlichkeit, sind also keine Verwaltungsakte. Beispiele dafür sind:
(1) vorbereitende Maßnahmen, die noch keine unmittelbaren Rechtswirkungen auslösen, wie etwa Gutachten, Stellungnahmen, Ladungen,[65] Berichte;

Beispiele:
(a) Der Bericht des Luftfahrt-Bundesamtes über die Untersuchung eines Luftunfalls;[66] – (b) die Anordung der Verwaltungsbehörde, ein medizinisches Gutachten nach

---

[58] Nachdem bislang der Anspruch auf Akteneinsicht nur für das gerichtliche Verfahren in § 100 anerkannt war, hat nunmehr § 29 VwVfG ein entsprechendes Recht auch für das Verwaltungsverfahren begründet. Diese Regelung geht über das bisherige Recht teilweise insoweit hinaus, als beim Fehlen ausdrücklicher gesetzlicher Bestimmungen die Entscheidung der Behörde über die Gewährung der Akteneinsicht nicht mehr in ihr Ermessen gestellt wird: vgl. *Kopp,* VwVfG, § 29 Anm. 1; *Clausen,* in: Knack, VwVfG, § 29, Rdnrn. 2 ff.; *Ule-Laubinger,* § 25, jeweils m. w. Nachw.; ferner *Badura,* in: Erichsen-Martens, AllgVerwR, § 40 II 4; *Götz,* NJW 1976, 1426; *VGH Mannheim,* DVBl 1974, 817 ff.; *BVerwGE* 49, 93 ff.
[59] Doch stellt die Entscheidung über die Vernichtung dieser Akten einen Verwaltungsakt dar: *VGH München,* NJW 1984, 2236.
[60] Vgl. *Kopp,* Anh. § 42 Rdnr. 39; *Eyermann-Fröhler,* Anh. § 172 Rdnr. 11; *Engelhardt,* VerwaltungsvollstreckungsG, VerwaltungszustellungsG, 2. Aufl. (1979), Erl. zu § 14 VwVG; *Achterberg,* AllgVerwR, § 22 Rdnrn. 190 ff.; zur Vollstreckung einer Gewerbeuntersagung vgl. *OVG Münster,* NVwZ 1982, 382. Für NW ergibt sich die Verwaltungsakt-Qualität von Maßnahmen der Vollstreckungsbehörden aus § 8 AGVwGONW.
[61] *BVerwGE* 49, 169; 54, 314; *VGH Kassel,* DVBl 1984, 794; a. A. *VGH München,* NJW 1982, 460; nach *VGH München,* BayVBl 1978, 735, soll die Androhung einer Fahrtenbuchauflage kein anfechtbarer Verwaltungsakt sein.
[62] *OVG Münster,* OVGE 29, 44 ff.; *Wolff-Bachof* III, § 160 II h; für Verwaltungsakt auch hier *OVG Berlin,* JR 1970, 435.
[63] Dazu *Fischer,* BayVBl 1980, 173 und unten § 6 I 2 c.
[64] Vgl. *Stern,* BayVBl 1957, 44 ff., 86 ff.; *Haueisen,* NJW 1961, 1901; *Achterberg,* DÖV 1971, 397 ff.
[65] Zur formlosen Ladung des Wehrpflichtigen zur Musterung vgl. *BVerwG,* NJW 1984, 2541.
[66] Vgl. *BVerwGE* 14, 324 f.

§ 3 II StVZO beizubringen;[67] – (c) die schriftliche Unterrichtung des Wehrpflichtigen gem. § 13 IV 4 MusterungsVO, er sei als Ersatz für Ausfälle vorgesehen.[68]

(2) unverbindliche Äußerungen, z. B. Mitteilungen;[69] Hinweise auf die Rechtslage;[70] Ermahnungen;[71] Empfehlungen;[72] für Auskünfte streitig[73] (die gebührenpflichtige Verwarnung hingegen ist ein Verwaltungsakt);[74] Ankündigung des Erlasses eines Verwaltungsakts[75] oder eine behördeninterne Darstellung der Rechtslage, die zur Ablehnung eines Bewerbers geführt hat;[76] der Listenvorschlag einer Universität auf Besetzung eines Lehrstuhls;[77] – dagegen ist die Mitteilung des Wissenschaftsministers an einen Bewerber um einen Lehrstuhl, seine Bewerbung habe nicht zu einer Berufung führen können, ein Verwaltungsakt.[78] Auch die ,,Bezeichnung" eines Verteidigungsvorhabens durch den Bundesminister der Verteidigung nach § 1 II, III LandbeschaffungsG ist den betroffenen Bürgern gegenüber kein Verwaltungsakt, wohl aber gegenüber der Gemeinde[78a])

(3) Zusagen[79] (str.); auch die Regelung der sog. Zusicherung in § 38 VwVfG hat eine Festlegung der Rechtsnatur der Zusage vermieden;[80] doch

---

[67] *BVerwGE* 34, 248ff.; *VGH München,* NJW 1968, 470; Verwaltungsakt nehmen an *OVG Lüneburg,* NJW 1968, 2310; *OVG Münster,* NJW 1968, 267; zum Problem *Selmer,* NJW 1967, 1527.
[68] *BVerwG,* DÖV 1971, 677.
[69] Auskunft über einen früheren Beamten im Wege der Amtshilfe durch Bundesversicherungsanstalt ist kein Verwaltungsakt: *BVerwGE* 38, 336ff.; 44, 18.
[70] Auf gesetzlich angeordnete Beendigung des Beamtenverhältnisses auf Widerruf: *BVerwG,* NVwZ 1986, 387; auf Frist zur Nachuntersuchung: *VGH München,* BayVBl 1982, 694.
[71] *BVerwG,* DVBl 1983, 1248; *VG Schleswig,* NJW 1985, 1099.
[72] *VGH Kassel,* ESVGH 17, 147ff.; *BVerwGE* 53, 106.
[73] Vgl. *OVG Münster,* OVGE 13, 167; *OVG Berlin,* OVGE 1, 282; *OVG Lüneburg,* OVGE 23, 388ff.; Auskunft des Amtes für Verfassungsschutz ist Verwaltungsakt: *BVerwGE* 31, 301ff.; 35, 225ff. (Auskunft aus Personalakte an Polizeigewerkschaft); Mitteilung von einer Behörde an eine andere über Rechtswidrigkeit einer von ihr erteilten Auskunft aus den Personalakten eines Bewerbers ist kein Verwaltungsakt: *Geck-Böhmer,* JuS 1973, 101; *Pipkorn,* DÖV 1970, 171ff.; *Redeker-von Oertzen,* § 42 Anm. 53. Dagegen ist die Weigerung, Auskunft über Inhalt und Empfänger von Daten zu geben, für den Betroffenen ein Verwaltungsakt, weil er in Unkenntnis über die der Behörde vorliegenden Informationen bleibt: *VGH München,* BayVBl 1983, 403.
[74] *VGH München,* VGH n. F. 17, 43.
[75] *VG Hannover* hat die Ankündigung einer beabsichtigten Namensänderung den Vater des Kindes zu Recht nicht als Verwaltungsakt qualifiziert. *Kramer* schlägt in seiner ablehnenden Rezension der unveröffentlichten Entscheidung vor, die Ankündigung zumindest als formalen Verwaltungsakt anzusehen (JuS 1973, 484ff.). Dazu vgl. ferner *BVerwG,* NVwZ 1985, 416f.; NVwZ 1985, 419f.; NJW 1985, 694.
[76] *BVerfGE* 33, 21.
[77] *OVG Münster,* DÖV 1974, 498.
[78] Vgl. das den Spruch der Vorinstanz (*OVG Lüneburg,* NJW 1984, 1639ff.) bestätigende Urteil *BVerwG,* NVwZ 1986, 374.
[78a]) *BVerwG,* BayVBl 1986, 660f.; BayVBl 1986, 665.
[79] Allg. *Pfander,* Die Zusage im öffentlichen Recht, 1968; *Pieper,* VerwArch 1968, 217ff.; *Jakobs,* Jura 1985, 234ff.; *BVerwGE* 26, 31ff.; 64, 24; *BVerwG,* BayVBl 1984,

§ 4. Die verwaltungsgerichtlichen Klagen

kann aus den für anwendbar erklärten bestimmten Vorschriften über Verwaltungsakte in § 38 II VwVfG geschlossen werden, daß der Gesetzgeber die Zusage nicht als Verwaltungsakt ansah, da die Bestimmung sonst überflüssig wäre, und nur die Bindung der Behörde zugunsten des Bürgers verstärken wollte.[81]

(4) Akte der Courtoisie, z. B. Glückwunschtelegramme.

(5) Petitionsbescheide.[82]

(cc) *Fiskalakte* öffentlicher Einrichtungen sind keine Verwaltungsakte, da sie auf dem Gebiet des Privatrechts liegen, wobei indessen die Ermittlung dessen, was in den fiskalischen Bereich gehört, immer schwieriger wird. Bei der Vergabe öffentlicher Mittel ist vor allem die sog. Zweistufentheorie[83] zu beachten, die man auch auf die Ausübung des gesetzlichen Vorkaufsrechts zugunsten der Gemeinden (§§ 24ff.BBauG) anwenden sollte. – Die Ablehnung eines privatrechtlichen Zahlungsanspruchs ist kein Verwaltungsakt, wohl aber die Ablehnung eines öffentlich-rechtlichen Erstattungsanspruchs.[84] Ein behördliches Hausverbot kann einen Verwaltungsakt darstellen.[85]

Beispiele:
(a) *A* sucht den Beamten *B* des Fürsorgeamtes wegen seiner Fürsorgeangelegenheit auf. Da *A* der Meinung ist, daß er zu wenig Unterstützung erhalte, kommt es zu scharfen Auseinandersetzungen und schließlich zu tätlichen Angriffen des *A* gegen *B*. Die Behörde erläßt daraufhin Hausverbot an *A*. Dieses Hausverbot ist ein *Verwaltungsakt*, da es dem *A* verbietet, eine öffentlich-rechtliche Angelegenheit persönlich in dem Dienstgebäude der Behörde zu erledigen.[86] – (b) Anders ist es dagegen, wenn der Fotograf *X* ein Standesamt betritt, um bei Brautpaaren Fotoaufträge zu bekommen.[87] Kommt es dabei zu Störungen und zu Belästigungen der Brautpaare, so ist ein daraufhin erlassenes Hausverbot privatrechtlicher Natur, da *X* das Dienstgebäude nicht zur Erledigung von Behördenangelegenheiten, sondern aus geschäftlichen Gründen betreten hat (str.).[88]

405; *OVG Lüneburg*, OVGE 32, 434; *OVG Münster*, OVGE 26, 77ff.; *OVG Münster*, DÖV 1974, 31.
[80] Vgl. *Götz*, NJW 1976, 1427f.; *ders.*, Das Verwaltungshandeln, S. 162ff.; *Eyermann-Fröhler*, § 42 Rdnr. 27; a. A. *Kopp*, VwfG, § 38 Rdnr. 2; *Schwarze*, in: Knack, VwVfG, § 38 Rdnr. 2.2.
[81] Zu Umfang und Grenzen einer Zusage im Bau-Nachbarrecht vgl. *BVerwGE* 49, 244ff. = JuS 1976, 401 Nr. 11. Danach kann eine Baugenehmigung, die unter Verletzung einer dem Nachbarn gegenüber abgegebenen verbindlichen Zusage ergeht, von diesem nur mit einer Verpflichtungsklage auf Rücknahme der Baugenehmigung beseitigt werden; die Klage kann wegen eines dem Bauherrn zustehenden Vertrauensschutzes u. U. erfolglos bleiben.
[82] Vgl. dazu die Nachw. § 1 II; bestätigend jetzt auch *VGH München*, BayVBl 1981, 211ff.
[83] Dazu § 3 I 1 b hh.
[84] *BVerwGE* 72, 186; *OVG Lüneburg*, OVGE 8, 391; *Ule*, VwGO, § 42 Anm. IV 1 b.
[85] Oben § 3 I 1 b bb.
[86] *OVG Münster*, OVGE 18, 251.
[87] Vgl. den vom *BGHZ* 33, 230 entschiedenen Fall.
[88] Vgl. etwa *Folz*, JuS 1965, 45 m. Nachw.

(dd) *Rechtsnormen* (Rechtsverordnungen) sind keine Einzelfallregelungen,[89] sie wenden sich in der Regel an einen unbestimmten Personenkreis.

Besondere Schwierigkeiten bereitet insoweit die Abgrenzung zur Allgemeinverfügung des § 35 S. 2 VwVfG; diese stellt ein Bündel von Verwaltungsakten dar. Dazu rechnet die h. M. die Gebots- und Verbotszeichen des Straßenverkehrs,[90] die Eröffnung oder Schließung einer Schule[91] oder einer Schulklasse,[92] die militärische Schutzbereichsanordnung,[93] die Auflösung einer Versammlung, kreditpolitische Entscheidungen der Bundesbank.[94] Keine Allgemeinverfügungen, sondern Rechtsnormen sind hingegen

(1) Satzungen[95] (Die Genehmigung oder Nichtgenehmigung eines Rechtsetzungsakts im Rahmen des Selbstverwaltungsrechts durch die Aufsichtsbehörde stellt dagegen *im Verhältnis zu dem Selbstverwaltungsträger* einen Verwaltungsakt dar, auch wenn sie im übrigen ein Mitwirkungsakt am Rechtsetzungsverfahren ist: Doppelnatur).[96]

Beispiele:
(a) Die Versagung der gem. § 100 II HandwO a. F. notwendigen aufsichtsbehördlichen Genehmigung zu einer von der Handwerkskammer beschlossenen Gebührenordnung ist im Verhältnis zur Handwerkskammer ein Verwaltungsakt.[97] – (b) Satzungsänderung einer Handwerksinnung durch die Handwerkskammer im Wege der Ersatzvornahme nach § 75 HandwO.[98]

(2) Allgemeinverbindlicherklärung eines Tarifvertrages (str.),[99] gegenüber den Tarifvertragsparteien aber ein Verwaltungsakt.[100]

---

[89] Vgl. Nachw. bei *Obermayer*, NJW 1980, 2386 ff.; ferner *BVerwGE* 26, 251 ff.; 29, 207 ff.; *BayVerfGH*, VGH n. F. 19, 114; *BayVerfGH*, BayVBl 1971, 468; zur Unterscheidung von Rechtsnorm und Verwaltungsakt vgl. auch *OVG Münster*, DVBl 1973, 503 ff.; *VGH München*, VGH n. F. 19, 114.
[90] Vgl. *BVerwGE* 59, 224; *Obermayer*, aaO; *Prutsch*, JuS 1980, 566, m. w. Nachw. des Streitstandes; *Czernak*, JuS 1981, 65; s. auch *Stern*, in: Festschr. f. R. Lange, 1976, S. 859 ff. Über Fahrverbote in begrenzten Gebieten *Brosche*, DVBl 1979, 719.
[91] *BVerwG*, NJW 1978, 2211; *OVG Münster*, NJW 1979, 829. Ebenso die Umwandlung eines Gymnasiums in eine Gesamtschule *(OVG Hamburg*, NJW 1980, 2146).
[92] *BVerwGE* 18, 40 f.; *VGH Kassel*, NVwZ 1984, 115; a. A. *VGH München*, BayVBl 1980, 245.
[93] *BVerwG*, NVwZ 1985, 39.
[94] So *Stern*, JuS 1963, 71; a. A. *BVerwGE* 41, 334. Dazu auch *Stern*, StaatsR II, § 35 III 3.
[95] *BVerwGE* 7, 30; für kommunale Satzungen *Stern*, in: BK, Zweitbearb., Art. 28 Rdnrn. 105 ff.; *Zimmer*, DÖV 1980, 116; *Wolff-Bachof* I, § 45 IX.
[96] Vgl. *Ule*, VwGO, § 42 Anm. IV 2 a m. Nachw.; *Stern*, aaO, Rdnr. 137; *Küchenhoff*, JuS 1965, 52; *Redeker-von Oertzen*, § 42 Rdnr. 39; *Bachof*, in: Festschr. f. W. Weber, 1974, 515 ff.
[97] *BVerwGE* 16, 83.
[98] *BVerwG*, DVBl 1972, 828 ff.
[99] Wie hier: *BVerwGE* 7, 82 ff.; 7, 188 f.; *OVG Münster*, OVGE 29, 96 ff.; *Ule*, VwGO, § 32 Anm. IV 2 f. mit einer Übersicht des Schrifttums. Vgl. auch *BVerfGE* 34, 316; 44, 340; 55, 20: Rechtsetzungsakt eigener Art.
[100] *Kopp*, Anh. § 42 Rdnr. 31; *Bachof*, in: Festschr. f. W. Weber, 1974, S. 525 f.

§ 4. Die verwaltungsgerichtlichen Klagen

(3) *Pläne des Bau- und Bodenrechts,* sofern ihnen überhaupt rechtliche Verbindlichkeit zukommt und sie nicht bloß vorbereitend sind.[101]

Beispiele:
(a) Bebauungsplan nach § 10 BBauG;[102] – (b) Plan für Unternehmer eines Wasser- und Bodenverbandes.[103] Aber: Flächennutzungsplan wird nicht als Rechtsnorm verstanden, sondern als „hoheitliche Maßnahme eigener Art als rechtlich relevante Planungsstufe",[104] da er vom Gesetz nicht mit Normcharakter ausgestattet ist. Das gleiche gilt für den Raumordnungsplan.[105]

Die Genehmigung des Plans hingegen ist Verwaltungsakt ebenso wie ihre Versagung.[106]

(4) *Organisationsakte* in Form einer Rechtsverordnung.

Beispiel:
Die oberste Landesbehörde regelt im Wege einer Verordnung, die eine Ermächtigungsgrundlage angibt und im dafür vorgesehenen Publikationsorgan veröffentlicht wurde, die Grenzen der Handwerkskammerbezirke neu.[107] Die Regelung der Zuständigkeitsbefugnisse der Kammer hat für die betroffenen Mitglieder Rechtsnormcharakter; eine Anfechtungsklage ist insoweit unzulässig. Dagegen stellt sie sich den Kammern gegenüber als Einzelfallregelung dar.

Gleiches gilt für die Eingemeindungen und gemeindlichen Gebietsänderungen;[108] werden diese jedoch im Wege eines formellen Gesetzes vorgenommen, so sind sie dann auch nur als solche überprüfbar.[109]

ee) *Gerichtsakte (Justizverwaltungsakte),* die nicht Urteile bzw. Beschlüsse nach den Verfahrensordnungen sind, sind in der Regel Verwaltungsakte, für die aber Rechtsschutz vor den Zivil- und Strafgerichten gewährt wird (§§ 40 I, 179 VwGO, §§ 23 ff. EGGVG).[110]

ff) *Regierungsakte,* besser *Verfassungsrechtsakte* (Akte der politischen Sphäre) sind keine Verwaltungsakte, da sie ihre unmittelbare Wurzel im Ver-

---

[101] Zum Problem *Blümel,* DVBl 1973, 436 ff.; aus der Rechtsprechung zuletzt etwa *BVerwGE* 68, 311; *VGH München,* DVBl 1983, 1157; NVwZ 1985, 502 f.
[102] *OVG Lüneburg,* DVBl 1971, 322. In der Literatur wird teilweise darauf hingewiesen, daß für die Qualifikation als Rechtsnorm – neben der Form – der sachliche Inhalt entscheidend sei: *Friauf,* in: v. Münch, Bes. VerwR, S. 470 f.; *Adam,* JuS 1971, 595 Erl. 7.
[103] *OVG Lüneburg,* OVGE 18, 359 ff.; vgl. auch *BVerwGE* 28, 148 ff.
[104] *OVG Lüneburg,* DVBl 1971, 321.
[105] *OVG Lüneburg,* DVBl 1971, 323.
[106] *BVerwGE* 34, 301 ff.; selbst dann, wenn noch ein Planfeststellungsverfahren nachfolgt, wie bei der luftverkehrsrechtl. Genehmigung gem. § 6 LuftVG: *BVerwG,* DVBl 1974, 562 ff.; vgl. auch *VG Hannover,* DVBl 1971, 589.
[107] *OVG Münster,* OVGE 30, 117 ff.
[108] *Stern,* in: BK, Zweitbearb., Art. 28 Rdnr. 145; *BVerwGE* 18, 154; *OVG Koblenz,* NVwZ 1983, 303 f.; *OVG Münster,* OVGE 24, 22; *OVG Lüneburg,* OVGE 18, 429 ff.; *VGH München,* VGH n. F. 30, 26; *VGH München,* DVBl 1981, 223.
[109] *NWVerfGH,* OVGE 26, 270; *NWVerfGH,* DÖV 1969, 568 f.; *RhPfVerfGH,* AöR 95, 598 ff.; DÖV 1969, 560 ff.; DVBl 1970, 780; *BayVerfGH,* BayVBl 1972, 43; *BadWürttStGH,* ESVGH 25, 1 ff. m. Anm. *H. Weber,* NJW 1975, 1214; vgl. *Renck-Laufke,* DVBl 1974, 512 ff.; *v. Burski,* DÖV 1976, 29 ff.; *Werner,* DVBl 1976, 705 ff.
[110] Vgl. oben § 3 I 3 b ee.

fassungs- oder Völkerrecht oder im rechtsfreien Raum haben.[111] Hierher gehören Ehrungen und Ordensverleihungen[112] sowie z. B. Wahlen von Regierungsmitgliedern im Parlament, die Beantwortung parlamentarischer Anfragen, Weisungen im Rahmen der Art. 84 und 85 GG, die Einsetzung von Untersuchungsausschüssen. Macht jedoch der Untersuchungsausschuß von den ihm eingeräumten Hoheitsbefugnissen Gebrauch, etwa durch Ladung von Zeugen, so wird er wie eine Behörde tätig.[113]

Beispiel:
Der Kläger wurde zur Ableistung einer Wehrübung im Bereitschaftsdienst einberufen, der durch einen Beschluß der Bundesregierung angeordnet war. Dagegen erhob er Anfechtungsklage. Die Klage wurde abgewiesen, da die Anordnung des militärischen Bereitschaftsdienstes durch die Bundesregierung kein Verwaltungsakt, sondern ein politischer Akt sei.[114]

gg) Auch ein echter *Gnadenakt* ist kein Verwaltungsakt. Er hat keinen Rechtswert, sondern ist ein Hulderweis, eine Handlung im rechtsfreien Raum.[115] Kein echter Gnadenakt liegt dagegen vor, wenn die Voraussetzungen der Begnadigung in Rechtsvorschriften normiert sind.[116] So ist auch die Einbürgerung kein Gnadenakt, da ihre Voraussetzungen im Staatsangehörigkeitsgesetz festgelegt sind.

hh) Ein *Vertragsakt* ist kein Verwaltungsakt, da er ein zweiseitiges Rechtsgeschäft ist.[117] Zu unterscheiden sind koordinationsrechtliche und subordinationsrechtliche Verträge.[118] Eine umfassende Regelung des öffentlich-rechtlichen Vertrages haben jetzt die §§ 54 ff. VwVfG gebracht. Dabei hat sich der Gesetzgeber im Grundsatz zwar zu der sog. utilitaristischen Theorie bekannt, nach der der Abschluß eines öffentlich-rechtlichen Vertrages stets zulässig ist, sofern zwingende Rechtsnormen nicht entgegenstehen, er stellt aber andererseits einschränkende Sonderregelungen in den §§ 55 ff. VwVfG auf, die diesen Grundsatz erheblich in Richtung auf die normative Ermächtigungslehre relativieren.

Beachte: Es gibt auch *mitwirkungsbedürftige Verwaltungsakte*.[119] Bei ihnen ist aber die Mitwirkung der Betroffenen nicht gleichrangig wie beim Vertrag (z. B. Anträge).

---

[111] Eingehend *Wolff-Bachof* I, § 46 III b, c; ferner oben § 3 I 4 a.
[112] *OVG Hamburg*, DÖV 1959, 266; a. A. *Kopp*, Anhang zu § 42 Rdnr. 28 m. Nachw. zum Streitstand. Die Nichtgenehmigung der Annahme einer ausländischen Ehrung ist Verwaltungsakt.
[113] *BVerwG*, BayVBl 1981, 214 f.; *OVG Berlin*, DVBl 1970, 294; dazu *Stern*, AöR 1984, 246; a. A. *OVG Lüneburg*, DVBl 1986, 476: mangels Behördeneigenschaft sind Maßnahmen der Untersuchungsausschüsse keine Verwaltungsakte. Richtige Klageart ist Leistungsklage auf Aufhebung der Maßnahme.
[114] *BVerwGE* 15, 63 f.
[115] Vgl. oben § 3 I 4 b sowie *BVerwGE* 14, 73; *BVerwG*, NJW 1983, 187; a. A. *Kopp*, Anh. § 42 Rdnr. 28 m. Nachw. zum Streitstand.
[116] *Schunck-De Clerck*, § 42 Anm. 2 a f.
[117] Zur Abgrenzung vgl. *Rupp*, DVBl 1959, 81 ff.; *Renck*, JuS 1971, 77 ff.; *Götz*, JuS 1971, 1 ff.; *Schmidt=Salzer*, NJW 1971, 5 ff.; *BVerwGE* 23, 213 ff.; *OVG Münster*, DÖV 1967, 271.
[118] *Stern*, VerwArch 1958, 143.
[119] *Badura*, JuS 1964, 103 ff.; *Hablitzel*, BayVBl 1974, 392 ff.

§ 4. Die verwaltungsgerichtlichen Klagen

Beispiele:
(a) Antrag auf Erteilung einer Bodenverkehrsgenehmigung.[120] Das Fehlen der Mitwirkungshandlung führt regelmäßig zur Nichtigkeit des Verwaltungsakts. – (b) Die Zustimmungserklärung des Eigentümers zur Widmung einer Straße.[121]

ii) *Innerdienstliche Rechtsakte*[122] sind keine Verwaltungsakte, da sie nur Verwaltungsinterna ohne Außenwirkung darstellen. Hierher gehören:
(1) Akte im besonderen Gewaltverhältnis,[123] soweit nur das ,,Betriebsverhältnis" (nicht das ,,Grundverhältnis") betroffen ist.[124] Während zum ,,Grundverhältnis" Begründung, Beendigung oder substantielle Umgestaltung des besonderen Gewaltverhältnisses zu rechnen sind,[125] gehören alle anderen Maßnahmen zum ,,Betriebsverhältnis", im Beamtenrecht insbes. ,,alle Vorgänge, welche die öffentliche Verwaltung und die Amtsführung lenken", die den Beamten ,,allein in seiner Eigenschaft als Amtsträger und Glied der Verwaltung" erfassen, oder ,,auf organisationsinterne Wirkung zielende Weisungen des Dienstherrn" sowie ,,die auf die Art und Weise der dienstlichen Verrichtung bezogenen innerorganisatorischen Maßnahmen der Behörde".[126]

Beispiele:
(a) Dienstliche Anordnungen des Vorgesetzten an den Untergebenen. Umsetzung eines Beamten.[127] *Beachte aber:* Versagung eines zwecks Teilnahme an einer politischen Demonstration beantragten Sonderurlaubs während der Dienstzeit durch den Vorgesetzten ist Verwaltungsakt.[128] – (b) Erteilung oder Verweigerung der Aussagegenehmigung für einen Beamten.[129] *Beachte aber:* für einen Dritten ist die Erteilung oder Verweigerung der Aussagegenehmigung ein Verwaltungsakt,[130] ebenso für einen Beamten, der die Genehmigung zwecks Aussage in eigener Sache benötigt.[131] – (c) Die

---

[120] *VGH München*, BayVBl 1975, 116f., unter Bezug auf *VGH Kassel*, ESVGH 19, 104.
[121] *Heiß-Hablitzel*, DVBl 1976, 94ff.
[122] Vgl. insb. *Obermayer*, VA und innerdienstlicher Rechtsakt, 1956; *Bettermann*, in: Festschr. f. Böticher, 1969, S. 15ff.; *Kopp*, BayVBl 1974, 392ff.
[123] Allg. *Böckenförde-Grawert*, AöR 95, 1ff.; *Martens*, ZBR 1970, 197ff.; *Zimmermann*, VerwArch 1971, 48ff.; *Hoffmann Becking*, DÖV 1972, 196; *Paetzold*, DVBl 1974, 454ff.; *Kopp*, Anh. § 42 Rdnrn. 51f.
[124] Grdl. *Ule*, VVDStRL 15, 151ff.; neuestens *Schenke*, in: Mertens (Hrsg.), Das besondere Gewaltverhältnis, 1985, bes. S. 95ff. Vgl. aber *Wolff-Bachof* I, § 46 VIIa; *Redeker-von Oertzen*, § 42 Rdnrn. 71ff., sowie *Tschira-Schmitt Glaeser*, S. 25ff.
[125] Zuletzt dazu *BVerwGE* 65, 270; *BVerwG*, DVBl 1983, 505.
[126] *BVerwGE* 14, 86; 60, 146; zu weitgehend *OVG Lüneburg*, DÖV 1981, 107; *BVerwG*, DVBl 1981, 495.
[127] *BVerwGE* 60, 144; allerdings hält das Gericht die allgemeine Leistungsklage für zulässig; ferner *BVerwG*, NVwZ 1982, 103f. mit Bespr. *Battis*, daselbst, S. 87f.; siehe auch *OVG Münster*, NVwZ 1985, 923. Vgl. zum Problem insgesamt *Schenke*, S. 160f.
[128] *BVerwGE* 42, 79.
[129] *Ule*, VwGO, § 42 Anm. IVb m. Nachw.
[130] *BVerwGE* 18, 58ff.; 34, 252ff. (Aussagegenehmigung für Richter); 41, 258; 60, 145; 63, 177; *BVerwG*, BayVBl 1982, 695.
[131] *BVerwGE* 46, 303.

76 1. Teil. Die Sachurteilsvoraussetzungen

Erteilung von Schulaufgaben.[132] Dagegen ist die Nichtversetzung und die Anordnung, das Gymnasium zu verlassen, ein Verwaltungsakt;[133] ebenfalls die Festsetzung der Pflichtstunden des Lehrers.[134] − (d) Bewertung eines Dienstpostens.[135] *Beachte:* die Festsetzung des allgemeinen Dienstzeitalters ist Verwaltungsakt.[136] − (e) Dienstliche Beurteilung des Beamten durch Dienstvorgesetzten.[137] − (f) Auch die Festsetzung des Kaufkraftausgleichs gemäß § 2 II BBesG stellt keinen Verwaltungsakt dar, sondern eine gesetzesergänzende Verwaltungsanordnung.[138]

Im Bereich der Prüfungs- und prüfungsähnlichen Entscheidungen taucht immer wieder die Frage auf, inwieweit Einzelnoten bei einer Prüfungsgesamtnote angefochten werden können. Von der Rechtsprechung wurde bislang die Ansicht vertreten, allein anfechtbarer Verwaltungsakt sei die durch die fehlerhafte Einzelbewertung rechtswidrig beeinflußte *Gesamtnote.*[139]

---

[132] *Hering,* DÖV 1968, 95. Weitere Beispiele aus dem Schulverhältnis bei *Kopp,* Anh. § 42 Rdnr. 53.

[133] *OVG Hamburg,* DVBl 1964, 327; *VGH Mannheim,* NJW 1969, 1791; auch schriftliche Verweise sind Verwaltungsakt, wenn sie echte Disziplinarmaßnahmen darstellen und nicht rein pädagogischen Charakters sind: *OVG Lüneburg,* DVBl 1973, 280. Nach Ansicht von *BVerwG,* DÖV 1976, 316f., und *VGH Mannheim,* ESVGH 26, 216, stellt die Umwandlung bisheriger Versuchsklassen in normale Grundschulklassen keinen Verwaltungsakt dar, weil der Akt nicht das Grundverhältnis berühre („keine Außenwirkung, nur Auswirkung"). Diese Ansicht ist abzulehnen, weil dem Schulverhältnis der besondere Charakter der Erprobung neuer Lernziele und Lehrmethoden genommen und dadurch seine substantielle Veränderung bewirkt wird. Dabei kann es nicht darauf ankommen, ob die Umwandlung innerhalb der gleichen Schule vorgenommen wird. Demgegenüber hat *OVG Münster,* DVBl 1976, 948, die Einführung der Fünf-Tage-Woche in der Schule als einen Organisationsakt bewertet, dem angesichts der gewandelten Auffassung von der Rechtsstellung des Schülers in der Schule nunmehr eine Außenwirkung nicht abgesprochen werden könne. Fraglich sei daher nur, ob dieser Organisationsakt Verwaltungsakt oder Rechtsnorm sei. Werde durch die Regelung nur eine bestimmte Schule betroffen, liege ein Verwaltungsakt vor. Zur „Umsetzung" eines Schülers in eine andere Klasse vgl. *VGH Mannheim,* NVwZ 1984, 810; *VGH München,* BayVBl 1985, 631.

[134] *VGH Kassel,* ZBR 1970, 124.

[135] *BVerwGE* 36, 192 ff., 218 ff.; 41, 253 ff.

[136] *BVerwGE* 19, 19 ff.; 38, 99 ff.; ebenso Dienstunfallanerkennungen: *BVerwGE* 51, 220; *Schenke,* S. 124 f.

[137] *BVerwGE* 28, 191 ff.; 49, 355; *VGH Kassel,* NJW 1985, 1104. Dennoch wird Rechtsschutz über § 42 gewährt, weil die Entscheidung der Behörde über den Antrag auf Abänderung etc. einen Verwaltungsakt darstellt. Dagegen ist das Stationszeugnis des Referendars Verwaltungsakt, weil davon die Versetzung in die nächste Station abhängt: *VGH Kassel,* DÖV 1969, 502; JuS 1969 Nr. 12. Auch nach bayerischem Recht stellt die Dienstpostenbewertung einen Verwaltungsakt dar: *VGH München,* BayVBl 1972, 101.

[138] *OVG Münster,* DÖV 1975, 175.

[139] *BVerwG,* BayVBl 1983, 477; *VG Wiesbaden,* NJW 1963, 2140; *OVG Hamburg,* DVBl 1964, 327; *VG Berlin,* NJW 1964, 939; *OVG Münster,* OVGE 30, 153; *OVG Koblenz,* DÖV 1980, 614; *VGH Mannheim,* DÖV 1982, 164. Dieser Meinung haben sich im wesentlichen angeschlossen: *Holland,* DVBl 1968, 246; *Semler,* NJW 1973, 1774 ff.; *Wolff-Bachof* I, § 46 VII a; *Ule,* NJW 1964, 940; *Schenke,* in: Mertens (Hrsg.), Das besondere Gewaltverhältnis, 1985, S. 96 f.

§ 4. Die verwaltungsgerichtlichen Klagen 77

Demgegenüber hält der *VGH Kassel*[140] jedenfalls die Einzelnote „mangelhaft" im Fach Deutsch für anfechtbar, weil die Fachnoten über die Feststellung des Bestehens der Prüfung hinaus Auskunft über die Prüfungsleistung in den einzelnen Fächern gewähren und dies z. B. wegen des numerus clausus für bestimmte Fächer von Bedeutung sei.[141] Die gleichen Erwägungen veranlaßten das *OVG Berlin,*[142] eine „mangelhafte" Mathematik-Note als Verwaltungsakt zu qualifizieren. Ebenfalls als Verwaltungsakt anfechtbar ist in Examina die Festsetzung der Gesamtprüfungsnote neben dem Ausspruch „bestanden", weil das Prädikat besondere Rechtsfolgen, etwa die Zulassung zur Promotion, auslöst.[143] Die Auseinandersetzung in dieser Frage ist noch nicht beendet.[144]

(2) Weisungen im Instanzenzug,[145] z. B. des Ministeriums an den Regierungspräsidenten, des Regierungspräsidenten an die untere staatliche Verwaltungsbehörde (vgl. §§ 2 ff. LOGNW).[146]

Besondere Probleme ergeben sich, wenn das angewiesene Organ eine selbständige Körperschaft oder Anstalt des öffentlichen Rechts ist, z. B. eine Gemeinde, Universität oder Sparkasse. Soweit es sich um Selbstverwaltungsangelegenheiten handelt, ist die Anordnung stets ein Verwaltungsakt.[147] Dagegen lassen sich fachaufsichtliche Weisungen im übertragenen Wirkungskreis nur dann als Verwaltungsakt mit „unmittelbarer Rechtswirkung nach außen" qualifizieren, wenn die Gemeinde in einer eigenen geschützten Rechtsstellung berührt wird, etwa nach Art. 109 II BayGO; denn Aufgaben im übertragenen Wirkungskreis werden kraft staatlicher Verleihung und nicht aus eigenem Selbstverwaltungsrecht wahrgenommen.[148]

(3) Allgemeine Verwaltungsvorschriften, z. B. Dienstvorschriften für Beamte, Ermessensrichtlinien.[149]

(4) Behördenorganisatorische Maßnahmen.[150]

---

[140] *VGH Kassel,* ESVGH 25, 170.
[141] Vgl. BVerwGE 73, 376; BVerwG, ZBR 1978, 72; *VGH München,* BayVBl 1984, 629. Allg. erkennen den Einzelnoten Verwaltungsakt-Charakter zu *Czermak,* NJW 1964, 939; *Menger,* VerwArch 1964, 387; *Zimmermann,* VerwArch 1971, 68.
[142] *OVG Berlin,* OVGE 13, 36.
[143] *VG Frankfurt,* DVBl 1971, 287; 1972, 427; *VGH Kassel,* DVBl 1975, 729; *OVG Münster,* NVwZ 1985, 595 f.
[144] Zu diesem Fragenkomplex vgl. *Stern,* Die Fortbildung 1976, 44 ff.; *Löwer,* DVBl 1980, 952; *Lässig,* DÖV 1983, 879 ff.; *OVG Koblenz,* DÖV 1980, 614.
[145] *Bachof,* in: Festschr. f. Laforet, 1952, S. 285 ff.; *Müller-Volbehr,* DVBl 1966, 57 ff.; *Wolff-Bachof* I, § 46 VII; BVerwGE 39, 345.
[146] Zum Anspruch eines Bürgers auf Erlaß einer fachaufsichtlichen Weisung vgl. *OVG Münster,* OVGE 26, 93 ff.
[147] BVerwGE 17, 91; 19, 121 ff.; 52, 151; 52, 315; BVerwG, DVBl 1970, 580 ff.; *OVG Lüneburg,* OVGE 19, 485; *OVG Münster,* DVBl 1981, 227; *VGH München,* BayVBl 1984, 659.
[148] *VGH München,* JZ 1977, 339 f.; dazu *Kopp,* Anh. § 42 Rdnr. 45; zuletzt *Reigl,* BayVBl 1985, 369 ff.; *Erichsen,* DVBl 1985, 948 ff.
[149] Dazu *Stern,* StaatsR II, § 38 I 5 b, ebda. auch über ihre Qualität als Rechtsnormen.
[150] *VG Sigmaringen,* VBlBW 1969, 78; *VGH Mannheim,* DVBl 1971, 555 f.; *VGH München,* VGH n. F. 32, 123; *VGH München,* BayVBl 1971, 309.

78 1. Teil. Die Sachurteilsvoraussetzungen

Beispiele:
(a) Die Wahl des Verwaltungsrats durch den Senat der Universität ist kein Verwaltungsakt;[151] gleiches gilt von der Wahl zu den Fachbereichsräten einer Universität.[152] Dagegen sollen die Anordnung der Wahl sowie die Festsetzung des Wahlzeitraums Verwaltungsaktsqualität aufweisen.[153] – (b) Auch die Auflösung einer Fakultät und ihre Umwandlung in Fachbereiche stellt sich für die Hochschullehrer als Verwaltungsakt dar. Die unmittelbare Außenwirkung liegt darin, daß der rechtliche Status der Hochschullehrer gemindert wird.[154]

(5) Behördeninterne Zusammenarbeit

Beispiel:
Abgabe innerdienstlicher Unterlagen durch das Melderegister an andere Verwaltungsbehörden.[155]

Beachte aber: Streichung im Melderegister ist Verwaltungsakt, da rechtlich selbständige Entscheidung dem Bürger gegenüber.[156]

jj) Als *Besonderheiten* seien noch erwähnt:
(1) Ein „stillschweigender" Verwaltungsakt ist grundsätzlich[157] nicht zu bejahen. Davon zu unterscheiden ist ein Verwaltungsakt, der in einem konkludenten Handeln der Behörde liegen kann.

Beispiel:
Die Rückforderung einer Subvention umschließt die (stillschweigende) Erklärung der Rücknahme der Bewilligung.[158]

(2) Bei einem zusammengesetzten oder mehrstufigen Verwaltungsakt ist in der Regel nur *ein* Verwaltungsakt anzunehmen;[159] eine andere Auffassung würde die gerichtlichen Überprüfungsmöglichkeiten des Betroffenen erschweren.

Beispiele:
(a) Nach § 9 II BFStrG darf die Baugenehmigung für eine Bauanlage, die in einer Entfernung bis zu 100 m vom Rand der Autobahn entfernt errichtet werden soll, nur mit *Zustimmung* der obersten Landesstraßenbaubehörde erteilt werden. Diese Zustim-

---

[151] *VGH Mannheim,* DVBl 1971, 555.
[152] Vgl. dazu *VG Neustadt,* DÖV 1976, 142 Nr. 56.
[153] *OVG Lüneburg,* DVBl 1972, 189 ff.
[154] *BVerwGE* 45, 39 ff.
[155] *OVG Münster,* OVGE 10, 93 ff.
[156] *OVG Lüneburg,* DVBl 1972, 504 ff.
[157] Dazu *Wolff-Bachof* I, § 50 II c 2; für das Abgabenrecht aber *BVerwG,* NJW 1964, 2266: Die widerspruchslose Annahme der Lohnsummensteuererklärung durch die Gemeinde ist ein formloser Verwaltungsakt.
[158] *BVerwGE* 62, 5; 67, 305; *BVerwG,* NVwZ 1984, 518; 1985, 489.
[159] Teilweise wird der Verwaltungsakt-Charakter einer Mitwirkungshandlung dann bejaht, wenn dadurch eine Bindung der erlassenden Behörde eintritt: *Obermayer,* DVBl 1958, 140; *Stich,* DVBl 1963, 193; *VGH Kassel,* ESVGH 10, 129; vgl. auch *BVerwG,* JuS 1977, 554 Nr. 10. Die wohl h. M. tendiert dahin, nur den Endakt als Verwaltungsakt anzusehen, weil dieser für den Bürger allein entscheidend ist: *Pietzner-Ronellenfitsch,* § 30 Rdnr. 7; *Badura,* in: Erichsen-Martens, Allg. VerwR, § 40 III; *BVerwGE* 21, 354; 26, 31; 28, 145; 32, 138; 34, 65; *VGH München,* BayVBl 1979, 24.

§ 4. Die verwaltungsgerichtlichen Klagen 79

mung ist kein selbständiger Verwaltungsakt, sondern ein verwaltungsinterner Vorgang.[160] Gleiches gilt für die Verweigerung des gemeindlichen Einvernehmens nach §§ 31 I, 36 I BBauG. – (b) Dagegen wurde die Zustimmung der höheren Verwaltungsbehörde zur Herstellung von Erschließungsanlagen gemäß § 125 II BBauG als selbständig anfechtbarer Verwaltungsakt neben dem Erschließungsbeitragsbescheid angesehen.[161]

(3) Die sog. ,,wiederholende Verfügung"[162] (die Wiederholung eines bereits unanfechtbar gewordenen Verwaltungsakts) ist kein neuer anfechtbarer Verwaltungsakt.[163] Dagegen ist ein ,,Zweitbescheid", der eine neue Sachentscheidung darstellt, ein anfechtbarer Verwaltungsakt.[164]

Beispiel:
A hatte einen Antrag auf Entschädigung nach dem Altsparergesetz gestellt. Der Antrag war abgelehnt und die Ablehnung unanfechtbar geworden. Nachdem eine dem A günstige Änderung der höchstrichterlichen Rechtsprechung zum Altsparergesetz eingetreten war, beantragt A nochmals die Zahlung einer Entschädigung. Das Ausgleichsamt prüft erneut die Voraussetzungen des Anspruchs auf Altsparerentschädigung und lehnt den Antrag mit neuer Begründung ab. Hier liegt nicht nur eine ,,wiederholende Verfügung", sondern ein sog. *Zweitbescheid* vor.

Der Erlaß eines Zweitbescheides, d. h. das Aufgreifen eines bestandskräftig abgeschlossenen Verfahrens, ist der Behörde trotz des entgegenstehenden ersten Verwaltungsakts grundsätzlich nicht verwehrt. Das gilt auch dann, wenn der Verwaltungsakt befristet war und die Frist noch läuft, sofern ein neuer Tatbestand gegeben ist.

Beispiel:
Erneute Abschiebungsverfügung gegenüber einem Asylsuchenden nach dessen Wiedereinreise, obgleich die Frist der früheren Ausweisungsverfügung noch nicht verstrichen war.[165]

Auch hat der Bürger unter bestimmten Voraussetzungen, nämlich bei Änderung der Sach- oder Rechtslage[166] zugunsten des Betroffenen, beim Vorliegen eines förmlichen Wiederaufnahmegrundes oder in Fällen nunmehr beseitigter Beweisnot, einen Anspruch auf erneute Sachentscheidung,[167] § 51 I VwVfG.

---

[160] *BVerwGE* 16, 116.
[161] *BVerwG*, BayVBl 1986, 280; zweifelnd *Kopp*, § 42 Anh. Rdnr. 41.
[162] Zur Abgrenzung vom Zweitbescheid vgl. die beiden Urteile des *BVerwG*, NVwZ 1985, 899, in denen das Gericht im übrigen ohne Not von der hergebrachten Terminologie abweicht.
[163] *BVerwGE* 13, 101; 27, 297; 28, 124; 57, 345; 69, 94; *BVerwG*, NVwZ 1982, 50. Aus der Lehre zuletzt *Achterberg*, AllgVerwR, § 23 Rdnrn. 87ff.
[164] *BVerwGE* 17, 259; 19, 155; 26, 155; std. Rspr., zuletzt etwa *BVerwGE* 53, 14; 57, 345; 69, 94; *BVerwG*, NVwZ 1985, 899; *VGH Kassel*, NVwZ 1985, 282; *OVG Lüneburg*, NJW 1985, 507.
[165] *BVerwG*, DVBl 1986, 512.
[166] Nicht dagegen bei bloßer Änderung der Rechtsprechung: *BVerwGE* 28, 125f.; 35, 234ff.; *BVerwG*, NJW 1982, 2595; *OVG Münster*, NVwZ 1986, 134; *Stelkens*, in: Stelkens-Bonk-Leonhardt, VwVfG, § 51 Rdnr. 29 m. umf. Nachw.
[167] *Stelkens*, aaO; *Sachs*, JuS 1982, 264ff.; *Maurer*, § 11 Rdnrn. 54ff. Aus der Recht-

Beispiel:
Der Fabrikant *F* stellt in seiner Firma Konfitüre und tiefgefrorenes Gemüse her. Aufgrund von Beschwerden der Nachbarn setzte die Behörde eine bestimmte Höhe für die Geräuschimmissionen fest und stellte die Verfügung auch den Nachbarn, darunter dem jetzigen Kläger, zu. Eine Klage wurde damals nicht erhoben. Nach einigen Jahren erweiterte *F* seinen Betrieb und produzierte nun auch Fertiggerichte. Erneuten Beschwerden der Nachbarn half die Behörde nicht ab; schließlich erhob ein Nachbar Klage mit dem Antrag auf Festsetzung einer niedrigeren Lärmgrenze. Die beklagte Behörde kann sich nicht auf die Bestandskraft der 1. Verfügung berufen, weil die Betriebserweiterung diese zwar nicht hinfällig macht, aber Anlaß zu erneuter Prüfung gibt. Die Behörde ist daher zu erneuter Bescheidung verpflichtet (Stichwort: Änderung der Sachlage durch Eintritt neuer Umstände).[168]

Bei allen anderen Verwaltungsakten steht es im Ermessen der Behörde,[169] ob sie nach Bestandskraft des Verwaltungsakts in eine neuerliche Sachprüfung eintreten und den Verwaltungsakt aufheben oder ändern will.[170]

Beispiel:
Dem Kläger wurden Versorgungsbezüge als Wiedergutmachungsberechtigtem bestandskräftig gewährt. Nunmehr beantragt er deren rückwirkende Erhöhung. Die Behörde entscheidet darüber, daß das Ruhegeld erst vom Zeitpunkt der Antragstellung an neu festzusetzen ist. Es stand in ihrem Ermessen, den Fall nicht für die Vergangenheit, sondern erst für die Zukunft neu aufzugreifen.[171]

Sie ist selbst durch ein zu ihren Gunsten ergangenes Urteil nicht gehindert, den Bescheid erneut zu überprüfen und über den neuen Antrag zu entscheiden.[172] Die Rechtskraft des Urteils[173] wird nicht berührt, denn sie steht nur der Anrufung des Verwaltungsgerichts, nicht der Anrufung der Behörde entgegen.[174] Gegen einen wiederum ablehnenden Bescheid kann der Betroffene indes nicht klagen; hier greift die Rechtskraftwirkung des vorangegangenen Urteils ein, da die Streitgegenstände identisch sind. Liegt dagegen einer der in § 51 I VwVfG niedergelegten Gründe vor, die ein Wiederaufgreifen des Verfahrens gestatten, und begehrt der Antragsteller unter Darlegung des Grundes zum Wiederaufgreifen den Erlaß eines Zweitbescheids, so steht gegen dessen Ablehnung der Verwaltungsrechtsweg offen.[175] Es besteht keine Identität der Streitgegenstände, da im früheren Verfahren Streitgegenstand (nur)

---

sprechung *BVerwG*, NJW 1982, 2204; *OVG Bremen*, NVwZ 1982, 50; *OVG Münster*, NVwZ 1986, 51 f.; *VGH Mannheim*, NVwZ 1986, 225.
[168] *VG Hannover*, DVBl 1976, 810.
[169] Seit BVerwGE 15, 155; dazu BVerwGE 26, 153; 28, 122 ff.; zuletzt BVerwGE 69, 91 ff.; *BVerwG*, NVwZ 1985, 265; *OVG Münster*, NVwZ 1986, 34 f.; *OVG Bremen*, NVwZ 1982, 267; *Stelkens*, aaO; *Kopp*, VwVfG, § 51 Rdnr. 9. Die Rechtsprechung nahm z.T. freies, z.T. gebundenes Ermessen an, vgl. *Sauer*, DÖV 1971, 152 Fußn. 32.
[170] Dazu dezidiert *Arndt*, DVBl 1971, 252 ff., der feststellt, daß es an einer dogmatischen Untermauerung dieses Satzes fehlt.
[171] *BVerwG*, DÖV 1974, 357.
[172] *Sachs*, JuS 1982, 266 f.; *Stelkens* aaO, § 51 Rdnr. 21; *Kemper*, NVwZ 1985, 875 f.
[173] Dazu unten § 13 II.
[174] *Kemper*, NVwZ 1985, 876.
[175] BVerwGE 70, 110 ff. mit nur dem Ergebnis zustimmender Bespr. von *Sachs*, JuS 1985, 447 ff.; ferner *BVerwG*, NVwZ 1986, 294.

§ 4. Die verwaltungsgerichtlichen Klagen 81

die Behauptung war, die Ablehnung des Antrags sei rechtswidrig und verletze den Kläger in seinen Rechten, während Streitgegenstand des neuen Verfahrens die Behauptung ist, die Ablehnung des Antrags sei rechtswidrig, weil das Vorliegen eines Wiederaufgreifensgrundes, der zu einer dem Kläger günstigeren Entscheidung geführt hätte, nicht oder nicht zutreffend gewürdigt worden und der Kläger dadurch in seinen materiellen und verfahrensrechtlichen Rechten verletzt sei.[176]

Bei der Sachprüfung im Wiederaufgreifensverfahren ist insbesondere zu fragen, ob ausnahmsweise höherwertige Interessen des Betroffenen gegenüber dem Prinzip der Rechtssicherheit bestehen[177] oder ob nicht gar eine Rechtsnorm das Wiederaufgreifen des Verfahrens zu Gunsten oder sogar zu Lasten des Bürgers gebietet, wie etwa § 342 I LAG.[178] Jedenfalls seit der Entscheidung des *Bundesverfassungsgerichts* vom 17. 12. 1979[179] wird allgemein[180] ein korrespondierendes Recht des Bürgers auf ermessensfehlerfreie neuerliche Entscheidung angenommen, das im Wege einer Verpflichtungsklage (Bescheidungsurteil) durchsetzbar ist. Dabei muß der Antragsteller die tatsächlichen Voraussetzungen darlegen, die im Falle ihrer Richtigkeit zu einer Rechtswidrigkeit des Erstbescheids führen. Erfüllt der Antragsteller diese Verpflichtung nicht, liegt in der Entscheidung der Behörde, das Vorbringen des Antragstellers biete keinen Anlaß zum Wiederaufgreifen des Verfahrens, kein Ermessensfehler.[181] Dieser Anspruch auf den Erlaß eines neuen rechtsmittelfähigen Bescheids ist nicht auf einen Verwaltungsakt bestimmten Inhalts gerichtet. Er ist von dem Anspruch auf Rücknahme des belastenden Verwaltungsakts zu unterscheiden.[182]

V. Sonstige Gestaltungsklagen

Eine Gestaltungsklage ist das Begehren, eine unmittelbare Rechtsänderung durch Gerichtsurteil vornehmen zu lassen.[183] Hauptanwendungsfall im Verwaltungsprozeß ist die bereits erörterte Anfechtungsklage; alle anderen Gestaltungsklagen sind von untergeordneter Bedeutung. Die Zulässigkeit einer *allgemeinen* Gestaltungsklage im Verwaltungsprozeß neben der Anfechtungsklage ist nicht unbestritten. Aus dem im Zivilprozeß geltenden Enume-

---

[176] Vgl. dazu *Sachs,* JuS 1985, 448. Zum Inhalt des Wiederaufgreifensanspruchs vgl. *Schenke,* DÖV 1983, 330 ff. S. auch *BVerwG,* NJW 1982, 2204: in den Fällen des § 51 I Nr. 2 VwVfG ergibt sich „mit der Entscheidung, das Verfahren sei wiederaufzugreifen, im Bereich der gebundenen Verwaltung regelmäßig zugleich, *wie* in der Sache zu entscheiden ist" (aaO, S. 2205).
[177] Ausf. *Wolff-Bachof* I, § 52 II d; *Arndt,* aaO.
[178] *BVerwGE* 44, 339 ff.
[179] *BVerfGE* 27, 297 ff.
[180] Vgl. die Nachw. bei *Arndt,* aaO; sowie *Kopp,* § 42 Anh. Rdnr. 38.
[181] *BVerwGE* 39, 233 f.
[182] *VGH München,* VerwRspr 19, 377; *Menger,* VerwArch 1965, 85 f. Zweifel aus prozeßökonomischen Gründen hegt *Schwabe,* JuS 1970, 385, der den Betroffenen sogleich auf Rücknahme des Erstbescheids klagen lassen will.
[183] Allgemein zur Gestaltungsklage zuletzt *K. Schmidt,* JuS 1986, 35 ff.

rationsprinzip wird teilweise auf ihre Unzulässigkeit,[184] teilweise auf ihre Zulässigkeit nur im Rahmen ausdrücklicher gesetzlicher Regelung geschlossen.[185] Letztere Ansicht dürfte derzeit als h. M. gelten. Ob sie angesichts der Generalklausel des § 40 sowie im Rahmen des umfassenden Rechtsschutz zusichernden Art. 19 IV GG aufrecht erhalten werden kann, erscheint nicht unzweifelhaft. Die von der Rechtsprechung an Stelle einer allgemeinen Gestaltungsklage herangezogene Leistungs- oder Feststellungsklage decken das Rechtsschutzbegehren nicht immer vollständig ab; auch gilt die Feststellungsklage nur subsidiär. Unstreitig jedoch, da gesetzlich zugelassen, ist die Anwendbarkeit der Abänderungsklage (§ 173 VwGO i. V. mit § 323 ZPO),[186] die Aufhebungsklage gegen einen Schiedsspruch (§ 173 VwGO i. V. mit § 1043 ZPO), der Vollstreckungsabwehrklage (§ 167 VwGO i. V. mit § 767 ZPO)[187] sowie der Erinnerung (§ 167 VwGO i. V. mit § 766 ZPO).[188]

VI. Sonstige Leistungs- und Unterlassungsklagen[189]

1. Allgemeines zur Leistungs- und Unterlassungsklage

Mit ihr kann die Vornahme oder Unterlassung einer Amtshandlung, die nicht Verwaltungsakt ist, begehrt werden.[190] Die VwGO hat die Zulässigkeit einer allgemeinen Leistungsklage ausdrücklich anerkannt (vgl. §§ 43 II, 111, 113 III, 169 II, 170, 191 I). Da die Leistungsklage auf schlichte Hoheitsakte oder hoheitliche Maßnahmen ohne Verwaltungsaktscharakter gerichtet ist, hat sie eine subsidiäre Funktion.[191] Auch eine Klage auf Unterlassung ist eine Leistungsklage.[192] Bei der Unterlassungsklage, deren Zulässigkeit heute allgemein anerkannt wird, sind zwei Fälle zu unterscheiden: Soweit die Behörde durch einen rechtswidrigen Hoheitsakt bereits eingegriffen hat, dient die Klage der Unterlassung solcher Eingriffe für die Zukunft.[193] Der Abwendung eines erst drohenden rechtswidrigen Eingriffs für die Zukunft dient die sog. vorbeugende Unterlassungsklage[194] analog § 1004 BGB. Wurde sie zunächst

---

[184] So etwa *VGH Kassel*, DVBl 1965, 452f.; offenbar auch *BVerwGE* 14, 327.
[185] *Schlosser*, Gestaltungsklagen und Gestaltungsurteile, 1966, S. 276; *Eyermann-Fröhler*, § 42 Rdnr. 2; *Pietzner-Ronellenfitsch*, § 7 Rdnr. 15; *Kopp*, Vorb. § 40 Rdnr. 4; *Schick*, JZ 1970, 139; *Wendt*, DÖV 1963, 89ff.; *ders.*, DVBl 1970, 502ff.; *Schenke*, VerwArch 1970, 260, 342ff.
[186] *VGH München*, BayVBl 1978, 53f.
[187] *BVerwGE* 70, 227; *BVerwG*, DVBl 1985, 392; *OVG Münster*, OVGE 20, 229; 23, 247; 24, 188; *OVG Münster*, NJW 1980, 2427; *VGH München*, NVwZ 1985, 352.
[188] *VGH Mannheim*, ESVGH 23, 130; *OVG Berlin*, NJW 1984, 1370; *OVG Münster*, NJW 1980, 1709f.
[189] Dazu *Rautenberg-Voigt*, DÖV 1964, 259ff.; *Obermayer*, Grundzüge, S. 124ff.; *Hegel*, DÖV 1965, 413; *Steiner*, JuS 1984, 853ff.
[190] *Ule*, VwGO, Vorb. § 42 Anm. II; *Pietzner-Ronellenfitsch*, § 7 Rdnrn. 16ff.; *Tschira-Schmitt-Glaeser*, S. 206ff.; *BVerwGE* 31, 301ff.; 60, 144.
[191] So auch *Tschira-Schmitt Glaeser*, S. 206f.
[192] *OVG Münster*, OVGE 24, 170ff.
[193] *BVerwGE* 14, 323ff.; *OVG Lüneburg*, DVBl 1971, 515ff.
[194] Grdl. *Naumann*, in: Gedächtnisschr. f. Jellinek, 1955, S. 404; ferner *Haug*, DÖV

§ 4. Die verwaltungsgerichtlichen Klagen 83

nur zugelassen,[195] wenn der Kläger einen materiell-rechtlichen Anspruch auf Unterlassung hat oder wenigstens darlegt,[196] so ist ihre Zulässigkeit heute allgemein anerkannt.[197] Das *Bundesverwaltungsgericht*[198] hat dazu ausgeführt, „die Zulässigkeit einer vorbeugenden Unterlassungsklage setzt jedenfalls voraus, daß das künftige Verwaltungshandeln nach seinem Inhalt und seinen tatsächlichen wie rechtlichen Voraussetzungen so weit bestimmt ist, daß eine Rechtmäßigkeitsprüfung möglich ist. Solange sich noch nicht mit der dafür erforderlichen Bestimmtheit übersehen läßt, welche Maßnahmen drohen oder unter welchen tatsächlichen und rechtlichen Voraussetzungen sie ergehen werden, kann ein berechtigtes Interesse an einem vorbeugenden Rechtsschutz nicht anerkannt werden". Es wird also ein besonderes Rechtsschutzinteresse gefordert. Zweifelhaft ist allerdings, ob vorbeugender Rechtsschutz gegen einen drohenden Verwaltungsakt zulässig ist.[199] Die Rechtssprechung gewährt vorbeugenden Rechtsschutz gegen Verwaltungsakte jedenfalls dann, wenn die Verweisung auf eine spätere Anfechtung unzumutbar erscheint.[200]

2. Gegenstände von Leistungsklagen

Mit einer Leistungsklage können z. B. geltend gemacht werden:
a) Ansprüche auf *Zahlung von Geld*:[201]

1967, 86ff.; *Schenke*, AöR 95, 223ff.; *Erichsen-Hoffmann Becking*, JuS 1971, 146f.; *Ule*, VerwArch 1974, 291ff., jeweils m. Nachw.; aus der Rechtsprechung: *BVerwGE* 34, 73; *OVG Lüneburg*, OVGE 21, 371; 26, 504ff.; *OVG Münster*, OVGE 20, 58; *VGH München*, BayVBl 1985, 83.

[195] So *BVerwG*, DVBl 1965, 364, unter Berufung auf *Naumann*, aaO.

[196] Dabei muß darauf hingewiesen werden, daß die Frage, ob ein Unterlassungsanspruch besteht, der Begründetheit zuzurechnen ist, so daß davon die Zulässigkeit einer Unterlassungsklage nicht abhängig gemacht werden kann: *Schenke*, VerwArch 1970, 227 in und zu Fußn. 10, 229ff.; *Bettermann*, DVBl 1965, 365f.; auch *OVG Münster*, OVGE 24, 170ff.

[197] Die grds. Zulässigkeit vorbeugenden Rechtsschutzes, ohne zwischen Feststellungs- und Unterlassungsanträgen im einzelnen zu unterscheiden, hebt das *BVerwG*, DÖV 1973, 342ff.; DVBl 1973, 449, hervor; ebenfalls *VGH München*, VGH n. F. 26, 82ff.; *VG München*, BayVBl 1979, 411. Speziell zur vorbeugenden Unterlassungsklage *OVG Münster*, NJW 1984, 1642; *VGH München*, BayVBl 1985, 83ff.; 1986, 468; *Schmidt=Aßmann*, in: Maunz-Dürig, Art. 19 IV Rdnrn. 278f.; *Pietzner-Ronellenfitsch*, § 8 Rdnr. 25; *Kniener*, BayVBl 1984, 97. Kritisch *Tschira-Schmitt Glaeser*, S. 172.

[198] *BVerwGE* 45, 105; *BVerwG*, NJW 1978, 1870.

[199] Abl. *Bettermann*, in: Zehn Jahre VwGO, 1970, S. 194ff.; s. dazu *Erichsen*, Verw Arch 1971, 418ff.; *Schenke*, AöR 95, 242ff. m. umfangr. Nachw.; ferner *Maetzel*, DVBl 1974, 335ff.

[200] *OVG Bremen*, NJW 1967, 2222; *OVG Lüneburg*, OVGE 26, 504; *BVerwG*, DÖV 1971, 639f.; *VGH München*, VGH n. F. 30, 65; bestätigt durch *BVerwGE* 54, 211. *OVG Berlin*, DVBl 1977, 901ff., gewährt Rechtsschutz im Rahmen von § 123 VwGO. Allgemein werden in derartigen Fällen allerdings bes. Anforderungen an das Rechtsschutzbedürfnis zu stellen sein (vgl. u. § 12 II).

[201] Insgesamt *Löwenberg*, Die Geltendmachung von Geldforderungen im Verwaltungsrecht, 1967.

84   1. Teil. Die Sachurteilsvoraussetzungen

- Vermögensrechtliche Ansprüche der Beamten (§§ 126 BRRG, 172 BBG),
- Erstattungsansprüche,[202]
- Subventionsansprüche,[203]
- Schadensersatzansprüche zwischen Bund und Land,[204]
- Zahlungsansprüche aus öffentlich-rechtlichen Verträgen.[205]

Beachte: Das *Bundesverwaltungsgericht* hat entschieden, daß die Behörde einen Vertragsanspruch nicht mittels Leistungsbescheid durchsetzen könne, weil sich der Gehalt des Leistungsbescheids nicht auf eine Leistungsaufforderung beschränke, sondern die Leistungspflicht verbindlich bestimme. Die hierin liegenden Eingriffe in Art. 2 I und 14 GG dürften jedoch nur auf Grund eines Gesetzes erfolgen; ein Vertrag reiche hierzu nicht aus.[206] *Erichsen* betont in seiner Besprechung des Urteils die Sperrwirkung der einmal gewählten Form des Vertrages, die ein weiteres einseitiges Vorgehen ausschließe.[207]

b) Ansprüche auf *Realakte:*

- Entfernung von Vorgängen aus den Akten einer Behörde.[208]

c) Ansprüche auf öffentlich-rechtliche *Willens- und Wissenserklärungen:*[209]

- der Anspruch auf Widerruf ehrenkränkender Behauptungen,
- der Anspruch auf Auskunft über Namen und Anschrift eines Beamten,[210]
- der Anspruch auf Abschluß eines öffentlich-rechtlichen Vertrages.[211]

Ehrenkränkende Behauptungen können z. B. anläßlich des Erlasses eines Verwaltungsaktes aufgestellt werden; sie stellen deshalb selbst keinen Ver-

---

[202] *BVerwGE* 4, 215; *BSGE* 16, 151; *OVG Münster,* OVGE 29, 15; *Obermayer,* Grundzüge, S. 101 f. Zu beachten bleibt, daß der Rückzahlungsanspruch dann nicht mehr geltend gemacht werden kann, wenn der die Zahlung anordnende Verwaltungsakt bestandskräftig geworden ist: *BVerwG,* DÖV 1977, 249. Zur Verknüpfung von Rücknahme des Bewilligungsbescheids und Erstattungsanspruch vgl. *BVerwG,* DÖV 1977, 607. Vgl. auch *v. Mutius,* VerwArch 1980, 413 ff.
[203] *BVerwG,* DVBl 1959, 574 f. m. im Ergebnis zust. Anm. *Menger,* VerwArch 1960, 152; *BVerwG,* JuS 1969, 190; *Menger-Erichsen,* VerwArch 1970, 174; *BVerwG,* NJW 1965, 1345; vgl. auch *K.H. Klein,* S. 51. Zur Rückforderung von Subventionsgeldern vgl. *VGH München,* GewArch 1976, 291 = JuS 1976, 818 Nr. 9.
[204] Vgl. *BVerwGE* 12, 253.
[205] *Wolff-Bachof* I, § 44 II f.; *K.H. Klein,* S. 52; *Lerche,* in: Staatsbürger und Staatsgewalt II, S. 83 ff.; *BVerwGE* 25, 72 ff.; *OVG Münster,* DÖV 1967, 722; vgl. auch *OVG Lüneburg,* DÖV 1968, 804, und *OVG Münster,* DÖV 1971, 500, die offenlassen, ob nicht die Behörde ihren Vertragsanspruch auch im Wege eines Leistungsbescheids durchsetzen kann.
[206] *BVerwGE* 50, 171.
[207] VerwArch 1977, 69 f.
[208] *VG Berlin,* NDBZ 1959, 182 f.; *Ule,* VwGO, Vorb. § 42 Anm. II; *Schmitz,* NJW 1968, 1128; vgl. auch *Thomas,* NJW 1968, 438; *Redeker-von Oertzen,* § 42 Rdnr. 158.
[209] Zusammenstellung bei *Weyreuther,* Gutachten zum 47. DJT, 1969, S. 73.
[210] *BVerwGE* 10, 276; *OVG Münster,* DVBl 1959, 597 ff. m. krit. Anm. *Lerche,* JZ 1959, 674 ff.; *OVG Münster,* OVGE 19, 14; *VGH München,* DÖV 1974, 429; vgl. auch *BVerwGE* 31, 301 ff., das jedoch in diesem Falle die Erteilung der Auskunft als Verwaltungsakt mit der Folge einer Verpflichtungsklage ansieht. Ferner *Menger-Erichsen,* VerwArch 1967, 78.
[211] *Friehe,* JZ 1980, 516.

§ 4. Die verwaltungsgerichtlichen Klagen

waltungsakt dar. Sie sind tatsächliche Handlungen.[212] Damit entfallen Verpflichtungs- und Anfechtungsklage als mögliche Klagearten zur Durchsetzung eines Anspruches auf Beseitigung der ehrenkränkenden Behauptung. Richtige Klageart ist die allgemeine Leistungsklage, gerichtet auf die Vornahme (Widerruf) und/oder Unterlassung (Unterlassung zukünftiger Behauptungen dieser Art). Mit Rücksicht auf die schutzwürdigen Rechte des Meinungsäußernden ist allerdings zu beachten, daß eine Widerrufsklage nur bei ehrenkränkenden Tatsachenbehauptungen in Betracht kommt. Stellt die strittige Behauptung dagegen ein Werturteil dar, so kann dagegen nur mit der Unterlassungsklage vorgegangen werden.[213]

Beispiel:
Anspruch einer Religionsbewegung gegen den Minister für Arbeit, Gesundheit und Soziales auf Unterlassung der Äußerung, sie „nutze ihre Discos für Menschenfängerei übelster Art".[214]

Materiell-rechtliche Anspruchsgrundlage für Widerrufs- und Unterlassungsklage[215] kann zum einen der aus §§ 1004, 862, 12 BGB gebildete allgemeine Rechtsgrundsatz des sog. quasi-negatorischen Abwehranspruchs sein, der auch im öffentlichen Recht gilt. Zum anderen ist auch der Folgenbeseitigungsanspruch, der sich letztlich aus Art. 20 III GG ergibt, als Anspruchsgrundlage heranzuziehen. Der in § 113 I 2 verankerte Folgenbeseitigungsanspruch stellt nur ein spezielles prozessuales Rechtsinstitut zur Verfügung,[216] das nach seinem Wortlaut und seiner rechtssystematischen Stellung nur den Teilbereich der Folgenbeseitigung rechtswidriger, vollzogener Verwaltungsakte erfaßt.

Schließlich ist ein öffentlich-rechtlicher Anspruch auf Widerruf bzw. Unterlassung ehrenkränkender Behauptungen auch direkt aus den Grundrechten, jedenfalls aus Art. 2 I GG, abzuleiten.[217]

Der *Bundesgerichtshof*[218] hat erwogen, einen Widerrufsanspruch aus Amtshaftung nach § 839 BGB, Art. 34 GG zu begründen. Zwar sieht der *Bundesgerichtshof* die Schadensersatzpflicht aus § 839 BGB grundsätzlich nicht auf bloßen Geldersatz beschränkt. Einer Schadensersatzpflicht in Form der Wiedergutmachung, d. h. Rücknahme und Unterlassung einer ehrenkränkenden Behauptung nach § 839 BGB, Art. 34 GG steht jedoch entgegen, daß es sich bei der Amtshaftung um eine Haftungsübernahme handelt. Der Staat übernimmt die Haftung also nur in dem Maße, wie sie den Beamten treffen würde. Ein Beamter kann aber nicht persönlich zu einem amtlichen Tun oder Unterlassen, wie es der Widerruf oder das Unterlassen einer ehrenkränkenden Behauptung in Ausübung eines Amtes darstellen, verpflichtet werden. Damit scheidet die Amtshaftung nach § 839 BGB, Art. 34 GG als Anspruchsgrundlage aus.[219]

---

[212] *Frotscher*, JuS 1978, 508; *Maurer*, AllgVerwR, § 15 Rdnr. 6.
[213] *OVG Münster*, DÖV 1985, 285; *VGH München*, NVwZ 1986, 327; s. zur Abgrenzung von Tatsachenbehauptung zum Werturteil auch *OLG Zweibrücken*, NVwZ 1982, 332.
[214] *OVG Münster*, NVwZ 1985, 123.
[215] Vgl. dazu *Frotscher*, JuS 1978, 509, und *Berg*, JuS 1984, 524.
[216] *VGH München*, NJW 1984, 2237.
[217] *Berg*, JuS 1984, 524; *Frotscher*, JuS 1978, 509.
[218] *BGH* GSZ 34, 99 ff.
[219] *BGH* GSZ 34, 104 f.; so auch *Berg*, JuS 1984, 524.

1. Teil. Die Sachurteilsvoraussetzungen

Begründet ist ein Anspruch auf Widerruf bzw. Unterlassung einer ehrenkränkenden Behauptung eines Beamten, wenn die Ehre des Betroffenen widerrechtlich beeinträchtigt ist. Eine widerrechtliche Beeinträchtigung liegt insbesondere dann vor, wenn der Hoheitsträger mit einer Äußerung, die den Betroffenen in der öffentlichen Meinung herabzuwürdigen geeignet ist, seine Kompetenzen überschritten hat (z. B. unbefugte Mitteilung von Vorstrafen) (formelle Rechtswidrigkeit). Materiell rechtswidrig ist eine Beeinträchtigung der Ehre, wenn der tatsächliche Inhalt der behördlichen Äußerung nicht der Wahrheit entspricht oder zwar wahrheitsgemäß ist, der Maßstab der Erforderlichkeit und Verhältnismäßigkeit aber nicht eingehalten wurde.[220]

Schließlich ist an dieser Stelle noch kurz auf die Beweislastproblematik bei den Klagen auf Widerruf einer ehrenkränkenden Behauptung hinzuweisen. Zwischen der Verwaltungsgerichtsbarkeit und der ordentlichen Gerichtsbarkeit ist strittig, ob der Anspruch auf Widerruf bereits dann begründet ist, wenn die Behauptung des Beamten nicht bewiesen werden kann, oder ob der in seiner Ehre Gekränkte beweisen muß, daß die Behauptung wahrheitswidrig ist.[221]

d) Öffentlich-rechtliche *Abwehr-*[222] *und Folgenbeseitigungsansprüche*,[223] d. h. Ansprüche auf Beseitigung von Beeinträchtigungen, die (unmittelbar) durch die Vollziehung später hinfällig gewordener Verwaltungsakte und wohl jetzt auch eines sonstigen rechtswidrigen Verwaltungshandelns[224] entstanden sind:[225]

– der Anspruch auf Rückgabe des eingezogenen Führerscheins, wenn die Entziehung der Fahrerlaubnis rechtswidrig war.[226]

---

[220] *Frotscher*, JuS 1978, 509.
[221] Siehe zu diesem Problem *Leipold*, in: Festschr. f. Hubmann, 1985, S. 271, 274 ff.; VG *Düsseldolf*, NJW 1982, 2333.
[222] *BVerwGE* 68, 66 ff.; *VG Münster*, NVwZ 1982, 328; *OVG Münster*, NVwZ 1983, 356 f. m. Nachw.; DVBl 1986, 698; *VGH Mannheim*, NVwZ 1986, 63.
[223] *Redeker-von Oertzen*, § 42 Rdnrn. 160 f.; *Wolff-Bachof* I, § 54 II; *Tschira-Schmitt Glaeser*, S. 212; *Maurer*, AllgVerwR, § 29 Rdnr. 14; *Broß*, VerwArch 1985, 217 ff.
[224] Abw. von der früheren Rechtsprechung hat das *BVerwG* erklärt, daß das ,,Entstehen eines Beseitigungsanspruches nicht davon abhängt, ob der Eingriff durch förmlichen Verwaltungsakt geschah" (DÖV 1971, 857 ff.; OVG Hamburg, NJW 1978, 658; *Rupp*, DVBl 1972, 232 ff.; *Erichsen*, VerwArch 1972, 217 ff.; sowie *Hoffmann Becking*, JuS 1972, 509). Diese Rechtsprechung wurde bestätigt durch *BVerwGE* 38, 345 f.; ,,Das *BVerwG* hat einen Folgenbeseitigungsanspruch im Zusammenhang mit der hoheitlichen Regelung von Rechtsverhältnissen dann anerkannt, wenn die Wiederherstellung des ursprünglichen, durch hoheitlichen Eingriff veränderten Zustandes begehrt wird (*BVerwGE* 28, 155 ff.). Es bestehen keine Bedenken dagegen, die dort entwickelten Grundsätze entspr. anzuwenden, wenn es nicht um die Beseitigung der Folgen eines aufgehobenen oder für rechtswidrig erklärten Verwaltungsakts, sondern um die Folgen eines rechtswidrigen sonstigen Verwaltungshandelns geht." Vgl. auch *OVG Münster*, DVBl 1977, 259, das die Begriffe ,,Folgenbeseitigung" für die Rückgängigmachung von Verwaltungsakten, ,,Beseitigung" bei sonstigem rechtswidrigem Verwaltungshandeln verwendet wissen will.
[225] Zum materiellen Folgenbeseitigungsanspruch vgl. auch unten § 17 II 1.
[226] Vgl. *VGH Kassel*, DÖV 1963, 390.

§ 4. Die verwaltungsgerichtlichen Klagen 87

Beachte: Eine Leistungsklage ist nur insoweit zulässig, als die Beseitigungshandlung selbst einen Realakt darstellt; ist diese als Verwaltungsakt zu qualifizieren, muß Verpflichtungsklage erhoben werden.

3. Gegenstände von Unterlassungsklagen

Kehrseite der Leistungsklage ist die Unterlassungsklage (negative Leistungsklage). Ihr Hauptproblem ist neben dem Rechtsschutzbedürfnis (oben 1) die Frage nach dem Bestehen des materiell-rechtlichen Unterlassungsanspruchs. Unterlassungsansprüche[227] bestehen beispielsweise als:

- Anspruch einer Kirche gegen eine Gemeinde auf Unterlassung des Sterbegeläuts bei Beerdigung von Gemeindebürgern,[228]
- Anspruch auf Unterlassung der Erteilung einer Sondernutzungserlaubnis an einen Dritten.[229]

Als besonderes Problem eines Unterlassungsanspruchs hat sich die Beseitigung ehrenkränkender amtlicher Äußerungen herauskristallisiert (vgl. dazu oben sub 2c mit Fußn. 213, 214).

VII. Die Feststellungsklagen[230]

1. Die (allgemeine) Feststellungsklage

a) Nach § 43 kann die Feststellung des *Bestehens oder Nichtbestehens eines Rechtsverhältnisses* oder der Nichtigkeit eines Verwaltungsaktes begehrt werden. Bei der Feststellung des Rechtsverhältnisses, nicht jedoch bei der Nichtigkeit des Verwaltungsaktes bedarf es der Voraussetzung eines besonderen Rechtsschutzbedürfnisses nach § 43 II, der sog. Subsidiarität der Feststellungsklage (unten § 12 III 1 b). Unter *Rechtsverhältnis* ist jede durch Vertrag, Verwaltungsakt oder unmittelbar durch Rechtssatz begründete rechtliche Beziehung zwischen mehreren Personen oder zwischen Person und Sache zu verstehen.[231]

Beispiele:
(a) *A*, der einen Handel mit Mineralwasser betreibt, schenkt in Geschäftsräumen von Einzelhändlern unentgeltlich seine Getränke in kleinen Gläsern aus. Die Behörde *B* hat in Schreiben an *A* die Ansicht vertreten, daß dieser Probeausschank nach dem Gaststättengesetz erlaubnispflichtig sei, und für den Fall des weiteren Ausschanks ohne Erlaubnis die im Gaststättengesetz vorgesehenen Maßnahmen angekündigt. Durch diese Ankündigung der Behörde haben sich die zwischen *A* und *B* schwebenden Beziehungen zu einem Rechtsverhältnis konkretisiert, dessen Bestehen oder Nichtbestehen durch

---

[227] *BVerwG,* NJW 1984, 2591; *OVG Münster,* NJW 1983, 2402; *VGH Mannheim,* NJW 1986, 340.
[228] *BVerwGE* 18, 341.
[229] *VG München,* BayVBl 1979, 410.
[230] *Trzaskalik,* Die Rechtsschutzzone der Feststellungsklage im Zivil- und Verwaltungsprozeß, 1978.
[231] *Schwabe,* S. 54; *Eyermann-Fröhler,* § 43 Rdnr. 3 m. Nachw.; *BVerwGE* 62, 351; *VGH Kassel,* NJW 1979, 997; *OVG Lüneburg,* NJW 1979, 1998.

eine Feststellungsklage geltend gemacht werden kann.[232] – (b) Ein Rechtsanwalt verlangte als Verteidiger in einem Strafverfahren zur Nachprüfung der ordnungsgemäßen Besetzung des Gerichts von der Justizverwaltungsbehörde Einsicht in die Schöffenakten. Diese wurde ihm verweigert. Die Rechtsposition, die ein Rechtsanwalt als Organ der Rechtspflege (§ 1 BRAO) gegenüber den übrigen Organen der Rechtspflege einnimmt, verdichtet sich hier zu einem bestimmten, der verwaltungsgerichtlichen Feststellungsklage zugänglichen Rechtsverhältnis, da er konkrete Rechte, nämlich das Einsichtsrecht in die Schöffenakten, in Anspruch nahm.[233] – (c) Ein Schwerbeschädigter klagt gegen ein Verkehrsunternehmen, ihn unentgeltlich zu befördern.[234] – (d) Klage eines Taxiunternehmers auf Feststellung, daß die Behörde bei der Verlängerung seiner Genehmigung nicht berechtigt sei, ihm die Verpflichtung aufzuerlegen, Mitglied einer Funkzentrale für Taxis zu werden.[235] – (e) Status- und Mitgliedschaftsrechte.[236]

Ein bloßer Meinungsstreit über Rechtsfragen reicht ebensowenig aus zur Annahme eines Rechtsverhältnisses wie bloß künftige Rechtsbeziehungen; der Streit zwischen den Beteiligten muß vielmehr durch Rechtshandlungen schon konkretisiert worden sein.[237] Steht dagegen die Anwendung von Rechtsnormen auf einen zwar in der Zukunft liegenden, aber schon bestimmten überschaubaren Sachverhalt in Streit, liegt ein feststellungsfähiges Rechtsverhältnis vor.

Beispiele:
(a) Der Kläger begehrt Feststellung, er habe Anspruch darauf, daß seine Ehefrau nach seinem Ableben Witwengeld erhalte.[238] – (b) Der Kläger möchte feststellen lassen, daß die testamentarisch angeordnete Einäscherung und das Verstreuen der Asche auf seinem Grundstück zulässig sind.[239]

Von einer unzulässigen Klage auf Feststellung künftiger Rechtsbeziehungen ist zu unterscheiden die vorbeugende Feststellungsklage,[240] die dann statthaft ist, wenn innerhalb eines – schon bestehenden[241] – Rechtsverhältnis-

---

[232] *OVG Münster*, OVGE 17, 39; vgl. auch *VGH München*, BayVBl 1969, 436f.; *VGH München*, VGH n. F. 24, 70ff.
[233] *BVerwGE* 12, 261f.
[234] *BVerwGE* 37, 243ff.
[235] *BVerwGE* 51, 164.
[236] Zum Beamtenverhältnis *BVerwG*, DVBl 1983, 1111; NVwZ 1986, 387; für Statusrechte *VG Düsseldorf*, NJW 1977, 1607; *BVerwG*, NJW 1983, 2208.
[237] Ausführlich zuletzt *Siemer*, in: Festschr. f. Menger, 1985, S. 501 (508f); *Bosch-Schmidt*, § III 1 a; ferner *BVerwGE* 14, 202; 16, 92; 20, 325; 36, 25; 39, 249; 40, 324; 61, 148.
[238] *BVerwGE* 38, 346ff.
[239] *BVerwGE* 45, 224ff.
[240] *Schenke*, AöR 95, 253ff.; *Ule*, VwGO, § 43 Anm. I 2a; *Eyermann-Fröhler*, § 43 Rdnrn. 5ff.; *Bosch-Schmidt*, § 29; *Peine*, Jura 1983, 285ff.; ablehnend *Tschira-Schmitt Glaeser*, S. 200f.
[241] Das Vorliegen eines Rechtsverhältnisses ist besonders sorgfältig bei einer vorbeugenden Feststellungsklage zu prüfen: *BVerwG*, NVwZ 1986, 35. Die Rspr. bejaht es, wenn die „Anwendung von Rechtsnormen auf einen bestimmten, bereits überschaubaren Sachverhalt streitig ist": *BVerwGE* 45, 226; 51, 74f. Vgl. dazu jetzt *Maaß*, NJW 1985, 303.

§ 4. Die verwaltungsgerichtlichen Klagen 89

ses nachteilige Veränderungen drohen.[242] „Die Zulässigkeit auch eines vorbeugenden Rechtsschutzes entspricht der gesicherten Rechtsprechung des Bundesverwaltungsgerichts; ihre Besonderheit besteht ausschließlich darin, daß sie ein entsprechend qualifiziertes, das heißt: ein gerade auf die Inanspruchnahme vorbeugenden Rechtsschutzes gerichtetes Rechtsschutzinteresse voraussetzt".[243]

Beispiel:
Kläger beantragt Feststellung, daß die Behörde nicht berechtigt sei, einen Lastenausgleichsbescheid zu seinem Nachteil zu ändern.[244]

Die Feststellungsklage kann sich nicht auf die Feststellung der Gültigkeit oder Ungültigkeit einer *Rechtsnorm* richten.[245] Dem Kläger wird es aber in den meisten Fällen gar nicht um die abstrakte Gültigkeit der Norm gehen, sondern darum, „ob er aus der in ihrer Gültigkeit bezweifelten Norm berechtigt oder verpflichtet ist", also um ein konkretes Rechtsverhältnis.[246]

Beispiel:
Eine Kirchengemeinde begehrt Feststellung, daß die beklagte Stadt als Rechtsnachfolgerin der früheren politischen Gemeinde auf Grund der im Pfarrsprengel geltenden Observanz zur Tragung der Baulast für kirchliche Gebäude verpflichtet ist. Diese Klage ist zulässig, da nicht die Feststellung des Inhalts der Observanz begehrt wird – was unzulässig wäre, weil nicht eine Norm oder der Inhalt einer Norm Gegenstand einer Feststellungsklage sein kann –, sondern die Feststellung einer bestimmten zwischen den Parteien auf Grund der geltenden Observanz bestehenden Rechtsbeziehung beantragt wird.[247]

Das Rechtsverhältnis muß nicht zwischen den Prozeßparteien bestehen; die Klage kann auch auf Feststellung des Bestehens oder Nichtbestehens eines Rechtsverhältnisses zwischen dem Beklagten und einem Dritten gerichtet sein, sog. „Drittrechtsverhältnisse", sofern auch eigene Rechte des Klägers davon abhängen.[248]

Beispiele:
(a) Klage des Vermieters gegen den Träger der Kriegsopferfürsorge auf Feststellung, daß dem Mieter eine die Kosten der Schönheitsreparatur deckende Hilfe zum Lebens-

---

[242] Diese Unterscheidung wird auch deutlich bei *OVG Münster*, OVGE 26, 97 f; ferner *BSG*, NJW 1971, 748; *BVerwGE* 32, 333 ff.
[243] *BVerwGE* 40, 326. Allgem. zum Feststellungsinteresse bei vorbeugender Feststellungsklage unten § 12 III 1 e.
[244] *BVerwGE* 26, 23 ff.; vgl. auch *OVG Münster*, OVGE 22, 284.
[245] *BVerwG*, DÖV 1965, 169; *OVG Münster*, OVGE 23, 162 m. Nachw.; a. A. *Maurer*, in: Festschr. f. Kern, 1968, S. 275 ff.; *Renck*, JuS 1966, 373 ff.
[246] Vgl. das Urteil *BVerwGE* 41, 334 ff.; *BVerwG*, NJW 1983, 2208; NJW 1984, 677. Für die Zulässigkeit einer (inzidenten) Feststellungsklage gegen Rechtsnormen auch *Siemer*, Normenkontrolle durch Feststellungsklage?, 1971; sowie *ders.*, in: Festschr. f. Menger, 1985, S. 501 ff.
[247] *OVG Münster*, DÖV 1976, 677 f.; zur Observanz als feststellungsfähiges Rechtsverhältnis vgl. *NWVerfGH*, NVwZ 1982, 431 ff.
[248] *BVerwGE* 39, 248; *BVerwG*, DÖV 1982, 411. Das Rechtsverhältnis kann sogar zwischen Dritten bestehen: *BVerwG*, NVwZ 1985, 113.

unterhalt zusteht.[249] – (b) Klage des Unternehmers A gegen den Abschluß eines Subventionsvertrages zwischen der Stadt und seinem Konkurrenten B.[250]

b) Neben der Feststellung des Bestehens oder Nichtbestehens eines Rechtsverhältnisses kann auch die *Nichtigkeit* eines Verwaltungsaktes begehrt werden. Die Klage ist jedoch nur begründet, wenn der Verwaltungsakt wirklich nach § 44 VwVfG nichtig ist. Für die Zulässigkeit genügt ein Sachvertrag, dessen rechtliche Bewertung auf einen Nichtigkeitsgrund schließen läßt. Bloße Vernichtbarkeit des Verwaltungsaktes oder die Behauptung, daß der Verwaltungsakt nicht richtig sei, genügen für die Zulässigkeit nicht.[251]

2. Die Fortsetzungsfeststellungsklage

Diese besondere Feststellungsklage ist in § 113 I 4 geregelt.[252] Vielfach wird sie als Unterfall der Anfechtungs- oder Verpflichtungsklage verstanden.[253] § 113 I 4 regelt an sich den Fall der Erledigung des Verwaltungsakts *nach* Erhebung der Anfechtungsklage. Aus dem Rechtsgedanken dieser Vorschrift[254] ergibt sich aber die Zulässigkeit einer Klage auf Feststellung der Rechtswidrigkeit eines erledigten Verwaltungsakts für den Fall, daß sich der Verwaltungsakt bereits *vor* Erhebung der Klage erledigt hat, sofern der Verwaltungsakt im Zeitpunkt seiner Erledigung noch sachlich überprüft werden konnte, also z. B. die Widerspruchsfrist nicht versäumt war.[255] Besonders wichtig ist dieses Verfahren als Voraussetzung für eine nachfolgende Amtshaftungsklage. Bei der Fortsetzungsfeststellungsklage sind folglich mehrere Fallgestaltungen zu unterscheiden:

– Erledigung des Verwaltungsakts nach Klageerhebung, aber vor Urteilserlaß (vgl. im Gesetzestext „vorher"). Hier ist § 113 I 4 unmittelbar anwendbar.[256]
– Erledigung des Verwaltungsakts vor Klageerhebung: § 113 I 4 wird entsprechend angewendet; eines Vorverfahrens bedarf es nicht.[257]
– Erledigung der Ablehnung oder Unterlassung eines Verwaltungsakts – also Fälle, in denen ohne Erledigung mittels Verpflichtungsklage vorzugehen wäre. Hier werden

---

[249] *BVerwGE* 50, 62.
[250] *OVG Münster*, NVwZ 1984, 522 f.
[251] Vgl. *Tschira-Schmitt Glaeser*, S. 186 m. w. Nachw.; *BVerwGE* 60, 297.
[252] Dazu *Schenke*, Jura 1980, 133 ff.; *ders.*, in: Festschr. f. Menger, 1985, S. 461 ff.
[253] Vgl. *Kopp*, § 113 Rdnr. 47; *Tschira-Schmitt Glaeser*, S. 194; vgl. auch *BFH*, NJW 1986, 2274. Die Fortsetzungsfeststellungsklage ist daher nur zulässig, wenn ein Verwaltungsakt in Rede steht: *OVG Münster*, DÖV 1986, 480.
[254] Dazu *OVG Münster*, NJW 1980, 1069.
[255] *BVerwGE* 45, 189.
[256] *BVerwG*, DVBl 1971, 277; *BVerwG*, NJW 1956, 1652; *Müller*, DÖV 1965, 38; *Redeker-von Oertzen*, § 113 Rdnr. 13; *Obermayer*, Grundzüge, S. 126 f.
[257] *BVerwGE* 26, 161; *BVerwG*, NJW 1967, 1819; *OVG Hamburg*, DVBl 1967, 422 f.; *OVG Münster*, OVGE 16, 205; *OVG Münster*, NVwZ 1982, 46; *OVG Koblenz*, AS 6, 391; *VGH Mannheim*, DVBl 1970, 511 ff.; *Menger-Erichsen*, VerwArch 1968, 180 ff.; *Schunck-De Clerck*, § 113 Anm. 2 c dd; *Renck*, JuS 1970, 113 ff.; a. A. *Eyermann-Fröhler*, § 113 Rdnr. 51, da diese Klage im Kern Anfechtungsklage bleibe.

§ 4. Die verwaltungsgerichtlichen Klagen

die zu § 113 I 4 entwickelten Grundsätze ebenfalls analog angewendet,[258] und zwar auch dann, wenn die Erledigung vor Klageerhebung eintritt.[259] Auch im Falle der Fortsetzungsfeststellungsklage ist das besondere Rechtsschutzbedürfnis erforderlich (unten § 12 III 2). Hiervon zu unterscheiden ist der Sachverhalt, daß der Verwaltungsakt sich nicht erledigt hat, sondern vollzogen wurde. Eine Sonderregelung trifft insoweit § 113 I 2 und 3, nach der das Gericht die Beseitigung der Vollzugsfolgen aussprechen kann (sog. Folgebeseitigung).[260]

VIII. Klagearten sui generis

Neben den drei hauptsächlichen Klagetypen, der Gestaltungs-, Leistungs- und Feststellungsklage, müssen wegen Art. 19 IV GG i. V. mit § 40 VwGO Klagearten sui generis anerkannt werden, wenn einem Rechtsschutzbegehren anders nicht zum Ziele verholfen werden kann (oben I).

1. Das innerorganschaftliche Streitverfahren

Als eine solche Klageart sui generis wurde zunächst das sog. *Kommunalverfassungsstreitverfahren* entwickelt.[261] Diese Klage ist der Antrag, die Rechtswidrigkeit einer den Kläger in seinen Organschafts-, Fraktions- oder Organwalterrechten beeinträchtigenden Entscheidung im Innenbereich kommunaler Repräsentativorgane festzustellen.

Beispiele:
(a) Ausschluß von Ratsmitgliedern von der Abstimmung;[262] – (b) Wahl eines Landrates;[263] – (c) Besetzung der Ausschüsse eines Rates;[264] Widerruf der Beauftragung mit der allgemeinen Vertretung des Oberkreisdirektors;[265] – (d) Beschlüsse über Sitzverteilung in Ausschüssen des Stadtrates;[266] – (f) Aufhebung einer Wahl zum Stadtrat;[267] –

---

[258] *BVerwGE* 16, 194 ff.; 51, 265; 52, 316; 61, 134; 62, 90; 68, 367; 69, 110; *BVerwG*, DVBl 1983, 850; NVwZ 1986, 374; *Eyermann-Fröhler*, § 113 Rdnr. 51 a. Dies gilt auch bei einem Bescheidungsbegehren: *BVerwG*, BayVBl 1986, 314.
[259] *BVerwG*, MDR 1968, 347; *VGH Mannheim*, NVwZ 1984, 251.
[260] Dazu unten § 17 II 1.
[261] Die Bezeichnung prägte – soweit ersichtlich – *Henrichs*, Kommunalpolitische Blätter 1958, 515 ff. Definition bei *H.-J. Wolff* III, 2. Aufl. (1967). § 174 I a. Allgem. *Bleutge*, Der Kommunalverfassungsstreit, 1970; *Alberts*, WissR 1974, 50 ff.; *Hoppe*, NJW 1980, 1017 ff.; *Papier*, DÖV 1980, 293 ff. Vgl. ferner *OVG Münster*, OVGE 27, 258 ff.
[262] *OVG Münster*, OVGE 18, 104 ff.; *VGH Kassel*, NVwZ 1982, 44 f.
[263] *OVG Lüneburg*, OVGE 2, 225 ff.
[264] *OVG Münster*, OVGE 10, 143 ff.; *VGH München*, BayVBl 1976, 753 m. Bespr. *Krebs*, VerwArch 1977, 189 ff.
[265] *OVG Lüneburg*, OVGE 19, 245 f., wo das Gericht von einem Anfechtungsbegehren vergleichbaren Gestaltungsanspruch ausgeht.
[266] *VGH München*, VGH n. F. 21, 71.
[267] *OVG Lüneburg*, OVGE 27, 351 ff.; *Bethge*, DVBl 1980, 309, 824; *Hoppe*, NJW 1980, 1017; *Papier*, DÖV 1980, 292.

(g) Mitwirkung eines Ratsmitglieds an Beschlußfassung über Haushaltsplan, obgleich er wegen sog. Sonderinteressen nicht hätte teilnehmen dürfen;[268] – (h) Verpflichtung der kommunalen Körperschaft, einen von einer Fraktion beantragten Tagesordnungspunkt auf der nächsten Sitzung zu behandeln.[269] Dieses Klagebegehren ist nicht mit einer Anfechtungsklage durchzusetzen, weil die organschaftliche Entscheidung mangels Außenrechtswirkung keinen Verwaltungsakt darstellt.[270] Aus gleichem Grund scheidet auch eine Verpflichtungsklage aus.

Beachte: Streitigkeiten zwischen Selbstverwaltungskörperschaft und Aufsichtsbehörde unterfallen nicht dem Kommunalverfassungsstreit, da die Aufsichtsmaßnahmen Verwaltungsakte darstellen.[271] Auch die Abberufung eines Gemeindebeamten als Leiter des gemeindlichen Rechnungsprüfungsamtes durch den Rat der Gemeinde stellt einen Verwaltungsakt dar.[272]

In Frage kämen allenfalls Feststellungs- oder Leistungsklage. Bestrebungen in dieser Richtung zeichnen sich im Einklang mit schon früher[273] geäußerten Zweifeln an der Notwendigkeit eines besonderen Klagetypus namentlich in jüngster Zeit ab.[274] Beide Klageformen können jedoch nicht in allen Fällen helfen: So fehlt es an einem festzustellenden Rechtsverhältnis, wenn etwa gerügt wird, daß ein Ratsmitglied zu Unrecht von der Beschlußfassung in der Gemeindevertretung ausgeschlossen wurde. Es geht um die Überprüfung einer innerorganschaftlichen Entscheidung eines Repräsentativorgans. Will man dennoch eine Feststellungsklage annehmen, muß man Rechtsverhältnisse gewaltsam konstruieren. Zuweilen wird sogar eine ,,kassatorische Organklage" als ,,rechtsfortbildende Konsequenz der Öffnung des Rechtswegs für Innenrechtsstreitigkeiten" angenommen;[275] damit ist man freilich auf Umwegen doch wieder bei einer Klage sui generis angelangt. Außerdem wird bei allen Bemühungen, Kommunalstreitverfahren in das Prokrustes-Bett der herkömmlichen Klagetypen zu pressen, die besondere Eigentümlichkeit dieses Rechtsstreites übersehen, die seine gesonderte Behandlung rechtfertigt: Unabhängig vom Ausgang des Verfahrens hat stets die Gemeinde die Kosten zu tragen, sofern nur seine Einleitung geboten, d.h. nicht mutwillig aus sach-

---

[268] *OVG Koblenz,* NVwZ 1985, 283.
[269] *VGH Kassel,* NVwZ 1986, 328.
[270] *Hoppe,* Organstreitigkeiten vor den Verwaltungs- und Sozialgerichten, 1970, S. 127; *Krebs,* Jura 1981, 579f.; *Fehrmann,* DÖV 1983, 314; *Hoppe-Bunse,* Städtetag 1984, 414.
[271] *OVG Münster,* OVGE 15, 227.
[272] *OVG Münster,* OVGE 29, 83.
[273] Vgl. etwa *Kopp,* Vorb. § 40 Rdnr. 6, sowie § 43 Rdnr. 10 m. w. Nachw.; skeptisch auch *Tschira-Schmitt Glaeser,* S. 219 f.; *Bosch-Schmidt,* § 30 I. Zur Anwendung der allgemeinen Feststellungsklage *Renck-Laufke,* BayVBl 1971, 17 f.
[274] Zuletzt *Erichsen,* in: Festschr. f. Menger, 1985, S. 211 ff. mit umfangr. Nachw.; ferner *Schröder,* NVwZ 1985, 246 f.; *Fehrmann,* DÖV 1983, 311 ff. Aus der Rspr. vgl. *OVG Münster,* OVGE 32, 192 ff.; *OVG Münster,* DVBl 1983, 53 f.; *VGH München,* BayVBl 1980, 656 f.; *VGH Kassel,* NVwZ 1982, 44 f.; *OVG Koblenz,* NVwZ 1985, 283.
[275] So *Erichsen,* aaO, S. 232.

§ 4. Die verwaltungsgerichtlichen Klagen 93

fremden Gründen in Gang gesetzt worden war.[276] Die zum Kommunalstreitverfahren entwickelten Grundsätze lassen sich auf andere innerorganschaftliche Streitigkeiten übertragen.[277] Das gilt namentlich für Hochschulen, Rundfunkanstalten, berufsständische Kammern.

2. Verwaltungsrechtliche Wahlprüfungsverfahren[278]

Als weiteres Klageverfahren sui generis kommt das kommunale Wahlprüfungsverfahren[279] in Betracht. Dieses landesgesetzlich – z. B. §§ 9 ff. KWahlGNW – ausgestaltete Verfahren gewährt in der Regel den Wahlberechtigten ein Einspruchsrecht gegen die Gültigkeit einer Wahl. Über den Einspruch befindet die Gemeindevertretung. Auf das weitere Verfahren finden die Vorschriften der VwGO Anwendung.

In der Ausgestaltung des Wahlprüfungsverfahrens ist der Landesgesetzgeber weder durch § 42 noch durch Art. 19 IV GG gebunden, da in diesem Verfahren nicht die Verletzung subjektiver Rechte, sondern Mängel des Wahlverfahrens und damit die Ungültigkeit der Wahl als solcher oder der Mandatsverteilung, und zwar auch in nur personeller Hinsicht, geltend gemacht wird.[280] Ähnliche Wahlprüfungsverfahren wie im Kommunalrecht können auch in anderen Selbstverwaltungskörperschaften Platz greifen, so etwa bei Wahlen zu akademischen Organen.[281]

---

[276] Vgl. etwa *OVG Saarlouis*, AS 13, 284 ff.; 17, 57 f.; *VGH Mannheim*, NJW 1982, 903; NVwZ 1985, 284 f. Eine Leistungsklage auf Erlaß eines Rauchverbots im Gemeinderat nimmt das *OVG Münster* an (JZ 1983, 25).

[277] *Hoppe*, Organstreitigkeiten vor den Verwaltungs- und Sozialgerichten, 1970; *Tsatsos*, Der verwaltungsrechtliche Organstreit, 1969; *Bethge*, Die Verwaltung 1975, 459 ff.; *ders.*, DVBl 1980, 309, 824; zur Universitätsverfassungsstreitigkeit *Ewald*, WissR 1970, 35 ff.; *Schmitt Glaeser*, Rechtsstellung der Studentenschaft, 1968, S. 33 ff., *BVerwG*, NVwZ 1982, 243; NVwZ 1985, 112 f.; *VGH Mannheim*, ESVGH 21, 176; *VGH Mannheim*, NVwZ 1985, 284 f.; *OVG Berlin*, OVGE 13, 47; zur Jagdgenossenschaft vgl. *OVG Münster*, OVGE 10, 243; 11, 73; 12, 213; zur Landwirtschaftskammer vgl. *OVG Lüneburg*, OVGE 12, 414.

[278] Wahlprüfungen zu Wahlen des Deutschen Bundestages oder der Landesparlamente gehören in den verfassungsrechtlichen Rechtsweg (vgl. § 41 BVerfGG; Art. 33 VerfNW).

[279] Dazu *Schmiermann*, Wahlprüfung im KommunalwahlR, 1972; *Olschewski*, Wahlprüfung und subjektiver Wahlrechtsschutz, 1970; ferner das Urteil des *Wahlprüfungsgerichts bei dem Abgeordnetenhaus von Berlin*, DVBl 1976, 250 ff.

[280] *BVerwG*, VBlBW 1969, 121; DVBl 1973, 313 f.; DÖV 1974, 387 f.; vgl. auch *OVG Koblenz*, NVwZ 1986, 498 f.; 1986, 499. Zur Kostentragungspflicht vgl. *OVG Saarlouis*, AS 17, 57 f.

[281] Vgl. etwa *VG Hannover*, DVBl 1972, 353 ff. (nicht rechtskr.); DVBl 1974, 372 f.; *BVerwG*, NVwZ 1982, 38 f. (Anfechtung einer Wahl zum Personalrat); NVwZ 1982, 243 (Anfechtung einer Wahl zum Universitätsvizepräsidenten). Regelmäßig wird jedoch eine Wahlanfechtung von der Beeinträchtigung eigener Mitgliedschafts- und Wahlrechte durch die Anwendung der Wahlordnung abhängig gemacht. Der ebenfalls nicht rechtskr. Beschluß des *VG Braunschweig*, DVBl 1972, 357 ff., stellt ausdrücklich fest, bei Wahlen zu Hochschulorganen handele es sich um einen „Akt organisatorischer Selbstgestaltung des Repräsentativorgans der Körperschaft", eine Anfechtung sei

Auch hier sind Bestrebungen im Gange, von der Klageart sui generis abzurücken. So nimmt das *OVG Münster* eine Verpflichtungsklage des Einspruchsführers gegen die Gemeindevertretung auf Erlaß eines begünstigenden Verwaltungsaktes an.[282]

§ 5. Das verwaltungsgerichtliche Normenkontrollverfahren

I. Bedeutung und Ziel des Normenkontrollverfahrens

1. Die verfassungsrechtliche Vorgabe

Mit der Normenkontrolle kann die Ungültigerklärung einer landesrechtlichen, im Range unter dem Landesgesetz stehenden Rechtsvorschrift begehrt werden, soweit nicht gesetzlich vorgesehen ist, daß die Rechtsvorschrift durch ein Verfassungsgericht des Landes nachprüfbar ist. Die verfahrensmäßige Ausgestaltung dieser Rechtsschutzmöglichkeit[1] bleibt auch nach der Neufassung des § 47 durch das am 1. 1. 1977 in Kraft getretene Gesetz zur Änderung verwaltungsprozessualer Vorschriften hinter den sonstigen Rechtsschutzformen zurück,[2] wie die fehlende Revisibilität, die Beschränkung auf Landesrecht und insbesondere die dem Ermessen der Landesgesetzgebung anheimgegebene Entscheidung darüber, ob für § 47 I Nr. 2 das Verfahren überhaupt eingeführt werden soll, zeigen. Es ist dringend geboten, in allen Ländern das Normenkontrollverfahren einzuführen,[3] nicht zuletzt angesichts der ständig wachsenden Zahl von untergesetzlichen bedeutsamen Rechtsnormen. Das Ziel eines verfassungsrechtlich garantierten umfassenden Rechtsschutzes ist vorgegeben.

Leider ist die Neufassung angesichts des aufgezeigten Zieles mehr oder weniger auf halbem Wege stehengeblieben. Die einzige im wesentlichen bedeutsame Neuerung der

---

daher ausgeschlossen, gerichtliche Überprüfung des Wahlakts könne nur mittels einer Feststellungsklage oder einer Klage sui generis erreicht werden; ebenso *VGH Mannheim*, ESVGH 21, 176 mit umfangreichen Nachweisen zu kommunalorganinternen Wahlen; ferner *VG Neustadt*, DÖV 1976, 142 Nr. 56. Nach *OVG Lüneburg*, DVBl 1972, 190ff., ist neben einem überwiegend auf Verletzung objektiven Rechts gerichteten Wahlprüfungsverfahren Individualrechtsschutz mittels Anfechtungsklage und entsprechendem vorläufigem Rechtsschutz dann möglich, wenn sich die behauptete Rechtsverletzung noch im Vorfeld des eigentlichen Wahlakts hält – hier: Festsetzung des Wahltermins.
[282] DVBl 1981, 874.
[1] Allg. zum Rechtsschutz nach § 47 VwGO *Stern*, in: Festschr. f. Schäfer, 1975, S. 59ff. m. w. Nachw.; *Schenke*, Rechtsschutz bei normativem Unrecht, 1979; *ders.*, JuS 1981, 81ff.; *Knöpfle*, in: Festschr. BayVGH, 1979, S. 187ff.; *Renck*, NJW 1980, 1022ff.; *ders.*, BayVBl 1979, 225ff.; *Achterberg*, DVBl 1980, 820ff.; *ders.*, VerwArch 1981, 163ff.; *Berg*, DÖV 1981, 889ff.; *Hahn*, JuS 1983, 678ff.; *Bickel*, NJW 1985, 2441ff.; *Papier*, in: Festschr. f. Menger, 1985, S. 517ff.
[2] *BVerwG*, DÖV 1974, 426f.; *BVerwGE* 40, 327.
[3] *Stern*, aaO; vgl. *F. Mayer*, in: Festg. f. v. d. Heydte, 1977, 2. Halbbd., S. 1067ff.; die h. M. verneint indes eine aus Art. 19 IV fließende Verpflichtung zur bundesweiten Einführung; vgl. die Nachw. bei *Kopp*, § 47 Rdnr. 8.

§ 5. Das verwaltungsgerichtliche Normenkontrollverfahren 95

Novelle enthält § 47 I Nr. 1: Danach ist künftig auch in den Ländern, die eine Normenkontrolle durch Landesgesetz bislang noch nicht eingeführt haben, ein Verfahren gegen Satzungen, die nach den Vorschriften des Bundesbaugesetzes und des Städtebauförderungsgesetzes erlassen worden sind, sowie gegen Rechtsverordnungen auf Grund der § 188 II BBauG und § 92 II StBauFG allgemein zulässig.[4] Selbst wenn man einräumt, daß damit der praktisch bedeutsamste Fall untergesetzlichen Rechts[5] einer bundesweiten Normenkontrolle unterworfen ist, so vermag doch angesichts der positiven Erfahrungen in den süddeutschen Ländern, Bremen und Schleswig-Holstein sowie einem Teil unserer Nachbarstaaten[6] diese Beschränkung nicht zu überzeugen. Gleiches gilt hinsichtlich des aufrecht erhaltenen Ausschlusses von bundesrechtlichen untergesetzlichen Normen als Prüfungsgegenstand.[7]

Die Einordnung des Wesens der Normenkontrolle ist bis heute nicht unbestritten. Nach vielfacher Ansicht handelt es sich bei der Normenkontrolle überhaupt nicht um Rechtsprechung, sondern um negative Gesetzgebung. Teilweise wird sie sogar der Verfassungsgerichtsbarkeit zugeordnet. Am zutreffendsten dürfte die Qualifizierung als besondere Art der Feststellungsklage sein.[8]

2. Verfahren

Im Normenkontrollverfahren kann eine Überprüfung der angegriffenen Rechtsvorschriften nur im Rahmen der verwaltungsgerichtlichen Zuständigkeit erfolgen;[9] antragsberechtigt ist jede natürliche oder juristische[10] Person sowie jede Behörde (nicht Gericht).[11] Darüber hinaus dürfte auch „Vereinigungen, soweit ihnen ein Recht zustehen kann", wie § 61 Nr. 2 formuliert, die Antragsbefugnis zugestanden werden. Zwar mußte die Beteiligungsfähigkeit im Normenkontrollverfahren besonders geregelt werden, weil es sich

---

[4] Zur Frage, ob die Bundeskompetenz auch die Überprüfung von Teilen der angegriffenen Rechtsnorm deckt, die materiell auf Landesrecht beruhende Festsetzungen enthalten, vgl. *OVG Münster*, NVwZ 1984, 595.
[5] Zur Bauleitplanung vgl. *Redeker*, NJW 1974, 1648; *Zoubek*, BayVBl 1982, 137 ff.; *Weidemann*, DVBl 1984, 767 ff.; zum Bebauungsplan *Rasch*, BauR 1981, 410 ff.; *Hoppe*, in: Festschr. f. Wolff, 1973, S. 307 ff.; *ders.*, in: Festschr. f. Scupin, 1973, S. 121 ff.
[6] Vgl. die Nachweise bei *Kopp*, NJW 1976, 1963, Fußn. 20–23.
[7] Gegen ihn *Stern*, JuS 1963, 69; *ders.*, in: Festschr. f. Schäfer, S. 69 f.
[8] *Ule*, VerwProzR, § 32 III 1; *Tschira-Schmitt Glaeser*, S. 222; *Stern*, StaatsR II, § 44 I 5 b.
[9] *VGH Mannheim*, DVBl 1983, 1070, zur Abgrenzung zwischen strafrechtlichem und präventivordnungsbehördlichem Charakter einer Verordnung. Vgl. auch *VGH Kassel*, DVBl 1978, 174. Der Rechtssatz muß durch Verwaltungsbehörden vollzogen werden können. Zustimmungsbedürftigkeit eines Parlaments ist unschädlich (*J. Schmidt*, BayVBl 1979, 131; *VGH München*, BayVBl 1983, 723; BayVBl 1984, 530; DVBl 1983, 1157).
[10] *VGH München*, BayVBl 1981, 720: Vgl. dazu auch *Tschira-Schmitt Glaeser*, S. 234.
[11] *VGH München*, GrS, VGH n.F. 25, 27 mit kritischer Bespr. *v. Mutius*, Verw Arch 1973, 95 ff.; daselbst w. Nachw. pro et contra; *VGH München*, NJW 1982, 1474; *Kopp*, aaO, S. 1964; *Redeker-von Oertzen*, § 47 Rdnr. 22; a. A. *Ule*, VwGO, § 47 Anm. II 1 m. Nachw.; *Obermayer*, Grundzüge, S. 165 f.

nicht um ein kontradiktorisches Streitverfahren handelt. Doch ist kein Grund ersichtlich, von der allgemeinen gesetzlichen Regelung der Beteiligtenfähigkeit abzuweichen. Strittig ist, ob es im Normenkontrollverfahren eine Beiladung gibt.[12] Betrachtet man die Normenkontrolle als objektives Normenüberprüfungsverfahren, so ist diese begrifflich diesem Verfahren fremd. § 47 II 3 mit der Anhörungsberechtigung ist ausreichender Ersatz.

Erklärt das Gericht die Norm für nichtig,[13] so ist die Entscheidung allgemein verbindlich und die Entscheidungsformel zu publizieren: § 47 VI.[14] Die Bindungswirkung verbietet, ohne Änderung der Sach- und Rechtslage eine Rechtsvorschrift gleichen Inhalts zu erlassen.[15]

Gegen die Entscheidung über den Normenkontrollantrag ist weder die Revision (§ 136) noch die Beschwerde (arg. §§ 49, 99 II, 125 II, 132 III, 152 I) an das Bundesverwaltungsgericht zulässig. Doch hat der Gesetzgeber dafür nunmehr einen gewissen Ausgleich geschaffen, indem er gemäß § 47 V bei Rechtsstreitigkeiten von grundsätzlicher Bedeutung (Nr. 1) oder wenn das Oberverwaltungsgericht von anderen obergerichtlichen Entscheidungen abweichen möchte (Nr. 2), eine Vorlage an das Bundesverwaltungsgericht vorsieht.[16]

II. Der Gegenstand des Normenkontrollverfahrens

1. Landesrechtliche Rechtsvorschriften

Die Normenkontrolle nach § 47 beschränkt sich auf *landesrechtliche* Vorschriften. Unter dem Begriff *Rechtsvorschrift* ist nur im dafür vorgeschriebenen Verfahren förmlich als Rechtssatz erlassenes Recht,[17] nicht Gewohnheitsrecht zu verstehen.[18] Die Rechtsvorschrift muß bereits erlassen sein; gegen den bevorstehenden Erlaß einer Rechtsvorschrift oder gegen den bloßen Entwurf ist ein Normenkontrollverfahren nicht zulässig,[19] wohl aber im

---

[12] Bejahend *OVG Münster*, OVGE 35, 29, sowie *OVG Berlin*, DVBl 1982, 362; richtigerweise verneinend *VGH München*, BayVBl 1980, 116 (§ 47 II 3 ist lex specialis); ausführlich *Ronellenfitsch*, VerwArch 1983, 281 ff.
[13] Allgemein zur Sachentscheidung *Schmidt*, in: Festschr. f. Otto Mühl, 1981, S. 595 ff.
[14] Zur Frage der Haftung für den Erlaß nichtiger (und aufgehobener) Normen (etwa Bebauungsplan, Satzung) wegen enteignungsgleichen Eingriffs oder wegen Amtspflichtverletzung vgl. *BGHZ* 92, 34 ff.; *Papier*, JZ 1984, 993 f.; *Dolde*, NVwZ 1985, 250 ff.
[15] *VGH Mannheim*, ESVGH 29, 1 ff.
[16] *BVerwGE* 56, 174; 59, 93; 65, 132; *BVerwG*, DVBl 1986, 558.
[17] *OVG Lüneburg*, NJW 1984, 627; *VGH München*, BayVBl 1986, 332.
[18] *Ule*, VwGO, § 47 Anm. II 1; *Stern*, StaatsR II, § 20 IV 4 e; *OVG Lüneburg*, NJW 1984, 627; a. A. für örtliches Gewohnheitsrecht *Eyermann-Fröhler*, § 47 Rdnr. 19 m. w. Nachw.
[19] *BVerwG*, NJW 1963, 1123; *BVerfGE* 1, 406, 409 f.; 11, 342; *VGH Mannheim*, DÖV 1983, 385; *VGH München*, BayVBl 1986, 498. Doch brauchen die Vorschriften noch nicht in Kraft getreten zu sein: *VGH Mannheim*, NJW 1976, 1706; *Tschira-Schmitt Glaeser*, S. 228; *Stüer*, DVBl 1985, 473.

§ 5. Das verwaltungsgerichtliche Normenkontrollverfahren

begrenzten Umfang gegen Unterlassungen eines Normenerlasses.[20] Untergesetzliche Rechtsvorschriften sind:
a) *Rechtsverordnungen,* d. h. Rechtssätze (generell-abstrakte Regeln) der Verwaltung, die sich an die Allgemeinheit wenden und für jedermann gelten.[21] Unter Rechtsverordnungen können also fallen:

- Ausführungs- und Durchführungsverordnungen zu Gesetzen; entscheidend ist, daß die Verordnung von einem Landesorgan erlassen wurde, auch beim Vollzug eines Bundesgesetzes, da die von Landesbehörden erlassene Verordnung Landesrecht wird;[22]
- Polizeiverordnungen;[23]
- Anstaltsordnungen, z. B. ein Lehrplan für Gymnasien;[24]
- Organisationsverordnungen.[25]

Beachte aber: Hierunter fallen keine rein internen Organisationsakte ohne Außenwirkung wie etwa die Geschäftsverteilungspläne der Gerichte.[26]

b) *Autonome Satzungen,* d. h. untergesetzliche Rechtssätze, die von einer juristischen Person des öffentlichen Rechts, z. B. Gemeinde, Universität, im eigenen Namen im Rahmen des ihr eingeräumten Autonomiebereichs erlassen werden.[27]

c) Zweifelhaft ist die Behandlung von *Verwaltungsvorschriften.*[28] Während die überwiegende Meinung eine Normenkontrolle verneint,[29] weil es an einer direkten Außenwirkung dieser Vorschriften mangelt, will *Ossenbühl*[30] den

---

[20] Zum Problem vgl. *Würtenberger,* AöR 105, 370 ff.; ferner *BVerwG,* BayVBl 1980, 443; *VGH München,* VGH n. F. 27, 108; 32, 123; BayVBl 1980, 209 ff. m. Anm. *Würtenberger,* ebda. S. 662 f.; *VGH Kassel,* DVBl 1978, 175; NJW 1983, 2895 f.; *OVG Münster,* NJW 1982, 1415 f.; DVBl 1985, 1020 m. Anm. *Zuck; VGH Mannheim,* DVBl 1979, 923.
[21] *Stern,* StaatsR II, § 38 I 4 a.
[22] BVerfGE 8, 260; *VGH Mannheim,* ESVGH 19, 123; *Stern,* StaatsR I, § 19 III 3 b, c, § 20 IV 4 c.
[23] *VGH Mannheim,* DVBl 1983, 1070; NJW 1984, 506 f.
[24] *VGH Mannheim,* DVBl 1961, 523 ff. Doch können Lehrpläne auch als Verwaltungsvorschriften erlassen werden: *BayVerfGH,* VGH n. F. 27, 47.
[25] Dazu die Nachw. bei *Eyermann-Fröhler,* § 47 Rdnr. 17. Zu Organisationsakten, die im Rahmen der kommunalen Neugliederung in Bayern ergehen, vgl. *VGH München,* VGH n. F. 30, 26; *VGH München,* BayVBl 1978, 271.
[26] Ausführlich dazu unten § 7 I in und zu Fußn. 8–10, sowie *Tschira-Schmitt Glaeser,* S. 229; *Renck,* NJW 1984, 2928; *OVG Lüneburg,* NJW 1984, 627; *BayVerfGH,* BayVBl 1986, 332.
[27] *Stern,* StaatsR I, § 12 II 4 c δ: „Rechtsetzungshoheit"; § 20 IV 4 c δ; *Eyermann-Fröhler,* § 47 Rdnr. 18; vgl. BVerwGE 25, 151; *OVG Koblenz,* NVwZ 1982, 124; *OVG Saarlouis,* NVwZ 1982, 125.
[28] Zum Begriff *Ossenbühl,* Verwaltungsvorschriften und GG, 1968; *ders,* AöR 92, 1 ff.; *Stern,* StaatsR I, § 20 IV 4 c γ; *ders.,* StaatsR II, § 38 I 4 c, 5.
[29] *Tschira-Schmitt Glaeser,* S. 226 f.; *Redeker-von Oertzen,* § 47 Rdnr. 16; *Kopp,* § 47 Rdnr. 15 m. w. Nachw. Aus der Rspr. zuletzt *BVerwG,* NJW 1985, 1234 f.; ferner BVerwGE 55, 250, 256; *VGH München,* BayVBl 1982, 563; 1982, 726; *BayVerfGH,* BayVBl 1986, 524.
[30] *Ossenbühl,* DVBl 1969, 526 ff.; Kritik gegenüber der h. M. meldet auch an *Rupp,*

Rechtsweg wenigstens dann eröffnen, wenn die Verwaltungsvorschriften nach Inhalt und Funktion die allgemeine Rechtsordnung ergänzen.

2. Der Prüfungsmaßstab

a) Die verwaltungsgerichtliche Normenkontrolle greift nur dann ein, wenn eine verfassungsrechtliche Kontrollmöglichkeit durch ein Landesverfassungsgericht nicht besteht (arg. e contrario § 47 III). Bei der Neufassung der Vorschrift hat der Gesetzgeber die frühere allgemeine Vorbehaltsklausel zugunsten der Verfassungsgerichtsbarkeit in § 47 I a. F. beseitigt. Anlaß dazu waren die Differenzen in der Rechtsprechung und in der Lehre über die Auslegung dieser Klausel.[31] So war zum einen streitig, ob sich der verfassungsgerichtliche Vorbehalt nur auf die Antragsberechtigung[32] und/oder auf den Prüfungsmaßstab bezieht, zum anderen aber vor allem, ob die Klausel entsprechend der abstrakten oder der konkreten Betrachtungsweise auszulegen sei[32] – eine Frage, die wiederum eng mit der Antragsbefugnis verknüpft ist und Auswirkungen auf den Umfang der Prüfungsbefugnis besitzt, wie sogleich darzulegen ist. Durch den Verzicht auf eine *bundes*verfassungsgerichtliche Vorbehaltsklausel wurde allerdings das vom Gesetzgeber gesteckte Ziel nur teilweise, nämlich nur in bezug auf das *Bundes*recht, erreicht, wenngleich dies der bedeutendste Bereich der Normenkontrolle sein dürfte, wie sich aus § 47 I Nr. 1 ergibt. Im Ergebnis hat sich der Gesetzgeber damit weitgehend der bislang schon von der Rechtsprechung vertretenen sog. konkreten Betrachtungsweise angeschlossen. Im einzelnen bedeutet das: Soll die Norm auf ihre Vereinbarkeit mit Bundesrecht überprüft werden, so ist antragsberechtigt jede natürliche oder juristische Person ohne Rücksicht darauf, ob auch das *Bundesverfassungsgericht* angerufen werden kann.[34] Als Sicherung vor möglichen Doppelentscheidungen in derselben Sache wurde dem *Oberverwaltungsgericht* jetzt durch § 47 IV die Möglichkeit eingeräumt, das bei ihm anhängige Normenkontrollverfahren bis zur verfassungsgerichtlichen Entscheidung auszusetzen.

b) Als Prüfungsmaßstab kommt Bundesrecht aller Stufen in Betracht – neben einfachem Bundesrecht auch die Bestimmungen des Grundgesetzes. Zwar galt dies für die Verfechter der konkreten Betrachtungsweise auch

---

JuS 1976, 609ff. m. zahlr. Nachw. Zu diesem Problem vgl. *Schenke*, DÖV 1979, 622ff., sowie *Scheffler*, DÖV 1980, 236ff. (bes. 243).

[31] Nachw. bei *Stern*, in: Festschr. f. Schäfer, 1975, S. 59ff.

[32] So *OVG Lüneburg*, OVGE 22, 433ff.; zust. *Tschira-Schmitt Glaeser*, S. 230.

[33] Zur abstrakten Betrachtungsweise: *Bettermann*, AöR 86, 162ff.; *Ule*, VwGO, § 47 Anm. II 2; *Klinger*, § 47 Anm. B 6; *Schäfer*, in: Staatsbürger und Staatsgewalt, Bd. I, S. 180; sehr ausf. *OVG Bremen*, NJW 1970, 877ff.; vgl. die Nachw. bei *Menger-Erichsen*, VerwArch 1967, 377ff. Zur konkreten Betrachtungsweise: *Bartlsperger*, DVBl 1967, 361; *Menger-Erichsen*, aaO; *Maiwald*, JuS 1967, 230 Fußn. 59; *Obermayer*, DVBl 1965, 625; *Wolff-Bachof* III, § 165 II b 9; *Stüer*, DVBl 1985, 478; *Bay VerfGH*, NJW 1984, 2454; *OVG Lüneburg*, OVGE 25, 506ff.; *VGH Kassel*, ESVGH 19, 167ff.; 23, 177ff.; *VGH Kassel*, ESVGH 24, 26; NJW 1977, 452; ferner *HessStGH*, ESVGH 21, 1ff., jeweils m. Nachw.

[34] Zuletzt *BayVerfGH*, NJW 1984, 2454.

§ 5. Das verwaltungsgerichtliche Normenkontrollverfahren

schon hinsichtlich des einfachen Bundesrechts[35] sowie des Verfassungs-(organisations)rechts, weil der Bürger gegen dessen Verletzung das *Bundesverfassungsgericht* grundsätzlich nicht anrufen konnte. Der Streit entzündete sich aber an der Verfassungsbeschwerde, die dem Bürger für die Rüge von Grundrechtsverstößen den Verfassungsrechtsweg unmittelbar eröffnet hätte, wollte man nicht wegen der Subsidiarität der Verfassungsbeschwerde die verwaltungsgerichtliche Normenkontrolle als Rechtsweg i. S. des § 90 II BVerfGG ansehen.[36] Die Novellierung des § 47 hat dieses Problem geklärt und damit dem Verfahren nach § 47 den Vorrang vor der Verfassungsbeschwerde eingeräumt.[37]

c) Differenzierter ist hingegen die Frage des *Landesrechts* als Prüfungsmaßstab zu betrachten, da insoweit der Vorbehalt des § 47 III zugunsten der Landesverfassungsgerichtsbarkeit eingreift.[38] Von diesem Vorbehalt werden jedoch nur die Normen im Rahmen des Abs. 1 Nr. 2 erfaßt, da für die unter Nr. 1 fallenden Rechtsvorschriften der Bundesgesetzgeber deren uneingeschränkte Überprüfbarkeit kraft der ihm nach Art. 74 Nr. 1 GG zustehenden Kompetenz über das gerichtliche Verfahren bestimmt hat.[39] Jedes Gericht hat Bundesrecht und Landesrecht grundsätzlich uneingeschränkt anzuwenden (Art. 20 III, 97 I GG). Für die Rechtsvorschriften der Nr. 2 ist jedoch dem Landesgesetzgeber freie Hand in der Einführung einer Normenkontrolle gegeben, der Bund hat insoweit von seiner Kompetenz nach Art. 74 Nr. 1 GG keinen Gebrauch gemacht.

Die Frage, wann eine Vorschrift durch ein Landesverfassungsgericht nachprüfbar ist, wird wie früher entweder nach der abstrakten oder nach der konkreten Betrachtungsweise entschieden. Letztere darf – insonderheit da der Gesetzgeber ihr auch gefolgt ist – als herrschend angesehen werden.[40] Danach darf das *Oberverwaltungsgericht* solche Prüfungsmaßstäbe nicht anwenden, mit denen auf Betreiben desselben Antragstellers dieselbe untergesetzliche Rechtsnorm auch von einem Verfassungsgericht überprüft werden könnte.[41] Da der einzelne Bürger eine abstrakte Normenkontrolle vor dem Landesverfassungsgericht nicht in Gang bringen kann, ist nach dieser Ansicht neben Landesrecht auch das Landesverfassungsrecht als Prüfungsmaßstab

---

[35] Anders wohl *BVerfGE* 31, 364 ff.; dagegen *Ule*, VerwProzR, § 32 III 2, da Art. 93 I Nr. 2 GG wegen der Beschränkung des AntragsR nicht als gesetzliche Regelung i. S. von § 47 VwGO angesehen werden könne. Vgl. auch *VGH Kassel*, ESVGH 25, 209 ff.

[36] Ausführlich dazu *Bachof*, DÖV 1964, 9 ff.; ders., NJW 1966, 1966 f.; *Menger-Erichsen*, VerwArch 1967, 379; *Bartelsperger*, DVBl 1967, 370; *Fink*, JuS 1968, 87; *v. Mutius*, VerwArch 1972, 207; *VGH Mannheim*, ESVGH 18, 38 ff. m. Nachw.; *VGH Kassel*, ESVGH 23, 180; 24, 47, 54 f.

[37] So die Begründung der Regierungsvorlage, BT-Dr 7/4323, S. 9 f.; *BVerfGE* 70, 55 ff.

[38] Allg. dazu *Sachs*, BayVBl 1982, 396 f.; *Schenke*, NJW 1978, 677 f.

[39] Im Ergebnis übereinstimmend *Eyermann-Fröhler*, § 47 Rdnr. 8. Die gegenteilige Ansicht von *Kopp*, NJW 1976, 1964, verkennt die Bedeutung des Art. 74 Nr. 1 GG.

[40] Vgl. o. Fußn. 33.

[41] *Eyermann-Fröhler*, aaO; *Kopp*, § 47 Rdnrn. 36 ff.; *Birk*, DVBl 1978, 162; *Lossos* und *Knöpfle*, in: Festschr. BayVGH, 1979, S. 1 ff., 187 ff.

heranzuziehen. Für Hessen[42] und Bayern[43] wurde bislang dieses Ergebnis insoweit modifiziert, als die angegriffene Norm nur am Verfassungs-(organisations)recht sollte gemessen werden können, weil bei Grundrechtsverletzungen durch die Popularklagemöglichkeiten der Rechtsweg zum Verfassungsgericht eröffnet sei. Ob diese Meinung auch nach der Gesetzesänderung und dem auf Bundesebene bestimmten Vorrang des § 47 vor der Verfassungsbeschwerde aufrecht erhalten werden kann, erscheint zweifelhaft.[44]

§ 6. Die vorläufigen Rechtsschutzverfahren

I. Die Zweiteilung des vorläufigen Rechtsschutzes

1. Die verfassungsrechtlichen Vorgaben

Umfassender und effektiver Rechtsschutz ist Bestandteil des Rechtsstaatsprinzips. Art. 19 IV GG konkretisiert dieses Gebot und kleidet es in die Form eines (individuellen) Grundrechts auf Gerichtsschutz gegen Akte der öffentlichen Gewalt im Falle der Verletzung von Rechtspositionen.[1] Die Effektivität des Rechtsschutzes ist jedoch (heute besonders) auch vom Faktor Zeit abhängig. Der Rechtsschutz kann zu spät kommen und damit wirkungslos bleiben, weil „vollendete Tatsachen" geschaffen sind. Um den Eintritt von irreparablen Ergebnissen zu verhindern, kennen alle Prozeßordnungen Institute des vorläufigen (einstweiligen) Rechtsschutzes.[2] Besondere Bedeutung gewinnen diese Rechtsschutzformen in der Verwaltungsgerichtsbarkeit, da die vollziehende Gewalt kraft ihrer Hoheitsfunktion dem Bürger gegenüber ohnehin in einer Position der Überlegenheit ist. Aus diesem Grunde ist im öffentlichen Recht eine auch tatsächlich wirksame und zeitgerecht gewährte gerichtliche Kontrolle von größter Bedeutung.[2a] Zu Recht hat daher

---

[42] *HessStGH*, ESVGH 21, 1 ff., sowie *VGH Kassel*, ESVGH 24, 55 f., soweit ein Entscheidungsmonopol des Staatsgerichtshofs infolge der sog. Grundrechtsklage gem. Art. 131 HessVerf. i. V. mit § 45 StGHG besteht.
[43] Nachw. bei *Eyermann-Fröhler*, § 47 Rdnr. 8 a; *Kopp*, § 47 Rdnr. 40.
[44] Weiter im Sinne der bisherigen Rechtsprechung *BayVerfGH*, VGH n. F. 30, 40; BayVBl 1984, 235 f.; 1984, 460 f.; *VGH München*, BayVBl 1983, 272; NVwZ 1985, 504.
[1] Vgl. *Stern*, StaatsR I, § 20 III 4, S. 784 f.; § 20 IV, S. 838 ff.; II, 1980, § 43, S. 887 m. w. Nachw.
[2] Vgl. *Baur*, Studien zum einstweiligen Rechtsschutz, 1967; *Leipold*, Grundlagen des einstweiligen Rechtsschutzes, 1971; zum vorläufigen Rechtsschutz im Verwaltungsstreitverfahren ausführlich *Finkelnburg-Jank*, ... *Papier*, JA 1979, 561 ff., 646 ff., ... passim; sowie *Erichsen*, Jura 1984, 414 ff., 428 ff., 644 ff.; für das Ausländerrecht *Meissner*, JA 1979, 24 ff.; für das Prüfungsrecht *Jakobs*, VBlBW 1984, 129 ff.; für das Baurecht *Karpen*, NJW 1986, 881 ff.
[2a] Zur Vorlagepflicht nach Art. 100 GG vgl. *Pestalozza*, NJW 1979, 1341 ff.; BVerfGE 46, 43 ff.; *OVG Münster*, NJW 1979, 330 f.; *OVG Hamburg*, JZ 1983, 67 f.; NVwZ 1985, 52.

§ 6. Die vorläufigen Rechtsschutzverfahren 101

das *Bundesverfassungsgericht* der Ausgestaltung eines vorläufigen Rechtsschutzes im Lichte des Grundgesetzes mehrfach besonderes Augenmerk zugewandt.³ Allerdings hat die Möglichkeit, frühzeitig die Gerichte anrufen zu können, dazu geführt, daß – besonders bei Verfahren gegen Großanlagengenehmigungen – eine hohe Zahl der Rechtsstreitigkeiten nur im summarischen Verfahren des einstweiligen Rechtsschutzes entschieden wurden, weil ein Hauptsacheverfahren nicht anhängig gemacht wurde, so daß nicht abschließend über die geltend gemachten Ansprüche judiziert werden konnte.⁴

2. Die Zweiteilung

Die VwGO kennt *zwei* Arten des vorläufigen Rechtsschutzes, die vom *Bundesverfassungsgericht* trotz unterschiedlicher Ausformung durch den Gesetzgeber beide als gleichwertig angesehen werden:⁵ Die kraft Gesetzes bestehende *aufschiebende Wirkung* von Rechtsbehelfen oder ihre gerichtliche *Anordnung* bzw. *Wiederherstellung* oder die *Aufhebung der Vollziehung* nach § 80 (sog. Vollzugseinstellungsverfahren) und die *einstweilige Anordnung* nach § 123.

Ein der ZPO (§ 916) nachgebildetes Arrestverfahren sieht die VwGO nicht vor. Geldforderungen können daher auch vorläufig nur im Wege des einstweiligen Anordnungsverfahrens durchgesetzt werden.

a) Beide Verfahrensarten stimmen (nur) im Ergebnis und im Ziel überein, nämlich vorläufig, nicht endgültig, den Streit zu klären. Sie sollen und dürfen gar nicht endgültig Recht gewähren.

Beispiel:
Die Entscheidung über die Anrechnung von an ausländischen Universitäten geleisteten Studienzeiten zum Zweck des sog. Quereinstiegs in das Medizinstudium kann nur endgültig erfolgen; daher ist ein Verfahren nach § 123 unzulässig.⁶

Allerdings wird von diesem Grundsatz dann eine Ausnahme gemacht, wenn nur durch eine (endgültige) Vorwegnahme der Hauptsache im Verfahren nach § 80 oder § 123 effektiver Rechtsschutz gewährt werden kann, da die bis zur Rechtskraft des Hauptsacheurteils für den Antragsteller zu erwartenden Nachteile untragbar oder unzumutbar wären.⁷
Der vorläufige Charakter unterscheidet die Verfahren nach §§ 80, 123 auch von dem vorbeugenden Rechtsschutz, der der Abwehr zu erwartender Rechtsbeeinträchtigungen durch zukünftige Maßnahmen der Verwaltung

---
³ Grundlegend *BVerfGE* 35, 274; zuletzt *BVerfGE* 51, 284 ff.; 67, 58; *BVerfG*, NVwZ 1982, 241; *Finkelnburg-Jank*, Rdnr. 3; *Finkelnburg*, in: Festg. BVerwG, 1978, S. 169 ff.; *Ule*, VerwProzR, § 66; *Tschira-Schmitt-Glaeser*, S. 132 ff.; *Pietzner-Ronellenfitsch*, §§ 43 ff.; *Kopp*, § 80 Rdnr. 1 m. w. Literaturangaben.
⁴ *Papier*, Rechtsfragen des Sofortvollzuges, in: Veröffentlichungen des Instituts für Energierecht an der Universität zu Köln, Bd. 41/42, S. 86 ff.
⁵ *BVerfGE* 51, 285.
⁶ *VGH Mannheim*, NVwZ 1985, 594.
⁷ *VGH Mannheim*, NVwZ 1985, 594 f.; VBlBW 1981, 395; *VGH Kassel*, NVwZ 1985, 604; *VGH München*, NVwZ 1985, 287; *OVG Bremen*, NJW 1986, 1062; *Kopp*, § 123 Rdnr. 13 m. w. Nachw. Vgl. im übrigen auch unten II 4 b, III 2.

dient. Vorbeugender Rechtsschutz wird durch gerichtliche Entscheidung in der Hauptsache gewährt.[8]

b) Dem Schutzzweck der Verfahren nach §§ 80, 123 entsprechend ist das Gericht auf eine – weniger zeitaufwendige[9] – ,,summarische Prüfung"[10] der Sach- und Rechtslage beschränkt. Ein summarisches Verfahren schließt regelmäßig[11] eine nähere Aufklärung streitiger Sachverhalte (etwa im Wege aufwendiger Beweisaufnahmen) und eine fundierte Untersuchung der Rechtslage aus.[12] Die summarische Prüfungsbefugnis darf jedoch nicht zu einer unsorgfältigen Prüfung veranlassen. Die erforderliche Interessenabwägung (näher unten § 6 II 4b) zwingt zu sorgsamer Prüfung der Rechts- und Ermessenstatbestände, namentlich dann, wenn die vorläufigen Entscheidungen vor allem bei komplexen Genehmigungsprozessen über längere Zeit Bestand haben und sogar an die Stelle der Hauptsacheverfahren treten können. Mit Rücksicht auf diesen Umstand ist bei den Gerichten in neuerer Zeit ein den Verfahrensnormen eines nur vorläufigen Rechtsschutzes nicht entsprechender Trend von der summarischen zur sachlich-rechtlichen Vollprüfung zu registrieren.

c) Bei aller Ähnlichkeit der beiden vorläufigen Rechtsschutzverfahren unterscheiden sich Anwendungsbereich und Ausgestaltung von § 80 und § 123 ganz wesentlich voneinander. Welche der beiden Vorschriften im Einzelfall anzuwenden ist, richtet sich nach der ,,Einstiegsnorm" – ,,Kollisionsnorm" genannt[13] – des § 123 V 5. Danach kann als Grundsatz[14] festgestellt werden, daß es für die Abgrenzung von § 123 und § 80 darauf ankommt, welche Klageart für die Verfolgung des Begehrens in der Hauptsache einschlägig ist.[15]

Beispiel:
Dem Antragsteller, der mehrfach in der Schule nicht versetzt wurde, wird von der Schulbehörde seine endgültige Schulentlassung mitgeteilt. Will er diese im vorläufigen Rechtsschutzverfahren aufheben lassen, ist ein Antrag gem. § 80 V zu erheben, denn die Mitteilung über die Entlassung ist ein Verwaltungsakt.[16] Will er hingegen seine – vorläufige – weitere Teilnahme am Unterricht der nächsthöheren Klasse erreichen, muß er einen Antrag nach § 123 stellen, denn das Hauptsacheverfahren wäre eine Verpflichtungsklage mit dem Antrag auf Versetzung.[17]

---

[8] *Erichsen,* Jura 1984, 416.
[9] Vgl. z. B. die Eilbedürftigkeit des Beschlusses des *VGH Mannheim* vom 27. 3. 1986, VBlBW 1986, 261, bei dem Antragstellung/-erwiderung und Beschlußverkündung am gleichen Tage erfolgten; s. auch *BVerfG,* EuGRZ 1986, 38.
[10] Vgl. *Grunsky,* JuS 1976, 277ff. Dagegen *Martens,* S. 208f.
[11] Zur Ausnahme im Asylstreitverfahren s. *BVerfGE* 67, 43; *VGH Mannheim,* DÖV 1986, 297.
[12] Vgl. *OVG Koblenz,* DVBl 1984, 1136.
[13] *Erichsen,* Jura 1984, 415.
[14] Zu den Ausnahmen vgl. *Kopp,* § 80 Rdnrn. 10, 22ff.
[15] Ebenso *Finkelnburg-Jank,* Rdnr. 24. Kritisch *Erichsen,* Jura 1984, 415f. Aus der Rspr. vgl. *OVG Koblenz,* AS 18, 81ff.; *OVG Lüneburg,* DVBl 1984, 54; *VGH Mannheim,* NVwZ 1984, 593; 1986, 399: *VGH München,* NVwZ 1986, 399. Vgl. auch zum Prüfungsrecht *OVG Münster,* NVwZ 1985, 594.
[16] *VGH Mannheim,* NVwZ 1985, 593; a. A. (nur informatorischer Charakter, da bloßer Hinweis auf die Rechtslage) *VGH München,* NVwZ 1986, 398.
[17] *VGH Mannheim,* aaO.

§ 6. Die vorläufigen Rechtsschutzverfahren 103

Merke: Ist das Hauptsacheverfahren eine Anfechtungsklage, so wird vorläufiger Rechtsschutz über § 80 gewährt. Ist das Hauptsacheverfahren eine Verpflichtungs-, Leistungs-, Unterlassungs-, Feststellungsklage oder ein kommunales Verfassungsstreitverfahren, so kommt ein Verfahren der einstweiligen Anordnung nach § 123 in Frage. Nach § 47 VII gilt dies auch für Normenkontrollanträge.

Beachte: Für den Aufbau der Lösung einer Aufgabe zum vorläufigen Rechtsschutz kommt daher der Frage des Hauptsacheverfahrens eine vorrangige Stellung zu (s. das Schema unten Anhang).

§ 80 ist also im Hinblick auf die Vollziehung angefochtener Verwaltungsakte oder die Beseitigung der aufschiebenden Wirkung von Widerspruch und Anfechtungsklage lex specialis gegenüber § 123. Im Anwendungsbereich des § 80 scheidet mithin eine einstweilige Anordnung grundsätzlich aus; umgekehrt kommt sie außerhalb desselben als vorläufiger Rechtsschutz stets zum Tragen.

II. Der vorläufige Rechtsschutz nach § 80[18]

1. Die aufschiebende Wirkung

Nach § 80 I haben Widerspruch und Anfechtungsklage gegen (belastende) Verwaltungsakte kraft Gesetzes aufschiebende Wirkung *(Suspensiveffekt)*, gleichgültig, ob sie gestaltend oder feststellend sind. Der Suspensiveffekt gilt auch bei Allgemeinverfügungen (§ 35 2 VwVfG) und bei Sammelverfügungen, die freilich nur ein Bündel von Verwaltungsakten darstellen, sowie bei Organisationsakten, wie z. B. der Schließung einer Schule.[19] Dabei ist allerdings zu beachten, daß bei Allgemein- und Sammelverfügungen die aufschiebende Wirkung nur zugunsten des Antragstellers im Verfahren nach § 80, nicht aber gegenüber den übrigen Regelungsadressaten eintritt.[20]

Beachte: Die Rechtsprechung geht bei Drittanfechtung von öffentlich-rechtlichen Zulassungen zur Errichtung umweltrelevanter Großvorhaben teilweise davon aus, wegen der geschützten Rechtsstellung der Zulassungsempfänger den Suspensiveffekt des Rechtsbehelfs dann nicht eintreten zu lassen, wenn dieser offensichtlich unzulässig ist.[21]

a) Aufschiebende Wirkung bedeutet, daß Maßnahmen zur Vollziehung des Verwaltungsaktes nach den Verwaltungsvollstreckungsgesetzen des Bundes und der Länder unzulässig sind: Ersatzvornahme, Zwangsgeld, unmittelbarer Zwang, ihre Androhung und Festsetzung haben – von § 6 II VwVG abgesehen – zu unterbleiben. Der Verwaltungsakt bleibt bezüglich seiner Wirkun-

---

[18] Dazu umfassend *Finkelnburg-Jank,* Rdnrn. 478 ff.; *Erichsen,* Jura 1984, 414 ff.
[19] Letzteres ist jetzt kaum mehr streitig; vgl. *OVG Münster,* DÖV 1979, 303 (nach Aufgabe der früheren Rechtsprechung); *OVG Hamburg,* DVBl 1980, 484; allgemein *BVerwG,* DÖV 1973, 786.
[20] *Kopp,* § 80 Rdnrn. 8 f.; *Erichsen,* Jura 1984, 417 m. w. Nachw. in Fußn. 27.
[21] Vgl. *OVG Lüneburg,* DÖV 1972, 324; DVBl 1986, 418; *OVG Koblenz,* NJW 1976, 908; *VGH Mannheim,* NJW 1978, 720; NVwZ 1984, 255.

gen in einem „Schwebezustand".[22] Die Bedeutung dieses Schwebezustandes ist nicht ganz zweifelsfrei: Teilweise wird eine umfassende Wirksamkeitshemmung,[23] teilweise eine bloße Vollzugshemmung angenommen.[24] Eine Mittelmeinung vertreten *Kopp, Pietzner-Ronellenfitsch* und *Tschira-Schmitt Glaeser;* sie stehen aber im Ergebnis der Vollziehbarkeitstheorie nahe,[25] die dem Gesetz eher entspricht. Die Annahme bloßer Vollzugshemmung vertritt auch die Rechtsprechung des *Bundesverwaltungsgerichts.*[26]

Nach dieser Auffassung ist jedwede *Vollzugs*maßnahme unzulässig. Dem entlassenen Beamten dürfen z. B. die Bezüge nicht gesperrt werden; von der Bauerlaubnis darf kein Gebrauch gemacht werden; Strafmaßnahmen sind unzulässig. Demgegenüber will die Wirksamkeitstheorie dem Verwaltungsakt schlechthin jede Wirkung absprechen und jegliche Folgerungen aus seinem Erlaß verbieten. Bei uneingeschränkter Anwendung dieser Theorie hat die aufschiebende Wirkung eines Rechtsbehelfs zur Folge, daß der Verwaltungsakt erst mit der rechtskräftigen Abweisung des Rechtsbehelfs wirksam wird. Dies ist mit § 80 II Nr. 4 („Vollziehung" durch die Behörde, nicht Aufhebung der Wirksamkeitssuspension) und mit der grundsätzlichen ex tunc-Wirkung des Anfechtungsurteils (unten § 17 I 1) nicht vereinbar.

b) Die aufschiebende Wirkung beginnt mit Einlegung des Widerspruchs oder mit Erhebung der Anfechtungsklage, und zwar automatisch, ohne Antrag.[27] Sie kommt grundsätzlich auch dem unzulässigen Rechtsbehelf zu, es sei denn, dessen Unzulässigkeit ist evident (z. B. Fristablauf).[28]

c) Meinungsverschiedenheiten bestehen über den Zeitpunkt, in dem der Suspensiveffekt endet. Zwei Auffassungen stehen sich gegenüber: Einmal kann man die aufschiebende Wirkung mit dem Erlaß des Widerspruchsbescheides enden lassen und ggf. mit Klageerhebung neu begründen. Nach der anderen Ansicht unterbricht die zwischen Zurückweisung des Widerspruchs und Klageerhebung liegende Frist von höchstens einem Monat den Suspensiveffekt nicht; dieser endet vielmehr entweder nach Ablauf der Klagefrist oder nach Abschluß des Hauptverfahrens. Mit Rücksicht auf den durch Art. 19 IV GG umfassend gewährleisteten Rechtsschutz wird man der letzteren Meinung zu folgen haben. Das Argument von *Redeker-von Oertzen,*[29] die

---

[22] So *Pietzner-Ronellenfitsch,* § 44 Rdnr. 1, im Anschluß an *BVerwG,* DÖV 1973, 786.
[23] So zuletzt etwa *Erichsen-Klenke,* DÖV 1976, 833ff.; *Eyermann-Fröhler,* § 80 Rdnr. 4.
[24] Vgl. *Redeker-von Oertzen,* § 80 Rdnr. 1 m. w. Nachw.
[25] *Knopp,* § 80 Rdnr. 16; *Pietzner-Ronellenfitsch,* § 44 Rdnr. 1; *Tschira-Schmitt Glaeser,* S. 137ff.
[26] *BVerwGE* 13, 7ff.; 18, 75; 24, 98f.; 66, 222; *BVerwG,* DÖV 1973, 786; BayVBl 1983, 311.
[27] Str. ist, ob ein Verwaltungsakt vor Unanfechtbarkeit (Ablauf der Rechtsbehelfsfristen) überhaupt vollzogen werden darf (vgl. *Engelhardt,* Verwaltungsvollstreckungsgesetz – Verwaltungszustellungsgesetz, Komm., 1979, § 6 Anm. 2a). In der Regel sehen nämlich die Verwaltungsvollstreckungsgesetze vor, daß die Vollstreckung erst nach Unanfechtbarkeit erfolgen darf (§ 6 I VwVG, § 55 I VwVGNW, § 28 I PolGNW).
[28] Vgl. *Tschira-Schmitt Glaeser,* S. 135ff.; ohne jede Einschränkung *Scholler-Broß,* Verfassungs- und Verwaltungsprozeßrecht, 1980, S. 309f.
[29] § 80 Rdnr. 3.

§ 6. Die vorläufigen Rechtsschutzverfahren

bloße Möglichkeit von Rechtsbehelfen führe noch nicht zu aufschiebender Wirkung, überzeugt nicht, da das Recht, Berufung oder Revision einzulegen, die Behörde auch am Vollzug des Verwaltungsaktes hindert. Widerspruch und Klage sind im Hinblick auf den Suspensiveffekt als Einheit zu betrachten.[30]

2. Der Wegfall der aufschiebenden Wirkung

Die aufschiebende Wirkung entfällt nach § 80 II nur in bestimmten Fällen. Diese sind:

(1.) Die Anforderung von öffentlichen Abgaben und Kosten.[31] Vom Kostenbegriff des § 80 II Nr. 1 werden solche Kostenanforderungen nicht erfaßt, die neben oder im Zusammenhang mit einer Sachentscheidung (z. B. Gebühren für die Erteilung/Versagung einer Genehmigung) erhoben werden. Diese teilen die aufschiebende Wirkung der Sachentscheidung.[32] Für Geldleistungen, die im Rahmen einer Verwaltungsvollstreckung festgesetzt werden, z. B. Zwangsgelder, Kosten der Ersatzvornahme etc. gilt § 80 II Nr. 1 ebenfalls nicht.

(2.) Unaufschiebbare Anordnungen und Maßnahmen von Polizeivollzugsbeamten; dazu gehören nur die ,,echten" Polizeikräfte nach den Polizeigesetzen, nicht die Ordnungsbehörden.

Beachte: Nr. 2 wird analog auf verkehrsrechtliche Regelungen durch Verkehrszeichen angewandt.[33]

(3.) Andere durch förmliches[34] Bundesgesetz vorgeschriebene Fälle; sie müssen zeitlich *nach* der VwGO ergangen sein, wie z. B. § 21 III 2 AuslG, § 10 III AsylVfG,[35] § 35 I 1 WPflG, § 74 ZivildienstG, § 49 KreditwesenG, § 32 IV PartG, § 35 II BundesseuchenG, §§ 6 II, 8 II VereinsG.[36] Durch Landesgesetz kann nur gem. § 187 III bei Maßnahmen der Verwaltungsvollstreckung der Suspensiveffekt ausgeschlossen werden, z. B. § 8 AGVwGONW.[37]

(4.) Fälle, in denen die sofortige Vollziehung im öffentlichen Interesse oder im überwiegenden Interesse eines Beteiligten von der Behörde, die den Verwaltungsakt erlassen oder über den Widerspruch zu entscheiden hat, besonders angeordnet wird.

---

[30] Vgl. *Scholler-Broß*, aaO, S. 161.
[31] Dazu *Papier*, Steuer und Wirtschaft 1978, 332 ff.; *VGH München*, BayVBl 1980, 181; *VGH München*, VGH n. F. 38, 17; zur Differenzierung siehe *Erichsen*, Jura 1984, 418 f.
[32] *OVG Hamburg*, NVwZ 1986, 141.
[33] Vgl. *Kopp*, § 80 Rdnr. 38; *Pietzner-Ronellenfitsch*, § 45 Rdnr. 14, jeweils m. w. Nachw.; a. A. *Erichsen*, Jura 1984, 420; zur Qualifizierung der Verkehrszeichen nicht als Verwaltungsakt in der Form der Allgemeinverfügung, sondern als Rechtsverordnung vgl. *VGH München*, NJW 1978, 1988; NJW 1979, 670.
[34] *Redeker-von Oertzen*, § 80 Rdnr. 21.
[35] *BVerwG*, DVBl 1986, 518.
[36] Für Landesrecht vgl. § 187 III und dazu § 8 AGVwGONW; *Bettermann*, DVBl 1976, 64 ff.; *Papier*, JA 1979, 564, 556.
[37] Dazu *Finkelnburg-Jank*, Rdnr. 556; *Erichsen*, Jura 1984, 420.

Der Fall des § 80 II Nr. 4 ist der wichtigste und der in der Praxis häufigste. Die Bestimmung beruht auf der Überlegung, daß es Gründe geben kann, die die *Behörde* zu einer Überwindung des durch einen Rechtsbehelf herbeigeführten Suspensiveffekts berechtigen.

a) *§ 80 II Nr. 4* ermächtigt die Behörde, unter bestimmten Voraussetzungen durch *besondere Anordnung* im Einzelfall mit grundsätzlich schriftlicher Begründung (§ 80 III) die sofortige Vollziehung des Verwaltungsaktes herbeizuführen. Auf Grund einer solchen Anordnung darf der Verwaltungsakt vollzogen werden (§ 6 I VwVG, § 55 I VwVGNW, § 28 PolGNW).

b) Die Anordnung kann von der Ausgangs- oder der Widerspruchsbehörde in jedem Stadium des Verfahrens für den Gesamt- oder einen Teilinhalt des Verwaltungsaktes getroffen werden, solange der Verwaltungsakt noch nicht bestandskräftig ist oder das Gericht nach § 80 V entschieden hat. Sie kann auch schon mit dem Erlaß des Verwaltungsaktes verbunden werden. Nach der Systematik des Gesetzes ist die Anordnung des § 80 II Nr. 4 die Ausnahme; ihre Voraussetzungen unterliegen daher strenger Prüfung.[38] In den Fällen des § 28 I VwVfG ist eine vorherige Anhörung des Betroffenen verlangt.[39]

c) Das allgemeine Interesse am Vollzug eines Verwaltungsaktes genügt nicht, wie § 80 II Nr. 4, III deutlich macht.[40] Auch kann die Behörde die sofortige Vollziehung nicht allein deshalb anordnen, weil sie den Verwaltungsakt für rechtmäßig hält; denn die Rechtmäßigkeit der Verfügung läßt noch keinen Schluß auf die Dringlichkeit ihres Vollzugs zu.[41] § 80 IV 3, nach dem bei ernsthaften Zweifeln an der Rechtmäßigkeit des Verwaltungsakts die Aussetzung der Vollziehung erfolgen soll, ist nicht verallgemeinerungsfähig,[42] da es sich um eine Ausnahmebestimmung bei öffentlichen Kosten und Abgaben handelt.

Es muß vielmehr zusätzlich ein öffentliches Interesse oder ein überwiegendes Interesse eines Beteiligten gerade am Vollzug des Verwaltungsaktes bestehen. Erst wenn das Vorliegen dieses besonderen zusätzlichen Interesses festgestellt ist, findet eine Güterabwägung zwischen den für die Unaufschiebbarkeit der Maßnahme sprechenden Gründen und dem Rechtsschutzinteresse des Betroffenen an der Aufrechterhaltung des status quo durch die aufschiebende Wirkung statt. Zwar läßt sich nur im Einzelfall bestimmen, wann der Rechtsschutzanspruch des Einzelnen ausnahmsweise hinter die öffentlichen Belange zurücktreten muß und wann es der Verwaltung wegen Art. 19 IV 1 GG verwehrt ist, der gerichtlichen Prüfung ihrer Maßnahmen vorzugreifen. Dabei sind die Nachteile aus einem verspäteten Vollzug des – unterstellt – rechtmäßigen Verwaltungsaktes mit den Nachteilen zu vergleichen, die dem Betroffe-

---

[38] Vgl. *Pietzner-Ronellenfitsch,* § 46 Rdnrn. 11 ff.; *OVG Münster,* NJW 1986, 1895.
[39] Vgl. *OVG Bremen,* DÖV 1980, 181; *OVG Koblenz,* AS 15, 167; *OVG Münster,* NJW 1978, 1764.
[40] *VGH Mannheim,* NVwZ 1986, 490; *OVG Münster,* NJW 1986, 1449.
[41] *BVerfG,* NVwZ 1982, 241; NVwZ 1985, 409; *OVG Münster,* NJW 1986, 1895.
[42] So aber *VGH Kassel,* ESVGH 23, 173f.; *OVG Lüneburg,* DVBl 1974, 83; *Erichsen,* Jura 1984, 421. Grundsätzlich zu dieser Bestimmung *OVG Koblenz,* NJW 1986, 1004f.

§ 6. Die vorläufigen Rechtsschutzverfahren

nen durch den sofortigen Vollzug des – unterstellt – rechtswidrigen Verwaltungsaktes entstehen.[43]

Beispiel:
Einem Lehrer darf mit sofort vollziehbarem Verwaltungsakt untersagt werden, während des Unterrichts bhagwan-typische Kleidung nebst Kette zu tragen; sein Interesse an seiner Religionsfreiheit muß dem Interesse des Staates an der Einhaltung beamtenrechtlicher Neutralitätspflichten, durch die auch eine – religiöse – Beeinflussung der Schulkinder vermieden werden soll, weichen.[44]

Aus dem Zweck der Rechtsschutzgarantie und dem Verfassungsgrundsatz der Verhältnismäßigkeit ergibt sich, daß der Rechtsschutzanspruch des Betroffenen um so stärker ist und um so weniger zurückstehen darf, je gewichtiger die ihm auferlegte Belastung ist und je mehr die Maßnahme der Verwaltung Unabänderliches, Irreparables, bewirkt.[45]

Merke: § 80 II Nr. 4 verlangt eine Abwägung aller beteiligten Interessen nach Art, Schwere und Dringlichkeit.

Beispiele:
Gefahren für hochwertige Rechtsgüter (§ 80 III 2) rechtfertigen in der Regel die Anordnung der sofortigen Vollziehung, z. B. beim Entzug der Fahrerlaubnis eines ungeeigneten Kraftfahrers;[46] fiskalische Interessen nur, wenn sie besonders gewichtig sind.

Der *voraussichtliche Erfolg eines Rechtsbehelfs* ist insoweit zu berücksichtigen, als im Falle offenbarer Unzulässigkeit oder Unbegründetheit das Vollziehungsinteresse überwiegt. Im umgekehrten Falle tritt das Vollziehungsinteresse zurück.[47] Diese Folgerung kann aus § 80 IV 3 abgeleitet werden. Während jedoch die (offensichtliche[48]) Rechtmäßigkeit des Verwaltungsaktes bei der *behördlichen* Entscheidung nur eines von mehreren Kriterien sein darf, darf sich die *gerichtliche* Überprüfung der Anordnung der sofortigen Vollziehung maßgeblich darauf stützen; denn dem in Art. 19 IV GG verbürgten Rechtsschutz ist dadurch schon Genüge getan, „daß die Aussichtslosigkeit des Rechtsmittels, weil offenkundig, schon im Aussetzungsverfahren unzweifelhaft festzustellen"[49] ist (dazu sogleich sub 4 b).

d) Das öffentliche Interesse ist – von Ausnahmen abgesehen – schriftlich zu begründen (§ 80 III). Fehlt diese, so ist die Anordnung der sofortigen Voll-

---

[43] *VGH Mannheim,* NVwZ 1986, 490; vgl. auch *OVG Hamburg,* DVBl 1980, 486.
[44] *VGH München,* NVwZ 1986, 405 f.; *OVG Hamburg,* NVwZ 1986, 407 f.
[45] *VGH Mannheim,* ESVGH 36, 138 f.
[46] *OVG Münster,* NJW 1986, 1895; *VGH München,* BayVBl 1979, 690; *VGH Mannheim,* DVBl 1979, 743; *OVG Lüneburg,* NJW 1975, 136 (Hausverbot des Rektors gegen tätlich gewordene Studenten). Beisp. bei *Finkelnburg-Jank,* Rdnr. 585.
[47] *BVerfG,* NVwZ 1982, 241; *BVerwG,* DVBl 1974, 566; *OVG Lüneburg,* DVBl 1973, 278; *Papier,* JA 1979, 648; *Pietzner-Ronellenfitsch,* § 46 Rdnrn. 14 ff. m. w. Nachw.; a. A. *VGH Mannheim,* NVwZ 1984, 452 m. abl. Bespr. *Jäde,* NVwZ 1986, 101 ff.
[48] Zu den Grenzen der Berücksichtigung der Erfolgsaussichten *Kopp,* § 80 Rdnr. 69 m. w. Nachw.; ferner *OVG Lüneburg,* DVBl 1979, 81.
[49] *BVerfG,* NVwZ 1982, 241; vgl. auch *VGH Mannheim,* NVwZ 1986, 490; *VGH Kassel,* NVwZ 1986, 668; *OVG Münster,* Beschluß vom 4. 9. 1986, AZ 15 B 1855/86 (Dormagen).

ziehung ohne weitere Prüfung rechtswidrig.[50] Jedenfalls ist sie vom Gericht nach § 80 V stets aufzuheben.

3. Die behördliche Wiederherstellung der aufschiebenden Wirkung

Nach § 80 IV kann nach Einlegung eines Widerspruchs die Widerspruchsbehörde auf Antrag oder von Amts wegen die Vollziehung des Verwaltungsaktes aussetzen, gleichgültig, ob der Vollzug auf gesetzlicher oder behördlicher Anordnung beruht, es sei denn, ein Bundesgesetz bestimmt etwas anderes. Auch der Ausgangsbehörde steht diese Befugnis zu, solange sie die Sachherrschaft über den Verwaltungsakt hat.[51] In der Praxis spielt die behördliche Aussetzung eine geringe Rolle. Überwiegend erfolgt die Entscheidung durch das Gericht nach § 80 V-VII (unten 4.).

Maßstab für die Entscheidung der Widerspruchsbehörde ist die gleiche Interessenabwägung, wie sie unter 2 c für § 80 II Nr. 4 dargestellt wurde. Für öffentliche Abgaben und Kosten gibt § 80 IV 3 noch eine zusätzliche Richtschnur.[52]

4. Die gerichtliche Anordnung bzw. Wiederherstellung der aufschiebenden Wirkung oder die Aufhebung der Vollziehung

Nach § 80 II läge es in der Hand der Behörde, einen Verwaltungsakt vollziehen zu können und „vollendete Tatsachen" zu schaffen, und zwar auch dann, wenn sich später die Rechtswidrigkeit des Verwaltungsaktes herausstellen sollte. Um das potentielle Übergewicht der die sofortige Vollziehung anordnenden Behörde auszugleichen, kann nunmehr das Gericht eingeschaltet werden. Dies geschieht durch das Verfahren nach § 80 V, für das es keine treffende Kurzbezeichnung gibt. *Vollzugseinstellungsverfahren* kommt dem Zweck nach am nächsten. Im einzelnen handelt es sich um
- die *Anordnung* der aufschiebenden Wirkung in den Fällen, in denen sie kraft Gesetzes ausgeschlossen ist (§ 80 II Nrn. 1–3),
- die *Wiederherstellung* der aufschiebenden Wirkung in den Fällen, in denen sie kraft behördlicher Anordnung ausgeschlossen worden war (§ 80 II Nr. 4) und
- die *Aufhebung (Rückgängigmachung) der Vollziehung* in den Fällen, in denen der Verwaltungsakt bereits ganz oder teilweise vollzogen[53] ist (§ 80 V 3).

Beispiele:
(a) Das Gericht ordnet an, daß der Vollzug der Gebührenentscheidung gehemmt ist.
- (b) Die Behörde hat den Vollzug der Entziehung der Fahrerlaubnis besonders ange-

---

[50] *VGH Mannheim,* DVBl 1976, 949; *OVG Bremen,* DÖV 1980, 572; *OVG Münster,* NJW 1986, 1449; *Redeker-von Oertzen,* § 80 Rdnr. 30. *Eyermann-Fröhler,* § 80 Rdnr. 28, nimmt sogar Nichtigkeit an.
[51] *Pietzner-Ronellenfitsch,* § 47 Rdnr. 2 m. w. Nachw.
[52] *OVG Koblenz,* DVBl 1984, 1134 m. Anm. *Wilke.*
[53] Nicht abschließend geklärt ist die Frage, ob unter „Vollzug" auch das Gebrauchmachen zu verstehen ist. Während *Schenke,* (DVBl 1986, 9ff.) dies bejaht, sprechen sich *Bosch-Schmidt,* § 50 IV, sowie *VGH München,* BayVBl 1977, 340, und *VGH Mannheim,* NVwZ 1984, 451f., dagegen aus. Zum Problem vgl. *Uechtritz,* JuS 1984, 131f.; *Erichsen,* Jura 1984, 480f.

§ 6. Die vorläufigen Rechtsschutzverfahren

ordnet; das Gericht stoppt diese durch Wiederherstellung des Suspensiveffekts des Widerspruchs oder der Klage. – (c) Die sofortige Vollziehung einer Ausweisung eines Ausländers wird durch Erstattung der Reisekosten der Rückreise rückgängig gemacht.

Wird ein Verwaltungsakt unter Mißachtung der aufschiebenden Wirkung des Rechtsbehelfs vollzogen (sog. *faktische Vollziehung*), ist wegen der im wesentlichen gleichen Interessenlage § 80 V 3 analog anwendbar; die Vollziehungsmaßnahmen sind rückgängig zu machen.[54] Zur Verhinderung der faktischen Vollziehung, etwa wenn sich die Behörde eines Vollziehungsrechts berühmt, ist auch ein Antrag auf Feststellung der aufschiebenden Wirkung des Rechtsmittels statthaft.[55]

a) Alle drei Arten des Verfahrens nach § 80 V verlangen einen (einschränkbaren)[56] *Antrag* an das Gericht der Hauptsache[57] bzw. in dringenden Fällen an den Vorsitzenden des Gerichts (§ 80 VII 1). Der Antrag ist auch schon vor Erhebung der Anfechtungsklage zulässig (§ 80 V 2). Der Antragsteller muß antragsbefugt im Sinne des § 42 II sein.

b) § 80 V 2 legt keine *Voraussetzungen* für die Entscheidung des Gerichts über die drei Antragsarten fest. Er gibt ihm nur die Befugnis („kann"), die es umfassend oder teilweise, befristet oder unbefristet (Satz 5), gegen Sicherheitsleistung oder andere Auflagen (Satz 4) ausüben kann. Auch können die Beschlüsse nach § 80 V jederzeit geändert oder aufgehoben werden, etwa wenn sich die Sachlage geändert hat.[58] Der Entscheidungsspielraum des Gerichts ist also ganz erheblich. Stets aber muß es eine eigene, originäre Entscheidung treffen und darf sich nicht mit Argumenten der Behörde begnügen.[59] Das Gericht hat die Nachteile aus einer verspäteten Verwirklichung des Verwaltungsaktes mit den Nachteilen abzuwägen, die dem Antragsteller aus dem Vollzug des möglicherweise rechtswidrigen Verwaltungsaktes entstehen. Als inhaltlicher Maßstab sind die gleichen Grundsätze der Interessen- und Güterabwägung heranzuziehen, die oben unter 2. und 3. für die Anordnung der Vollziehung durch die Behörde bzw. für die Aussetzung durch die Widerspruchsbehörde genannt wurden.[60] Es sind also Gewicht und Bedeutung

---

[54] *Redeker-von Oertzen*, § 80 Rdnr. 32; *Kopp*, § 80 Rdnr. 10; *Pietzner-Ronellenfitsch*, § 48 Rdnr. 20; *Finkelnburg-Jank*, Rdnrn. 636, 703.
[55] *VGH Mannheim*, NJW 1984, 917: *OVG Lüneburg*, DÖV 1981, 30; DVBl 1986, 418. Vgl. auch *OVG Münster*, OVGE 31, 194, das allerdings auch in diesem Fall die aufschiebende Wirkung des Rechtsbehelfs unmittelbar wiederherstellen will.
[56] *OVG Bremen*, NJW 1980, 2146.
[57] Zum zuständigen Gericht der Hauptsache, wenn in einem Großverfahren Streitigkeiten in sämtlichen Instanzen anhängig sind, vgl. *BVerwG*, NVwZ 1982, 370f.
[58] Vgl. *BVerwG*, NJW 1978, 2211; *OVG Hamburg*, DVBl 1981, 51; *OVG Münster*, OVGE 30, 1 ff.; *OVG Münster*, BRS 42 Nr. 224; *Finkelnburg-Jank*, Rdnrn. 820ff.
[59] Vgl. *Kopp*, § 80 Rdnr. 78.
[60] H. M.; vgl. *Erichsen*, Jura 1984, bes. S. 484ff.; *Finkelnburg-Jank*, Rdnrn. 645ff.; *W. Martens*, Suspensiveffekt, Sofortvollzug und vorläufiger gerichtlicher Rechtsschutz bei atomrechtlichen Genehmigungen, 1983, S. 33ff.; *Kopp*, § 80 Rdnrn. 78ff.; *Tschira-Schmitt Glaeser*, S. 152; *Pietzner-Ronellenfitsch*, § 48 Rdnrn. 14ff.; *Papier*, JA 1979, 565f., jeweils m. w. Nachw.; *OVG Hamburg*, NJW 1980, 2146; *OVG Lüneburg*, DVBl 1975, 193ff.; DVBl 1986, 418; *VGH München*, BayVBl 1981, 402f.; *OVG*

des Sofortvollzugs für den von der Vollziehung Betroffenen und die Dringlichkeit der sofortigen Durchsetzung der Maßnahme gegeneinander abzuwägen. Im Rahmen der Interessenabwägung gewinnt auch die Erfolgsaussicht des Rechtsmittels Bedeutung insofern, als bei ernstlichen Zweifeln an der Rechtmäßigkeit des Verwaltungsaktes das Interesse des Antragstellers am vorläufigen Rechtsschutz Vorrang genießt, während bei einem offensichtlich rechtmäßigen Verwaltungsakt das Interesse des Begünstigten den Schutz verdient.[61] Dieser Grundsatz erlangt umso stärkere Bedeutung bei Vorhaben, die praktisch nicht oder nur mit unverhältnismäßigen Aufwendungen wieder rückgängig gemacht werden können, wie etwa nach dem Atomgesetz.[62]

c) Wird ein Antrag nach § 80 V abgelehnt, so ist dagegen Beschwerde nach §§ 146ff. zulässig (unten § 23). Diese Beschwerdemöglichkeit geht einer etwaigen Verfassungsbeschwerde wegen deren Subsidiarität vor.[63] Gegen die Beschwerdeentscheidung kann Verfassungsbeschwerde dann nicht eingelegt werden, wenn der Betroffene die Möglichkeit hat, die gerügte Grundrechtsverletzung durch die Durchführung des Hauptverfahrens auszuräumen.[64] Gegen die Entscheidung des Vorsitzenden kann das Gericht angerufen werden (§ 80 VII 2).

d) Weithin entschieden ist mittlerweile die Frage, welcher vorläufige Rechtsschutz zu gewähren ist, wenn der Verwaltungsakt teils belastet, teils begünstigt. Dabei sind zwei Fallgestaltungen denkbar:

aa) Der Verwaltungsakt belastet und begünstigt ein und denselben Betroffenen (*Verwaltungsakt mit Doppelwirkung*). Hier wird davon auszugehen sein, daß nur die Belastung angefochten wird und sich der Suspensiveffekt also auch nur auf diese beziehen kann. Der Betroffene kann daher von der Begünstigung Gebrauch machen. Eine Ausnahme besteht für den Fall, daß der begünstigende Teil mit dem belastenden in untrennbarem Zusammenhang steht und die Behörde die Begünstigung nicht ohne die Belastung erlassen haben würde, wie das zumindest bei Bedingungen und Befristungen der

---

Koblenz, NJW 1981, 364f.; *OVG Münster*, DVBl 1986, 522; vgl. auch *BVerfG*, NVwZ 1984, 429.

[61] Das *BVerfG* (E 51, 280) spricht von ,,bereits überschaubaren Erfolgsaussichten des Hauptsacheverfahrens", die in die Interessenabwägung bei der summarischen Prüfung einzubeziehen seien. Vgl. ferner oben II 2c in und zu Fußn. 49, sowie *BVerfG*, NVwZ 1984, 429f.; ferner *BVerwG*, NJW 1974, 1295; *Lüke*, NJW 1978, 433. Zur besonderen Situation im Asylrecht, wo im vorläufigen Rechtsschutzverfahren gegen die Abschiebungsandrohung auch geprüft wird, ob der Asylantrag zu Recht als offensichtlich unbegründet angesehen wurde, vgl. *BVerfGE* 67, 45ff.; *BVerwG*, DÖV 1986, 611.

[62] Zum Ganzen: *Limberger*, Probleme des vorläufigen Rechtsschutzes bei Großprojekten, 1985; *Redeker-von Oertzen*, § 80 Rdnrn. 11ff.; *Kopp*, § 80 Rdnr. 82, jeweils m. umf. Nachw.; aus der Rspr. *OVG Lüneburg*, DVBl 1975, 192ff.; *OVG Koblenz*, NJW 1981, 364f.; *VGH München*, BayVBl 1981, 402ff. (Aufhebung der sofortigen Vollziehung des Planfeststellungsbeschlusses für den neuen Flughafen München II); *VGH München*, NVwZ 1982, 130ff. (Teilgenehmigung des Kernkraftwerks Isar 1); *VGH Kassel*, NVwZ 1986, 668; *VGH Mannheim*, NVwZ 1986, 490.

[63] *BayVerfGH*, DVBl 1986, 556.

[64] *BVerfG*, NVwZ 1982, 32; *Kopp*, § 80 Rdnr. 106a.

§ 6. Die vorläufigen Rechtsschutzverfahren 111

Fall ist. Hier suspendiert ein eingelegter Rechtsbehelf den gesamten Verwaltungsakt.[65]

bb) Noch immer nicht endgültig geklärt ist dagegen die Frage nach einer vorläufigen Rechtsschutzmöglichkeit, wenn ein begünstigender Verwaltungsakt gleichzeitig einen Dritten belastet (*Verwaltungsakt mit Drittwirkung*) und der Belastete die Verfügung anficht, denn das System des vorläufigen Rechtsschutzes ist nicht auf diese atypischen, wenngleich häufigen Hoheitsakte zugeschnitten.[66]

Klassisches Beispiel:
Die Baugenehmigung unter Befreiung von nachbarrechtlichen Schutzvorschriften.

Eine früher angenommene Ansicht wollte vorläufigen Rechtsschutz nach § 123 gewähren.[67] Dieser Auffassung ist nicht mehr zu folgen. Mit der h. M. ist vorläufiger Rechtsschutz grundsätzlich über § 80 V zu gewähren.[68] Angesichts des Wortlauts von § 80 II Nr. 4 („im überwiegenden Interesse eines Beteiligten") ist davon auszugehen, daß § 80 als lex specialis zu § 123 auch bei Verwaltungsakten mit Drittwirkung anzuwenden ist. Die auftretenden Probleme lassen sich auch in dieser Rechtsschutzform lösen:

Widerspruch oder Anfechtungsklage des Nachbarn[69] gegen die vorgenannte Bauerlaubnis haben aufschiebende Wirkung.[70] Von dem (einheitlichen) Verwaltungsakt Bauerlaubnis darf kein Gebrauch gemacht werden (§ 80 I).[71] Die Behörde kann die aufschiebende Wirkung nach § 80 II Nr. 4 zugunsten des Bauherrn beseitigen, sofern bei einer Interessenabwägung dessen Interessen überwiegen.[72] Dagegen kann der Nachbar nach § 80 V vorgehen und die Wiederherstellung des Suspensiveffekts erreichen. Diese Entscheidung bindet auch den beigeladenen Bauherrn (vgl. § 121). Verweigert die Behörde dem Bauherrn die Vollzugsentscheidung nach § 80 II Nr. 4, so kann er sie über § 80 V gerichtlich erzwingen.[73]

---

[65] *Redeker-von Oertzen*, § 80 Rdnr. 4; *Tschira-Schmitt Glaeser*, S. 140f.; *Kopp*, § 80 Rdnr. 26; *Pietzner-Ronellenfitsch*, § 43 Rdnr. 5.

[66] BVerfGE 35, 278f. Allgemein zum einstweiligen Rechtsschutz des Nachbarn im Baurecht *Karpen*, NJW 1986, 881. ff.

[67] Vgl. vor allem OVG Münster, OVGE 22, 251; *Ortloff*, DVBl 1978, 102. Diese Vorschrift erlaubt freilich durch die Verweisung auf die ZPO einen besseren finanziellen Ausgleich bei unberechtigter Bauverzögerung, der bei § 80 V schwerlich zu finden ist. Für eine analoge Anwendung des § 945 ZPO plädiert *Kopp*, § 80 Rdnr. 121; s. auch BGHZ 78, 128.

[68] Vgl. *Pietzner-Ronellenfitsch*, § 43 Rdnrn. 3ff.; § 48 Rdnr. 18 m. w. Nachw.; *Kopp*, § 80 Rdnr. 22; *Schenke*, DVBl 1986, 9ff.; *Bosch-Schmidt*, S. 243; *Redeker-von Oertzen*, § 80 Rdnrn. 9, 14; VGH München, NJW 1983, 835.

[69] Diese Klageart kommt für den Nachbarn grundsätzlich in Frage; vgl. aber die besondere Fallkonstellation in BVerwGE 49, 244.

[70] Vgl. auch den Entwurf einer Verwaltungsprozeßordnung (BT-Dr 10/3437), § 133 I.

[71] OVG Koblenz, AS 14, 266; a. A. OVG Lüneburg, OVGE 21, 450.

[72] VGH München, BayVBl 1980, 595.

[73] BVerwG, NJW 1969, 202f.; VGH Mannheim, ESVGH 25, 110. Der Nachbar hat in diesem Falle abw. von § 80 VI 2 ein Beschwerderecht. Zum Problem zuletzt *Schenke*, DVBl 1986, 9ff.

Die vorliegende Konstruktion sieht die Bauerlaubnis als durch den (privaten) Bauherrn vollzugsfähig an. Dies läßt sich auf Grund § 80 I 2 rechtfertigen: Bauerlaubnis als rechtsgestaltender Verwaltungsakt. Handelt der Bauherr freilich der Wiederherstellung des Suspensiveffekts zuwider, bedarf es einer Stillegungsverfügung der Behörde. Sie kann der Nachbar nur im Wege des § 123 erstreiten, da diese Hauptsacheklage für ihn eine Verpflichtungsklage wäre.[74]

III. Die einstweilige Anordnung nach § 123

1. Der Anwendungsbereich des § 123

Die einstweilige Anordnung[75] ist die vorläufige Rechtsschutzart für Fälle, in denen § 80 nicht anwendbar ist. Sie kommt also bei allen Verfahrensarten außerhalb der Anfechtungsklage in Frage (§ 123 V). Danach ist das Verfahren des § 123 zulässig in den Fällen der Verpflichtungsklage,[76] der Leistungsklage[77] und der Unterlassungsklage,[78] der Feststellungsklage[79] und in den organschaftlichen Streitigkeiten.[80] Ganz allgemein gilt, daß, um dem Rechtsschutzgebot des Art. 19 IV GG gerecht zu werden, das vorläufige Verfahren nach § 123 immer dann Platz greift, wenn das Verfahren nach § 80 V nicht statthaft ist.[81] § 123 hat auch eine lückenschließende Funktion.

Für die verwaltungsgerichtliche Normenkontrolle gewährt jetzt § 47 VII vorläufigen Rechtsschutz im Wege der einstweiligen Anordnung, wobei spezielle an § 32 BVerfGG orientierte Voraussetzungen gelten.[82]

2. Die Sicherungs- und die Regelungsanordnung

§ 123 I unterscheidet zwei Arten: die Sicherungsanordnung (Satz 1) und die Regelungsanordnung (Satz 2).[83] Im ersten Falle werden Invididualansprüche gesichert, z. B. auf Leistung, Herausgabe, aber auch auf Unterlassung.

---

[74] *OVG Bremen,* NVwZ 1986, 59 f. m. w. Nachw.; vgl. auch *OVG Münster,* NJW 1985, 2351; *Erichsen,* Jura 1984, 646 m. w. Nachw.; a. A. *OVG Koblenz,* NJW 1977, 595; *VGH München,* DVBl 1982, 1013; *Schenke,* DVBl 1986, 12, die § 80 V analog anwenden wollen.
[75] Dazu zuletzt *Papier,* JA 1979, 646 ff.; *Korbmacher,* VBlBW 1981, 97 ff.; *Rotter,* NVwZ 1983, 727 ff.; *Erichsen,* Jura 1984, 644 ff.; *Bender,* in: Festschr. f. Menger, 1985, S. 657 ff.; *ders.,* VBlBW 1986, 321 ff.
[76] Vgl. *VGH Mannheim,* NVwZ 1985, 438; *OVG Münster,* NVwZ 1985, 594; *VGH München,* NVwZ 1986, 399.
[77] *OVG Münster,* NVwZ 1985, 923.
[78] *OVG Koblenz,* NVwZ 1986, 575.
[79] *Ule,* VerwProzR, § 67 I 3; *Tschira-Schmitt Glaeser,* S. 201. Vgl. auch *BVerfGE* 51, 280.
[80] Für Kommunalverfassungsstreitigkeiten vgl. *VGH Kassel,* NVwZ 1983, 372; 1985, 604. Für Streitigkeiten nach § 50 I Nr. 1 vgl. *BVerwGE* 50, 132. Dagegen gibt es keinen einstweiligen Rechtsschutz bei Wahlanfechtung: *VGH Kassel,* NVwZ 1985, 849.
[81] *OVG Münster,* NVwZ 1985, 594; *Ule,* aaO.
[82] *OVG Münster,* OVGE 34, 222 f.; *OVG Münster,* DVBl 1981, 687 f.; *OVG Koblenz,* NVwZ 1984, 43; *VGH München,* BayVBl 1980, 210.
[83] Gelegentlich wird eine spezielle Leistungsanordnung gefordert (so *Pietzner-Ro-*

§ 6. Die vorläufigen Rechtsschutzverfahren

Beispiel:
Der „Bewerbungsverfahrensanspruch" eines Beamten auf eine Beförderungsstelle kann gem. § 123 I 1 gesichert werden, wenn die Bewerbung durch Besetzung der Stelle mit einem anderen gegenstandslos werden würde.[84] Rechtsschutz in Form einer einstweiligen Anordnung kann selbst dann begehrt werden, wenn das Hauptverfahren auf Gewährung vorbeugenden Rechtsschutzes gerichtet ist, sofern dem Antragsteller ein „qualifiziertes, nämlich auf die Inanspruchnahme gerade vorbeugenden Rechtsschutzes gegen künftiges Verwaltungshandeln gerichtetes Rechtsschutzinteresse zuzuerkennen" ist.[85]

Praktisch wird diese Fallgruppe meist durch die Regelungsanordnung absorbiert. Im zweiten Falle steht ein Rechtsverhältnis im Sinne des § 43 I in Rede. Die Regelungsanordnung erfaßt die Fälle, die von der Sicherungsanordnung nicht gedeckt sind („aus anderen Gründen nötig erscheint"). Auch der einstweilige Rechtsschutz muß lückenlos sein.

Beispiele:
(a) A ist Eigentümer eines Grundstücks am Marktplatz. Er betreibt dort ein Lebensmittelgeschäft. Die Zufahrt zu seinem Grundstück wurde wiederholt durch Marktbuden des Jahrmarkts versperrt. Alle entsprechenden Vorstellungen bei der Stadt blieben erfolglos. Da in Kürze wieder ein Jahrmarkt stattfinden wird, beantragte A bei der Stadt, seine Grundstückseinfahrt unter allen Umständen freizuhalten. Der Antrag wurde abgelehnt. A kann nunmehr eine einstweilige Anordnung „zur Regelung eines vorläufigen Zustandes in bezug auf ein streitiges Rechtsverhältnis" beantragen. – (b) A bewirbt sich seit Jahren vergeblich um seine Zulassung als Schausteller zum Oktoberfest. Angesichts des wiederum nahenden Volksfestes will er seine Zulassung über § 123 durchsetzen.[86] – (c) Ein streitiges Rechtsverhältnis kann zwischen Studentenschaft und dem einzelnen Studenten aus der Zwangsmitgliedschaft entstehen, wenn die Durchführung eines Studenten„streiks" verhindert werden soll.[87] – (d) Mißachtung der aufschiebenden Wirkung eines Rechtsbehelfs gegen einen Verwaltungsakt, auch bei Vollstreckungsmaßnahmen, sofern sie nicht Verwaltungsakte sind.[88]

Beide Arten der einstweiligen Anordnung sind indessen nicht scharf abgrenzbar,[89] so daß die Rechtsprechung häufig offen läßt, auf welche Alternative des § 123 I die einstweilige Anordnung gestützt wird. Die Voraussetzungen für die Regelungsanordnung sind leichter zu erfüllen. Beide Arten dienen nur zur *Sicherung* von Rechten, nicht zur Befriedigung, d. h. es soll nichts Endgültiges geschaffen werden, insbesondere die Hauptsache nicht vorweggenommen werden.[90]

---

nellenfitsch, § 49 Rdnrn. 3, 11); sie läßt sich aber ohne weiteres unter die geregelten Fällen subsumieren.
[84] Hierzu *VGH Kassel*, NJW 1985, 1103. Beachte in diesem Zusammenhang die Probleme der öffentlich-rechtlichen Konkurrentenklage.
[85] *OVG Münster*, NJW 1984, 1642.
[86] *VGH München*, NVwZ 1982, 120f.; vgl. auch *BVerwG*, DÖV 1982, 82.
[87] *OVG Lüneburg*, DÖV 1974, 281f.; vgl. auch *OVG Hamburg*, NJW 1978, 1395, das allerdings eine sog. Sicherungsanordnung erließ, da das Recht des Studenten auf Besuch der Lehrveranstaltungen wesentlich erschwert werden könnte.
[88] *VGH München*, BayVBl 1980, 51 m. Anm. *Renck*.
[89] Vgl. *Grunsky*, JuS 1977, 220.
[90] Vgl. *Redeker-von Oertzen*, § 123 Rdnrn. 11 ff.; *Kopp*, § 123 Rdnrn. 13 ff.; *Grunsky*, JuS 1977, 220 Fußn. 32. Vgl. im übrigen die Nachw. oben Fußn. 7, 62 sowie unten Fußn. 100.

1. Teil. Die Sachurteilsvoraussetzungen

Beispiele:
(a) Bei einer Klage in der Hauptsache auf Versetzung ist im Wege einstweiligen Rechtsschutzes jedenfalls der vorläufige Besuch der nächsthöheren Klasse zu gestatten, damit nicht ein ganzes Schuljahr verlorengeht.[91] – (b) Auch die vorläufige Zulassung zur Prüfung kann gem. § 123 erreicht werden mit der Maßgabe, daß die Prüfung als nicht abgelegt gilt, wenn die Klage auf Zulassung in der Hauptsache abgewiesen wird.[92] – (c) Eine vorläufige Zulassung zum Studium ist im Wege des § 123 möglich;[93] jedoch wird dann, wenn durch Antrag auf Anrechnung von an ausländischen Universitäten geleisteten Studienzeiten ein sog. Quereinstieg ins Medizinstudium versucht werden soll, eine – unzulässige – endgültige Entscheidung begehrt.[94]

Indessen sind Ausnahmen von diesem Grundsatz dann zuzulassen, ,,wenn dies zur Gewährleistung eines effektiven Rechtsschutzes einfach notwendig war, so wenn der dringend gebotene Rechtsschutz im ordentlichen Verfahren wegen des damit verbundenen Zeitablaufs nicht erlangt werden kann und dies für den Antragsteller zu schlechthin unzumutbaren Folgen führen würde, oder wo die Befriedigung notwendiger Lebensbedürfnisse in Frage steht."[95]

Beispiele:
(a) Gewährung von Ausbildungsförderung nach dem BAföG, wenn die für den Lebensunterhalt erforderlichen Mittel anders nicht zur Verfügung stehen. Aus der Rechtsnatur der einstweiligen Anordnung ergibt sich aber ein Rückforderungsvorbehalt i. S. des § 20 I Nr. 4 BAföG, dem § 50 I 2 BAföG nicht entgegensteht.[96] – (b) Versetzung in der Schule,[97] Zulassung zum Studium oder zur Prüfung.[98]

3. Die Verfahrensgrundsätze für die einstweilige Anordnung

§ 123 ist weitgehend dem Verfahren der einstweiligen Verfügung nachgebildet; dementsprechend finden Vorschriften der ZPO in großem Maße Anwendung (§ 123 III, IV).

Durch eine einstweilige Anordnung kann dem Antragsteller grundsätzlich nicht mehr zugesprochen werden, als im Hauptsacheverfahren zulässig ist.[99] Allerdings wird dieser Grundsatz in jüngster Zeit mehr und mehr durchbrochen, um dem Verfassungsprinzip des effektiven Rechtsschutzes Rechnung zu tragen. Das Verbot einer Vorwegnahme der Hauptsache gilt daher nicht mehr ausnahmslos, insbesondere dann nicht, wenn die Entscheidung in der

---

[91] *OVG Münster,* JZ 1962, 322; *VGH Kassel,* DÖV 1974, 750; *VGH Mannheim,* DÖV 1980, 614; NVwZ 1985, 593; *VGH München,* NVwZ 1986, 399.
[92] *BVerwG,* DÖV 1981, 62; *VGH Mannheim,* DÖV 1974, 283. Vgl. insges. *Niehues,* Schul- und Prüfungsrecht, 2. Aufl. 1983, Rdnrn. 498 ff.; *Jakobs,* VBlBW 1984, 129 ff.
[93] *OVG Münster,* OVGE 29, 193; *VGH München,* VGH n. V. 22, 144; differenzierend *Redeker-von Oertzen,* § 123 Rdnr. 14 b. Gleiches gilt für die Zulassung zum Referendardienst: *OVG Bremen,* NJW 1986, 1062.
[94] *VGH Mannheim,* NVwZ 1985, 594.
[95] So *OVG Saarlouis,* ZBR 1971, 312; vgl. auch *VGH Mannheim,* NVwZ 1985, 594; *OVG Münster,* DÖV 1973, 421; *VGH München,* BayVBl 1975, 144; *OVG Bremen,* GewArch 1978, 339; *Kopp,* § 123 Rdnr. 15 m. w. Nachw.; *BVerfGE* 49, 378; 51, 130.
[96] *VGH Mannheim,* FamRZ 1976, 718.
[97] *VGH Kassel,* DÖV 1974, 750; *OVG Lüneburg,* NVwZ 1982, 321.
[98] *OVG Münster,* NJW 1979, 330; *VGH Mannheim,* DÖV 1974, 283.
[99] Vgl. *Kopp,* § 123 Rdnr. 13; *OVG Münster,* OVGE 33, 76; *VGH München,* DVBl 1978, 114; *VGH Mannheim,* DVBl 1984, 276.

§ 6. Die vorläufigen Rechtsschutzverfahren 115

Hauptsache höchstwahrscheinlich zu spät käme.[100] Voraussetzung dafür ist „ein besonderer Ausnahmefall, der eine derartige Vorwegnahme der Hauptsache durch einstweilige Anordnung erfordern würde, weil dies zur Gewährung effektiven Rechtsschutzes schlechterdings notwendig und die sonst für die Antragsteller zu erwartenden Nachteile gänzlich untragbar und unzumutbar wären".[101] Stets bedarf es in solchen Fällen einer strengeren Prüfung des wahrscheinlichen Ausgangs des Hauptsacheverfahrens.[102] Besonders bei Ermessensentscheidungen der Behörde müssen die Regeln beachtet werden. Hier gilt auch, die Grundsätze von bloßer Bescheidung und Verpflichtung (unten § 18 I 1) zu wahren.[103]

Für die Zulässigkeit des einstweiligen Anordnungsverfahrens müssen die allgemeinen Sachurteilsvoraussetzungen gleichermaßen gegeben sein wie für ein Hauptsacheverfahren (vgl. Schema). Zusätzlich sind die besonderen Anordnungsvoraussetzungen zu beachten, die § 123 I normiert. Das Vorliegen dieser unbestimmten Gesetzesbegriffe ist wenigstens glaubhaft[104] zu machen. Ist diese Voraussetzung erfüllt, so *kann* das Gericht die einstweilige Anordnung erlassen. Es ist ihm also Ermessen eingeräumt.[105] Im Rahmen der Ermessensprüfung müssen, wie bei § 80 V, die betroffenen Interessen gegeneinander abgewogen werden[106] (vgl. auch oben II 4b). Dabei sind auch die Erfolgsaussichten im Hauptsacheverfahren zu berücksichtigen;[107] dessen offensichtlicher Erfolg oder Mißerfolg führt i. d. R. zu Erlaß oder Ablehnung der einstweiligen Anordnung.

Eine einstweilige Anordnung erläßt das Gericht der Hauptsache (ggf. der Vorsitzende) nur auf Antrag: sie kann vor Klageerhebung ergehen (§ 123 I, II).[108] Das Gericht

---

[100] Vgl. *Kopp*, § 123 Rdnr. 13; *Rotter*, NVwZ 1983, 729; *Pietzner-Ronellenfitsch*, § 49 Rdnr. 6. Rechtsprechungsnachweise oben Fußn. 7, 62.
[101] *VGH Mannheim*, NVwZ 1985, 594.
[102] H. M., vgl. *BVerwGE* 50, 122 f.; besonders wichtig im Bereich der Sozialhilfe: *VGH Mannheim*, NVwZ 1983, 427 f.; *OVG Koblenz*, NVwZ 1986, 243; *VGH Kassel*, NVwZ 1983, 426 f., sowie für die Zulassung zum Studium oder anderen Ausbildungsplätzen: *OVG Lüneburg*, NVwZ 1983, 106; *OVG Saarlouis*, NJW 1979, 830. Vgl. dagegen *OVG Bremen*, DVBl 1981, 585: Bei Anspruch auf Zulassung zum Zweitstudium ist es zumutbar, das Hauptsacheverfahren abzuwarten.
[103] *Pietzner-Ronellenfitsch*, § 49 Rdnr. 6.
[104] Wie hier *Erichsen*, Jura 1984, 646. Von der Rspr. wird indes z. T. die volle Überzeugung der Gerichte vom Vorliegen der Voraussetzungen des Anordnungsanspruchs verlangt, vgl. etwa *VGH Mannheim*, VBlBW 1986, 262.
[105] *BVerfGE* 51, 280.
[106] *BVerfGE* 51, 286; *BVerwGE* 50, 134; *OVG Hamburg*, NVwZ 1982, 448 f.; *OVG Berlin*, DÖV 1982, 751; *Günther*, NVwZ 1986, 702; a. A. *Pietzner-Ronellenfitsch*, § 49 Rdnr. 8; *Redeker-von Oertzen*, § 123 Rdnr. 17.
[107] So *Grunsky*, JuS 1977, 222; *Eyermann-Fröhler*, § 123 Rdnr. 7; *Kopp*, § 123 Rdnrn. 30 f. m. umf. Nachw.; *Tschira-Schmitt Glaeser*, S. 177 f.; *Papier*, JA 1979, 648; *BVerfG*, EuGRZ 1986, 38; *BVerwGE* 50, 134; wohl auch *BVerwG*, NJW 1979, 1421; *OVG Saarlouis*, NJW 1979, 830 f.; *VGH München*, VGH n. F. 32, 40; *VGH München*, BayVBl 1976, 275. Vgl. auch *OVG Hamburg*, NVwZ 1982, 323: überschlägige Prüfung, ob hinreichende Erfolgsaussichten wahrscheinlich sind. Kritisch gegenüber einer Interessenabwägung *Finkelnburg-Jank*, Rdnrn. 182, 193 ff.
[108] *BVerfG*, EuGRZ 1986, 38.

entscheidet stets durch Beschluß, auch wenn eine mündliche Verhandlung stattgefunden hat (vgl. auch 3 I EntlG). Zunehmend wird jetzt trotz fehlender Verweisung auf § 927 ZPO (vgl. § 123 III) eine Abänderbarkeit oder Aufhebung des Beschlusses über den Erlaß einer einstweiligen Anordnung bejaht.[109] Gegen die Ablehnung einer einstweiligen Anordnung ist die Beschwerde nach §§ 146 ff. zulässig (unten § 23).

§ 7. Die Zuständigkeit des angerufenen Gerichts

I. Begriff

In allen Prozeßordnungen wird zwischen *sachlicher* und *örtlicher Zuständigkeit* der Gerichte und teilweise auch hinsichtlich der *funktionellen* Zuständigkeit unterschieden.[1] Die Zuständigkeitsregelung beinhaltet die Verteilung der Verfahren auf die Gerichte innerhalb *ein und derselben Gerichtsbarkeit*. Sie ist damit zu unterscheiden von der *Rechtswegkompetenz*, die sich auf die Frage der Zuweisung an eine bestimmte Gerichtsbarkeit bezieht (vgl. oben § 3). Logischerweise kann daher die Zuständigkeit des Gerichts erst ermittelt werden, wenn der Rechtsweg, d.h. die angegangene Gerichtsbarkeit, feststeht.

Die Regelung der Zuständigkeit ist aber auch von der sog. *Geschäftsverteilung* abzugrenzen. Bei ihr handelt es sich um die Verteilung der Geschäfte innerhalb eines Gerichts auf die bei ihm gebildeten Spruchkörper (Kammern, Senate) und die Zuweisung der Richter an die Kammern (Senate) – sachliche und personelle Geschäftsverteilung – sowie die Verteilung der Geschäfte innerhalb der Spruchkörper auf die einzelnen Richter dieses Gremiums.[2] Hierfür ist das Präsidium des Gerichts bzw. der Vorsitzende des Spruchkörpers zuständig (§ 4 i. V. mit §§ 21 e und g GVG).[3]

Beachte: Bei der Geschäftsverteilung kann sich das Problem des gesetzlichen Richters (Art. 101 I 2 GG)[4] und der nicht ordnungsmäßigen Besetzung des Gerichts als Berufungs-, Revisions- oder Wiederaufnahmegrund (§§ 133 Nr. 1, 138 Nr. 1, 153, 579 Nr. 1 ZPO)[5] stellen. Die Garantie des gesetzlichen Richters ist z. B. verletzt, wenn der Geschäftsverteilungsplan die Reihenfolge der bei Verhinderung von Richtern zu ihrer Vertretung berufenen Mitglieder nicht hinreichend bestimmt; doch muß bei seiner Auslegung die gewachsene Übung des Verwaltungsgerichts berücksichtigt werden.[6] Verstöße gegen die gesetzlichen Vorschriften über die Regelung der Geschäftsverteilung sowie gegen den Geschäftsverteilungsplan selbst können

---

[109] *VGH München*, BayVBl. 1978, 339; *OVG Münster*, OVGE 29, 316; *Grunsky*, JuS 1977, 221.
[1] Vgl. *Kern-Wolf*, GerichtsverfassungsR, 5. Aufl. (1975), § 12; *Thomas-Putzo*, ZPO, Vorb. § 1; *Ule*, VerwProzR, §§ 14–16.
[2] Zum Spruchkörperprinzip vgl. *Schnellenbach*, in: Festschr. f. Menger, 1985, S. 341 ff.
[3] Im einzelnen s. die Kommentierungen zu § 4 VwGO.
[4] Vgl. *Eyermann-Fröhler*, Anh. § 4 mit § 21 g GVG Rdnr. 2.
[5] *BVerwGE* 20, 39 ff.
[6] *BVerwGE* 50, 11 ff. m. Bespr. *Erichsen*, VerwArch 1977, 179 ff.

§ 7. Die Zuständigkeit des angerufenen Gerichts 117

nur gerügt werden, wenn sie nicht irrtümlich erfolgt sind, sondern auf Willkür beruhen.[7] Der Geschäftsverteilungsplan des Präsidiums ist ein in richterlicher Selbstverwaltung und Unabhängigkeit ergangener normähnlicher Organisationsakt – vom OVG Lüneburg[8] als Justizhoheitsakt bezeichnet –, kein (Justiz-)Verwaltungsakt;[9] er ist von den Prozeßparteien nicht selbständig anfechtbar,[10] sondern nur im Rahmen eines schwebenden Verfahrens überprüfbar.[11] Dagegen kann ein einzelner Richter durch Zuteilung oder Nichtzuteilung von Dienstgeschäften durch den Geschäftsverteilungsplan in seinen Rechten verletzt sein und vor dem Verwaltungsgericht Klage erheben mit dem Antrag festzustellen, daß er den Regelungen des Geschäftsverteilungsplans nicht nachzukommen brauche.[12]

Sachliche Zuständigkeit ist die Verteilung der Verfahren auf die Gerichte innerhalb eines Instanzenzugs *(Verwaltungsgericht, Oberverwaltungsgericht-Verwaltungsgerichtshof, Bundesverwaltungsgericht)* nach gegenständlichen Gerichtspunkten.

Örtliche Zuständigkeit ist die Verteilung des Verfahren auf die Gerichte der gleichen sachlichen Zuständigkeit nach örtlicher (bezirklicher) Abgrenzung (Gerichtsstand).

Funktionelle Zuständigkeit ist die Verteilung der Verfahren nach Art der gerichtlichen Tätigkeit, etwa als Rechtsmittel- oder Vollstreckungsgericht. Im Verwaltungsprozeß ist grundsätzlich[13] funktionelle und sachliche Zuständigkeit identisch, außer in jenen Fällen, in denen gemäß § 173 auf die ZPO verwiesen ist.

II. Sachliche Zuständigkeit

Grundsätzlich besteht die allumfassende Zuständigkeit der *Verwaltungsgerichte* (§ 45). Gegenüber diesem Grundsatz ergeben sich jedoch die folgenden Ausnahmen:

---

[7] *Kopp,* § 4 Rdnr. 15; *Eyermann-Fröhler,* Anh. 4 mit § 21e GVG Rdnr. 16 m. Nachw.; *BGH,* DÖV 1976, 606 Nr. 199 zu § 41 III PatG; *BVerwG,* NJW 1985, 2347 (nur L. S.). Allgemein zur gerichtl. Nachprüfung von Geschäftsverteilungsplänen *Wolf,* DRiZ 1976, 364 ff.; *BayVerfGH,* BayVBl 1978, 141.
[8] *OVG Lüneburg,* NJW 1984, 627 m abl. Bespr. *Renck,* NJW 1984, 2928 f. Ähnlich *Kissel,* GVG, 1981, § 21e Rdnr. 93: „multifunktionaler Justizhoheitsakt sui generis".
[9] Dazu und allgemein zur Rechtsnatur des Geschäftsverteilungsplanes *BayVerfGH,* VGH n. F. 30, 189 ff.; BayVBl 1986, 331.
[10] *Ule,* VerwProzR, § 10 IV 2; *Eyermann-Fröhler,* Anh. § 4 mit § 21e GVG Rdnr. 16 m. w. Nachw.; so auch *BayVerfGH,* BayVBl 1986, 332 m. umfassenden Nachw.; *OVG Lüneburg,* NJW 1984, 627; *BGH,* NJW 1985, 1084; a. A. teilweise *BayVerfGH,* VGH n. F. 30, 189 ff., für den Sonderfall der Verlagerung von richterlichen Geschäften von der Zweigstelle eines Amtsgerichts zum Hauptgericht, da dem Plan insoweit Außenwirkung zukomme.
[11] Beispielhaft *BVerwG,* NJW 1983, 2154.
[12] *VGH Mannheim,* DVBl 1973, 891; *BVerwGE* 50, 11 ff. m. abl. Anm. *Kornblum,* NJW 1977, 666 f. m. w. Nachw.; *BVerfGE* 17, 252 ff. gewährt dem betroffenen Richter auch eine Verfassungsbeschwerde. Teilweise wird auch Normencharakter des Geschäftsverteilungsplans angenommen: *Kopp,* § 4 Rdnrn. 9 f., m. w. Nachw.
[13] Ausnahme: Besondere Fachkammern (Senate) in Disziplinar-, Personalvertretungs- und Sozialstreitigkeiten gem. §§ 187 I, II, 188.

1. Die *Oberverwaltungsgerichte* sind zuständig:
- für Normenkontrollen (§ 47);
- für Entscheidungen über den Antrag einer Landesregierung auf Feststellung des Verbots einer Vereinigung nach Art. 9 II GG (§ 48);[14]
- als Flurbereinigungsgericht nach § 190 I Nr. 4 i.V. m. § 138 I FlurBG;
- für Entscheidungen über Verfassungsstreitigkeiten innerhalb eines Landes, in dem kein Verfassungsgericht besteht und die Zuständigkeit dem Oberverwaltungsgericht übertragen ist (§ 193);[15]
- gem. § 9 EntlG bei den dort aufgeführten Streitigkeiten um Großvorhaben.[16]

2. Das *Bundesverwaltungsgericht* ist zuständig für Entscheidungen
- über öffentlich-rechtliche Streitigkeiten nichtverfassungsrechtlicher Art zwischen Bund und Ländern und zwischen verschiedenen Ländern (§ 50 I Nr. 1);[17]
- über den Antrag der Bundesregierung auf Feststellung des Verbots einer Vereinigung nach Art. 9 II GG (§ 50 I Nr. 2);
- über Klagen gegen den Bund auf Gebieten, die in die Zuständigkeit der diplomatischen und konsularischen Auslandsvertretung der Bundesrepublik Deutschland fallen (§ 50 I Nr. 3);
- über Klagen gegen den Bund, denen dienstrechtliche Vorgänge im Geschäftsbereich des Bundesnachrichtendienstes zugrunde liegen (§ 50 I Nr. 4);[18]
- über Anfechtungsklagen gegen Entscheidungen des Bundesaufsichtsamtes für das Versicherungs- und Bausparwesen oder wegen Untätigkeit des Bundesaufsichtsamtes (§ 190 I Nr. 2 i.V. m. § 10a des Gesetzes für die Errichtung eines Bundesaufsichtsamtes für das Versicherungs- und Bausparwesen);
- über Anfechtungsklagen gegen Entscheidungen eines Einspruchausschusses oder wegen Untätigkeit eines Einspruchausschusses beim Bundessortenamt (§ 190 I Nr. 3 i.V. m. § 32 SaatgutG);
- über Anfechtungsklagen gegen Anordnungen der Bundesregierung oder der zuständigen obersten Bundesbehörde nach § 8 I PatG (§ 190 I Nr. 8 i.V.m. § 8 II PatG).

3. *Rechtsmittelgerichte* sind die Oberverwaltungsgerichte (§ 46) und das Bundesverwaltungsgericht (§ 49).

III. Örtliche Zuständigkeit

Es gibt fünf *Gerichtsstände*, die in nachstehender Reihenfolge geprüft werden müssen:
- den Gerichtsstand der belegenen Sache (§ 52 Nr. 1);[19]

---

[14] I. V. mit § 3 II Nr. 1 VereinsG: *VGH Mannheim*, DVBl 1970, 743 ff.

[15] Nur noch von Bedeutung für Schleswig-Holstein, soweit nicht durch Art. 37 der Landessatzung die Entscheidung nach Art. 99 GG dem Bundesverfassungsgericht übertragen ist.

[16] Dazu *VGH Mannheim*, NVwZ 1986, 665 f.

[17] Gleichrangige Hoheitsrechte müssen geltend gemacht werden: *VGH Mannheim*, NJW 1969, 1365; *BVerwGE* 28, 64; 50, 137; 60, 173; *BVerwG*, NJW 1977, 163 = JuS 1977, 268 Nr. 12; NJW 1984, 818.

[18] Klage eines Außenstehenden auf Erteilung einer Aussagegenehmigung: *OVG Münster*, ZBR 1967, 214 ff.

[19] Vgl. dazu *Redelberger*, DÖV 1953, 268 ff.

§ 7. Die Zuständigkeit des angerufenen Gerichts

- den Gerichtsstand für Klagen aus dem Beamten- oder Wehrdienstverhältnis (§ 52 Nr. 4);[20]
- den Gerichtsstand der beklagten Bundesbehörde, bundesunmittelbaren Körperschaft, Anstalt oder Stiftung des öffentlichen Rechts bei Anfechtungs- und Verpflichtungsklagen (§ 52 Nr. 2), mit der Ausnahme für Asylantragsteller nach Satz 3 gemäß Gesetz vom 25. 7. 1978 (BGBl I, 1107).[21]
- den allgemeinen Gerichtsstand der Verwaltungstätigkeit für alle anderen Anfechtungs- und Verpflichtungsklagen (§ 52 Nr. 3);[22] dabei ist durch das Änderungs-Gesetz vom 26. 2. 1975 (BGBl I, 617) nunmehr der lange schwelende Streit über die gerichtliche Zuständigkeit für Klagen gegen Verwaltungsakte von Mehr-Länder-Behörden oder All-Länder-Behörden entschieden worden,[23] nachdem das *Bundesverfassungsgericht* die im Staatsvertrag bestimmte Zuständigkeit des *VG Gelsenkirchen* für Klagen gegen die Zentralstelle für die Vergabe von Studienplätzen für verfassungswidrig erklärt hatte;[24]
- den allgemeinen Gerichtsstand des Sitzes, Wohnsitzes, Aufenthalts usw. des Beklagten für alle Feststellungs- und Leistungsklagen (§ 52 Nr. 5).[25]

Die drei erstgenannten Gerichtsstände sind spezielle Gerichtsstände. Die Prüfung hat nach der Reihenfolge der Aufzählung zu erfolgen. Bei Verhinderung des an sich zuständigen Gerichts oder bei nicht eindeutiger Kompetenz eines Gerichts hat gem. § 53 die Bestimmung des zuständigen Gerichts durch das nächsthöhere Gericht zu erfolgen, sog. Gerichtsstand kraft Richterspruch.

Beispiel:
Klage eines Fernsehzuschauers darauf, daß künftig unterlassen wird, die Übertragung von Sportsendungen allein wegen der dabei betriebenen Werbung abzusetzen. Er will beim *VG Hamburg* alle neun Anstalten der ARD verklagen, da sie nach seiner Meinung notwendige Streitgenossen seien, was schon die gemeinsame Finanzierung der Übertragungen indiziere. Das letztlich nach § 53 angerufene *Bundesverwaltungsgericht* lehnt eine Streitgenossenschaft ab; das *VG Hamburg* war folglich insoweit unzuständig.[26]

IV. Zuständigkeit bei Verweisung

Örtlich oder *sachlich* zuständig ist auch das Gericht, an das der Rechtsstreit als örtlich oder sachlich zuständiges Gericht nach § 83 verwiesen worden ist (§ 83 II 2). Die Bindungswirkung erstreckt sich nur auf die örtliche *oder*

---

[20] Nicht die Klage gegen die Ablehnung der Anerkennung als Kriegsdienstverweigerer, weil sie nicht gegen den Bund als Dienstherrn gerichtet ist: *BVerwGE* 14, 151. Dagegen zählen dazu auch Klagen aus einem beamtenrechtlichen Vorverhältnis: *VGH Mannheim*, ESVGH 24, 220.
[21] Dazu *BVerwG*, BayVBl 1981, 92; DVBl 1984, 1015.
[22] Vgl. *BVerwGE* 6, 330.
[23] Vgl. etwa *BVerwGE* 40, 205; *OVG Berlin*, OVGE 12, 235; *OVG Münster*, OVGE 29, 124; *VGH Mannheim*, DÖV 1974, 24f.; *Meyer=Ladewig*, DVBl 1974, 26ff.
[24] *BVerwGE* 37, 191.
[25] Zum ,,Verlust der örtlichen Zuständigkeit während des Verwaltungsverfahrens": *Schmidt*, DÖV 1977, 774f.
[26] Vgl. die Darstellung in *BVerwG*, DÖV 1977, 65; zu § 53 I Nr. 3 auch *BVerwGE* 58, 225.

sachliche Unzuständigkeit; sie ist nicht absolut. Eine Verweisung aus einem Normenkontrollverfahren vor einem Oberverwaltungsgericht an ein Verwaltungsgericht ist nicht möglich.[27] Die Zuständigkeiten der Verwaltungsgerichtsordnung sind ausschließlich, d. h. Vereinbarungen der Beteiligten sind ohne Einfluß auf die Zuständigkeit.[28]

§ 8. Die Beteiligtenfähigkeit

I. Begriff

Im Gegensatz zur ZPO nennt die VwGO die einen Prozeß führenden Personen nicht Parteien, sondern *Beteiligte*. Sie sind es, die Prozeßhandlungen vornehmen, also Rechtsschutz als Kläger begehren oder denen gegenüber als Beklagter Rechtsschutz begehrt wird. Ihnen gegenüber fällt das Gericht seine Entscheidung.

Die Parteilehre des Zivilprozesses[1] wirft drei Problembereiche auf:

– Wer ist Partei eines anhängigen Verfahrens?
– Ist diese Partei parteifähig?
– Ist sie die richtige Partei?

Die gleiche Problemstellung gilt für den Verwaltungsprozeß. Die erste Frage wird dabei selten Schwierigkeiten bereiten; denn Kläger ist, wer Klage erhoben hat, Beklagter, wer als solcher benannt ist (sog. formeller Partei[Beteiligten]begriff),[2] wobei es unschädlich ist, daß noch weitere Beteiligte hinzutreten können (unten II.). Der formelle Beteiligtenbegriff sagt jedoch noch nichts darüber aus, ob der solchermaßen bestimmte Beteiligte auch Beteiligter sein *kann*, d. h. fähig ist, Beteiligter zu sein. Die dritte Frage schließlich betrifft die *Prozeßführungsbefugnis* (unten § 9). Demnach sind Beteiligtenstellung und Beteiligtenfähigkeit zu unterscheiden, Die Fähigkeit, Beteiligter eines Verfahrens zu sein – *Beteiligtenfähigkeit* –, bedeutet die Fähigkeit, als Subjekt eines Prozeßrechtsverhältnisses, d. h. als Kläger, Beklagter oder sonst Beteiligter an einem Prozeß teilnehmen zu können. Beteiligtenfähigkeit ist m. a. W. die prozessuale Rechtsfähigkeit.[3] Nur gegenüber Beteiligtenfähigen darf das Gericht zur Sache entscheiden.

---

[27] Vgl. den „praktischen Fall" bei *Stern*, JuS 1963, 69. – Für Geltung des § 83 für den Fall instanzieller Unzuständigkeit *VGH Kassel*, ESVGH 14, 189; *BVerwGE* 27, 170; 48, 202.
[28] *Ule*, VwGO, § 45, § 52 Anm. I; *Eyermann-Fröhler*, § 45 Rdnr. 2, § 52 Rdnr. 35; *VG Stuttgart*, NJW 1967, 411; *Peters*, DÖV 1967, 407ff.; *Kopp*, § 45 Rdnr. 4; a. A. *Lüke*, JuS 1961, 42 Fußn. 17.
[1] Vgl. *Grunsky*, Vorb. § 26.
[2] Er ist h. M., vgl. *Grunsky*, aaO.; *Rosenberg-Schwab*, § 40 I 1; *Blomeyer*, ZPR, § 6 I 2. Zum Beteiligtenbegriff des Verwaltungsverfahrens *Kopp*, in: Festschr. Boorberg-Verlag, 1977, S. 159ff.
[3] *Ule*, VerwProzR, § 18 II; *Kopp*, § 61 Rdnr. 4; *Redeker-von Oertzen*, § 61 Rdnr. 1; *Eyermann-Fröhler*, § 61 Rdnr. 1. Vgl. auch *Dolde*, in: Festschr. f. Menger, 1985, S. 424.

II. Beteiligte

Beteiligte eines Verfahrens sind gem. § 63 Kläger, Beklagter, Beigeladener, ferner der Oberbundesanwalt (§ 35) oder der Vertreter des öffentlichen Interesses (§ 36), wenn er von seiner Beteiligtenbefugnis Gebrauch macht. Ob diese Personen auch Beteiligte *sein können*, richtet sich nach § 61.

Beachte: Besteht Streit über die Beteiligten-(oder Prozeß-)fähigkeit eines Beteiligten, so wird für diesen Streit der Beteiligte als beteiligtenfähig erachtet.[4]

Nach § 61 sind *beteiligtenfähig:*
1. *Natürliche Personen und juristische Personen des privaten und öffentlichen Rechts.*

a) Zu den natürlichen Personen zählen auch Personen, die nicht als solche, sondern in ihrer Eigenschaft als Organe mit eigenen Rechten ausgestattet sind, sofern ein Individualrecht auf das Amt oder aus dem Amt geltend gemacht wird.[5]

b) Beteiligtenfähig sind auch juristische Personen des privaten und öffentlichen Rechts.

aa) Juristische Person des *Privatrechts*[6] ist eine rechtsfähige Vereinigung natürlicher oder juristischer Personen (Körperschaft) oder eine organisatorisch verselbständigte Vermögensmasse (Stiftung), die ihre Rechtssubjektivität der Privatautonomie und einem anerkennenden Staatsakt (Registereintragung) verdankt.

bb) Juristische Person des *öffentlichen Rechts*[7] ist eine rechtsfähige Vereinigung natürlicher oder juristischer Personen (Körperschaft), eine organisatorisch verselbständigte Vermögensmasse (Stiftung) oder eine organisatorisch verselbständigte Einheit sachlicher und persönlicher Mittel (Anstalt), deren Rechtssubjektivität nicht auf Privatautonomie, sondern auf Gesetz oder gesetzesabhängigem Organisationsakt beruht.

cc) Alle juristischen Personen des öffentlichen Rechts werden durch einen Hoheitsakt errichtet, der auch den Umfang der Rechtsfähigkeit sowohl im öffentlich-rechtlichen Bereich als auch im Privatrecht bestimmt.[8] Die Gestaltungsmöglichkeiten sind breiter gefächert als bei juristischen Personen des Privatrechts; sie gestatten sogar die Kombination von Merkmalen der einzelnen Typen untereinander, wie etwa bei der Universität, die überwiegend als

---

[4] *VGH Kassel*, DVBl 1965, 41; *OVG Lüneburg*, OVGE 8, 467 ff. Vgl. auch *BayVerfGH*, BayVBl 1985, 363 zur entsprechenden Regelung bei der Verfassungsbeschwerde.

[5] Str.; wie hier *Dolde*, aaO, S. 427 f.; a. A. etwa *OVG Münster*, NVwZ 1983, 486, für ein Gemeinderatsmitglied im kommunalen Verfassungsstreitverfahren gegen den Bürgermeister: Beteiligt gem. § 61 Nr. 2. Vgl. auch *VG Kassel*, NVwZ 1983, 372, das auf die Beteiligtenfähigkeit eines Stadtverordnetenvorstehers § 61 Nr. 2 analog anwendet.

[6] Eine juristische Person des Privatrechts kann auch gesetzlich Verpflichteter, also Beklagter sein: *BVerwGE* 37, 245.

[7] Zu den bundesunmittelbaren juristischen Personen des öffentlichen Rechts vgl. *Weber*, in: Festschr. f. Reinhardt, 1972, S. 499 ff. Zu juristischen Personen des öffentlichen Rechts allgemein *Rudolf*, in: Erichsen-Martens, AllgVwR, § 56 II 2.

[8] Vgl. *Eggert*, Die deutsche ultra-vires-Lehre, 1977.

öffentlich-rechtliche Körperschaft strukturiert ist,[9] aber auch anstaltliche Züge (§ 1 II HschG NW: staatliche Einrichtung) aufweist.[10]

α) Die Körperschaft des öffentlichen Rechts, die immer Rechtsfähigkeit besitzt,[11] ist ein mitgliedschaftlich verfaßter, vom Wechsel der Mitglieder unabhängiger, mit Hoheitsgewalt ausgestatteter Verwaltungsträger, der staatlicher Aufsicht unterliegt. Die Mitgliedschaft kann entweder freiwillig oder kraft Gesetzes als Zwangsmitgliedschaft[12] begründet werden.

Beispiel:
Gemäß § 60 BRAO gehört jeder Rechtsanwalt der Rechtsanwaltskammer innerhalb des OLG-Bezirks an, in dem er zugelassen ist.

Die Körperschaften des öffentlichen Rechts werden herkömmlicherweise unterschieden in Gebietskörperschaften (Gemeinden und Gemeindeverbände), Realkörperschaften (z. B. Industrie- und Handelskammer), Personalkörperschaften (z. B. Ärztekammer, Rechtsanwaltskammer) sowie Verbandskörperschaften (z. B. kommunale Zweckverbände, Landschaftsverbände NW).

β) Unter einer Anstalt des öffentlichen Rechts versteht man einen nicht verbandsmäßig organisierten rechtsfähigen Verwaltungsträger zur dauerhaften Verfolgung eines bestimmten Verwaltungszwecks des Anstaltsträgers. Die Unterscheidung zur Körperschaft besteht darin, daß die Anstalt keine Mitglieder, sondern in der Regel Benutzer aufweist. Die Organisation der Anstalt wird entweder durch Gesetz oder durch Anstaltssatzung vorgenommen.

Beispiel:
Einrichtung der Rundfunkanstalten durch Rundfunkgesetze.[13] Die Rechtsbeziehungen zwischen der Anstalt und ihren Benutzern werden durch Benutzungsordnungen geregelt, die das Rechtsverhältnis privatrechtlich (z. B. Sparkassen) oder öffentlichrechtlich (z. B. Rundfunk) gestalten können.[14]

Neben den eigentlichen rechtsfähigen öffentlich-rechtlichen Anstalten gibt es noch die sog. nichtrechtsfähigen Anstalten des öffentlichen Rechts, die jedoch besser als ,,verselbständigte Regiebetriebe" bezeichnet werden sollten.[15]

Beispiele:
Die sog. öffentlichen Einrichtungen des Gemeinderechts wie Schwimmbäder, Theater, Museen, soweit sie nicht in anderen Rechtsformen betrieben werden; Regiebetriebe nach § 26 BHO wie etwa Bundesdruckerei.

γ) Als Stiftung des öffentlichen Rechts bezeichnet man eine mit eigener Rechtspersönlichkeit ausgestattete hoheitlich begründete oder genehmigte

---

[9] *Rudolf*, aaO; *Kimminich*, in: v. Münch, BesVerwR, S. 760, jeweils m. Nachw.
[10] *Wolff-Bachof* II, § 93 IV c; vgl auch *Rupp*, VVDStRL 27 (1969), S. 118.
[11] *Weber*, aaO; *ders.*, in: Festschr. f. Jahrreiß, 1974, S. 323 ff.; a. A. *Wolff-Bachof* II, § 84 III a.
[12] Diese ist nur im Rahmen der verfassungsmäßigen Ordnung zulässig: *BVerfGE* 10, 89; 15, 235; *Stern*, StaatsR I, § 12 I 7 b.
[13] Vgl. Bericht der Kommission zur Untersuchung der rundfunkpolitischen Entwicklung im süddeutschen Raum, 1970, bes. S. 175 ff.
[14] Vgl. oben § 3 I 1 b ee sowie *Salzwedel*, in: Erichsen-Martens, AllgVerwR, § 44.
[15] Dazu *Rudolf*, aaO, § 56 II 3.

§ 8. Die Beteiligtenfähigkeit 123

Organisation zur Verfolgung eines bestimmten Zwecks mittels eines hierzu bereitgestellten Stiftungsvermögens.[16]

Beispiele:
Stiftung Preußischer Kulturbesitz, Stiftung Maximilianeum. Öffentlich-rechtliche Stiftungen spielen im Staatsleben nur eine untergeordnete Rolle.

2) *Vereinigungen*, soweit ihnen ein Recht zustehen kann, z. B. Fraktionen des Kreistages,[17] politische Parteien,[18] die Fakultät einer Universität,[19] Frachtausschuß für den Rhein,[20] Großstadtbezirke,[21] Bundesbahn,[22] Bundespost.[23] Dabei bildet die Fähigkeit der Vereinigung, ,,Zuordnungssubjekt mindestens eines verfahrensrechtlichen Rechtssatzes zu sein und damit Rechtssubjektivität zu besitzen",[24] die Voraussetzung ihrer Beteiligtenfähigkeit. Beteiligtenfähigkeit ist also dann ausgeschlossen, wenn das geltend gemachte Recht der Vereinigung unter keinen Umständen zustehen kann.[25] Bei Prüfung dieser Frage sind im wesentlichen die gleichen Grundsätze maßgeblich wie bei § 42 II.[26]

Beispiel:
Einer nicht körperschaftlich verfaßten Personenvereinigung steht ein Recht auf Versammlungsfreiheit weder aus Art. 8 I GG noch aus § 1 I VersammlungsG zu. Ein solches ,,Komitee" kann daher nicht als Beteiligter Rechtsschutz für eine geplante Versammlung verlangen.[27]

Davon zu unterscheiden ist die Frage, ob der Vereinigung das Recht, dessen sie sich berühmt, auch tatsächlich zusteht; dies ist, weil zur Sachlegitimation gehörig, eine Frage der Begründetheit.

---

[16] Zur öffentlich-rechtlichen Stiftung vgl. *Ebersbach*, Die Stiftung des öffentlichen Rechts, 1961; *Strickrodt*, NJW 1962, 1480 ff.
[17] *OVG Lüneburg*, OVGE 2, 225 ff.; *VG Kassel*, NVwZ 1983, 372; *Hahn*, DVBl 1974, 509 ff.; zur Fraktion der Berliner Bezirksverordnetenversammlung vgl. *VG Berlin*, DVBl 1976, 271 f.
[18] *BVerwGE* 32, 333 f.
[19] *OVG Hamburg*, VerwRspr 16, 828; *VGH Mannheim*, VerwRspr 21, 251; *BVerwGE* 45, 39 ff.; *BVerwG*, NVwZ 1985, 654. Dabei stehen die Auflösung der Fakultät und die Anordnung der sofortigen Vollziehung des Auflösungsbeschlusses der Beteiligtenfähigkeit in einem Verfahren, in dem es um die Rechtmäßigkeit der Auflösungsverfügung geht, nicht entgegen. Auch eine Abteilung einer Pädagogischen Hochschule ist beteiligtenfähig nach § 61 Nr. 2, weil sie auf dem Gebiet von Forschung und Lehre mit eigenen Rechten und Pflichten ausgestattet ist: *VG Hannover*, DVBl 1974, 53 f.; ferner *Franzke*, DÖV 1972, 851 ff.
[20] *BVerwGE* 31, 364 f.
[21] *Püttner*, JR 1966, 81 ff.
[22] *BVerwGE* 47, 247: Anspruch gegen die Bundesbahn auf Teilnahme an einer Informationsreise.
[23] *BVerwGE* 44, 1 ff.; Anspruch gegen Bundespost, dem gleichen Ortsnetz zugeteilt zu bleiben, an das der Fernsprechteilnehmer zuerst Anschluß hatte.
[24] *Wolff-Bachof* III, § 156 III c 2.
[25] *Redeker-von Oertzen*, § 61 Rdnr. 4.
[26] Dazu unten sub § 14 und *Kopp*, § 61 Rdnr. 16.
[27] *OVG Münster*, OVGE 29, 279.

3) *Behörden*, sofern das Landesrecht dies bestimmt.[28] Die Rechtsprechung hat einen umfassenden Behördenbegriff entwickelt;[29] darnach wird als Behörde jede Stelle angesehen, die mit der Wahrnehmung von Aufgaben der öffentlichen Verwaltung betraut ist. Diese Definition hat nunmehr auch in § 1 IV VwVfG Eingang gefunden.[30] Mit der Regelung des § 61 Nr. 3 hat die VwGO sich also grundsätzlich für das ,,Rechtsträger"-(Körperschafts-)prinzip und nicht für das Behördenprinzip entschieden, wie es in § 46 MRVO Nr. 165 galt. Jedoch ist dem Landesgesetzgeber eine Ermächtigung zur Einführung des letzteren gegeben, und zwar uneingeschränkt, weswegen der Landesgesetzgeber auch *Bundes*behörden als Beteiligte bestimmen durfte.[31] In solchen Ländern ist also Beteiligter nicht die Bundesrepublik Deutschland, das Land Nordrhein-Westfalen, die Gemeinde X, sondern der (Bundes-)-Minister, der Oberstadtdirektor, der Oberbürgermeister, der Rektor der Universität usw. Für beteiligtenfähig erklärte Behörden handeln jedoch nur an Stelle der Körperschaft, der sie als Organ zugehören, also in Prozeßstandschaft.[32] Sie haben keine eigenen Rechte und können daher grundsätzlich keine Rechtsstreitigkeiten unter sich (sog. Insich-Prozeß) führen.[33] Dabei bleibt zu beachten, daß die Bestimmung des § 61 Nr. 3 selbst keine Aussage über eine Unzulässigkeit von ,,*Insich-Prozessen*" trifft, da, wie bereits erwähnt, die Motivation des Gesetzgebers lediglich dahin ging, entgegen dem früheren Rechtszustand die Parteifähigkeit von Behörden grundsätzlich nicht einzuführen. Die Frage, wann ausnahmsweise zwei Behörden desselben Rechtsträgers gerichtlich streiten ,,dürfen", hängt vielmehr davon ab, ob die Auslegung der einschlägigen Normen den Schluß auf eine mögliche Rechtsverletzung der einzelnen Behörde zuläßt. Mit anderen Worten: Die Zulässigkeit eines Insich-Prozesses bemißt sich nach dem Bestehen der *Klagebefugnis* gemäß § 42 (vgl. unten § 14). Man hat im wesentlichen drei Fallkonstellationen anerkannt: Klagen von Behörden der fiskalischen Verwaltung gegen Ver-

---

[28] Dies ist geschehen in Niedersachsen (für Landesbehörden, § 7 I AGVwGO), Nordrhein-Westfalen (allg. § 5 I AGVwGO, jedoch wieder eingeschränkt nach Abs. II: nur soweit Behörden Beklagte in bestimmten Sachen sind), Saarland (allg. § 17 AGVwGO mit der gleichen Einschränkung wie bei Nordrhein-Westfalen) und Schleswig-Holstein (für Landesbehörden, § 6 S. 1 AGVwGO).
[29] Zum Behördenbegriff vgl. unten § 9 sowie *BVerfGE* 10, 48; ferner *Erichsen-Martens*, in: dies., § 11 III 2; *Wolff-Bachof* II, § 76.
[30] *Ule-Laubinger*, § 9 II 2; *Kopp*, VwVfG, § 1 Rdnrn. 20 ff., jeweils m. w. Nachw.
[31] A. A. *BVerwGE* 14, 330; 20, 22; *BVerwG*, NVwZ 1986, 555; wie im Text *Ule*, VerwProzR, § 18 II 2; *Redeker-von Oertzen*, § 61 Rdnr. 6.
[32] *Kopp*, § 61 Rdnr. 18.
[33] Zum Insich-Prozeß vgl. *Kisker*, Insichprozeß und Einheit der Verwaltung, 1968; *ders.*, JuS 1975, 704 ff.; *Löwer*, VerwArch 1977, 327 ff.; begrifflich weiter ausgreifend und auch den sog. *Kommunalverfassungsstreit* in den ,,*Innenrechtsstreit*" einbeziehend *Erichsen*, in: Festschr. f. Menger, 1985, S. 211 ff. Aus der Rechtspr. etwa *VGH München*, DÖV 1963, 585 m. Anm. *Geßler*; *OVG Koblenz*, AS 11, 245; *BVerwGE* 31, 267. In neuester Zeit aktuell geworden ist das Problem bei der Rechts- und Funktionennachfolge im Zuge der gemeindlichen Neugliederung, etwa wenn Gemeinden in andere Gemeinden eingegliedert werden, mit denen sie einen Prozeß führten. Vgl. dazu *OVG Saarlouis*, DÖV 1975, 644 = JuS 1976, 58 Nr. 10; *VGH Mannheim*, DÖV 1975, 645 = JuS 1976, 58 Nr. 10.

§ 8. Die Beteiligtenfähigkeit

waltungsakte der Hoheitsverwaltung der eigenen Körperschaft;[34] Kommunalverfassungsstreitigkeiten, sofern man die Beteiligten überhaupt als Behörden begreifen will;[35]

Beispiel:
Streit zwischen kommunaler Volksvertretung und einer ihrer Fraktionen über die Einräumung von Ausschußsitzen.[36]

Klagen gegen einen Verwaltungsakt einer weisungsfreien Behörde derselben Körperschaft, weil ein Ausgleich zwischen den divergierenden Verwaltungsinteressen nicht durch eine Entschließung einer gemeinsamen Behördenspitze herbeigeführt werden kann.[37]

III. Beiladung

Beachte als besonderes Institut der öffentlich-rechtlichen Gerichtsbarkeit noch die *Beiladung* (§§ 65, 66).[38] Sie ist in allen anhängigen Verfahren[39] mit Ausnahme des Normenkontrollverfahrens zulässig.[40] Beigeladen werden können Dritte, die nach § 61 Beteiligte sein können und deren rechtliche[41] Interessen durch die Entscheidung berührt werden (§ 65 I).

Beispiel:
(Notwendige) Beilagen der Bundesrepublik Deutschland im Verfahren um Einbürgerung, da diese der Zustimmung des Bundesministers des Innern bedarf.[42]

---

[34] *VGH München,* VGH n.F. 16, 21; *VGH München,* BayVBl 1966, 137; *OVG Koblenz,* AS 11, 245ff.; *Rudolf,* Polizei gegen Hoheitsträger, 1965, S. 115ff.

[35] *Hoppe,* Organisationsstreitigkeiten vor den Verwaltungs- und Sozialgerichten, 1970, S. 233f., sowie die sub § 14 IV 1 aufgeführten Nachw. zur Klagebefugnis. Die Klage einer Stadt auf Aufhebung des sie zur Erteilung einer Baugenehmigung verpflichtenden Widerspruchsbescheides ihres Stadtrechtsausschusses ist unzulässig, weil im übertragenen Wirkungskreis die Ausgangsbehörde einen Widerspruchsbescheid der derselben Körperschaft angehörenden Widerspruchsbehörde wegen der Kontroll- und Korrekturfunktion des Widerspruchsverfahrens hinzunehmen habe (*BVerwGE* 45, 207ff. m. Anm. *Naumann,* DÖV 1974, 819ff.).

[36] *OVG Hamburg,* DVBl 1986, 242 (nur Ls).

[37] *Menger,* VerwArch 1964, 287; *OVG Münster,* OVGE 19, 271; *BSG,* NJW 1959, 1750.

[38] Vgl. dazu *Stern,* in: Rechtsschutz im Sozialrecht, Festschr. BSG, 1965, S. 237ff.; *Martens,* VerwArch 1969, 197ff.; *Buhren,* JuS 1976, 512ff.; *Stober,* in: Festschr. f. Menger, 1985, S. 401ff.; *Konrad,* BayVBl 1982, 481ff.; *Ronellenfitsch,* VerwArch 1983, 281ff. Zur Beiladung in den sog. Massenverfahren vgl. *Meyer-Ladewig,* NVwZ 1982, 351f.

[39] Auch in einstweiligen Anordnungsverfahren: *VGH Mannheim,* NJW 1972, 1155.

[40] Str.; wie hier *BVerwGE* 65, 133 m. krit. Anm. *Bettermann,* DVBl 1982, 955; *OVG Lüneburg,* OVGE 25, 501ff.; *VGH München,* BayVBl 1980, 116f.; vgl auch *Tschira-Schmitt Glaeser,* S. 48: Eine Beiladung ist nicht möglich, aber auch nicht nötig, weil ein Spruch, der die Norm für nichtig erklärt, gem. § 47 VI 2 ohnehin Verbindlichkeit besitzt; kritisch auch *Papier,* in: Festschr. f. Menger, 1985, S. 527ff. A. A. *Kopp,* § 65 Rdnr. 3.

[41] Dabei sind mindere Anforderungen zu stellen als an die Klagebefugnis des § 42, wie ein Wortvergleich beweist: *VGH Mannheim,* NVwZ 1986, 320f.; *OVG Münster,* DÖV 1981, 385.

[42] *BVerwG,* DVBl 1983, 1003.

Bloß wirtschaftliche[43] oder Verwaltungsinteressen[44] genügen nicht. Kein rechtliches Interesse ist auch das Interesse eines Rechtsetzungsorgans, z. B. eines Verordnungsgebers, an der Gültigkeit der von ihm erlassenen Vorschrift, wenn diese Vorfrage einer Entscheidung ist.[45]

Beispiel:
Beiladung des Landes bei Verfahren auf Zulassung zum Studium ist unzulässig; das Land ist nur an einer Vorfrage, nämlich dem Zustandekommen der normativen Zulassungsbeschränkung, beteiligt, nicht hingegen an den Verwaltungsakten der Zulassung und Immatrikulation.[46]

Durch die Beiladung werden zusätzliche Prozesse vermieden, insonderheit widersprechende Urteile, weil das Urteil auch gegenüber dem Beigeladenen in Rechtskraft erwächst (§ 121). Die Beiladung erfolgt *von Amts wegen* oder *auf Antrag* eines Beteiligten (§ 65 I). Sie steht grundsätzlich im pflichtgemäßen Ermessen des Gerichts (§ 65 I: ,,kann"!). Sie *muß* jedoch erfolgen, wenn an dem streitigen Rechtsverhältnis Dritte derart beteiligt sind, daß die Entscheidung auch ihnen gegenüber nur einheitlich ergehen kann (*notwendige Beiladung*, § 65 II).[47] Ein solcher Fall liegt z. B. immer dann vor, wenn ein streitiger Verwaltungsakt den Kläger belastet und den Dritten begünstigt.[48]

Beispiele:
(a) Klagt der Nachbar gegen die Erteilung der Bauerlaubnis an den Bauherrn, so ist dieser beizuladen. Dagegen ist der Nachbar bei einer Klage des Bauherrn auf Erteilung der Bauerlaubnis nur insoweit beizuladen, als er in das Rechtsverhältnis eingegriffen hat.[49] – (b) Klagt der Vermieter gegen die Zuweisung eines Mieters, so ist der Zugewiesene beizuladen.[50] – (c) Dagegen keine notwendige Beiladung des minderjährigen Wehrpflichtigen bei Klage des Vaters.[51]

Ein Fall der notwendigen Beiladung ist ferner anzunehmen, wenn mehrere Behörden beim Erlaß des Verwaltungsaktes mitzuwirken haben,[52] so z. B. die

---

[43] *OVG Münster*, OVGE 3, 31 f.; *VGH Kassel*, NJW 1965, 603; *VG Freiburg*, DVBl 1976, 551 (keine Beiladung des mit Planung, Lieferung und Errichtung eines Kernkraftwerkes beauftragten Unternehmers).
[44] So genügt nicht das Interesse einer Aufsichtsbehörde an einer gerichtlichen Entscheidung einer ihre Aufsichtsbefugnis betreffenden Rechtsfrage: *BVerwG*, DVBl 1974, 236.
[45] *BVerwG*, NJW 1972, 221; *VGH Mannheim*, NJW 1972, 1155.
[46] *VGH Mannheim*, NJW 1972, 1156. Ähnlich für den Gebührenbescheid *BVerwG*, NJW 1972, 221.
[47] *BVerwGE* 18, 125; 51, 9; 52, 230 f.; 52, 240; 57, 35; *BVerwG*, NJW 1984, 2905.
[48] *VGH Mannheim*, ESVGH 21, 180; *BVerwGE* 24, 354; *BVerwG*, VerwRspr 18, 383 f.; BayVBl 1971, 229; DÖV 1974, 318 f., *Kopp*, § 65 Rdnr. 17 m. w. Beispielen.
[49] *BVerwG*, DÖV 1975, 99; *VGH München*, NVwZ 1983, 413 f.; dort, wo die Genehmigungserteilung Rechte Dritter berühren kann, empfiehlt sich deren – einfache – Beiladung. So auch *BVerwG*, DVBl 1974, 767 ff. (Floatglasfall) – insoweit in *BVerwGE* 45, 309 ff. nicht abgedruckt – zur Frage, ob bei Nachbarklagen gegen eine Baugenehmigung weitere potentiell betroffene Nachbarn notwendig beizuladen seien.
[50] *OVG Münster*, OVGE 4, 42 ff.
[51] *BVerwGE* 35, 247.
[52] Nach *BVerwG*, DVBl 1973, 448 f., ist im Regelfall die Beiladung der Mitwirkungsbehörde nur dann notwendig, wenn die mitwirkungsbedürftige Genehmigung im

§ 8. Die Beteiligtenfähigkeit   127

Gemeinde bei Planungsfragen,[53] die Bundesrepublik Deutschland bei Klage auf Einbürgerung[54] oder die höhere Verwaltungsbehörde nach §§ 33 ff. BBauG.[55] Ein der Klage stattgebendes Urteil gegen die Entscheidungsbehörde beseitigt die Befugnis der mitwirkenden Behörde zur Versagung der Zustimmung.[56] Auch bei Rechtsnachfolge ist notwendige Beiladung geboten, § 265 ZPO i. V. m. §§ 173, 65 II VwGO.

Beispiel:
Übergang der polizei- und ordnungsrechtlichen Zustandshaftung, die nach neuester Rechtsprechung nicht mehr als höchstpersönliche Pflicht angesehen wird.[57]

Die Beiladung erfolgt durch *unanfechtbaren Beschluß* (§ 65 III 1, 3). Dagegen ist der Beschluß, durch den eine Beiladung abgelehnt wird, anfechtbar.[58] Das Unterbleiben einer notwendigen Beiladung ist im Revisionsverfahren von Amts wegen zu berücksichtigen, weil der Betroffene seine Rechte nicht vertreten konnte.[59]

Der Beigeladene hat die Rechtsstellung eines Hauptbeteiligten, muß sich aber im Falle der nicht notwendigen Beiladung innerhalb der Anträge eines Hauptbeteiligten halten (§ 66 S. 1). Abweichende *Sach*anträge kann er nur im Falle der notwendigen Beiladung stellen (§ 66 S. 2). So kann der Beigeladene z. B. ein Rechtsmittel einlegen, sofern seine rechtlichen Interessen durch das Urteil berührt werden,[60] d. h. er muß durch das Urteil materiell beschwert

---

Verwaltungsverfahren versagt worden ist und der Antragsteller seinen Genehmigungsantrag nun mit der Verpflichtungsklage gerichtlich weiter verfolgt.
[53] *BVerwG,* MDR 1969, 783 f., weist allg. auf die Verpflichtung zur Beteiligung der Gemeinden im Verwaltungsverfahren hin, sofern eigene Rechte der Gemeinde aus Art. 28 II GG tangiert werden; ferner *VGH München,* BayVBl 1969, 141 f. Keine notwendige Beiladung der Gemeinde bei Klage auf Erteilung einer immissionsschutzrechtlichen Genehmigung: *BVerwG,* DVBl 1977, 770.
[54] *BVerwGE* 67, 174.
[55] *BVerwGE* 42, 8; 51, 6; *BVerwG,* DVBl 1974, 235 f.; NJW 1975, 550; DVBl 1986, 682. Dagegen keine notwendige, sondern nur einfache Beiladung der höheren Verwaltungsbehörde bei der Anfechtung einer bauordnungsrechtlichen Verfügung: *OVG Münster,* JZ 1977, 340; desgleichen bei der *deutschen Frau* eines ausgewiesenen Ausländers: *BVerwGE* 55, 8.
[56] *BVerwGE* 16, 125, zu § 9 II BFStrG; 42, 8 zu § 35 II BBauG.
[57] *OVG Münster,* DVBl 1973, 226 f., im Anschluß an *BVerwG,* DÖV 1971, 641.
[58] *OVG Münster,* OVGE 19, 162; *OVG Lüneburg,* OVGE 10, 436 f.
[59] *BVerwGE* 51, 276; *BVerwG,* DVBl 1974, 235 f.; anders, wenn sich das Unterlassen der Beiladung nicht auf das Berufungsurteil auswirken und es damit fehlerhaft machen konnte: *BVerwG,* DVBl 1986, 682. Da im Revisionsverfahren die notwendige Beiladung wegen § 142 nicht vorgenommen werden darf, muß zurückgewiesen werden: *BVerwG,* DVBl 1977, 196 f.
[60] *BVerwGE* 31, 233 ff.; 37, 43 ff.; 47, 19; *OVG Münster,* DVBl 1976, 117. Nach *BVerwG,* DÖV 1972, 167 f.; NVwZ 1982, 116, und *VGH München,* NVwZ 1983, 414, besteht eine Rechtsmittelbefugnis des Beigeladenen im allgemeinen nicht, wenn es ihm an einer entsprechenden Befugnis zur Anfechtung des im Streit stehenden Verwaltungsakts fehlt, weil § 65 geringere Anforderungen stellt als § 42 II. Dieser Grundsatz findet jedoch keine Anwendung, wenn Beigeladener eine Mitwirkungsbehörde ist, da dieser eine Klagebefugnis gegen den von der Genehmigungsbehörde erlassenen Ver-

sein. Dagegen ist die Berufung eines zu Unrecht Beigeladenen unzulässig.[61] Die Erledigung der Hauptsache durch übereinstimmende Parteianträge erfolgt auch bei Widerspruch des notwendig Beigeladenen.[62] Das Urteil erwächst auch dem Beigeladenen gegenüber in Rechtskraft.[63]

IV. Die Streitgenossenschaft

Beispiel:
Mehrere Personen erstreben gerichtlich eine Baugenehmigung.
Für sie gelten die Grundsätze des Zivilprozeßrechts.

V. Massenverfahren

1) Besondere Probleme hinsichtlich der am Prozeß beteiligten Personen treten auf bei sog. Massenverfahren,[64] vor allen Dingen bei Genehmigungsverfahren für Großprojekte, Straßenplanung, Flughafenbau, Industrie- und Kernkraftwerksanlagen,[65] Versuchsstrecken.[66] Abgesehen von den Schwierigkeiten, die sich aus der Technizität des Sachverhalts ergeben, hat die Verwaltung für eine ordnungsgemäße Anhörung aller Beteiligten, für eine ordnungsgemäße Ladung sowie für ordnungsgemäße und rechtzeitige Bekanntmachung an alle Beteiligte zu sorgen. Dabei soll sich das Verfahren nicht endlos in die Länge ziehen; die immensen Verfahrenskosten sind in Grenzen zu halten.

Die Forderung nach effizienter und zweckmäßiger Gestaltung[67] solcher Massenverfahren gewinnt für alle Beteiligten große Bedeutung, sowohl für den an einer schnellen Beendigung des Verfahrens interessierten Antragsteller (z. B. Anlagebetreiber) oder betroffenen Nachbarn als auch für die Verwaltung, die vor dem Problem der Bewältigung von massenhaften Einwendungen und Widersprüchen steht.[68]

Beteiligte von Massenverfahren sind regelmäßig: die potentiellen Betreiber als Antragsteller (§ 13 I Nr. 1 VwVfG), die Eigentümer der für den Bau in

---

waltungsakt lediglich wegen des Verbots behördeninterner Prozesse fehlt. Zur Beschwerde des Beigeladenen bei Rechtsmitteleinlegung vgl. im übrigen unten § 19 II 2c.
[61] *BVerwG,* DVBl 1971, 588.
[62] *BVerwGE* 30, 27ff.
[63] Dazu *Urban,* JuS 1973, 312.
[64] *Achterberg,* AllgVerwR, § 22 Rdnr. 150; *Schmitt Glaeser,* DRiZ 1980, 291ff.; *Meyer=Ladewig,* NVwZ 1982, 349ff.; *Schmidt,* DVBl. 1982, 148ff.
[65] *BVerwG,* NVwZ 1986, 208ff. = DÖV 1986, 430.
[66] *BVerwGE* 71, 108ff.; dazu *Gramlich,* VerwArch 1986, 219ff.
[67] *Arndt,* Praktikabilität und Effizienz zur Problematik gesetzesvereinfachenden Verwaltungsvollzugs und der ,,Effektuierung" subjektiver Rechte, 1983.
[68] Im Bereich des Steuerrechts hat dies zu einem automatisierten und nicht unumstrittenen typisierenden Verwaltungsverfahren geführt: *Nennrich,* Die typisierende Betrachtungsweise im Steuerrecht, 1964; *Isensee,* Die typisierende Verwaltung, 1976; siehe auch *J. Martens,* Verwaltungsvorschriften zur Beschränkung der Sachverhaltsermittlung, 1980.

§ 8. Die Beteiligtenfähigkeit

Anspruch zu nehmenden Grundstücke, sowie alle diejenigen, die z. B. wegen befürchteter Immissionen Einwendungen gegen ein solches Vorhaben glauben vorbringen zu können.[69] Die Verwaltung hat bei solchen Großverfahren nicht selten Tausende von Beteiligten und ihre unterschiedlichen, naturgemäß gegenläufigen Rechtspositionen und Interessen zu berücksichtigen und gegeneinander abzuwägen.

Im atomrechtlichen Genehmigungsverfahren für das Kernkraftwerk Wyhl wurden fast 100 000 Einwendungen erhoben, am Verfahren um das Kernkraftwerk Biblis (Biblis C) beteiligten sich rund 55 000 Personen.[70]

2) Um Herr dieser Probleme der Massenverfahren zu werden, hat der Gesetzgeber der Verwaltung im VwVfG einige Hilfen an die Hand gegeben. Dies sind insbesondere die Bestellung eines gemeinsamen Vertreters bei mehr als 50 Beteiligten (§§ 17–19 VwVfG) und die öffentliche Bekanntmachung von Bekanntgaben der Behörde (§§ 69, 73, 74 VwVfG).[71]

3) Ähnliche Regelungen zur effizienten Durchführung, Vereinfachung und Beschleunigung eines Massenverfahrens vor den Verwaltungsgerichten fehlen in der VwGO gänzlich. Dies hat die Gerichte bereits vor gewaltige, angesichts der knappen Kapazität praktisch unlösbare Probleme gestellt.

Das *Bundesverwaltungsgericht* hat u. a. durch Erhöhung der Anforderung an die Klagebefugnis nach § 42 II im Sinne einer Substantiierungs- und Darlegungslast[72] und Verschärfung der Einwendungslast versucht, die Klageflut einzudämmen, ohne auf das Instrument der Präklusion von Einwendungen[73] zurückgreifen zu müssen. Exemplarisch ist auch das Verwaltungsstreitverfahren um den Flughafen München II anzuführen, bei dem in erster Instanz 5724 Klagen anhängig gemacht wurden, die in einer einzigen mündlichen Verhandlung zu behandeln unmöglich ist.

Das *VG München* behalf sich damit, aus der großen Anzahl der Klagen einige nach Art eines Musterprozesses auszuwählen und die Verhandlung der anderen Verfahren einstweilen zurückzustellen. Das *Bundesverfassungsgericht* hat die Vorgehensweise des *VG München* für verfassungsgemäß erklärt.[34] Den nicht für die Musterprozesse ausgewählten Klägern, die im Ergebnis das gleiche Klagebegehren verfolgten wie jene, sei der Rechtsschutz (Art. 19 IV 1 GG) nicht in verfassungswidriger Weise verkürzt worden,[75] denn sie erhielten die Gelegenheit zum Vorbringen ihres Klagebegehrens zu einem späteren Zeitpunkt. Die Auswahl der Musterprozeßklagen war nach sachlichen Kriterien und nicht willkürlich erfolgt (Art. 3 I GG). Der Umstand, daß für dieses Vorgehen eine gesetzliche Ermächtigung in der VwGO fehlt, war nach Ansicht des *Bundesverfassungsgerichts* verfassungsrechtlich bedenkenfrei.

---

[69] *Ule-Laubinger*, S. 329 m. w. Nachw. in Fußn. 60.
[70] *Henle*, BayVBl 1981, 1 Fußn 3; weitere Angaben bei *Schemel*, Massenverfahren vor den Verwaltungsbehörden und den Verwaltungsgerichten, 1982, S. 19 f.
[71] Siehe dazu im einzelnen zuletzt *Ule-Laubinger*, § 45 m. w. Nachw. über das Spezialschrifttum.
[72] Siehe *BVerwG* 60, 125; 61, 261 ff.
[73] *BVerwGE* 60, 297 ff. Siehe dazu auch *BVerfGE* 61, 82 ff. W. Nachw. aus Rspr. und Schrifttum bei *Haedrich*, in: Das Deutsche Bundesrecht, III E 50 (AtomG), Erl. S. 73.
[74] *BVerfGE* 54, 39.
[75] Vgl. zum Grundsatz des fairen Verfahrens *Tettinger*, Fairneß und Waffengleichheit, 1984.

130 1. Teil. Die Sachurteilsvoraussetzungen

4) De lege ferenda sollte diese Gesetzeslücke jedoch geschlossen werden, um den Gerichten eine einheitliche, gesetzlich abgesicherte Handhabung der Massenverfahren zu ermöglichen, das gerichtliche Verfahren nach Maßgabe der rechtsstaatlichen Verfahrensprinzipien für den Rechtsuchenden wieder vorhersehbar und berechenbar zu machen und so Chancengleichheit herzustellen.

Diese Notwendigkeit hat die Bundesregierung erkannt und daher in ihrem Entwurf einer Verwaltungsprozeßordnung[76] einige Vorschriften zur Durchführung und Vereinfachung der Massenverfahren mitaufgenommen (§§ 51, 60 V, 63, 97 EVwPO):

- § 51 EVwPO bestimmt, daß Bekanntgaben (Anordnungen; Entscheidungen, durch die eine Frist in Lauf gesetzt wird; Terminbestimmungen; Ladungen [§ 50 EVwPO]) auf Grund eines Gerichtsbeschlusses auch durch öffentliche Bekanntmachung erfolgen können, wenn gleiche Bekanntgaben an mehr als 50 Personen erforderlich sind. § 51 EVwPO ist damit an § 67 I 4 bis 6, § 69 II 2 bis 5, § 73 VI 4 und 5 VwVfG orientiert.
- § 60 V EVwPO schränkt die Beiladung von mehr als 50 Personen dahin ein, daß nach entsprechendem Gerichtsbeschluß nur solche Personen beigeladen werden, die dies innerhalb einer bestimmten Frist beantragen.
- § 63 EVwPO überträgt die §§ 18 und 19 III VwVfG auf das gerichtliche Verfahren. Gem. § 63 I 1 EVwPO kann das Gericht die Bestellung eines gemeinsamen Vertreters verlangen, wenn mehr als 50 nicht durch einen Prozeßbevollmächtigten vertretene Personen im gleichen Interesse an dem Rechtsstreit beteiligt (§ 58 EVwPO = 63 VwGO) sind und wenn sonst die ordnungsgemäße Durchführung des Rechtsstreites beeinträchtigt wäre.
In gleichem Interesse ist beteiligt, wer dieselben Ziele verfolgt.[77]
Die Bestellung eines gemeinsamen Vertreters löst die Prozeßhandlungsunfähigkeit der Vertretenen aus (§ 63 I 3 EVwPO). Nur durch diese Reduzierung der vor Gericht, sei es im schriftlichen Verfahren, sei es in der mündlichen Verhandlung, Prozeßhandlungsbefugten können die sich aus den Massenverfahren für die Gerichte ergebenden Probleme gelöst werden.[78]
- Schließlich soll auch § 97 EVwPO die Bewältigung gerichtlicher Massenverfahren erleichtern. Er sieht in Abs. 1 und 2 die Verbindung bzw. Trennung anhängiger Verfahren vor. Abs. 3 greift den Gedanken des *VG München* auf,[79] nämlich mehrere geeignete Verfahren vorab als Musterverfahren durchzuführen und die übrigen Verfahren auszusetzen.

---

[76] BT-Dr 10/3437.
[77] So zu § 18 VwVfG *Ule-Laubinger*, S. 329 m. w. Nach. in Fußn. 62.
[78] So ausdrücklich die Begründung zu § 63 EVwPO, BT-Dr 10/3437, S. 102.
[79] Begründung zu § 97 EVwPO, BT-Dr 10/3437, S. 120.

§ 9. Die Prozeßführungsbefugnis

Die Prozeßführungsbefugnis (§ 78)[1] klärt, welcher Partei gegenüber das Gericht über die Streitsache erkennen darf, unter welchen Parteien der Rechtsstreit auszutragen ist.[2] Das sind in der Regel[3] diejenigen, denen auch nach materiellem Recht das im Streit befindliche Recht zusteht (Sachlegitimation), und zwar als aktivlegitimiert dem Kläger, als passivlegitimiert dem Beklagten. Die Frage der Sachlegitimation ist daher eine Frage der Begründetheit der Klage.[4] Ausnahmsweise kann jedoch auch ein anderer als der materiell-rechtlich Rechtszuständige Rechte geltend machen oder verteidigen, also *fremde* Rechte im eigenen Namen wahrnehmen (sog. Prozeßstandschaft). Ob er hierzu befugt ist, ist eine Frage der Prozeßführungsbefugnis, die Sachurteilsvoraussetzung ist.[5] Sie ist also das prozessuale Gegenstück zur materiell-rechtlichen Verfügungsbefugnis (vgl. § 185 BGB). Im Zivilprozeß ist die Frage des Vorliegens der Prozeßführungsbefugnis häufiger zu prüfen als im Verwaltungsprozeß.

Beispiele:
Einziehungsermächtigung von Forderungen; Tätigkeit der Konkurs-, Nachlaß- und Zwangsverwalter, Testamentsvollstrecker.

Indessen wäre es verfehlt, Prozeßstandschaft im Verwaltungsprozeß auszuschließen;[6] so darf der Gemeinschuldner eine Forderung auch im Verwaltungsprozeß nicht geltend machen.

Vor diesem Hintergrund ist § 78 zu sehen, der nicht die Sachlegitimation, sondern die Prozeßführungsbefugnis[7] auf seiten des Beklagten regelt. Die dogmatische Zuordnung des § 78 ist indessen noch nicht abschließend geklärt.[8] Die wohl h. M. geht davon aus, daß es sich um eine Regelung der Sachlegitimation handelt.[9] Folgte man dieser Auffassung, so wäre die Vor-

---

[1] Zum folgenden *Schrödter,* S. 23f.; *Friauf,* Der Staat 1970, 233 Fußn. 45; *Bleutge,* Der Kommunalverfassungsstreit, 1970, S. 144; *Redeker-von Oertzen,* § 78 Rdnr. 1; ferner *Hoffmann Becking,* DVBl 1972, 299ff.; *Freitag,* VerwArch 1976, 26ff.; *Ehlers,* in: Festschr. f. Menger, 1985, S. 380ff.

[2] *Rosenberg-Schwab,* § 46 I 1; insges. *Heintzmann,* Die Proßzeßführungsbefugnis, 1970.

[3] *BGHZ* 51, 125 (128f.).

[4] Vgl. *Bachof,* VerfR II, Nr. 239; *BVerwGE* 49, 327.

[5] Vgl. *BGHZ* 31, 279; 36, 191f.; *BVerwG,* NVwZ 1982, 39f.; *Grunsky,* § 28 I 1 m. w. Nachw.

[6] Das will offenbar das *Bundesverwaltungsgericht* (DÖV 1974, 318), soweit es sich nicht um gesetzlich geregelte Fälle handelt.

[7] *OVG Münster,* JuS 1979, 450f.; NJW 1982, 670; NVwZ 1986, 761; *Achterberg,* S. 12; *Erichsen,* S. 29, 94, 100; *ders.,* Jura-Extra, 2. Auf. (1983) S. 206; *Hoppe,* Organstreitigkeiten vor den Verwaltungs- und Sozialgerichten, 1970, S. 219; *Martens,* Verwaltungsprozeß, S. 56; *Ehlers,* aaO, S. 381ff.; *Schwabe,* S. 66f.

[8] Zum Streitstand vgl. *Ehlers,* aaO, bes. S. 381ff.

[9] *Eyermann-Fröhler,* § 78 Rdnr. 7; *Klinger,* § 78 Anm. A 1; *Koehler,* § 78 Anm. IV; *Schunck-De Clerck,* § 78 Anm. 1a; *Kopp,* § 78 Rdnr. 3; *Tschira-Schmitt Glaeser,* S. 55.

schrift überflüssig, da sich die Rechtsinhaberschaft aus dem materiellen Recht ergibt und eine Regelung der Prozeßführungsbefugnis nur erforderlich ist, wenn diese von der Sachbefugnis abweicht.[10] Auch erscheint fraglich, ob der Bund überhaupt die Kompetenz hat, Regelungen über die Sachbefugnis der Länder zu treffen.[11] Schließlich würde man wegen § 78 I Nr. 2 den Behörden Passivlegitimation zuerkennen, während nach h. M. Zuordnungssubjekt nur die Körperschaft selbst sein kann.[12] Regelt also § 78 die Prozeßführungsbefugnis, so geht die VwGO von der Regel aus, daß prozeßführungsbefugt derjenige Rechtsträger ist, gegen den sich der Anspruch richtet, der also passivlegitimiert ist. Beklagter ist also diejenige juristische Person, deren Organe Anlaß zur Klage durch ihr Verhalten oder Unterlassen gegeben haben.

Beispiele:
(a) Der Sachverständige des Technischen Überwachungsvereins (e. V.) verweigert die Prüfplakette. Klagegegner ist nicht der Sachverständige, sondern die juristische Person TÜV.[13] – (b) Das Land Bayern, wenn ein Minister oder der Regierungspräsident tätig geworden ist.

Dem Kläger wird allerdings die Ermittlung des Rechtsträgers nicht zugemutet; es genügt die Bezeichnung der Behörde (§ 78 I Nr. 1 2. Halbsatz) als Beklagter. Schwierigkeiten bei der Ermittlung des Rechtsträgers ergeben sich insbesondere in den Fällen, in denen Selbstverwaltungskörperschaften, z. B. Gemeinden, Kreise, Universitäten zugleich auch staatliche Aufgaben wahrnehmen (sog. übertragener Wirkungskreis). Auch im letzteren Falle ist die Selbstverwaltungskörperschaft zu verklagen.[14] Nach dem *Bayerischen Verwaltungsgerichtshof*[15] soll eine Ausnahme in Angelegenheiten des BAföG in den Ländern, die nicht von der Ermächtigung nach § 78 I Nr. 2 Gebrauch gemacht haben, für Universitäten gelten, da diese insoweit in den staatlichen Bereich einbezogen seien.

Abweichend von diesem Grundsatz können nach § 78 I Nr. 2 die Behörden selbst verklagt werden, sofern das Landesrecht dies bestimmt,[16] was manche Erleichterung bringt. Die gesetzliche Regelung ermächtigt die Behörde, einen Prozeß über Rechte des Rechtsträgers zu führen, dem sie angehört; sie nimmt also die Rechte der Körperschaft in Prozeßstandschaft wahr.

Noch anders *Redeker-von Oertzen*, § 78 Rdnr. 11, die zwar auch von einer Regelung der Prozeßführungsbefugnis ausgehen, gleichwohl bei deren Fehlen als unbegründet abweisen wollen.
[10] *Schrödter*, aaO, S. 23.
[11] *Ehlers*, aaO, S. 383.
[12] *Wolff-Bachof* II, § 76 I d 5.
[13] VGH München, VGH n. F. 27, 72, m. abl. Anm. *Götz*, DÖV 1975, 210, sowie Bespr. *Menger*, VerwArch 1976, 205 ff.; OVG Lüneburg, DÖV 1979, 604.
[14] *Kopp*, § 78 Rdnr. 2; *Eyermann-Fröhler*, § 78 Rdnr. 2; *Redeker-von Oertzen*, § 78 Rdnrn. 2, 4.
[15] DÖV 1974, 68.
[16] Von dieser Ermächtigung haben Gebrauch gemacht Nordrhein-Westfalen (§ 5 II AGVwGO), Niedersachsen (§ 7 II AGVwGO) sowie Schleswig-Holstein (§ 6 II AGVwGO). Die zu § 61 VwGO ergangene Regelung in § 17 AGVwGOSaarl wird teilweise zugleich als Bestimmung nach § 78 VwGO angesehen: *Adam*, JuS 1971, 595 Erl. 4; *Ule*, VwGO, § 78.

§ 78 trifft eine Regelung nur für Anfechtungs- und Verpflichtungsklagen. Für Feststellungs- und Leistungsklagen bleibt es also beim Grundsatz, daß der Passivlegitimierte auch der Porzeßführungsbefugte ist.[17] Bei diesen Klagearten darf das Landesrecht nach § 78 I Nr. 2 die Behörde nicht als Prozeßführungsbefugten bestimmen.
Der Behördenbegriff ist wie in § 61 Nr. 3 (dazu oben § 8 II 3) weit zu fassen. Demnach sind Behörden „solche Stellen, die durch Organisationsrecht gebildet, vom Wechsel der Amtsinhaber unabhängig und nach der einschlägigen Zuständigkeitsregelung berufen sind, unter eigenem Namen nach außen eigenständig Aufgaben der öffentlichen Verwaltung wahrzunehmen",[18] z. B. der Oberstadtdirektor (§ 55 I GO NW), der Oberkreisdirektor (§ 37e KrO NW) bei kommunalen Gebietskörperschaften. Kurz: Behörde ist das nach außen auftretende Organ einer juristischen Person des öffentlichen Rechts.

Beispiele:
Der Prüfungsausschuß der Pädagogischen Prüfungsämter ist keine Behörde i. S. des § 78 I Nr. 2, weil die Entscheidung nach außen als Entscheidung des Prüfungsamtes ergeht;[19] aus gleichem Grunde ist die Schule, nicht der Prüfungsausschuß zu verklagen;[20] dagegen können Prüfungsausschüsse bei Universitäten oder Fakultäten Behörde sein,[21] sofern sie organisatorisch selbständig sind.

§ 78 regelt nur die Prozeßführungsbefugnis auf seiten des Beklagten, nicht auf seiten des Klägers. Für diesen gilt die allgemeine Regel, daß der materiellrechtlich Berechtigte grundsätzlich auch prozeßführungsbefugt ist.

Beachte: 42 II schafft insoweit eine besondere Regelung (unten § 14).

§ 10. Prozeßfähigkeit, Prozeßvertretung, Beistand

Während die Beteiligtenfähigkeit die Frage regelt, wer in der Lage ist, Subjekt eines Prozeßrechtsverhältnisses zu sein, beinhaltet die Prozeßfähigkeit die Befugnis, selbst oder durch einen Bevollmächtigten (unten 2 b) wirksam Prozeßhandlungen vorzunehmen (§ 62 I). Nicht jeder Beteiligte ist auch prozeßfähig. Ist er es nicht, so darf nur ein (gesetzlicher) Vertreter für ihn seine prozessualen Rechte wahrnehmen. Die Prozeßfähigkeit ist m. a. W. die *prozessuale Geschäftsfähigkeit.*

Von der Prozeßfähigkeit ist *Postulationsfähigkeit* zu unterscheiden: ausnahmsweise darf ein Prozeßfähiger nicht selbst Prozeßhandlungen vornehmen, sondern *muß* sich eines Bevollmächtigten bedienen (unten 2c). Im Verfahren vor dem Verwaltungsgericht oder Oberverwaltungsgericht (Verwaltungsgerichtshof) fallen Prozeß- und Postulationsfähigkeit grundsätzlich zusammen.

---

[17] *OVGE Münster,* NVwZ 1984, 522f.
[18] *OVG Münster,* OVGE 22, 269.
[19] *OVG Münster,* aaO; so auch *OVG Münster* OVGE 30, 20, für Klagen gegen den Prüfungsausschuß des Justizprüfungsamts.
[20] *BVerwG,* DVBl 1966, 36.
[21] *OVG Münster,* OVGE 24, 2; auch der Prüfungsausschuß der Industrie- und Handelskammern: *BVerwGE* 70, 10.

134　1. Teil. Die Sachurteilsvoraussetzungen

I. Prozeßfähigkeit

Prozeßfähig sind:
1) die nach bürgerlichem Recht Geschäftsfähigen (§ 62 I Nr. 1);[1]
2) die nach bürgerlichem Recht in der Geschäftsfähigkeit Beschränkten, soweit sie durch Vorschriften des bürgerlichen oder öffentlichen Rechts[2] für den Gegenstand des Verfahrens als geschäftsfähig anerkannt sind (§ 62 I Nr. 2).

Die Prozeßfähigkeit des beschränkt Geschäftsfähigen schließt indessen nicht aus, daß auch die gesetzlichen Vertreter für den Minderjährigen Klage erheben, sofern ihnen ein eigenes Recht i. S. von § 42 II zusteht, etwa das in Art. 6 GG verbürgte Elternrecht bei einer Klage auf Teilnahme des Kindes am Religionsunterricht.[3]

II. Prozeßvertretung

1) *Prozeßunfähige* werden durch ihre gesetzlichen Vertreter vertreten (gesetzliche Vertretungen),[4]
2) Prozeßfähige können sich vor dem Verwaltungsgericht und dem Oberverwaltungsgericht durch einen Bevollmächtigten vertreten lassen (§ 67 II 1) (gewillkürte freiwillige Vertretung).[5]

In einem Verfahren ohne Anwaltszwang verstößt die Ablehnung des Armenrechts und der Beiordnung eines Rechtsanwalts nicht gegen den Anspruch auf rechtliches Gehör gem. Art. 103 I GG, denn der Anspruch schließt nicht ein, daß Gehör gerade durch einen Rechtsanwalt vermittelt wird.[6]

3) Vertretungs*zwang* besteht nur in folgenden Fällen (gewillkürte notwendige Vertretung): Jeder Beteiligte – ausgenommen der Oberbundesanwalt[7] und der Vertreter des öffentlichen Interesses[8] –

---

[1] Bei krankhaftem Querulantenwahn besteht partielle Prozeßunfähigkeit: *VGH Kassel*, ESVGH 18, 122; vgl. auch *VGH München*, BayVBl 1984, 757. Bestehende Zweifel an der Prozeßfähigkeit müssen schlüssig dargelegt werden: *BVerwG*, DVBl 1986, 146 f.
[2] Z. B. § 5 Gesetz über religiöse Kindererziehung (*OVG Koblenz*, DÖV 1981, 586), § 8 I 2 PostG für Postgirodienst (*BVerwG*, NJW 1984, 2304 f.); § 19 WPflG (vgl. dazu *BVerwGE* 7, 67; 7, 358 f.); § 7 StVZO.
[3] *BVerwGE* 68, 16 ff.
[4] Pflicht des Gerichts zur Bestellung eines Vertreters bei Klagen nach dem BSHG: *BVerwGE* 25, 26 ff.; 30, 24 ff.
[5] Dabei stellt diese Vorschrift i. V. mit § 67 II 3 nur klar, daß vor dem Verwaltungsgericht und dem Oberverwaltungsgericht Anwaltszwang nicht besteht. Das entbindet bei der Bestimmung des Prozeßvertreters jedoch nicht von der Beachtung anderer gesetzlicher Regelungen wie z. B. des Rechtsberatungsmißbrauchsgesetzes. Aus diesem Grunde hat das *OVG Lüneburg* eine Prozeßvertretung des Bauherrn durch seinen Architekten im Verwaltungsprozeß um den Bauantrag für unzulässig gehalten: OVGE 27, 493 ff.
[6] *BVerwGE*, 51, 112; 51, 278.
[7] *BVerwGE (GS)* 12, 121 f.; 12, 225; *Ule*, DVBl 1960, 238.
[8] *BVerwGE* 16, 265; 31, 5; *BVerwG*, DVBl 1960, 563; DVBl 1960, 895 m. Anm. U-

§ 10. Prozeßfähigkeit, Prozeßvertretung, Beistand

- muß sich *vor dem* Bundesverwaltungsgericht durch einen Rechtsanwalt oder einen Rechtslehrer an einer deutschen Hochschule[9] als Bevollmächtigten vertreten lassen (§ 67 I);[10]
- muß sich vor dem Verwaltungsgericht und dem Oberverwaltungsgericht durch einen Bevollmächtigten vertreten lassen, wenn das Gericht dies durch Beschluß anordnet (§ 67 II a)[11]

Beachte: Als Rechtslehrer an einer deutschen Hochschule sind weder wissenschaftliche Assistenten[12] noch Fachhochschullehrer[13] anzusehen; ersteren fehlt die Qualifikation deshalb, weil eine Ernennung auch ohne zweites Staatsexamen möglich ist, letzteren wegen der mangelnden Gleichwertigkeit von Hochschule und Fachhochschule, mag auch die Bildungspolitik anderes behaupten.

Wird ein Rechtsbehelf ohne die vorgeschriebene Prozeßvertretung eingelegt, so ist er nicht in dem Sinne „unbeachtlich", daß das Gericht keine amtliche Handlung vornehmen darf; er ist vielmehr mangels Postulationsfähigkeit des Rechtsbehelfsführers als unzulässig zu verwerfen.[14]

Der Bevollmächtigte leitet seine Vertretungsmacht aus einer vom Vertretenen[15] erteilten schriftlichen (§ 67 III 1)[16] Vollmacht her. Vor dem Verwaltungsgericht und dem Oberverwaltungsgericht kann als Bevollmächtigter jede zum sachgemäßen Vortrag fähige Person auftreten (§ 67 II 3).[17]

III. Beistand (§ 67 II)

Der Beistand vertritt nicht den Beteiligten im Prozeß, sondern steht ihm nur in der mündlichen Verhandlung zur Seite.[18] Er kann nur vor dem Verwaltungsgericht und dem Oberverwaltungsgericht auftreten. Beistand kann jede Person sein, die zum sachgemäßen Vortrag fähig ist (§ 67 II 3).

---

le; NVwZ 1983, 413; *Ule,* DVBl 1960, 238f.; *ders.,* VwGO, § 67 Anm. I 2; *Fliegauf,* NJW 1964, 640f.; a. A. *Gerold,* NJW 1963, 2012f. Ausgenommen von der Vertretungspflicht ist auch der Vertreter der Interessen des Ausgleichsfonds im Lastenausgleichsverfahren (*BVerwG (GS)* 12, 119; 15, 316), aber nicht der Vertreter des Bundesinteresses nach § 45 I AbgG (*BVerwGE* 12, 225ff.), auch nicht der Vertreter des öffentlichen Interesses des Landes NW (*BVerwGE* 18, 205).
[9] *Bornemann,* MDR 1985, 192.
[10] Vgl. dazu *BVerwGE (GS)* 13, 247f. für Bayern und Baden-Württemberg; *BVerwG,* NJW 1984, 1474; *Ule,* DVBl 1960, 238; *Sellmann,* DÖV 1963, 406f.
[11] Vgl. dazu *OVG Münster,* NJW 1963, 1123.
[12] *BVerwG,* JZ 1971, 130 m. Anm. *Kimminich.*
[13] *BVerwGE* 56, 336ff. im Anschluß an *BVerwG,* DVBl 1975, 435f.
[14] *BVerwG,* MDR 1976, 781.
[15] Zur Vertretungsbefugnis des Verwalters bei Wohnungseigentum ist regelmäßig ein Beschluß aller Wohnungseigentümer erforderlich: *VGH München,* BayVBl 1975, 141f.
[16] Vgl. dazu *VGH Kassel,* ESVGH 14, 172.
[17] Für Verbandsvertreter als Bevollmächtigte vgl. *Schäfer,* DVBl 1961, 541f.
[18] Vgl. *Ule,* VerwProzR, § 20 III.

§ 11. Die Ordnungsmäßigkeit der Klageerhebung

Die Klage ist *schriftlich*[1] einzureichen; beim Verwaltungsgericht kann sie auch zur Niederschrift des Urkundsbeamten der Geschäftsstelle erhoben werden (§ 81 I). Sie muß den *Kläger*, den *Beklagten* und den *Streitgegenstand* bezeichnen (§ 82 I 1) und – bei schriftlich erhobener Klage – die Unterschrift des Klägers oder eines Bevollmächtigten tragen.[2] Fernschriftliche oder telegraphische Klageerhebung genügen, jedoch muß das Aufgabetelegramm unterschrieben sein.[3] Nicht möglich ist eine fernmündliche Klageerhebung.[4]

Zum nicht notwendigen, aber durch Sollvorschriften vorgeschriebenen Inhalt der Klage gehören:

– ein bestimmter Antrag (§ 82 I 1);
– die zur Begründung dienenden Tatsachen und Beweismittel (§ 82 I 2);
– die angefochtene Verfügung und der Widerspruchsbescheid in Urschrift oder in Abschrift (§ 82 I 2).

Beim Normenkontrollverfahren (§ 47), beim Verfahren auf Feststellung des Verbots einer Vereinigung (§§ 50 I Nr. 2, 48), bei der Aussetzung der Vollziehung (§ 80 V) und der einstweiligen Anordnung (§ 123) tritt an die Stelle der Klage ein *Antrag*. Im übrigen gelten die §§ 81, 82 entsprechend.

§ 12. Das Rechtsschutzbedürfnis

I. Bedeutung und Sinn des Rechtsschutzbedürfnisses

Das Rechtsschutzbedürfnis gehört zu den namentlich in Übungsarbeiten häufig mißverstandenen Sachurteilsvoraussetzungen. Dazu trägt in starkem Maße bei, daß seine dogmatischen Grundlagen und Ausprägungen für konkrete Fälle – ähnlich wie Treu und Glauben im materiellen Recht – trotz mehrerer Monographien[1] noch immer nicht unumstritten sind. Ursache hierfür ist, daß der Gesetzgeber nur in Einzelfällen die Inanspruchnahme des

---

[1] Zur Schriftform *OVG Hamburg*, MDR 1969, 1040.
[2] *BVerwGE* 2, 190f.; 13, 141; a. A. *Kohlbrügge*, DVBl 1961, 538; *OVG Münster*, NJW 1963, 2044f.: ,,wenn kein vernünftiger Zweifel besteht, daß der Kläger das Schreiben nicht nur als Entwurf gedacht hat, sondern als endgültige Klageschrift dem Gericht zugeleitet hat".
[3] *Kopp*, § 81 Rdnr. 9.
[4] Str., vgl. *Redeker-von Oertzen*, § 81 Rdnr. 4; *Kopp*, § 81 Rdnr. 10.
[1] *Schönke*, Das Rechtsschutzbedürfnis, 1950; *Allorio*, ZZP 67, 321ff.; *Pohle*, in: Festschr. f. Lent, 1957, S. 195ff.; *Stephan*, Das Rechtsschutzbedürfnis, 1967; *Wieser*, Das Rechtsschutzinteresse des Klägers im Zivilprozeß, 1971; *Bork*, Das Rechtsschutzbedürfnis im Verwaltungsprozeß, Diss. Göttingen 1971.

§ 12. Das Rechtsschutzbedürfnis

Gerichts ausdrücklich an ein Rechtsschutzbedürfnis (rechtliches, berechtigtes Interesse) bindet (§ 256 ZPO, §§ 43 I, 66 I, 113 I 4 VwGO). In diesen Fällen spricht man von einem besonderen Rechtsschutzbedürfnis. Indessen besteht heute Übereinstimmung, daß für jede Klage (oder jede sonstige Verfahrenshandlung) der Kläger ein allgemeines Rechtsschutzbedürfnis haben muß, d. h. das mit der Klage verfolgte Begehren muß in der gewählten Verfahrensart auch prozeßrechtlich eines gerichtlichen Rechtsschutzes fähig und bedürftig sein.[2] Der Kläger darf sein angestrebtes Klageziel nicht auf anderem Wege schneller, besser und billiger erreichen können.[3] Er darf insbesondere Klagen nicht für unnütze Zwecke oder zur Klärung theoretischer Streitfragen erheben. Insofern läßt es sich als prozessuale Ausprägung des Grundsatzes von Treu und Glauben verstehen: auch prozessuale Rechte dürfen nicht mißbraucht werden.[4]

Beispiele:
(a) Kein Rechtsschutzbedürfnis für Klage auf Anerkennung als Wehrdienstverweigerer, wenn der Kläger bereits als „dauernd untauglich" ausgemustert worden ist[5] oder wenn er sich bereits langfristig zum Dienst als Helfer im Zivil- oder Katastrophenschutz verpflichtet hat.[6] – (b) Kein Rechtsschutzbedürfnis für eine Klage gegen den Jahresprüfungsbericht des Rechnungshofs auf Feststellung, der Bericht sei (mangels Anhörung des Betroffenen) rechtswidrig zustande gekommen, weil ein Anspruch auf rechtliches Gehör gegenüber einem Rechnungshof unter keinem rechtlichen Gesichtspunkt besteht.[7] – (c) Dagegen wurde ein Rechtsschutzbedürfnis bejaht für die Klage auf Feststellung der Rechtswidrigkeit von Informationsübermittlungen zwischen zwei Landesverfassungsschutzämtern, weil eine mögliche Verletzung subjektiver Rechte von den auf den Übermittlungsvorgang anzuwendenden Rechtsvorschriften abhängig und diese Frage streitig sei.[8]

Das allgemeine Rechtsschutzbedürfnis ist der Klagebefugnis sehr nahestehend (vgl. unten § 14). Sie unterscheiden sich jedoch dadurch, daß es bei der Klagebefugnis ausschließlich auf die generelle Möglichkeit einer Verletzung von subjektiven Rechten des Klägers ankommt, während beim allgemeinen

---

[2] *Hoffmann,* VerwArch 1962, 305; *Pietzner-Ronellenfitsch,* § 8 Rdnr. 18; *Tschira-Schmitt Glaeser,* S. 70 ff.; *Laubinger,* in: Festschr. f. Menger, 1985, S. 455.
[3] Dazu *VGH München,* BayVBl 1969, 396; *OVG Münster,* DÖV 1983, 428; *Schönke* (o. Fußn. 1), S. 34.
[4] *Tschira-Schmitt Glaeser,* S. 63 m. Nachw.; vgl. auch *BVerfG,* DVBl 1981, 625.
[5] *BVerwGE* 44, 121.
[6] *BVerwGE* 61, 247.
[7] *VG Düsseldorf,* NJW 1981, 1398. Der Kläger hätte die ihn konkret betreffenden Ausführungen angreifen müssen, weil sie etwa unrichtig oder ehrenrührig sind. Richtige Verfahrensart ist für einen Widerruf die Leistungsklage (oben § 4 VI).
[8] *BVerwG,* NJW 1984, 1636. Das Gericht bejaht ein Rechtsschutzbedürfnis mit der Formulierung, „es verbietet sich das Urteil, unter jedem in Betracht kommenden Gesichtspunkt sei eine Verletzung von Rechten des Klägers ausgeschlossen" und nähert sich damit der für die Klagebefugnis gebräuchlichen Wendung, sie liege vor, wenn nicht „offensichtlich und eindeutig nach keiner Betrachtungsweise die vom Kläger behaupteten Rechte nicht bestehen oder ihm nicht zustehen können": *BVerwGE* 18, 157, std. Rspr., zuletzt etwa *BVerwG,* NJW 1986, 1474.

138   1. Teil. Die Sachurteilsvoraussetzungen

Rechtsschutzbedürfnis geprüft wird, ob die Klageerhebung im konkreten Fall auch eines Rechtsschutzes bedürftig ist.

Ausdruck des allgemeinen Erfordernisses, eine Klage nur im Falle eines Rechtsschutzbedürfnisses erheben zu können, ist der durch Gesetz vom 25. 5. 1976 im Zusammenhang mit der Verabschiedung des Bundesverwaltungsverfahrensgesetzes eingefügte § 44a, der Rechtsbehelfe gegen behördliche Verfahrenshandlungen nur gleichzeitig mit dem gegen die Sachentscheidung gerichteten Rechtsbehelf zuläßt. Diese für alle Klagearten geltende Regel hat die schon vor ihrem Inkrafttreten geltende h. M. nunmehr in Gesetzesform gefaßt. Unter behördlichen Verfahrenshandlungen i. S. von § 44a S. 1 sind alle Handlungen und Entscheidungen, die die abschließende Sachentscheidung in der Hauptsache vorbereiten, zu verstehen.[9]

Eine etwaige Rechtswidrigkeit von Verfahrenshandlungen ist nur im Rahmen der Überprüfung der abschließenden Sachentscheidung im Widerspruchs- oder Klageverfahren rügefähig. Der Ausschluß gesonderter Rechtsbehelfe dient der Verfahrensökonomie: keine zweispurigen Klageverfahren.[10]

Beispiel:
Anspruch auf Akteneinsicht.[11]

Ausnahmsweise ist gemäß § 44a S. 2 der Rechtsbehelf jedoch zulässig, wenn die Verfahrenshandlung vollstreckt werden kann oder gegen einen Nichtbeteiligten ergeht. Als Rechtsbehelfe kommen dann auch die vorläufigen Rechtsschutzformen in Frage.[12]

II. Das allgemeine Rechtsschutzbedürfnis für Anfechtungs-, Verpflichtungs- und Leistungsklage

In der Regel wird das Rechtsschutzbedürfnis vorliegen:

- für eine *Anfechtungsklage*, wenn der Kläger durch einen Verwaltungsakt betroffen wird und dessen Aufhebung begehrt;
- für eine *Verpflichtungsklage*, wenn der Kläger die Verurteilung der Verwaltungsbehörde zum Erlaß eines abgelehnten oder unterlassenen Verwaltungsakts beantragt, auf den er einen Rechtsanspruch zu haben glaubt;
- für eine *Leistungsklage*, wenn der eingeklagte Anspruch fällig ist.

Um das Rechtsschutzbedürfnis *auszuschließen,* müssen also besondere Umstände vorliegen. Sie müssen im Einzelfall dargetan und dann auch geprüft werden.[13] So ist für die *Anfechtungsklage* das Rechtsschutzbedürfnis

---

[9] *Weides,* S. 98; vgl. auch *Erichsen,* S. 89 (z. B. nach §§ 16, 20, 22, 26, 28, 29 VwVfG).
[10] *VG Köln,* NJW 1978, 2261; *Ossenbühl,* NVwZ 1982, 470; *Stelkens,* NJW 1982, 1137; *Laubinger,* VerwArch 1982, 78. Vgl. auch oben § 4 IV 1.
[11] *BVerwG,* NJW 1979, 177; *OVG Münster,* DVBl 1980, 964f.
[12] *OVG Münster,* DVBl 1980, 964f.; *Kopp,* § 44a Rdnrn. 8ff.
[13] Zum Rechtsschutzbedürfnis bei Sonderstatusverhältnissen (hier: Klage gegen Schulnote) *Löwer,* DVBl 1980, 959; *BVerwG,* DÖV 1983, 819: die erstrebte Verbesserung der Schulnote muß die weitere schulische Laufbahn günstig beeinflussen. Gleiches gilt für die Klage auf Verbesserung einer Promotionsnote: *VGH Mannheim,* DÖV 1982, 164.

§ 12. *Das Rechtsschutzbedürfnis* 139

ausgeschlossen, wenn der Kläger das mit der Klage verfolgte Ziel auch mit einer Klage vor dem ordentlichen Gericht erreichen kann. Diese Frage ist vor allem bei der Anfechtung sog. privatrechtsgestaltender Verwaltungsakte akut geworden, wie z. B. der Genehmigung zur Kündigung von Pachtverträgen nach der Kleingartenschutzverordnung,[14] der Genehmigung zur Kündigung nach § 9 II MutterschutzG,[15] der Zustimmung zur Kündigung eines Schwerbeschädigten.[16]

Ein Rechtsschutzbedürfnis dürfte zu verneinen sein bei Klagen gegen eine gebührenpflichtige Verwarnung (§ 27 StVG), mit der sich der Kläger einverstanden erklärt hatte, ausgenommen, es wird die Ordnungsmäßigkeit des Verfahrens gerügt.[17] In der Regel fehlt es auch, wenn sich die Hauptsache erledigt hat, d. h. die Beschwer des Klägers, z. B. durch Aufhebung des Verwaltungsakts, weggefallen ist, ausgenommen der Fall des § 113 I 4 (unten § 17 II 4). Dies gilt jedoch dann nicht, wenn die Beklagte im Anfechtungsprozeß das Sachbegehren als berechtigt anerkennt und Abhilfe ankündigt. Denn die Beschwer entfällt erst dann, wenn der angegriffene Verwaltungsakt tatsächlich geändert ist.[18]

Für eine Anfechtungsklage ist das Rechtsschutzbedürfnis auch ausgeschlossen, wenn dem Kläger ein Anspruch auf einen begünstigenden Verwaltungsakt abgelehnt worden ist; denn in diesem Falle ist die richtige Klageart die Verpflichtungsklage (dazu oben § 4 III). Nur ausnahmsweise besteht ein Rechtsschutzbedürfnis für eine „isolierte Anfechtungsklage".

Das Rechtsschutzbedürfnis für eine *Verpflichtungsklage* kann auch gegeben sein, wenn damit eine der Voraussetzungen für einen später zu erlassenden Verwaltungsakt erwirkt werden soll.

Beispiel:
Ein wegen schwerer Straftaten verurteilter und unbefristet ausgewiesener Ausländer beantragt die nachträgliche Befristung seiner Ausweisungsverfügung, nachdem er als asylberechtiger Ausländer anerkannt worden ist, da diese Ausweisungsverfügung sonst einer positiven Entscheidung über eine unbefristete Aufenthaltserlaubnis entgegenstehen würde.[19]

Dagegen fehlt es am Rechtsschutzbedürfnis für die Verpflichtungsklage, wenn die Fristen für eine Anfechtung unterlaufen werden sollen, etwa mit einem Antrag auf Rücknahme oder Widerruf des Verwaltungsakts. Der Antrag auf Verpflichtung muß immer zukunftsgerichtet sein.[19a]

---

[14] Vgl. *BVerwGE* 1, 134 ff.; 4, 317 ff. (Rechtsschutzbedürfnis für den *Pächter* verneint); 4, 332 ff. (Rechtsschutzbedürfnis für den *Verpächter* gegen Versagung der Genehmigung bejaht); vgl. auch *Ule*, VwGO, § 42 Anm. III 5 m. Nachw.; *VGH München*, BayVBl 1969, 396.
[15] Vgl. *BVerwGE* 7, 294 ff.; 10, 148 ff. (Rechtsschutzbedürfnis für Arbeitgeber und Arbeitnehmer bejaht); *Ule*, VwGO, aaO.
[16] Vgl. *BVerwGE* 8, 46 ff. (Rechtsschutzbedürfnis für Arbeitnehmer bejaht); *Ule*, aaO.
[17] *BVerwGE* 24, 8.
[18] *BVerwGE* 62, 19.
[19] *VGH Mannheim*, DVBl 1986, 519.
[19a] *VGH München*, BayVBl 1984, 405.

140   1. Teil. Die Sachurteilsvoraussetzungen

Für eine *Leistungsklage* fehlt das Rechtsschutzbedürfnis, wenn der Kläger bereits einen Vollstreckungstitel hinsichtlich des eingeklagten Anspruchs hat oder wenn er die Befriedigung seines Anspruchs in einem einfacheren Verfahren erreichen kann. Das gilt jedoch nur dann, wenn der besonders geregelte Verfahrensweg die allgemeinen Rechtsschutzmöglichkeiten ausschließt.[20]

Beispiel:
Durch das sog. Erstattungsverfahren nach dem Erstattungsgesetz (BGBl 1951 I, 87, 109) sollen die übrigen Rechtsschutzmöglichkeiten nicht verdrängt, sondern nur ein zusätzlicher Verfahrensweg eröffnet werden. Trotz der Möglichkeit, einen Anspruch im Erstattungsverfahren geltend zu machen, fehlt es daher nicht am Rechtsschutzbedürfnis für eine Leistungsklage.

In diesen Zusammenhang gehört auch die (umstrittene) Frage, ob der Staat Zahlungsansprüche gegen den Bürger mittels Verwaltungsakt geltend machen darf (sog. *Leistungsbescheid*), oder ob er auf eine Leistungsklage angewiesen ist. Die Rechtsprechung,[21] die grundsätzlich beide Möglichkeiten anerkennt, hält einen Leistungsbescheid dann für erforderlich und genügend, wenn zwischen Staat und Anspruchsgegner ein Unterordnungsverhältnis gerade bezüglich des geltend gemachten Anspruchs besteht; ein solches Verhältnis bejaht sie jedenfalls bei Beamten und Soldaten.[22] Dagegen können Verpflichtungen aus einem öffentlich-rechtlichen Vertrag regelmäßig nicht durch Leistungsbescheid durchgesetzt werden, es sei denn, es existiert eine diesen deckende gesetzliche Ermächtigung,[23] denn hier ist kein Unterordnungsverhältnis gegeben.

Ein Teil der Lehre[24] fordert neben der Berechtigung des Staates noch die Ermächtigung, seinen Anspruch einseitig und potentiell verbindlich durchzusetzen. In den Fällen, in denen man einen Leistungsbescheid für zulässig erachtet, fehlt einer gleichzeitigen Leistungsklage das Rechtsschutzbedürfnis.[25] Die Rechtsprechung will es jedoch dann bejahen, wenn die geltend gemachte Forderung strittig und von Anfang an mit einer Klage gegen den

---

[20] *OVG Koblenz,* AS 9, 69.
[21] *BVerwGE* 21, 270 ff.; 24, 225 ff.; 25, 72 ff.; 25, 280 ff.; 27, 245 ff.; 27, 250 ff.; 28, 1 ff.; 29, 310 ff.; 34, 97 ff.
[22] So ausdrücklich *BVerwGE* 28, 4; weitergehend noch *BVerwGE* 25, 78: „Die Vollstreckungsgewalt der Behörde entspricht ihrer Verfügunggewalt"; krit. *Henrichs-Pietzner,* JuS 1969, 137 Fußn. 10; ausführlich *BVerwG,* JuS 1977, 836 Nr. 8; zuletzt *OVG Münster,* NJW 1985, 2438 m. w. Nachw.
[23] *BVerwGE* 50, 173 ff.
[24] *Menger-Erichsen,* VerwArch 1966, 378 ff.; 1970, 177; *Achterberg,* DVBl 1966, 152 ff.; *ders., JZ* 1969, 354 ff.; *Bachof,* JZ 1966, 60; *Wacke,* DÖV 1966, 311 ff.; *Krupp,* JZ 1965, 180 f.; *Renck,* JuS 1965, 129 f.; *Löwenberg,* Die Geltendmachung von Geldforderungen im Verwaltungsrecht, 1967; *Schwerdtfeger,* Rdnr. 75; *Osterloh,* JuS 1983, 280 ff. Bes. *Wacke,* DÖV 1966, 314 f., weist darauf hin, daß in einer Vielzahl von Fällen die Verwaltung gesetzlich zum Erlaß von Leistungsbescheiden ermächtigt ist (§ 5 ErstattungsG, § 48 II 8 VwVfG).
[25] *VG Schleswig,* NJW 1977, 1412; *Pietzner-Ronellenfitsch,* § 8 Rdnr. 23; *Tschira-Schmitt Glaeser,* S. 64 f.; a. A. *OVG Münster,* DVBl 1974, 596 ff., weil die Leistungsklage umfassenderen (Zinsanspruch) und schnelleren (vorläufige Vollstreckbarkeit des Urteils) Rechtsschutz gewährt.

§ 12. Das Rechtsschutzbedürfnis 141

Verwaltungsakt zu rechnen ist.[26] Einer Klage bedarf es stets, wenn der Staat gegen einen Kommunalbeamten vorgehen will; denn gegen diesen kann er keinen Leistungsbescheid erlassen (anderer Dienstherr).[27] Das Rechtsschutzbedürfnis muß stets geprüft werden bei allen Klagen auf *vorbeugenden* Rechtsschutz, da die VwGO raschen Rechtsschutz nach Ergehen behördlicher Entscheidungen durch die Verfahren nach § 80 und § 123 nicht versagt. Wie oben § 4 VI, VII 1a dargelegt, ist heute Rechtsschutz durch vorbeugende Unterlassungs- und Feststellungsklage an sich zulässig. Aber in solchen Fällen muß der Kläger ein „besonderes (,qualifiziertes') Rechtsschutzbedürfnis"[28] haben, bereits vor Erlaß des Verwaltungsakts dessen Unterlassung zu erstreiten. Man verlangt, daß es für den Kläger „unzumutbar"[29] ist abzuwarten, bis es zur Rechtsverletzung kommt. Das werden stets Ausnahmetatbestände sein.

Beispiele für Ausnahmetatbestände:
(a) Vorbeugende Unterlassungsklage darauf, daß die Behörde nicht gegen die vom Kläger beabsichtigte Wahlpropaganda einschreitet.[30] - (b) Vorbeugende Unterlassungsklage, um zu verhindern, daß einem Gastwirt die von der Behörde stets gewährte Sperrstundenverlängerung wiederum gewährt wird.[31] - (c) Vorbeugende Unterlassungsklage eines Gaststätten-Geschäftsführers gegen ein nach § 21 I GaststG drohendes Beschäftigungsverbot[32] - (d) Vorbeugende Unterlassungsklage einer Gemeinde gegen Planungen der Nachbargemeinde.[33]

III. Allgemeines und besonderes Rechtsschutzbedürfnis für eine Feststellungsklage

1. Allgemeine Feststellungsklage

Auch die Erhebung einer Feststellungsklage erfordert das Vorliegen eines allgemeinen Rechtsschutzbedürfnisses.[34]

---

[26] *BVerwGE* 25, 80: Rechtsschutzbedürfnis besteht „ausnahmsweise". Vgl. auch die ausführliche Darstellung in *BVerwGE* 25, 289; ferner *BVerwGE* 28, 154; 58, 318f.; *OVG Münster,* DÖV 1983, 428.
[27] *OVG Münster,* DVBl 1974, 596ff.
[28] *Ule,* VerwProzR, § 34 III.
[29] Vgl. oben § 6 Fußn. 7; *BVerwGE* 40, 323; 53, 215; 54, 215; *VGH München,* BayVBl 1985, 83; *Ule,* aaO; *Redeker-von Oertzen,* § 42 Rdnr. 162; *Pietzner-Ronellenfitsch,* § 8 Rdnr. 29.
[30] *OVG Bremen,* NJW 1967, 2222ff.; ähnlich *BVerwGE* 34, 73.
[31] *OVG Lüneburg,* OVGE 26, 504f.
[32] *VGH München,* BayVBl 1986, 468.
[33] *VGH München,* BayVBl 1985, 83. Dazu auch *BVerwGE* 40, 323ff., wo das Gericht ausdrücklich statt der gewählten vorbeugenden Feststellungsklage auch eine vorbeugende Unterlassungsklage für zulässig hält.
[34] Dazu *Redeker-von Oertzen,* § 43 Rdnr. 19; *Pietzner-Ronellenfitsch,* § 8 Rdnr. 26; für die vergleichbare Vorschrift des § 256 ZPO *Baumbach-Lauterbach,* § 256 Anm. 3; *Zöller,* ZPO, 12. Aufl. (1979), § 256 Anm. III; *BGH,* NJW 1977, 1882. Vgl. aus der Rspr. *BVerwG,* DVBl 1986, 294: Kein Rechtsschutzbedürfnis für Anerkennung als Kriegsdienstverweigerer haben Personen, die im Sanitätsbereich tätig sind, weil sie auch im Kriegsfalle nur in diesem Bereich eingesetzt werden würden. Vgl. auch *BVerwG,* DÖV 1986, 748f. und DÖV 1986, 750ff.

142 1. Teil. Die Sachurteilsvoraussetzungen

Beispiel:
Ein Bundesland begehrt, die Unterhaltungspflicht der Beklagten hinsichtlich eines Wassergrabens festzustellen. Obgleich eine Regelung durch (anfechtbaren) Verwaltungsakt möglich wäre, darf die Behörde auch Feststellungsklage erheben, wenn mit der Möglichkeit einer gerichtlichen Austragung des Rechtsstreits ohnehin zu rechnen ist.[35]

Allerdings ist es regelmäßig ohne Bedeutung, da das Gesetz zwei besondere Ausprägungen des Rechtsschutzbedürfnisses enthält: ein besonderes Rechtsschutzbedürfnis in Form des Feststellungsinteresses (§ 43 I) und die Subsidiaritätsklausel (§ 43 II).

a) Zur gerichtlichen Durchsetzung eines Feststellungsbegehrens muß der Kläger ein „berechtigtes Interesse an der baldigen Feststellung" haben. *Berechtigtes Interesse* ist jedes nach vernünftigen Erwägungen der Lage des Falles aufgrund eines Gesetzes oder nach allgemeinen Rechtsgrundsätzen anzuerkennende schutzwürdige Interesse.

Beispiele:
(a) Ein bekenntnisloser Schüler begehrt Feststellung, daß er zur Teilnahme am evangelischen Religionsunterricht als Pflichtfach auch ohne besondere Erlaubnis der Schule berechtigt sei.[36] – (b) Klage einer Handwerkskammer auf Feststellung, daß der Beklagte seinen Betrieb nicht ohne Eintragung in die Handwerksrolle führen darf.[37] – (c) Dagegen hat eine Behörde kein berechtigtes Interesse an einer negativen Feststellungsklage, wenn sich der Beklagte nur eines vermögensrechtlichen Anspruchs ihr gegenüber berühmt.[38]

Es genügt ein wirtschaftliches oder ideelles Interesse; ein rechtliches Interesse ist nicht notwendig.[39] Ein berechtigtes Interesse an der baldigen Feststellung ist nur dann gegeben, wenn das Rechtsverhältnis umstritten ist.[40]

Beispiel:
Ein als „dauernd untauglich" ausgemusterter Bürger kann nicht die Feststellung beantragen, er stehe (auch) deshalb nicht für den Wehrdienst zur Verfügung, weil er aus Gewissensgründen zur Kriegsdienstverweigerung berechtigt sei. Gem. § 26 VII WPflG bedarf es keiner Entscheidung über den Antrag eines Kriegsdienstverweigerers, wenn und solange eine Einberufung aus anderen Gründen nicht in Betracht kommt.[41]

b) Der Kläger kann eine Feststellungsklage nicht erheben, wenn er seine Rechte durch Anfechtungs-, Verpflichtungs- oder Leistungsklage verfolgen kann oder hätte verfolgen können (§ 43 II 1). Die Feststellungsklage ist gegenüber Gestaltungs- und Leistungsklage also subsidiär.

Beispiel:
Der Kläger beantragt, seine deutsche Staatsangehörigkeit „festzustellen". Er hat zwei Klagemöglichkeiten: a) Feststellungsklage nach § 43; keine Subsidiarität, weil er mit einer Verpflichtungsklage keine„streitentscheidende Statusfeststellung durch die

---

[35] *BVerwGE* 28, 154.
[36] *BVerwG*, NJW 1983, 2584.
[37] *OVG Lüneburg*, NJW 1979, 1998 f. Doch scheiterte hier die Klage an der Subsidiaritätsklausel.
[38] *BVerwGE* 29, 171 ff.
[39] *Redeker-von Oertzen*, § 43 Rdnr. 20; *Kopp*, § 43 Rdnr. 23 f., jeweils m. w. Nachw.
[40] *BVerwG*, NJW 1983, 2347; NJW 1983, 2584; *OVG Münster*, OVGE 21, 100; *OVG Münster*, DVBl 1972, 506.
[41] *BVerwGE* 44, 120 ff.

§ 12. Das Rechtsschutzbedürfnis

Behörde" erreichen kann, da die verbindliche Entscheidung über Statusfragen den Gerichten zusteht. b) Die Behörde stellt nur eine Bescheinigung über die Staatsangehörigkeit aus und und prüft die Staatsangehörigkeit dabei inzident. Es genügt die Erhebung einer Verpflichtungsklage auf Erteilung des Staatsangehörigkeitsausweises, weil die Behörde aufgrund der Amtspflicht zu konsequentem Verwaltungshandeln gehalten ist, den Kläger nach Erteilung des Ausweises auch in anderen Fragen als Deutschen zu behandeln.[42]

Beachte aber: Gegebenenfalls kann eine mangels Vorliegens eines Verwaltungsakts unzulässige Anfechtungsklage in eine Feststellungsklage umgedeutet werden.[43]

Der Sinn der *Subsidiaritätsklausel* liegt darin, ein Unterlaufen der für Anfechtungs- und Verpflichtungsklagen geltenden Sonderregeln zu verhindern.[44] Außerdem soll das Gericht nicht ein zweites Mal befaßt werden, wenn der Beklagte aus seinem Unterliegen in der Feststellungsklage keine Konsequenzen zieht: Grundsatz der Gewährung effektiven Rechtsschutzes.[45] Diese beiden in § 43 II 1 zum Ausdruck gebrachten gesetzgeberischen Anliegen werden teilweise entgegen dem Wortlaut einengend interpretiert, die Klausel finde keine Anwendung z. B. bei einer dem Feststellungsantrag entsprechenden Leistungsklage, da diese ebenfalls ohne die Vorschaltung eines Widerspruchsverfahrens zulässig gewesen wäre,[46] oder bei beamtenrechtlichen Klagen, da für diese gem. § 126 III BRRG die besonderen Zulässigkeitsvoraussetzungen der Anfechtungs- und Verpflichtungsklage auf alle Klagearten ausgedehnt worden sind.[47] Diese Auffassung erscheint problematisch; damit wird die Subsidiaritätsklausel einseitig zugunsten der Verhinderung eines Umgehens verwaltungsprozessualer Sonderregelungen ausgelegt. Auf der Strecke bleibt jedoch der Gedanke, dem klagenden Bürger die für sein Rechtsschutzbegehren am besten geeignete Klageform zur Verfügung zu stellen.[44a] Abweichend von dieser einseitigen Interpretation der Klausel hat jüngst das *Bundesverwaltungsgericht* eine Feststellungsklage, im Rahmen eines Verwaltungsrechtsverhältnisses seien bestimmte Nebenpflichten durch die Behörde verletzt worden, für unzulässig erklärt und auf eine zivilrechtliche Leistungsklage auf Schadensersatz verwiesen.[47a] Die Verletzung öffentlich-rechtlicher Pflichten sei eine vom Zivilgericht zu beantwortende Vorfrage. Das Zivilgericht gewähre dem Bürger auf ,,einfacherer Weise" einen dem Art. 19 IV GG genügenden Rechtsschutz als andere Verfahren in unterschiedlichen Rechtswegen.

Des weiteren sollen nach einer besonders von der Rechtsprechung vertretenen Auffassung Feststellungsklagen, die gegen den Bund, die Länder oder andere öffentlich-rechtliche Körperschaften gerichtet sind, auch anstelle von Leistungsklagen zulässig sein, weil zu erwarten sei, daß der Beklagte (z. B.

---

[42] *VGH München,* DVBl 1977, 108.
[43] *BVerwG,* NVwZ 1986, 387.
[44] *BVerwGE* 36, 181 f.; 40, 327 f.; 51, 75; *BVerwG,* NVwZ 1984, 108; *VGH München,* BayVBl 1984, 719; *OVG Koblenz,* AS 14, 87.
[45] *Tschira-Schmitt Glaeser,* S. 187 m. w. Nachw.
[46] *BVerwGE* 40, 328 m. Nachw.; *OVG Münster,* NVwZ 1984, 523.
[47] *BVerwGE 36, 182.*
[47a] *Kritisch auch Tschira-Schmitt Glaeser,* S. 187 f.
[47b] *BVerwG,* NJW 1986, 1828.

eine Behörde) den bei einer Feststellungsklage obsiegenden Kläger auch ohne Leistungsurteil befriedigen werde; dies folge aus der verfassungsrechtlich verankerten festen Bindung an Gesetz und Recht.[48]

Beispiel:
Das Gesundheitsamt gibt einer anderen Behörde, bei der sich der Kläger um Einstellung beworben hat, Auskunft über den Gesundheitszustand des Klägers. Der Kläger erhebt daraufhin Klage auf Feststellung, daß das Gesundheitsamt hierzu nicht befugt sei. Obwohl der Kläger hier möglicherweise auf Unterlassung klagen könnte, besteht für die Feststellungsklage ein berechtigtes Interesse des Klägers, da davon ausgegangen werden kann, ,,daß sich eine Behörde der rechtskräftigen Feststellung eines Rechtsverhältnisses oder des Inhalts einer solchen rechtlichen Beziehung fügen wird".[49]

Letzterer Ansicht der Rechtsprechung kann nicht zugestimmt werden; sie ist mit dem klaren Wortlaut des Gesetzes nicht zu vereinbaren.[50]

Es besteht ebenfalls keine Subsidiarität der Feststellungsklage, wenn sonst kein vollkommener Rechtsschutz gewährt würde,[51] etwa wenn eine Wiederholung der Rechtsverletzung möglich erscheint.

Beispiel:
Eine Studentin beantragt Feststellung dahingehend, daß ihre monatliche Ausbildungsbeihilfe nach § 51 I BAföG bis spätestens am letzten Tag des Vormonats auf ihrem Konto verbucht ist. Das gleiche gilt für Beamte.

c) Ein berechtigtes Interesse an der baldigen Feststellung ist auch gegeben, wenn der Kläger vor dem ordentlichen Gericht auf Leistung (z. B. auf Schadensersatz aus Amtspflichtverletzung) klagen kann und die Feststellungsklage vor dem Gericht der Verwaltungsgerichtsbarkeit nur eine *für den Zivilprozeß* erhebliche *verwaltungsrechtliche Vorfrage* betrifft.[52] Voraussetzung ist aber, daß der Zivilprozeß bereits anhängig oder mit hinreichender Sicherheit zu erwarten sowie nicht offensichtlich aussichtslos ist und die Feststellung den Zivilrichter bindet.[53]

d) Das Rechtsschutzbedürfnis entfällt auch nicht schon dann, wenn eine Behörde das Rechtsverhältnis durch Verwaltungsakt klären konnte[54] oder aus einem Leistungsbescheid hätte vollstrecken können.

Beispiel:
Die klagende Behörde zog den Beklagten durch unanfechtbar gewordene Bescheide zur Erstattung von Sozialhilfeleistungen heran. Nach Änderung des Gesetzes, das nunmehr eine Verjährung des Erstattungsanspruches vorsieht, verlangt die Behörde die

---

[48] *BVerwGE* 36, 181 f.; 38, 101 f.; 59, 163; *BVerwG*, NVwZ 1984, 108; *VGH München*, BayVBl 1984, 719; vgl. auch *Lerche*, in: Staatsbürger und Staatsgewalt II, S. 80.
[49] *VG Berlin*, NJW 1960, 1411.
[50] *Redeker-von Oertzen*, § 43 Rdnr. 26; *Kopp*, § 43 Rdnr. 28; *Ule*, VwGO, § 43 Anm. I 3; *Tschira-Schmitt Glaeser*, S. 187 f.
[51] *BVerwGE* 32, 333 ff.; 37, 247 ff.; 40, 327 ff.; *BVerwG*, NVwZ 1982, 620.
[52] *BVerwGE* 4, 177; 6, 348; 9, 197 f.; 10, 276 f.; 37, 247; vgl. auch *BVerwG*, NVwZ 1985, 750 allgemein zur Abklärung von Vorfragen mittels Feststellungsklage; sehr eingehend *Tietgen*, DVBl 1960, 261 ff.; *Ule*, VwGO, § 43 Anm. I 3 b m. umfangr. Nachw.
[53] *BVerwGE* 9, 196 ff.; 37, 247; *BVerwG*, NJW 1980, 197; *OVG Münster*, NJW 1979, 2061; a. A. *Eyermann-Fröhler*, § 43 Rdnr. 12.
[54] *BVerwGE* 28, 153 ff.; 29, 166; 29, 312; *OVG Münster*, DÖV 1983, 428.

§ 12. Das Rechtsschutzbedürfnis 145

Abgabe eines vertraglichen Anerkenntnisses. Als der Beklagte der Aufforderung nicht nachkommt, klagt die Behörde auf Feststellung des Fortbestehens der Erstattungsschuld.[55]

e) Besonders sorgfältig ist das berechtigte Interesse bei einer *vorbeugenden Feststellungsklage* zu prüfen.[56] „Für vorbeugenden Rechtsschutz ist dort kein Raum, wo und solange der Betroffene zumutbarerweise auf den von der VwGO als grundsätzlich angemessen und ausreichend angesehenen nachträglichen Rechtsschutz verwiesen werden kann".[57]

Beispiele:
(a) Klage eines Bürgers auf Feststellung der Verpflichtung einer Gemeinde, ihn in das Wählerverzeichnis künftiger Bundestagswahlen aufzunehmen.[58] – (b) Klage auf Feststellung, daß der Kläger auf seinem Grundstück bestattet werden kann[59] oder die Behörde ausdrücklich erklärt hat, gegen den Kläger zur Zeit nicht einschreiten zu wollen.[60]

f) Ausdrücklich kraft Gesetzes ist die Subsidiarität der Feststellungsklage ausgeschlossen, wenn die Feststellung der *Nichtigkeit eines Verwaltungsaktes* begehrt wird (§ 43 II 2). Der Käger hat also ein Wahlrecht zwischen Anfechtungsklage, solange die Klagefrist noch läuft, und der Feststellungsklage. Die Behörde verdient bei nichtigen Verwaltungsakten keinen Schutz.

2. Die Fortsetzungsfeststellungsklage

Für die Klage *auf Feststellung der Rechtswidrigkeit eines erledigten Verwaltungsakts* ist ebenfalls ein berechtigtes Interesse des Klägers an dieser Feststellung erforderlich (§ 113 I 4): Es gilt insoweit das für die Feststellungsklage nach § 43 Gesagte entsprechend.[61] Ein berechtigtes Interesse wird bei diesen sog. Fortsetzungsfeststellungsklagen insbesondere dann anzunehmen sein, wenn die Rechtswidrigkeit des Verwaltungsakts festgestellt werden soll, weil ein Schadensersatzanspruch, etwa aus Amtshaftung oder enteignungsgleichem Eingriff, oder ein Folgenbeseitigungsanspruch[62] in Frage kommt.

Beispiel:
Einem Polizeibeamten war die Teilnahme an einem weiterführenden Kurs einer Polizeiberufsschule zu Unrecht versagt worden. Während des Prozesses um die Nichtzulassung wird ihm nunmehr der Besuch des neu beginnenden Lehrgangs gestattet. Die Umstellung auf eine Fortsetzungsfeststellungsklage wegen eines angekündigten Schadensersatzprozesses ist zulässig.[63]

---

[55] *OVG Münster*, OVGE 28, 447.
[56] *BVerwGE* 26, 23 ff.; *BVerwG*, DÖV 1983, 981; NVwZ 1986, 35.
[57] *BVerwGE* 40, 326.
[58] *BVerwGE* 51, 74 f.
[59] *BVerwGE* 45, 226.
[60] *BVerwG*, NVwZ 1986, 35.
[61] Vgl. *BVerwG*, BayVBl 1981, 214 f.; NVwZ 1985, 265 f.; 1985, 266 f.; 1985, 269; *Schenke*, in: Festschr. f. Menger, 1985, S. 470 ff. m. w. Nachw.
[62] *BVerwGE* 54, 316.
[63] *OVG Koblenz*, NJW 1977, 72 ff.

Feststellungsinteresse wegen eines Schadensersatzprozesses setzt voraus, daß dieser entweder bereits anhängig oder mit Sicherheit zu erwarten[64] und nicht offensichtlich aussichtslos[65] ist.

Ein berechtigtes Interesse ist auch dann anzunehmen, wenn Wiederholungsgefahr

Beispiele:
(a) Der Kläger wurde für einen in der Schweiz aufgenommenen Kredit zur Anlegung eines Bardepots verpflichtet. Er fürchtet, für weitere Kredite wieder depotpflichtig zu werden.[66] – (b) Durchsuchung eines Autos und Beschlagnahme von Gegenständen angesichts einer Demonstration.[67]

bzw. ein Rehabilitationsinteresse, bes. bei diskriminierenden Maßnahmen, besteht.

Beispiele:
(a) Einer politischen Partei wurde die Durchführung ihres Bundesparteitages untersagt.[68] – (b) Einem Fluglotsen wurde wegen der Durchführung des ,,Dienstes nach Vorschrift" die Führung seiner Dienstgeschäfte untersagt.[69] – (c) Weicht der Minister bei einer Berufung vom Vorschlag der Fakultät ab, hat der übergangene Bewerber ein Feststellungsinteresse, weil sich nachteilige Auswirkungen der ablehnenden Entscheidung auf seinen weiteren Berufsweg nicht ausschließen lassen.[70] – (d) Kein Rehabilitationsinteresse besteht dagegen, wenn Mineralwasser zunächst nur mit dem Zusatz ,,nur abgekocht zu verwenden" verkauft werden darf, die den Zusatz anordnende Verfügung später aber aufgehoben wird.[71]

Das rechtliche Interesse kann sich aus der Wiederholunng einer zur Anfechtung berechtigenden Situation ergeben.[72]

IV. Allgemeines Rechtsschutzbedürfnis für die vorläufigen Rechtsschutzverfahren

1. Beim Antrag auf Aussetzung oder Wiederherstellung der aufschiebenden Wirkung

Ein Rechtsschutzbedürfnis für einen Antrag auf Aussetzung oder Wiederherstellung der aufschiebenden Wirkung liegt vor, wenn keine anderen Mög-

---

[64] *BVerwGE* 24, 356; *BVerwG*, NJW 1980, 197; 1980, 2426; *OVG Münster*, NJW 1976, 439; NJW 1979, 2061.
[65] *BVerwG*, NVwZ 1985, 265f.; *BVerwG*, NJW 1986, 1826.
[66] *VGH Mannheim*, DVBl 1974, 201 ff.
[67] *OVG Münster*, NVwZ 1982, 46.
[68] *OVG Saarlouis*, AS 13, 208.
[69] *VGH Kassel*, DÖV 1974, 604 f.
[70] *BVerwG*, NVwZ 1986, 374, das den Spruch der Vorinstanz (*OVG Lüneburg*, NJW 1984, 1639, 1641) bestätigte.
[71] *BVerwG*, NJW 1977, 2228.
[72] *VGH München*, BayVBl 1973, 383 f.; ein Feststellungsinteresse des Inhalts, daß die Klage von Anfang an unbegründet war, kann auch für Behörden bestehen: so *BVerwGE* 31, 345 f.

§ 12. Das Rechtsschutzbedürfnis 147

lichkeiten zur Erlangung des Suspensiveffekts gegeben sind.[73] Für einen Antrag vor Erhebung der Anfechtungsklage ist daher ein Rechtsschutzbedürfnis zu verneinen, wenn die rechtzeitige Beantragung der Aussetzung bei der Widerspruchsbehörde möglich ist.[74] Es ist jedoch zu bejahen, wenn glaubhaft gemacht wird, daß die Widerspruchsbehörde nicht oder nicht rechtzeitig entscheiden werde.[75]

Differenzierter ist die Rechtslage bei den baurechtlichen Nachbarklagen zu beurteilen: Es kann mit dem Antrag nach § 80 V nur in behördliche Maßnahmen, nicht aber in Tätigkeiten Dritter eingegriffen werden. Daher liegt ein Rechtsschutzbedürfnis für den Antrag nicht vor, wenn der Dritte von der Baugenehmigung umfassend Gebrauch gemacht hat.[76]

2. Beim Antrag auf Erlaß einer einstweiligen Anordnung

Für einen Antrag auf Erlaß einer einstweiligen Anordnung fehlt das Rechtsschutzbedürfnis, wenn das vom Antragsteller erstrebte Ziel ebenso durch Anordnung oder Wiederherstellung der aufschiebenden Wirkung oder durch eine bereits vollstreckbare gerichtliche Entscheidung erreicht werden kann.[77] § 123 V ist Ausprägung des Rechtsschutzbedürfnisses. Ebenso fehlt es am Rechtsschutzbedürfnis, wenn der (öffentlich-rechtliche) Antragsteller durch Erlaß eines Hoheitsaktes die Möglichkeit hat, die begehrte Regelung selbst zu erlassen, auch wenn sie angefochten werden sollte.[78]

Beispiel:
Fraktion einer Kommunalvertretungskörperschaft weigert sich, ihr zur Straße hin sichtbar ins Fenster des ihr zugewiesenen Raumes gelegtes Parteisymbol zu entfernen. Der auf Entfernung gerichtete Antrag scheitert, weil das Begehren auch in Ausübung des öffentlich-rechtlichen Hausrechts hätte durchgesetzt werden können.[79]

V. Allgemeines Rechtsschutzbedürfnis für das verwaltungsgerichtliche Normenkontrollverfahren

Obwohl die Normenkontrolle eine besondere Antragsbefugnis des Antragstellers verlangt (unten § 14 V), muß der Antragsteller für den Antrag auf Normenkontrolle neben dieser noch ein allgemeines Rechtsschutzbedürfnis

---

[73] *Karow*, NJW 1960, 2087; *Finkelnburg-Jank*, Rdnr. 753 ff.; *Erichsen*, Jura 1984, 483 f.
[74] Ebenso *Karow;* a. A. *Kopp,* § 80 Rdnr. 95 m. w. Nachw. Für einen Antrag auf Anordnung der sofortigen Vollziehung, den ein Dritter gem. § 80 IV stellen kann, hat auch *VGH München,* NVwZ 1982, 575, ein Rechtsschutzbedürfnis verneint, wenn vorher die zuständige Behörde mit der Sache nicht befaßt war.
[75] *Ruckdäschel,* DÖV 1961, 678; *Karow*,aaO; *VG Frankfurt,* NJW 1961, 865.
[76] *VGH München,* VGH n. F. 30, 52.
[77] Vgl. *Eyermann-Fröhler,* § 123 Rdnr. 18; *Zimmerling,* DÖV 1977, 281; *VGH Mannheim,* DÖV 1976, 678 f.; DVBl 1976, 342; *VGH München,* BayVBl 1976, 725; *OVG Münster,* NJW 1984, 1577.
[78] *Finkelnburg-Jank*, Rdnr. 125 a.
[79] *VG Berlin,* NVwZ 1982, 327. Ebenso *VGH Mannheim,* DVBl 1978, 275, zum Hausrecht eines Universitätsrektors.

nachweisen; denn dieses Verfahren ist nicht nur ein objektives Beanstandungsverfahren, sondern dient auch der Gewährung individuellen Rechtsschutzes.[80] Eine Normenkontrolle ist aber trotz möglicher oder schon anhängiger Anfechtungsklage regelmäßig zulässig, weil die Zielsetzungen beider Verfahren unterschiedlich sind: So wird im Anfechtungsverfahren nur incidenter in den Gründen über die Gültigkeit der Norm entschieden, während im Verfahren nach § 47 im Falle der Stattgabe eine allgemein verbindliche Entscheidung über die Norm getroffen wird (§ 47 VI 2).[81] Auch kann mit einer Normenkontrolle einer Vielzahl von Einzelprozessen und damit einer Rechtsunsicherheit durch divergierende Einzelentscheidungen vorgebeugt werden.[82] Die gleichen Überlegungen haben zu gelten, wenn es sich um die Geltendmachung von Schadensersatz- oder Entschädigungsansprüchen handelt.[83] Verkürzt ausgedrückt: Ein (allgemeines) Rechtsschutzbedürfnis ist stets dann zu bejahen, wenn die Rechtsposition des Antragstellers durch die Erklärung der Nichtigkeit der Norm in irgendeiner Weise verbessert werden kann, die angestrebte Nichtigerklärung also dazu führen kann, den Nachteil zu beheben oder zumindest behebbar zu machen.[84]

Beispiel:
Rechtsschutzbedürfnis ist gegeben für einen Antrag auf Nichtigerklärung eines Bebauungsplanes, auf Grund dessen bereits bestandskräftige Baugenehmigungen verwirklicht worden sind, wenn dadurch die tatbestandlichen Voraussetzungen für deren Rücknahme oder Einschränkung geschaffen werden, es sei denn, der Bauherr hat ein schutzwürdiges Interesse an ihrem Bestand.[85]

Das allgemeine Rechtsschutzbedürfnis muß auch – anders als die Antragsbefugnis – bei Normenkontrollanträgen von Behörden gegeben sein.[86] Es ist nur dann zu bejahen, wenn die Behörde die beanstandete Norm anzuwenden, d. h. zu vollziehen hat, ohne sie ändern oder aufheben zu können.[87]

---

[80] *BVerwGE* 68, 13; *VGH Mannheim,* NVwZ 1983, 163, m. w. Nachw.; *OVG Berlin,* MDR 1981, 80; NVwZ 1983, 164.
[81] *Tschira-Schmitt Glaeser,* S. 232 f.; *Bosch-Schmidt,* § 74 I 3.
[82] *BVerwG,* NJW 1978, 2523.
[83] *OVG Berlin,* NVwZ 1983, 164.
[84] *BVerwG,* aaO; *OVG Lüneburg,* DVBl 1980, 962; *VGH Mannheim,* DÖV 1982, 993; *VGH Mannheim,* NVwZ 1983, 163.
[85] *VGH Mannheim,* NVwZ 1984, 44.
[86] Str.; wie hier *Redeker-von Oertzen,* § 47 Rdnr. 21; *Eyermann-Fröhler,* § 47 Rdnr. 26; a. A. *Kopp,* § 47 Rdnr. 35 m. Nachw. pro et contra.
[87] *OVG Bremen,* DVBl 1980, 369; *OVG Koblenz,* DÖV 1981, 231, das diese Frage allerdings fälschlicherweise im Rahmen einer – vom Gesetz nicht geforderten – Antragsbefugnis prüft.

§ 13. Fehlende Rechtshängigkeit (§ 90 II) und Rechtskraft (§ 121)

I. Fehlende Rechtshängigkeit

Mit der Erhebung einer Klage (§ 81 I) wird die Rechtshängigkeit einer Streitsache begründet (§ 90 I). Im Gegensatz zur ZPO (§ 253 I) bedarf es für die Rechtshängigkeit nicht der Zustellung an den Beklagten. Rechtshängigkeit tritt auch bei unzulässigen Klagen ein.[1] Die Rechtshängigkeit zieht eine Reihe von Rechtsfolgen des prozessualen und materiellen Rechts nach sich: Hierher gehören z. B.

- der Anspruch auf Prozeßzinsen bei Leistungs- und Verpflichtungsklagen (§ 291 BGB),[2]
- die Unterbrechung der Verjährung (§ 209 BGB);[3]
- die Unveränderlichkeit des Gerichtsstands – sog. perpetuatio fori – und des Rechtsweges trotz Veränderung von Umständen (§ 90 III), ausgenommen die Veränderung der Umstände wird durch Klageänderung bewirkt.[4]

Wichtigste Wirkung ist, daß eine Klage bei einem anderen Gericht ausgeschlossen wird; der Beklagte soll sich nicht zweimal in der gleichen Sache verteidigen müssen.

Solange die Streitsache bei einem Gericht der allgemeinen Verwaltungsgerichtsbarkeit oder einem ordentlichen Gericht oder einem Gericht der Arbeits-, Finanz-, Disziplinar- oder Sozialgerichtsbarkeit anhängig ist, ist eine neue Klage unzulässig (§ 90 II). Voraussetzung ist jedoch, daß Identität der Parteien und des Streitgegenstandes besteht.[5] Streitgegenstand ist der *prozessuale Anspruch*, d. h. das vom Kläger auf Grund eines bestimmten Sachverhalts geltend gemachte Begehren.[6]

Beispiel:
Streitgegenstand (prozessualer Anspruch) ist bei der *Anfechtungsklage* die Behauptung des Klägers, der Verwaltungsakt sei (objektiv) rechtswidrig und verletze ihn in seinen (subjektiven) Rechten (§ 113 I 1).[7] Ein neuer Verwaltungsakt, wenngleich mit gleichem Inhalt, ist daher stets ein anderer Streitgegenstand (vgl. dazu auch oben § 4 IV 2 b jj (3) – Zweitbescheid und wiederholende Verfügung). Er könnte nur durch Klageänderung (§ 91) in den schwebenden Prozeß einbezogen werden.

---

[1] *Kopp*, § 90 Rdnr. 3; *Eyermann-Fröhler*, § 90 Rdnr. 1; *Grunsky*, § 37 I.
[2] *BVerwGE* 14, 1; 25, 72.
[3] *BVerwGE* 24, 227; *BVerwG*, DÖV 1977, 63.
[4] *VGH Mannheim*, DÖV 1974, 25.
[5] *Ule*, VerwProzR, § 38 II 1.
[6] In der Lehre vom Streitgegenstand ist vieles streitig; vgl. etwa *Grunsky*, § 5; *Barbey*, in: Festschr. f. Menger, 1985, S. 177 ff. Für den Verwaltungsprozeß bedarf es keiner Erörterung der Streitfragen und der einzelnen Theorien, da sie kaum Probleme in der Praxis entfalten (zutr. *Ule*, VerwProzR, § 35; *Redeker-von Oertzen*, § 121 Rdnr. 7).
[7] *Ule*, VerwProzR, § 35 II 3 m. w. Nachw.; *BVerwGE* 29, 211; 39, 249; 40, 104; *OVG Münster*, DÖV 1976, 673; teilweise wird die Aufhebung des Verwaltungsakts als Streitgegenstand angenommen, z. B. *Kopp*, § 90 Rdnr. 8.

Streitgegenstand bei der *Verpflichtungsklage* ist die Behauptung des Klägers, er werde durch die rechtswidrige Ablehnung oder Unterlassung des beantragten Verwaltungsakts in seinen Rechten verletzt (§ 113 IV).
Streitgegenstand bei der *Leistungklage* ist der Anspruch auf die begehrte Leistung.

Maßgeblich für die Ermittlung des Streitgegenstandes sind der Klageantrag (§§ 82 I, 88), der vorgetragene Sachverhalt und die Hauptbeteiligten (Kläger und Beklagte). In dieser Hinsicht muß Übereinstimmung bestehen, wenn die Unzulässigkeit einer neuen Klage gemäß § 90 II geltend gemacht wird.

Nicht maßgeblich für die Feststellung des Streitgegenstandes sind *materiell-rechtliche Klagegründe;* weder brauchen sie angegeben zu werden (iura novit curia), noch determinieren sie grundsätzlich den Streitgegenstand. Eine Ausnahme liegt nur dann vor, wenn der Rechtsweg zum Verwaltungsgericht für bestimmte Klagegründe nicht gegeben ist (Amtshaftung, Aufopferung, Enteignung).[8] Entsprechende Beispiele sind oben § 3 I 3, II angeführt. Rechtshängigkeit besteht also nicht für solche Klagegründe, für die der Verwaltungsrechtsweg nicht gegeben ist. Dem Kläger sind in diesem Falle zwei Prozesse in gleicher Sache möglich.

Beispiel:
Beamter klagt (a) wegen Verletzung der Fürsorgepflicht vor dem Verwaltungsgericht (§ 126 BRRG), (b) wegen Amtspflichtverletzung seines Dienstvorgesetzten vor dem Zivilgericht (Art. 34 S. 3 GG).

Die Rechtshängigkeit endet
– bei rechtskräftigem Abschluß des Verfahrens
– bei Klagerücknahme (§ 92)
– bei Vergleich (§ 106)
– bei übereinstimmenden Erledigungserklärungen (§ 161).

Im Falle der Klageänderung hat der Änderungsantrag keine Rückwirkung auf den Zeitpunkt der Erhebung der ursprünglichen Klage;[9] denn der neue Antrag wird erst mit seiner Stellung rechtshängig (§ 173 VwGO mit § 281 ZPO).

II. Fehlende Rechtskraft

Aufgabe des Prozesses ist es, einem umstrittenen materiellen Recht zur Verwirklichung zu helfen, und damit den Streit einem Ende zuzuführen. Der Erreichung dieses Ziels dient die Institution der Rechtskraft, die die Unumstößlichkeit und Bindungskraft der getroffenen Entscheidung sichert (Roma locuta, causa finita). Wie die Lehre vom Streitgegenstand gehört auch diejenige der Rechtskraft zu den dogmatisch noch nicht vollends bereinigten Streitfragen des Prozeßrechts, namentlich im Zivilprozeßrecht[10]. Diese Meinungsverschiedenheiten können dahingestellt bleiben, da ihre praktische Relevanz jedenfalls für den Verwaltungsprozeß kaum von Bedeutung ist.[11]

---

[8] *BVerwGE* 10, 176; a. A. *Kopp,* § 90 Rdnr. 13.
[9] *OVG Lüneburg,* OVGE 23, 391.
[10] Vgl. *Grunsky,* § 47; *Bruns,* Zivilprozeßrecht, 2. Aufl. (1979), S. 397 ff.
[11] Zur Entwicklung der Rechtskraftlehre und zu ihrem heutigen Stand vgl. *Gaul,* in:

§ 13. Fehlende Rechtshängigkeit und Rechtskraft

Wie in der ZPO wird auch in der VwGO zwischen *formeller* und *materieller* Rechtskraft unterschieden.

Formelle Rechtskraft bedeutet, daß eine Entscheidung mit ordentlichen Rechtsmitteln (Berufung, Revision, Beschwerde) nicht mehr angegriffen werden kann,
- weil ein Rechtsmittel überhaupt nicht gegeben ist,
- weil die Rechtsmittelfrist verstrichen ist,
- weil die Beteiligten auf Rechtsmittel verzichtet haben,
- weil ein Rechtsmittel zurückgenommen wurde,
- weil ein eingelegtes Rechtsmittel verworfen oder zurückgewiesen wurde.[12]

Der formellen Rechtskraft sind also diejenigen Entscheidungen (Urteile, Beschlüsse) fähig, die selbständig anfechtbar sind oder deren an sich gegebene Anfechtung durch Gesetz ausgeschlossen ist.[13]

Materielle Rechtskraft bedeutet, daß die Beteiligten und ihre Rechtsnachfolger an eine formell rechtskräftige Entscheidung gebunden sind (§ 121) und daß über den gleichen Streitgegenstand in einem späteren Prozeß nicht mehr entschieden werden darf.[14] Eine neue Klage in derselben Streitsache ist danach unzulässig.[15]

Schwierigkeiten entstehen in diesem Zusammenhang bei der Frage, inwieweit ein Wiederaufgreifen des Verfahrens gem. § 51 VwVfG zulässig ist, wenn der frühere Antrag durch rechtskräftiges Urteil abgewiesen wurde (dazu oben § 4 IV 2 b jj, bes. zu Fußn. 172). Der Ansicht, daß eine rechtskräftige Entscheidung nur eine *widersprechende*, nicht aber *überhaupt* eine Entscheidung in der Sache ausschließt,[16] ist nicht zu folgen. Voraussetzung der materiellen Rechtskraft ist stets die formelle. Auf die letztere haben außerordentliche Rechtsbehelfe, wie Wiederaufnahme des Verfahrens (§ 153), Wiedereinsetzung in den vorigen Stand (§ 60), Verfassungsbeschwerde (Art. 93 I Nr. 4a GG, §§ 90 ff. BVerfGG) keinen Einfluß.

Beachte: Rechtskraftwirkung ist zu unterscheiden von
- der Tatbestandswirkung eines Urteils; sie bedeutet, daß im materiellen Recht die Existenz (ohne Rücksicht auf seinen Inhalt) eines Urteils zum Tatbestandsmerkmal einer Rechtsfolge gemacht ist, z. B. Amts- oder Wahlberechtigungsverlust bei Verurteilung zu bestimmten Strafen;
- der Feststellungswirkung eines Urteils; sie bedeutet die Maßgeblichkeit auch des Inhalts der im Urteil ausgesprochenen Feststellungen. Sie geht weiter als die Rechtskraftwirkung[17] und besteht nur ausnahmsweise, z. B. bei einem Strafurteil gegen

---

Festschr. f. Flume, 1978, S. 443 ff.; ders., Möglichkeiten und Grenzen der Rechtskraftdurchbrechung, Athen 1986.
[12] Vgl. *Redeker-von Oertzen*, § 121 Rdnr. 2; *Kopp*, § 121 Rdnrn. 1 f.
[13] *Redeker-von Oertzen*, § 121 Rdnr. 1.
[14] So die herrschende *prozeßrechtliche* Theorie der Rechtskraft (*Eyermann-Fröhler*, § 121 Rdnr. 4; *Redeker-von Oertzen*, § 121 Rdnr. 4; *Kopp*, aaO, Rdnr. 2).
[15] *Eyermann-Fröhler*, § 121 Rdnrn. 7, 40 m. Nachw.; *Klinger*, § 121 Anm. D 1.
[16] So *Ule*, VwGO, § 121 Anm. I; *ders.*, JuS 1961, 195; *Redeker-von Oertzen*, § 121 Rdnr. 5. Wie im Text *Kopp*, § 121 Rdnr. 9.
[17] *BVerwGE* 34, 90; 24, 34; *BVerwG*, BayVBl 1970, 403.

einen Beamten gegenüber den Disziplinarbehörden (§ 181 BDO) oder in den Fällen des § 4 III StVG und § 35 III GewO;
– der Bindungswirkung für das Gericht, das die Entscheidung erlassen hat (§ 173 i. V. mit § 318 ZPO) oder für Instanzgerichte nach §§ 130 II, 144 VI (unten in Teil 3) oder für Behörden nach § 113 VI 2. Insoweit dürfte es sich wohl um eine Art Rechtskraftwirkung handeln.[18]

Merke: Tatbestandswirkung und Feststellungswirkung gibt es auch bei Verwaltungsakten. Leider werden die Begriffe überaus unterschiedlich verwendet.[19]

Beispiele:
(a) Tatbestandswirkung: Es ist eine Erlaubnis erteilt oder versagt, der Führerschein entzogen. – (b) Feststellungswirkung: Verbindlichkeit der in einem Flüchtlingsausweis getroffenen Feststellungen für die Staatsangehörigkeitsfragen.[20]

Die Rechtskraft wirkt soweit, als Identität der Beteiligten (oder ihrer Rechtsnachfolger) und Identität des Streitgegenstands (oben 1) besteht (§ 121).[21]

Beachte: auch hier das Problem „wiederholende Verfügung" – „Zweitbescheid".[22] Bei „wiederholender Verfügung" besteht Identität des Streitgegenstandes, bei „Zweitbescheid" nicht.

Der sachliche Umfang der materiellen Rechtskraft ergibt sich grundsätzlich aus der Urteilsformel. Die Heranziehung der Entscheidungsgründe ist teils sachdienlich, teils unerläßlich, wie bei Prozeßurteilen und sachabweisenden Entscheidungen.[23] Die Bindungswirkung des § 121 gilt nicht nur für die Verwaltungsgerichte, sondern auch für die Gerichte anderer Gerichtsbarkeiten.

Beachte: Im Amtshaftungsprozeß ist für das Zivilgericht bindend die Rechtswidrigkeit oder Rechtmäßigkeit eines Verwaltungsakts festgestellt.[24] Eine Normenkontrollentscheidung nach § 47 über die Gültigkeit eines Bebauungsplanes bindet ebenfalls den Zivilrichter.[25]

Personell erfaßt die materielle Rechtskraft *alle* Beteiligten (§ 63) nebst Rechtsnachfolger (§ 121).

In zeitlicher Hinsicht ist die materielle Rechtskraft auf den Streitgegenstand bezogen, den das Gericht seiner Entscheidung zugrunde gelegt hat.

---

[18] Bei einer Klage aus § 839 BGB ist das Zivilgericht an das verwaltungsgerichtliche Urteil über die Rechtswidrigkeit des Verwaltungsakts gebunden wegen der Rechtskraftwirkung des Urteils zwischen den Parteien: *BGH,* NJW 1979, 34 Nr. 5.
[19] Vgl. *Kopp,* VwVfG, Rdnrn. 25 ff. vor § 35 m. w. Nachw.; *Erichsen-Martens,* in: Erichsen-Martens, AllgVerwR, § 13; *Maurer,* AllgVerwR, § 11 Rdnrn. 8 f.; *OVG Lüneburg,* DVBl 1986, 199.
[20] Vgl. *BVerwGE* 35, 316; *BayObLG,* DVBl 1974, 468, das allerdings fälschlich von Tatbestandswirkung spricht. Vgl. auch *BVerwGE* 48, 271, m. Anm. *Drexelius,* NJW 1976, 817, und *Weiß,* DÖV 1976, 60 ff.
[21] Näheres dazu bei *Klein,* JuS 1962, 310; *Ule,* VerwProzR, § 59 II 2.
[22] Dazu § 4 IV 2 b jj.
[23] *Redeker-von Oertzen,* § 121 Rdnr. 8; *Kopp,* § 121 Rdnr. 18.
[24] *BGHZ* 9, 329; 10, 220; 15, 17; 20, 379; ferner oben § 3 II.
[25] *BGH,* DVBl 1981, 90.

Eine danach eintretende Änderung der *Sach-* und *Rechtslage* (oben § 4 IV 2b jj) ist von der Rechtskraft nicht erfaßt.[26] Eine allgemeine Bindung der Verwaltung oder der Untergerichte an die höchstrichterliche Rechtsprechung besteht hingegen nicht, wie schon die gesetzlich geregelten Vorlagepflichten (etwa §§ 11III, 12I, 47V Nr. 2) beweisen.

§ 14. Die Klagebefugnis

I. Die Klagebefugnis bei Anfechtungs-, Verpflichtungs- und Leistungsklage

1. Die Bedeutung der Klagebefugnis

Nach § 42II ist, soweit gesetzlich nichts anderes bestimmt ist, ,,die Klage" nur zulässig, wenn der Kläger geltend macht, durch den Verwaltungsakt oder seine Ablehnung oder Unterlassung in seinen Rechten verletzt zu sein. Diese Sachurteilsvoraussetzung wird gemeinhin als Klagebefugnis bezeichnet.[1] Ihr Zweck ist, daß nicht jedermann (quivis ex populo) zur Klage befugt ist, sondern nur derjenige, der eine Rechtsverletzung geltend machen kann. Ausgeschlossen soll die sog. *Popularklage* sein,[2] derzufolge auch ein nicht in seinen Rechten Betroffener die Rechtswidrigkeit eines Verwaltungsaktes geltend machen könnte.

Klage im Sinne des § 42II meint auf Grund des Bezugs zum Verwaltungsakt und in Anbetracht der systematischen Stellung der Bestimmung die Anfechtungs- und Verpflichtungsklage. § 42II wird jedoch unstreitig analog auch auf die allgemeine Leistungsklage angewendet.[3] Über die Besonderheiten bei der Feststellungsklage, bei Klagearten sui generis und bei der Normenkontrolle unten II-V.

§ 42II ist in seiner dogmatischen Bedeutung umstritten.[4] Die h. L. sieht in ihm eine spezifische Zulässigkeitsvoraussetzung der öffentlich-rechtlichen Gerichtsbarkeiten.[5] Eine andere Auffassung bestimmt ihn analog den §§ 256,

---

[26] *Redeker-von Oertzen,* § 121 Rdnrn. 10, 12 m. w. Nachw.
[1] Vgl. *Lüke,* AöR 84, 185ff.; *Bettermann,* in: Staatsbürger und Staatsgewalt II, S. 449ff.; *Rupp,* ZRP 1972, 32ff.; *Schmidt,* DÖV 1976, 577ff. m. umfangr. w. Nachw.; *Erichsen,* S. 24ff. *ders.;* VerwArch 1973, 319f.; *Pietzner-Ronellenfitsch,* § 7 Rdnrn. 41ff.; *Tschira-Schmitt Glaeser,* S. 83ff., 163ff., 214ff.; *Gierth,* DÖV 1980, 893ff. (für Relativierung des § 42II); rechtsvergleichend *Skouris,* Verletztenklagen und Interessentenklagen im Verwaltungsprozeß, 1979. Auf die Klagebefugnis verzichten wollen *Achterberg,* DVBl 1981, 278ff., sowie *Rupp,* DVBl 1982, 144ff.
[2] *BVerwGE* 17, 91; 19, 269; 36, 193.
[3] *Frotscher,* DÖV 1971, 259ff.; *Schenke,* S. 14; *BVerwGE* 36, 192ff.; *BVerwG,* NJW 1977, 118 = JuS 1977, 115; NVwZ 1982, 104; *VGH Mannheim,* ESVGH 30, 157. Für vorbeugende Unterlassungsklage gegen Verwaltungsakte *VGH München,* DVBl 1975, 666, bestätigt durch *BVerwGE* 54, 211.
[4] Vgl. dazu *Stern,* BayVBl 1957, 45; *Ule,* JuS 1961, 196; *Bettermann* aaO, S. 449ff. m. Nachw.
[5] Vgl. z. B. *Ule,* VerwProzR, § 33 II; *Bettermann,* passim; *BVerwGE* 60, 125.

154   1. Teil. Die Sachurteilsvoraussetzungen

259 ZPO, § 43 als Ausdruck eines besonderen Rechtsschutzbedürfnisses.[6] M. E.[7] ist die Funktion des § 42 II mit der Prozeßführungsbefugnis des Klägers im Zivilprozeß identisch: Nur derjenige Kläger einer Anfechtungs-, Verpflichtungs- oder Leistungsklage ist im Besitz des Prozeßführungsrechts, der sich als potentiell in *seinen* Rechten Verletzter erweisen kann.

2. Die Rechtsverletzungsbehauptung

Nach § 42 II muß der Kläger *geltend machen,* durch den Verwaltungsakt bzw. seine Ablehnung oder Unterlassung *in seinen Rechten verletzt* zu sein. Eine nackte Verbalbehauptung genügt hierfür nicht.[8] Der Kläger muß vielmehr dem Gericht einen Sachverhalt unterbreiten, der eine Verletzung seiner Rechte durch den angefochtenen Verwaltungsakt ergeben *kann.* Er muß also darlegen, daß und warum gerade er in seinen eigenen Rechten verletzt ist.[9] Andererseits ist nicht die *schlüssige Behauptung* des Betroffenseins in eigenen Rechten zu fordern.[10] Bei der Klagebefugnis ist nicht zu prüfen, ob nach dem Vorbringen des Klägers der Verwaltungsakt bzw. seine Ablehnung oder Unterlassung rechtswidrig ist oder nicht, denn sonst ,,bliebe für die Prüfung der Begründetheit nur noch die Frage übrig, ob die vom Kläger vorgetragenen Tatsachen wahr sind".[11] Das *Bundesverwaltungsgericht* hat sich[12] zu einer stark abgeschwächten ,,Schlüssigkeitstheorie" bekannt, die mehr einer wenn auch nur geringfügig substantiierenden ,,Verbalbehauptungstheorie" entspricht: Es hält eine Klage nach § 42 II nur dann für unzulässig, ,,wenn offensichtlich und eindeutig nach keiner Betrachtungsweise die vom Kläger behaupteten Rechte bestehen oder ihm zustehen können".

Beispiel:
Ein Kläger, der die Erteilung einer Baugenehmigung an einen Dritten angreift, obwohl er nicht Nachbar ist. Zu beachten bleibt jedoch die jedenfalls im Bereich des Umweltschutzes erweiterte Auslegung des Begriffs Nachbar: dazu sogleich.

Positiv ausgedrückt kann damit die Klagebefugnis wie folgt umschrieben werden: Es müssen Behauptungen aufgestellt werden, die eine Verletzung der Rechte des Klägers zumindest möglich erscheinen lassen.

---

[6] *Hoffmann,* VerwArch 1962, 303 ff., 319; *OVG Münster,* OVGE 19, 93, und dazu *Menger,* VerwArch 1964, 186; *Tschira-Schmitt Glaeser,* S. 83 ff.; so auch *Krebs,* in: Festschr. f. Menger, 1985, S. 198 f.: Das verletzte Interesse des Betroffenen muß rechtlich geschützt sein.
[7] So wohl auch *Lüke,* ZZP 76, 14 f.; *Ule,* VerwProzR, § 33 I; *ders.,* JuS 1961, 196; *Bachof,* AöR 88, 426; *Schrödter,* S. 46; *Zimmerling,* DÖV 1977, 278 f.; *Martens,* Verwaltungsprozeß, S. 48; *Erichsen,* S. 24; a. A. *Hoffmann,* VerwArch 1962, 311 ff.
[8] *Bachof,* JZ 1962, 665; *Ule,* VwGO, § 42 Anm. III 1 a.
[9] Vgl. *Bettermann,* Die Beschwer als Klagevoraussetzung, 1970, S. 21 ff.; *BVerwGE* 60, 157.
[10] Dazu *Bachof,* JZ 1962, 665; *Hoffmann,* VerwArch 1962, 323 ff.
[11] *Bachof,* JZ 1962, 665; ebenso *Ule,* JuS 1961, 196; *ders.,* VwGO, § 42 Anm. III 1 a, obwohl er schlüssige Behauptungen verlangt.
[12] *BVerwGE* 39, 345 ff. m. Anm. *Henke,* JZ 1972, 626 ff., sowie Bespr. *Erichsen,* VerwArch 1973, 319 ff.; *BVerwGE* 44, 3; 54, 100; 68, 242; *BVerwG,* DÖV 1980, 137; NJW 1982, 2514; 1984, 1474.

§ 14. Die Klagebefugnis

Die Klagebefugnis ist nicht mit der *Sachlegitimation* (oben § 9) des Klägers zu verwechseln. Sachlegitimation ist die subjektive Seite der Anspruchsberechtigung oder -verpflichtung, des Streitgegenstandes, die allein nach materiellem Recht bestimmt wird und daher zur Begründetheit der Klage gehört.

In neuerer Zeit zeichnet sich die Tendenz ab, verschärfte Anforderungen an das Vorliegen einer Klagebefugnis im Sinne einer substantiierten Darlegungslast zu stellen; dies gilt namentlich für die Rechtsprechung zu Verfahren um die Genehmigung sog. technischer Großanlagen.[13] Danach kommt es für die Frage, inwieweit der Kläger eine rechtliche Betroffenheit geltend machen kann, darauf an, daß er entweder in einer solchen Entfernung zur Anlage wohnt oder arbeitet,[14] die noch zu deren Einwirkungsbereich gehört, oder daß die aus dem Betrieb der Anlage entstehenden Emissionen, etwa Ableitung radioaktiver Stoffe, die Dosisgrenzwerte der jeweiligen Schutzvorschriften übersteigen.[15] Ob sich diese Entwicklung auch auf andere Rechtsgebiete erstrecken wird, bleibt abzuwarten. Es spricht vieles dafür, diese erhöhten Anforderungen an die Klagebefugnis allgemein dem § 42 II zugrunde zu legen, um dem Sinn und Zweck dieser Vorschrift gerecht zu werden.

Als Rechte, deren Verletzung geltend gemacht werden kann, kommen nur *subjektive Rechte*[16] in Frage. Sie können sich aus der gesamten Rechtsordnung ergeben, namentlich auch aus der Verfassung (Grundrechte!).[17] Jede Norm, auf die sich der Kläger beruft, ist darauf zu untersuchen, ob sie ihm ein subjektives Recht, d. h. ein gerade oder mindestens auch für ihn rechtlich anerkanntes und geschütztes Interesse verleiht,[18] sog. Schutznormtheorie (z. B. § 8 RuStAG[19] oder Art. 6 GG[20]), oder ob sie nur im öffentlichen Inter-

---

[13] Vgl. allgemein *J. Ipsen*, AöR 107, 288 ff.; *Ronellenfitsch-Wolf*, NJW 1986, 1955 ff.

[14] *OVG Lüneburg*, DVBl 1975, 192: bei einer Entfernung von 100 km ist Beeinträchtigung möglich; *VGH München*, BayVBl 1979, 540: bei einer Entfernung von 250 km muß rechtliche Betroffenheit substantiiert dargelegt werden; *BVerwG*, NJW 1983, 1508: auch bei einer Entfernung von 45 km zur Anlage genügt nicht der bloße Hinweis auf die Weiträumigkeit der Schadstoffverteilung; so wohl auch *BVerwGE* 70, 369 für eine Entfernung von 38 bzw. 60 km zwischen Wohnsitz und Anlage. Vgl. dazu noch *VGH Kassel*, NVwZ 1985, 765.

[15] *BVerwGE* 61, 261 ff., sowie *OVG Lüneburg*, DÖV 1984, 34, zur Genehmigung eines Kernkraftwerks; *OVG Lüneburg*, DVBl 1986, 418 ff., zur Genehmigung für die Verbringung von Abfällen auf eine Deponie.

[16] *Bauer*, Geschichtliche Grundlagen der Lehre vom subjektiven öffentlichen Recht, 1986.

[17] Beispiele bei *Kopp*, § 42 Rdnrn. 62 ff.

[18] *Stern*, StaatsR II, § 41 III 3 c α und β; zuletzt *Ronellenfitsch-Wolf*, NJW 1986, 1955 ff. mit umfangr. Nachw.; ferner *Keller*, BayVBl 1981, 681 ff.; *Gassner*, DÖV 1981, 615 ff.; *Quaas*, DÖV 1982, 438 f.; *Rupp*, DVBl 1982, 146 ff.; *Krebs*, in: Festschr. f. Menger, 1985, S. 201 ff.; *BVerwGE* 39, 235 ff. m. Bespr. *Hoffmann Becking*, JuS 1973, 615 ff.; *BVerwGE* 55, 285; 58, 246.

[19] *BVerwGE* 7, 237.

[20] Z. B. die Frau eines ausgewiesenen Ausländers: *BVerwGE* 42, 141; 55, 11; *BVerwG*, BayVBl 1978, 152; *VGH Mannheim*, ESVGH 21, 80 ff. m. Bespr. u. Nachw. in JuS 1971, 106 Nr. 8; *Urban*, JuS 1973, 312; *Schwarze*, DÖV 1972, 273 ff.; oder Eltern gegen Maßnahmen der Schulaufsicht nach Art. 6 II GG: *OVG Berlin*, DVBl

esse erlassen ist[21] (z. B. § 4 I Nr. 3 GaststG, § 18 I GONW, § 13 III PBefG) und demzufolge nur Rechtsreflexe gewährt. Ein Rechtsreflex beruht auf Normen, ,,die ausschließlich dem öffentlichen Interesse dienen und lediglich rein tatsächlich in der Nebenwirkung auch dem Individualinteresse zugute kommen, ohne daß die jeweilige Norm in ihrer Zwecksetzung diese Nebenwirkung mitumfaßt".[22] Beispielhaft dafür ist eine Entscheidung des *Bundesverwaltungsgerichts* zum Umweltschutz:[23] Selbst wenn man einen Verfassungsauftrag bejaht, daß der Gesetzgeber im Sinne des Umweltschutzes tätig werden müsse, oder gar ein Grundrecht auf Leben in menschenwürdiger Umgebung anerkennt, so folgt daraus noch kein Anspruch auf Vornahme bestimmter umweltschützender Maßnahmen. Zur Annahme einer Klagebefugnis genügt, wenn *neben* dem Allgemeininteresse *auch* Individualinteressen geschützt sind.[24] Gewährt das Gesetz keinen materiellen Anspruch, sondern enthält es lediglich eine Ermessensermächtigung, so besteht für den Bürger nur ein (formelles) subjektives Recht auf ermessensfehlerfreie Entscheidung.[25] Dieses genügt zur Darlegung der Rechtsverletzungsbehauptung, verlangt aber, daß nicht nur Unzweckmäßigkeit des Verwaltungshandelns, sondern Rechtswidrigkeit im Sinne des § 40 VwVfG gerügt wird.[26] Ob dem Kläger das verletzte Recht zusteht, ist dagegen im Rahmen der Begründetheit bei der Aktivlegitimation zu prüfen,[27] ebenso ist die Frage, ob eine Rechtsverletzung vorliegt, in der Begründetheit zu erörtern.

a) Die Frage der Klagebefugnis ist unproblematisch, wenn der belastende Verwaltungsakt unmittelbar an den Kläger gerichtet ist bzw. der Kläger selbst den Antrag auf Erlaß des abgelehnten oder unterlassenen Verwaltungsakts

---

1973, 273ff., oder der Schulorganisation: *OVG Münster*, NVwZ 1984, 806; *VGH Kassel*, NVwZ 1984, 114; desgl. in Bezug auf die religiöse Erziehung: *BVerwGE* 68, 16.

[21] Vgl. dazu *Ule*, VwGO, § 42 Anm. III 1 b; *Dörffler*, NJW 1963, 15 ff.; *BVerwGE* 10, 92; *OVG Hamburg*, DÖV 1964, 209 f.; *VGH Kassel*, DÖV 1976, 393; vgl. aber *OVG Saarbrücken*, AS 14, 105.

[22] *OVG Münster*, MDR 1965, 162; vgl. auch *OVG Münster*, OVGE 24, 70; ferner *BVerwG*, DVBl 1986, 559: Keine Klagebefugnis von Mietern öffentlich geförderten Wohnraums gegen die Genehmigung zur Mietpreiserhöhung.

[23] *BVerwG*, NJW 1975, 2355.

[24] *BVerwGE* 7, 355; 37, 112 ff.; *OVG Hamburg*, MDR 1964, 447.

[25] Allg. *Randelzhofer*, BayVBl 1975, 573 ff.; ferner *Hoffmann Becking*, DVBl 1970, 850 ff.; zum Anspruch auf behördliches Einschreiten vgl. etwa *König*, BayVBl 1969, 45 ff.; *Eckhardt*, DVBl 1968, 866; *Götz*, DVBl 1968, 93; *Pietzner*, JA 1977, 38; *Frotscher*, DVBl 1976, 703 f.; aus der Rspr. *BVerfGE* 27, 297 ff.; *BVerwGE* 11, 95 ff.; 34, 213; 37, 112 ff.; *OVG Münster*, DVBl 1977, 259; *OVG Lüneburg*, DVBl 1976, 719; *VG Bremen*, DVBl 1976, 720. Zur Ermessenslehre siehe u. § 17 I 2.

[26] Vgl. *Kopp*, § 42 Rdnrn. 53 ff. m. w. Nachw.

[27] Vgl. insoweit die instruktive Entscheidung *OVG Lüneburg*, OVGE 23, 416, zum Anspruch auf ordnungsbehördliches Einschreiten gegen einen Dritten. Das Gericht bejahte zwar die Klagebefugnis, weil ein Anspruch auf behördliches Einschreiten auf Grund der polizei- und ordnungsrechtlichen Generalklausel rechtlich denkbar ist, wies die Klage aber als unbegründet ab, da die Generalklausel durch Spezialvorschriften (hier Gewerberecht) verdrängt wurde. Ausführlich zu dieser Frage auch *VGH München*, BayVBl 1973, 190 ff.; ferner *BVerwGE* 44, 1 ff.; 49, 325.

§ 14. Die Klagebefugnis

gestellt hat; in diesem Fall ist der Kläger grundsätzlich klagebefugt,[28] denn es erscheint eine Rechtsverletzung des Klägers stets als möglich. Dabei muß das verletzte Recht des Klägers zwar nicht ausdrücklich gesetzlich geregelt sein; es genügt, wenn die Bestimmung der Klagebefugnis aus dem Inhalt des Gesetzes zu entnehmen ist.[29] Gleichwohl muß zwischen den Beteiligten eine rechtliche Beziehung bestehen, aus der sich die Befugnis zur Klageerhebung herleiten läßt.[30]

b) Schwierigkeiten entstehen, wenn der Verwaltungsakt nicht an den Kläger, sondern an einen anderen ergangen ist *(Verwaltungsakt mit Drittwirkung).*[31] In diesen Fällen spricht man von sog. *Drittbetroffenenklagen.*[32] Hier ist genau zu prüfen, ob nicht nur wirtschaftliche, politische, kulturelle oder allgemein rechtsstaatliche Interessen (z. B. an der Einhaltung der Gesetzmäßigkeit der Verwaltung als solcher), sondern wirklich auch *eigene Rechte* des Klägers verletzt sein *können.*[33]

Beispiele:
(a) Ein Recht des Nachbarn[34] oder Dritten[35] kann durch das BBauG [BauGB][36] oder die BauO,[37] durch das GaststG,[38] durch das GG[39] begründet sein, da insoweit *auch* seine Individualinteressen geschützt sind.[40] – (b) Die Eltern eines volljährigen Kindes haben keine Klagebefugnis zur Anfechtung der Nichtzulassung ihres Kindes zur Reifeprü-

---

[28] *BVerwGE* 7, 92; *BVerwG*, DVBl 1984, 92; *Ule*, VwGO, § 42 Anm. III 2 ud 3.
[29] *BVerwGE* 28, 65; *BVerwG*, DÖV 1985, 114; *VGH Mannheim*, DVBl 1986, 364 ff. m. Bespr. *Ronellenfitsch*, VerwArch 1986, 184 ff.; zur Verletzung des planerischen *Abwägungsgebots* vgl. *Kopp*, § 42 Rdnrn. 46, 53 m. umfangr. Nachw., zuletzt etwa *OVG Bremen*, DÖV 1986, 702 f.
[30] *BVerwGE* 21, 338.
[31] *Laubinger*, Der Verwaltungsakt mit Doppelwirkung, 1967; *Stelkens*, in: Stelkens-Bonk-Leonhardt, VwVfG, § 50 Rdnrn. 50 ff.; *Erichsen-Martens*, in: dies., AllgVerwR, § 12 III 2.
[32] *Scholz*, WiR 1972, 39.
[33] Zu den Anforderungen an die Klagebefugnis eines Dritten ausführlich *BVerfG*, NVwZ 1983, 28; ferner *Ule*, VwGO, § 42 Anm. III 1 b; *K. H. Klein*, S. 65 f.; *Redeker-von Oertzen*, § 42 Rdnr. 91.
[34] Vgl. zum Begriff Nachbar auch § 5 I Nr. 1 BImSchG: jeder, der im möglichen Einwirkungsbereich der Anlage lebt: *OVG Münster*, OVGE 32, 447, sowie die StE-AG-Entscheidung *OVG Münster*, DVBl 1976, 790 = JuS 1977, 197 Nr. 11 mit Bespr. *Battis*, JuS 1977, 162 ff. sowie *Horn*, DVBl 1977, 13 ff.; *OVG Berlin*, DVBl 1977, 901. Allgemein zum Nachbarschutz *Weyreuther*, BauR 1975, 1 ff.; ders., DÖV 1977, 419 ff.; ferner *Friauf*, DVBl 1971, 713 ff.
[35] *Schwerdtfeger*, § 12 Rdnrn. 225 ff.; *OVG Lüneburg*, DVBl 1986, 418 ff., zum Begriff des Dritten bei Großraumanlagen.
[36] Nicht § 34: *BVerwGE* 32, 173; *BVerwG*, DÖV 1980, 690; DVBl 1986, 188; *OVG Lüneburg*, NJW 1978, 1822; anders *VGH Mannheim*, NJW 1978, 1821.
[37] Nachw. der Rspr. bei *Redeker-von Oertzen*, § 42 Rndr. 133; zuletzt etwa *OVG Münster*, NVwZ 1986, 317.
[38] Vgl. *BVerwGE* 11, 331 ff.
[39] Zum grundrechtlichen Drittschutz im Baurecht *Schwerdtfeger*, NVwZ 1982, 5 ff. Zur Anwendung von Art. 2 I GG auf Nachbarklagen *BVerwGE* 54, 211; auf Schulorganisationsmaßnahmen *BVerwG*, DÖV 1979, 911.
[40] Zur Frage, wer durch eine Eingemeindung in seinen Rechten verletzt sein kann, vgl. *BVerwGE* 18, 154, und dazu *Menger*, VerwArch 1964, 386.

fung.⁴¹ – (c) Der Bundesbahn wird weder durch das PBefG noch durch andere Rechtsvorschriften eine schutzwürdige Rechtsposition eingeräumt, ,,die ihr die Befugnis verleihen könnte, sich gegen die Zulassung von Unternehmen des Ferienziel-Reiseverkehrs durch Einlegung von Rechtsmitteln zu wehren."⁴² – (d) Die Gemeinde kann Klagerechte haben, wenn ihre besonderen Rechte betroffen sind (§ 36 BBauG).⁴³ – (e) Konkurrentenklage eines nicht berücksichtigten Bewerbers um eine Genehmigung gegen deren Vergabe an einen Dritten.⁴⁴

aa) Der Kläger muß sich für die Zulässigkeit der Klage nicht unbedingt auf ein seine Individualinteressen schützendes spezielles Gesetz berufen; es genügt auch hier, wenn eine Verletzung von Grundrechten gerügt wird, z. B. bei *Nachbarklagen* eine Verletzung von Art. 14 GG. Enthält die Baugenehmigung keinen unmittelbaren Eingriff in das Eigentum des Nachbarn, sind strenge Anforderungen an die Begründetheit einer baurechtlichen Nachbarklage zu stellen. So wird eine Baugenehmigung dann rechtswidrig sein, wenn sie ,,zwar keine nachbarschützenden Vorschriften des Baurechts verletzt, jedoch gegen andere materiell-rechtliche Vorschriften des Baurechts verstößt, diese unter Verletzung des Baurechts erteilte Genehmigung die vorgegebene Grundstückssituation nachhaltig verändert und dadurch den Nachbarn schwer und unerträglich trifft".⁴⁵

bb) Eine weitere kritische Kategorie der Drittbetroffenenklagen neben dem Nachbarrecht bilden die sog. *Konkurrentenklagen,*⁴⁶ deren Bedeutung in den letzten Jahren stetig gestiegen ist. Mit diesem Begriff werden Streitigkeiten zwischen Verwaltung, einem von ihr Begünstigten und dessen ,,Konkurrenten", der infolge der Begünstigung einen Nachteil erfährt, bezeichnet. Sie kommen vornehmlich auf den Gebieten des Beamtenrechts, des Rechts der Berufszulassung und im Wirtschaftsrecht bei der Vergabe von Subventionen oder Genehmigungen vor, wobei sich feststellen läßt, daß die Diskussion um die beamtenrechtliche Konkurrentenklage am weitesten fortgeschritten ist.

Inhalt, Umfang und teilweise auch Zulässigkeit dieser Klage sind noch nicht abschließend geklärt. Man wird mit einem groben Raster etwa unterscheiden können zwischen einer negativen Konkurrentenklage, bei der der Drittbetroffene entweder einen neuen Konkurrenten oder aber eine neue Begünstigung eines schon bestehenden Konkurrenten abwehren will, ohne indes für sich selbst Ansprüche zu erheben, und

---

⁴¹ *BVerwG,* NJW 1964, 1687.
⁴² *OVG Hamburg,* DVBl 1963, 785; dazu auch *Menger,* VerwArch 1964, 82 f.
⁴³ *BVerwG,* DÖV 1970, 349; *BVerwGE* 40, 323; *VGH München,* BayVBl 1977, 303.
⁴⁴ *BVerwG,* DVBl 1984, 91 f.
⁴⁵ *BVerwGE* 44, 244 ff., m. Anm. *Schrödter,* DVBl 1974, 326 ff.; *BVerwG,* DVBl 1974, 777 ff. m. Anm. *Umbach,* als Revisionsentscheidung zu *OVG Münster,* DVBl 1974, 364 ff.; *BVerwGE* 52, 122 m. Anm. *Schrödter,* DVBl 1977, 726 ff.; *VGH Kassel,* NVwZ 1986, 315.
⁴⁶ *Scholz,* NJW 1969, 1044 ff.; *Friauf,* DVBl 1969, 369 ff.; *Solte,* ZBR 1972, 109 ff.; *ders.,* NJW 1980, 1027 ff.; *Schick,* DVBl 1975, 741 ff.; *v. Mutius,* VerwArch 1978, 103 ff.; *Isensee,* in: Festg. BVerwG, 1978, S. 354 ff.; *Finkelnburg,* DVBl 1980, 809 ff.; *Schmitt-Kammler,* DÖV 1980, 285 ff.; *Schenke,* in: Festschr. f. Mühl, 1981, S. 571 ff., *Siegmund-Schultze,* VerwArch 1982, 137 ff.; *Lecheler,* DÖV 1983, 953 ff.; *Scherer,* Jura 1985, 11 ff.; *Brohm,* in: Festschr. f. Menger, 1985, S. 253 ff. Zur Konkurrentenklage gegen einen Subventionsvertrag vgl. *Knuth,* JuS 1986, 523 ff.

§ 14. Die Klagebefugnis 159

einer positiven Konkurrentenklage, bei der der Dritte entweder Gleichstellung mit seinem Konkurrenten begehrt oder ihn gar ausschließen will.[47]

Bei der negativen Konkurrentenklage wird von der Rechtsprechung eine Klagebefugnis regelmäßig nur dann bejaht, wenn der neue Konkurrent der Staat ist: hier sei eine Verletzung der Berufsfreiheit des Klägers nicht auszuschließen.[48] Handelt es sich hingegen um einen Privatmann als Konkurrenten, ist nach der Rechtsprechung eine Klagebefugnis nur bei willkürlicher Verletzung der Rechte des Drittbetroffenen gegeben, da die in Frage stehenden Normen nur dem öffentlichen Interesse, nicht auch dem Interesse des Wettbewerbers dienen.[49] Diese Rechtsprechung verkennt, daß Konkurrentenschutz als gesetzgeberisches Mittel durchaus zulässig ist.[50] Man sollte daher die Klagen für zulässig halten und die Prüfung einer etwaigen Betroffenheit der Begründetheit zuordnen,[51] denn § 42 II will nur die Klage des quivis ex populo ausschließen. Wichtigster Fall der Konkurrentenklage ist die im Bereich der positiven Klage angesiedelte sog. *ausschießliche Konkurrentenklage*,[52] mit der sich der Betroffene gegen die Begünstigung eines anderen aus dem Grund wehrt, weil er sie für sich erstrebt. Hauptanwendungsfall ist das Beamtenrecht.[53] Hier wird von der Rechtsprechung regelmäßig eine Klagebefugnis bejaht, zumeist in Form des Anspruchs auf fehlerfreie Ermessensentscheidung über die Beamtenernennung oder die Beförderung.[54] Das Problem verlagert sich hier in den Bereich des Rechtsschutzes, wenn nämlich die Position in der Zwischenzeit unanfechtbar besetzt ist, da der staatliche Stellenplan eine beliebige Vermehrung der Dienstposten nicht gestattet.[55]

c) Auch *juristische Personen* des öffentlichen Rechts können in ihren Rechten verletzt sein. Das gilt namentlich für Selbstverwaltungskörperschaften als

---

[47] Zu dieser Einteilung *Scherer*, aaO; *Brohm*, aaO.
[48] BVerwGE 39, 332; BVerwG, NJW 1978, 1539.
[49] BVerwGE 30, 196ff.; 60, 156f.; 65, 171; BVerwG, NVwZ 1984, 307 m. w. Nachw.; OVG Münster, NJW 1980, 2323; VGH Mannheim, NVwZ 1984, 124; OVG Koblenz, NJW 1982, 1301.
[50] BVerfGE 65, 247.
[51] So vor allem *Friauf*, DVBl 1969, 369; vgl. auch *Mössner*, JuS 1971, 133ff.; *Scholz*, WiR 1972, 49ff.; *Zuleeg*, Subventionskontrolle durch Konkurrentenklage, 1974, S. 62ff.
[52] Vgl. etwa BVerwG, DVBl 1984, 92f.; VGH München, DVBl 1983, 274; DÖV 1983, 391.
[53] Dazu die in Fußn. 46 genannten Beiträge von *Solte, v. Mutius, Finkelnburg, Schmitt-Kammler, Schenke, Siegmund-Schultze, Lecheler*. Einschränkend *Isensee*, aaO. Allgemein zur beamtenrechtlichen Konkurrentenklage *Remmel*, Die Konkurrentenklage im Beamtenrecht, Diss. Marburg 1974.
[54] Ausführlich *Scherer*, aaO, S. 17 m. w. Nachw.; *Finkelnburg*, S. 810.
[55] *Finkelnburg*, S. 810f.; *v. Mutius*, aaO, S. 109ff.; *Schmitt-Kammler*, aaO, S. 286ff.; *Solte*, NJW 1980, 1031ff.; *Günther*, ZBR 1983, 51; *Lecheler*, aaO, S. 953ff.; *Scherer*, aaO; *Brohm*, S. 251f.; neuestens *Schenke*, Fälle zum Beamtenrecht, 1986, S. 21f. Nach VGH Mannheim, NVwZ 1983, 41; NJW 1985, 1103, wirkt die Ernennung eines anderen Beamtenbewerbers nur mittelbar auf die Rechtsstellung des übergangenen Konkurrenten, so daß es schon an der Klagebefugnis mangeln soll. A. A. etwa OVG Münster, NJW 1984, 1659; vgl. auch BVerwGE 53, 25f.

Adressaten staatlicher Aufsichtsmaßnahmen im Selbstverwaltungsbereich. So ist z. B. eine Gemeinde[56] bei Verletzung der gemeindlichen Planungshoheit,[57] bei Weisungen der Aufsichtsbehörde,[58] bei Beanstandung von Zusätzen zum Gemeindenamen[59] befugt, ihre gesetzlichen und verfassungsrechtlichen Rechtspositionen (Art. 28 II GG) geltend zu machen.

Im Bereich der Fachaufsicht in den Auftragsangelegenheiten (staatlich übertragene Angelegenheiten) kann in der Regel eine Rechtsverletzung nicht geltend gemacht werden, weil hier eigene Rechte der Gemeinde nur ausnahmsweise (Eigentum) verletzt sein können.[60]

Bei Pflichtaufgaben zur Erfüllung nach Weisung, wie sie in den Ländern Baden-Württemberg, Hessen, Nordrhein-Westfalen, Schleswig-Holstein existieren, wird die Klagebefugnis der Gemeinde gegen eine Weisung dann bejaht, wenn „schlüssig" geltend gemacht wird, daß die tatbestandlichen Voraussetzungen für eine Weisung nicht gegeben oder die gesetzlichen Grenzen des Weisungsrechts überschritten sind.[61]

Personenvereinigungen, z. B. Wirtschafts- oder Berufs*verbände*, sind nicht klagebefugt, wenn durch den Verwaltungsakt bzw. seine Ablehnung oder Unterlassung keine eigenen Rechte der Vereinigung, sondern nur Rechte eines Mitglieds verletzt werden.

Die Anerkennung der sog. *Verbandsklage*[62] ist bislang an diesem Erfordernis einer eigenen Rechtsverletzung gescheitert. Auch der Bundesgesetzgeber vermochte sich noch nicht zu ihrer Erfüllung (in Rede stand sie etwa bei der Atomschutzgesetznovelle oder beim VwVfG) durchzuringen. In Bremen, Hamburg und Hessen ist man jedoch in den Naturschutzgesetzen für die nach § 29 II BNatSchG anerkannten Verbände anders verfahren.[63] Man un-

---

[56] Dazu allgemein *Jarass*, DVBl 1976, 732 ff.; *Pfaff*, VerwArch 1979, 1 ff.; zur Klage gegen fachaufsichtliche Weisung *VGH München*, BayVBl 1985, 369.
[57] *BVerwGE* 40, 323 ff.; 44, 148; *BVerwG*, DÖV 1974, 418 ff.; NVwZ 1982, 311; 1986, 228; DÖV 1986, 208 f.; dagegen keine Klagebefugnis gegen Vorstufe der Planung: *VGH München*, DÖV 1986, 209 f.; vgl. auch *VGH München*, VGH n. F. 27, 136, zur Klagebefugnis einer Gemeinde bei Gefährdung gemeindlicher Interessen; ferner das nicht rechtskräftige Urteil des *VGH Mannheim*, DVBl 1977, 346, zur Klage einer Gemeinde gegen eine atomrechtliche Genehmigung.
[58] *Knemeyer*, BayVBl 1977, 129 ff.; *BVerwGE 31, 345 ff.*; *BVerwG*, NJW 1976, 2175 = JuS 1977, 117 Nr. 3 (Verletzung des gemeindlichen Selbstverwaltungsrechts durch Anordnung des Landratsamtes als Straßenverkehrsbehörde, ein eingeschränktes Halteverbot zu errichten);
[59] *OVG Lüneburg*, DVBl 1971, 522 ff.
[60] Vgl. *BVerwGE* 19, 123; DBVl 1970, 580; *OVG Münster*, OVGE 7, 138; 25, 138; *VG Freiburg*, VBlBW 1971, 44.
[61] *OVG Münster*, OVGE 25, 138.
[62] Vgl. allgemein *Wolf*, Die Klagebefugnis der Verbände, 1971; *Faber*, Die Verbandsklage im Verwaltungsprozeß, 1972; *Ule*, VwGO, § 42 Anm. III 1 c; *Ule-Laubinger*, Gutachten B zum 52. DJT, S. B 1 ff., bes. S. B 99 f.; *Skouris*, Verletztenklagen und Interessentenklagen, 1979, S. 211 ff.; *ders.*, NVwZ 1982, 233 ff.; ausführlich *Pietzner-Ronellenfitsch*, § 7 Rdnrn. 60 ff. Auch eine subsidiäre Verbandsklage, nach der ein anerkannter Naturschutzverband dann soll klagen können, wenn ein anderweitiges Klagerecht nach § 42 II nicht besteht (§ 39 a NatSchGBerl), kann nicht anerkannt werden: *OVG Berlin*, NVwZ 1986, 318.
[63] Vgl. *Skouris*, NVwZ 1982, 233.

§ 14. Die Klagebefugnis 161

terscheidet gemeinhin zwei Formen: die egoistische einerseits und die altruistische oder ideelle Verbandsklage andererseits. Während die letztere jedem Verband eine Klage eröffnen soll, dessen spezielle Aufgaben durch eine Verwaltungsmaßnahme berührt werden, ohne daß es auf das Betroffensein der Mitglieder ankommt, dient die erstere der zusammenfassenden Vertretung von einer Vielzahl in ihren Rechten betroffener Bürger durch einen Verband. Mag auch die herbe Kritik, die die ideelle Verbandsklage deshalb erfahren hat, weil sie auf ein objektives Rechtskontrollverfahren hinausläuft,[64] insoweit verständlich sein, so bleibt trotz aller verfahrensrechtlichen Schwierigkeiten bei der egoistischen Verbandsklage (etwa Rechtskrafterstreckung, Beiladung) zu überlegen, ob diese nicht wenigstens in den Massenverfahren einer Vereinfachung der Rechtsprechung nutzbar gemacht werden könnte.[65] Doch dürften angesichts des auf Individualrechtsschutz zugeschnittenen Charakters der Verwaltungsgerichtsbarkeit einer solchen Rechtsschutzausweitung enge Grenzen zu setzen sein. Die Diskussion um die Einführung der Verbandsklage ist noch nicht beendet.

3. Die gesetzlichen Ausnahmen

Gem. § 42 II kann die Klagebefugnis *durch Gesetz* auch auf Personen oder Behörden ausgedehnt werden, die nicht geltend machen können, durch den Verwaltungsakt oder seine Ablehnung oder Unterlassung in ihren Rechten verletzt zu werden.[66] Für die Ausdehnung bei Behörden ist in der Regel ein öffentliches Interesse gegeben.

Beispiele:
(a) § 338 LAG für den Vertreter der Interessen des Ausgleichsfonds. – (b) § 8 IV HandwO für die Handwerkskammer.[67] – (c) § 15 I AGVwGOSaarl zugunsten des Ministers gegen Widerspruchsbescheide eines Ausschusses (sog. Aufsichtsklage). – (d) Wehrbereichsverwaltung gegen Entscheidungen über die Anerkennung als Kriegsdienstverweigerer gem. § 35 II WPflG.[68] – (e) Den Bundesbeauftragten nach § 5 II AsylVerfG.

Die Ausnahmeregelung muß jedoch stets durch ein formelles, nach Inkrafttreten der VwGO erlassenes Bundesgesetz getroffen sein. Zweifelhaft ist, ob

---

[64] Etwa *Weyreuther*, Verwaltungskontrolle durch Verbände?, 1975; *Redeker*, ZRP 1976, 163 ff.; *Eyermann*, BayVBl 1974, 242 f.; *Scholz*, VVDStRL 34 (1976), bes. S. 209 ff.; *Naumann*, DÖV 1971, 378 f.; *ders.*, GewArch 1975, 281 ff.; *Bettermann*, ZZP 85, 133 ff.; *Pietzner-Ronellenfitsch*, § 7 Rdnrn. 60 ff. m. Nachw.
[65] Ablehnend auch *BVerwGE* 34, 207 ff.; *BVerwG*, DVBl 1980, 1010; NJW 1981, 362 f. sowie *OVG Koblenz*, AS 14, 79; *VGH München*, VGH n. F. 30, 65, bestätigt von *BVerwGE* 54, 211; dazu *Blümel*, in: Festschr. f. Weber, 1974, S. 564 f.; *v. Mutius*, VerwArch 1973, 311 ff.; *Stich*, DVBl 1972, 209; *Huber*, DVBl 1976, 159; *Zimmerling*, DÖV 1977, 278 ff.; *Stelkens*, DVBl 1975, 175 ff.; *Pietzner-Ronellenfitsch*, § 7 Rdnr. 60, bezeichnen die Verbandsklage als „Ladenhüter". Allgemein für eine Zulässigkeit sprechen sich aus *Bender*, DÖV 1976, 584 ff.; *ders.*, DVBl 1977, 169 ff. (daselbst Entwurf eines Verbandsklagengesetzes); *Rehbinder*, ZRP 1976, 157 ff.; *Schmidt*, DÖV 1976, 577 ff.
[66] Vgl. *Ule*, VwGO, § 42 Anm. III 6; *Redeker-von Oertzen*, § 42 Rdnrn. 21 ff.
[67] Nachw. bei *Ule*, VwGO, § 42 Anm. III 6.
[68] *BVerwGE* 44, 17 ff.

auch ein Landesgesetz genügt.[69] Es spricht viel dafür, daß gesetzlich im Sinne des § 42 II nur *bundes*gesetzlich meint, da die VwGO im übrigen Landesgesetze stets ausdrücklich erwähnt (vgl. §§ 40 I 2, 47 I Nr. 2, 61 Nr. 3, 77 II). Das Problem wird allerdings nicht diskutiert. Es hätte Konsequenzen für wenige landesrechtliche Regelungen. Die Ausdehnung der Klagebefugnis auf Naturschutzverbände in Bremen, Hamburg und Hessen (oben 2 c) versucht das *VG Kassel* dadurch zu retten, daß es einen rechtlichen Zusammenhang mit Landesrecht annimmt.[70] Zutreffender wäre es gewesen, auf § 29 II BNatSchG hinzuweisen.

II. Die Klagebefugnis bei der Feststellungsklage

Ob es für die Zulässigkeit einer Feststellungsklage auch einer Klagebefugnis bedarf, ist in Literatur und Rechtsprechung noch nicht abschließend geklärt.[71] Das Gesetz hat die Frage nicht geregelt, so daß aus § 42 II der Umkehrschluß gezogen werden könnte, der Kläger brauche eine eigene Rechtsverletzung nicht geltend zu machen.[72] Da aber dem Verwaltungsprozeß eine Popularklage fremd ist, sollte man jedenfalls in den Fällen, in denen der Kläger als dritte, nicht am festzustellenden Rechtsverhältnis beteiligte Person klagt, eine analoge Anwendung des § 42 II in Erwägung ziehen.[73]

III. Die Klagebefugnis bei vorläufigen Rechtsschutzverfahren

1. Beim Antrag auf Aussetzung oder Wiederherstellung der aufschiebenden Wirkung

Antragsberechtigt ist analog § 42 II jeder, der geltend machen kann, daß der zu vollziehende Verwaltungsakt oder die aufschiebende Wirkung hinsichtlich des in Frage stehenden Verwaltungsakts seine Rechte verletzt.[74]

Beispiel:
Die Anordnung der sofortigen Vollziehung des Beschlusses, ein Gymnasium aufzu-

---

[69] *Kopp*, 42 Rdnr. 103.
[70] DÖV 1984, 123. Die grundsätzliche Zulässigkeit betont *OVG Bremen*, NVwZ 1985, 56.
[71] Zum Problem ausführlich *Knuth*, JuS 1986, 525 ff.
[72] So etwa *Tschira-Schmitt Glaeser*, S. 190.
[73] Das *Bundesverwaltungsgericht* hat diesen Weg für die Zulässigkeit einer Nichtigkeitsfeststellungsklage bereits beschritten: vgl. BVerwG, NJW 1982, 2205; neuestens hat das *OVG Münster* diese Entscheidung für den Fall der Feststellung von Drittrechtsverhältnissen übernommen: *OVG Münster*, NVwZ 1984, 523. Vgl. auch *OVG Koblenz*, NJW 1976, 1165; NVwZ 1983, 303 f.; sowie *Krebs*, in: Festschr. f. Menger, 1985, S. 199.
[74] Dazu *OVG Münster*, OVGE 27, 64 f.; *OVG Münster*, NJW 1975, 794; *VGH München*, VGH n. F. 29, 19; *OVG Lüneburg*, DVBl 1986, 418. Vgl. zur „Adressatentheorie" *Achterberg*, DVBl 1981, 278 f.

§ 14. Die Klagebefugnis 163

lösen, um es in eine Gesamtschule einzugliedern, verletzt das Recht derjenigen Schüler, die die aufzulösende Schule besuchen oder besuchen wollen, sowie deren Eltern.[75]

2. Beim Antrag auf Erlaß einer einstweiligen Anordnung

Zur Stellung eines Antrags auf Erlaß einer einstweiligen Anordnung ist befugt, wer dem Gericht einen Sachverhalt unterbreitet, der

- im Rahmen des § 123 I 1 die Gefährdung eines eigenen Individualinteresses durch eine Veränderung des bestehenden Zustands oder
- im Rahmen des § 123 I 2 eine Gefährdung des Rechtsfriedens ergeben kann.

Es muß ein eigener Anordnungsanspruch und -grund geltend gemacht werden. Die Frage, ob Anspruch und Grund zur Überzeugung des Gerichts glaubhaft gemacht worden sind, gehört zur Begründetheit.[76]

IV. Die Klagebefugnis bei Klagearten sui generis

1. Innerorganschaftliche Streitverfahren

In innerorganschaftlichen Streitigkeiten ist nach allgemeiner Auffassung ebenso wie bei Anfechtungs- und Verpflichtungsklage eine Popularklage unzulässig. Der Kläger muß auch in diesen Verfahren behaupten, in seinen subjektiven Rechten verletzt zu sein;[77] andernfalls liefen sie auf ein objektives Beanstandungsverfahren hinaus.[78]

Beispiele:
(a) Der Kläger, der im Gemeinderat wegen eigener Betroffenheit in der Sache an einer Abstimmung nicht teilgenommen hat, ist nicht in seinen Rechten verletzt, wenn er den Gemeinderatsbeschluß lediglich damit rügt, daß andere Gemeinderatsmitglieder aus den gleichen Gründen ebenfalls nicht hätten mitstimmen dürfen; denn es gibt keinen einklagbaren Anspruch darauf, daß der Gemeinderat nur formell und materiell rechtmäßige Beschlüsse faßt.[79] – (b) Ein studentisches Fakultätsmitglied klagt gegen die Beanstandung der Wahl eines Prodekans und die Anordnung ihrer Wiederholung durch den Universitätspräsidenten. Das *Bundesverwaltungsgericht* verneint die Verletzung subjektiver Rechte.[80]

---

[75] *OVG Münster,* NVwZ 1984, 804, in Anlehnung an *VerfGH NW,* NVwZ 1984, 781 ff.
[76] *Kopp,* § 123 Rdnr. 29; *Erichsen,* Jura 1984, 648; *OVG Münster,* NJW 1982, 2517; NVwZ 1983, 236; *VGH Mannheim,* NVwZ 1985, 438; *OVG Bremen,* DÖV 1986, 477 f.
[77] *Arndt,* DÖV 1963, 571 ff.; *Kiock,* Die Kommunalverfassungsstreitigkeiten und ihre Eingliederung in die VwGO, Diss. Köln 1972, S. 135 ff.; *Wolff-Bachof* III, § 174 I b 2; *Tsatsos,* Der verwaltungsrechtliche Organstreit, 1969, S .45 ff. Aus der Rspr. zuletzt *VGH Kassel,* DVBl 1986, 248.
[78] *BVerwG,* NVwZ 1982, 243; NVwZ 1985, 113; *OVG Münster,* OVGE 27, 264 f.; 28, 212; *OVG Lüneburg,* OVGE 22, 509; 27, 352; *OVG Koblenz,* NVwZ 1985, 283; *VGH Mannheim,* NVwZ 1985, 284 f.
[79] *VGH München,* JZ 1977, 129.
[80] *BVerwG,* NVwZ 1985, 112 f.

Als Rechte des Klägers kommen besonders Mitgliedschaftsrechte oder sonstige, sich unmittelbar aus der Organschaft ergebende Rechte in Betracht.[81]

2. Verwaltungsrechtliche Wahlprüfungsverfahren

Einzige Ausnahme von dem Satz, Popularklagen seien unzulässig, bildet das Wahlprüfungsverfahren. Allerdings scheinen Zweifel darüber zu bestehen, ob diese Ausnahmeregelung auf sämtliche Bereiche von Wahlprüfungsverfahren Anwendung zu finden vermag: Für die *kommunale* Wahlanfechtung jedenfalls ist anerkannt, daß dieses Verfahren dem Schutz des objektiven Wahlrechts, nicht dem Schutz subjektiver Rechte des einzelnen Wählers dient.[82] Die gerichtlich entschiedenen *anderweitigen* Wahlprüfungen[83] betrafen interne Organverfassungsstreitigkeiten, entsprachen also einer innerorganschaftlichen Streitigkeit.

V. Die Klagebefugnis im verwaltungsgerichtlichen Normenkontrollverfahren

Ähnlich der Klagebefugnis bei Anfechtungs- und Verpflichtungsklage muß im Normenkontrollverfahren eine *Antragsbefugnis*[84] vorliegen. Danach ist zur Stellung des Antrags auf Normenkontrolle nur befugt, wer durch Anwendung der Rechtsvorschrift einen Nachteil erlitten oder in absehbarer Zeit zu erwarten hat (§ 47 S. 2). Nachteil ist jede Beeinträchtigung der rechtlichen Verhältnisse des Antragstellers. § 47 enthält insoweit eine eigenständige Ausprägung des in § 42 II geregelten Prinzips.

Der Begriff Nachteil ist weit auszulegen;[85] er geht über die Rechtsbeeinträchtigung nach § 42 II hinaus und läßt genügen, wenn der Antragsteller durch die angegriffene Norm in irgendeiner Weise in seinen rechtlich ge-

---

[81] *BVerwG*, NVwZ 1982, 243; NVwZ 1985, 113; *OVG Lüneburg*, 22, 509; 27, 351 ff. m. zahlr. Nachw.; *OVG Münster*, OVGE 27, 264 f.; 28, 212; *OVG Koblenz*, NVwZ 1985, 283; *VGH Mannheim*, NVwZ 1985, 284 f.

[82] *OVG Münster*, OVGE 17, 261 ff.; 22, 66; 22, 141; 27, 181 ff.; *OVG Münster*, DVBl 1976, 397; *OVG Koblenz*, DVBl 1986, 255; *BVerwG*, DVBl 1973, 313 f.; vgl. auch *OVG Lüneburg*, DVBl 1972, 189 ff.: „Das Wahlprüfungsverfahren, das im übrigen zumindest nicht in erster Linie dem individuellen Rechtsschutz dient und die Popularklage zuläßt ..."

[83] So etwa *VG Braunschweig*, DVBl 1972, 355; *VGH Mannheim*, ESVGH 21, 1976; *BVerwG*, NVwZ 1982, 38 f.; NVwZ 1982, 243.

[84] Ausführlich *Papier*, in: Festschr. f. Menger, 1985, S. 521 ff.; *Schröder*, Jura 1981, 617 ff.

[85] Der Begriff „Nachteil" ist noch nicht abschließend geklärt. Jedenfalls für das Baurecht hat das *Bundesverwaltungsgericht* in seinem Grundsatzbeschluß vom 9. 11. 1979 (E 59, 94) folgende Definition aufgestellt: Ein Nachteil liege vor, „wenn der Antragsteller durch den Bebauungsplan oder durch dessen Anwendung negativ, d. h. verletzend, in einem Interesse betroffen wird bzw. in absehbarer Zeit betroffen werden kann, das bei der Entscheidung über den Erlaß oder den Inhalt dieses Bebauungsplanes als privates Interesse des Antragstellers in der Abwägung berücksichtigt werden mußte." Instruktiv auch *VGH Mannheim*, DVBl 1986, 626.

§ 14. Die Klagebefugnis

schützten Interessen beeinträchtigt wird; ein ideeller oder rein wirtschaftlicher Nachteil reicht allerdings nicht aus.[86]

Beispiel:
Eine gesetzliche Krankenversicherung erleidet durch eine Gebührensatzung für den Rettungsdienst, die höhere Kosten erwarten läßt, einen Nachteil.[87]

Die besondere Beschwer in Form des „Nachteils", die neben dem allgemeinen Rechtsschutzbedürfnis bestehen muß,[88] wird nur gefordert, wenn der Antrag von einer natürlichen oder juristischen[89] Person gestellt wird, nicht jedoch, wenn er von einer Behörde stammt.[90]

Sinn dieses Erfordernisses ist wie bei der Regelung des § 42 II der Ausschluß der Popularklage.[91] Von besonderer Bedeutung ist die Antragsbefugnis im Baurecht bei der Überprüfung von Bebauungsplänen.[92]

Beispiele:
(a) Verletzung des in § 1 BBauG enthaltenen Abwägungsgebots durch Gestattung eines Konkurrenzunternehmens des Antragstellers, die zu einer wettbewerbsverzerrenden Wirtschaftsförderung führt und ihn in seiner wirtschaftlichen Existenz vernichtet.[93] – (b) Die Ortsgebundenheit eines Kleinkinderspielplatzes in einem Siedlungsgebiet soll die Unzulässigkeit des Antrages bewirken, da dieser nur darauf hinauslaufen könne, den Spielplatz innerhalb des Gebietes zu verschieben, dieses Interesse jedoch nicht schutzwürdig sei.[94] – (c) Wohnungsmieter wenden sich gegen einen Bebauungsplan.[95]

Die Stellung des Normenkontrollantrages ist an keine Frist gebunden, doch kann die Antragsbefugnis verwirkt werden, wenn die Antragstellung als „illoyal verspätet" erscheint.[96]

---

[86] *Kopp,* § 47 Rdnrn. 25, 25 a m. umf. Nachw.; a. A. *Tschira-Schmitt Glaeser,* S. 231, die in Anlehnung an die Feststellungsklage ein berechtigtes Interesse genügen lassen wollen.

[87] *OVG Lüneburg,* NVwZ 1982, 44.

[88] *Redeker-von Oertzen,* § 47 Rdnr. 21; *Kopp,* § 47 Rdnrn. 24 ff.; *Pietzner-Ronellenfitsch,* § 7 Rdnrn. 64 ff.; *Bosch-Schmidt,* § 74 I; *Hoppe,* in: Festschr. f. Menger, 1985, S. 762.

[89] Ein Bistum ist jur. Person i. S. dieser Vorschrift: *OVG Münster,* NJW 1983, 2592.

[90] Die Behörde muß jedoch mit dem Vollzug der Vorschrift befaßt sein: *VGH München,* BayVBl 1975, 114; *VGH Mannheim,* NJW 1977, 1469; *VGH Mannheim,* VBlBW 1985, 25; *OVG Bremen,* DVBl 1980, 369.

[91] *Brohm,* NJW 1981, 1688 ff.; *OVG Koblenz,* NJW 1982, 1170; *VGH Mannheim,* DVBl 1986, 626 m. w. Nachw.

[92] Vgl. *BVerwG,* NJW 1980, 1061 m. Bespr. *Bettermann,* DVBl 1980, 237; *OVG Koblenz,* NJW 1982, 1170.

[93] *BVerwGE* 59, 95 ff.

[94] *VGH Mannheim,* ZfBR 1985, 287.

[95] *OVG Lüneburg,* NVwZ 1982, 254.

[96] So *OVG Koblenz,* NJW 1984, 444 f.; vgl. aber *VGH München,* BayVBl 1982, 727, wo einer Verwirkung des Antragsrechts äußerst enge Grenzen gezogen werden und das Gericht zudem offengelassen hat, ob sie nicht überhaupt unzulässig ist. Zum Streitstand umfassend *Blümel,* VerwArch 1983, 153 ff. m. Nachw.

§ 15. Das Vorverfahren

I. Sinn und Zweck des Vorverfahrens

1. Vorverfahren als Verwaltungsverfahren

Im Gegensatz zum Zivilprozeß, aber in gewisser Ähnlichkeit zum staatsanwaltschaftlichen Ermittlungsverfahren (§§ 160ff. StPO) findet im Verwaltungsprozeß in den wichtigsten Verfahrensarten ein Vorverfahren statt (§§ 68ff.).[1] Es ist ein *außergerichtliches* Verfahren und damit ein Teil des *Verwaltungsverfahrens*.[2] Sein Zweck ist eine verwaltungsinterne Kontrolle der Behörde und eine Entlastung der Gerichte. Seine Verfassungsmäßigkeit ist, auch soweit es Voraussetzung für die Zulässigkeit einer Klage ist, unzweifelhaft.[3] Als Verwaltungsverfahren wird das Vorverfahren von der Verwaltungsbehörde geführt. Es dient einer erneuten Überprüfung der Verwaltungsentscheidung auf ihre Rechtmäßigkeit und Zweckmäßigkeit und gewährt damit gleichsam eine zweite behördliche Instanz. Eingeleitet wird es mit der Erhebung eines *Widerspruchs* (§ 69). Der Widerspruch richtet sich nur gegen Verwaltungsakte; deswegen kommt ein Vorverfahren nur bei Anfechtungs- und Verpflichtungsklage, nicht aber bei sonstigen Klage- und Verfahrensarten in Frage.[4] Für diese Klagen ist es grundsätzlich Zulässigkeitsvoraussetzung (vgl. aber unten III).

Gelegentlich wird in einer öffentlich-rechtlichen Arbeit nur nach Zulässigkeit und/oder Begründetheit eines Widerspruchs gefragt. In einem solchen Fall sind die Zulässigkeitsvoraussetzungen des Widerspruchs nach Art der Sachurteilsvoraussetzungen der Klage abzuhandeln:
- Objektives Vorliegen eines Verwaltungsaktes,[5]
- Zuständigkeit der Widerspruchsbehörde,
- Beteiligtenfähigkeit,[6]

---

[1] Allg. *v. Mutius*, Das Widerspruchsverfahren der VwGO als Verwaltungsverfahren und Prozeßvoraussetzung, 1969; *Schneller*, Das Widerspruchsverfahren nach §§ 68 bis 73 VwGO, Diss. Würzburg 1970; *Trzaskalik*, Das Widerspruchsverfahren der VwGO im Lichte der allg. Prozeßrechtslehre, o. J. (1972); *Presting*, DÖV 1976, 269ff.; *Weides*, Verwaltungsverfahren und Widerspruchsverfahren, 2. Aufl. 1981; *Pietzner-Ronellenfitsch*, § 8 Rdnrn. 1ff.; *Hoffmann*, in: Festschr. f. Menger, 1985, S. 605ff.
[2] *v. Mutius*, Jura 1979, 59ff., 504ff.; *Allesch*, Die Anwendbarkeit der Verwaltungsverfahrensgesetze auf das Widerspruchsverfahren nach der VwGO, 1984.
[3] BVerwGE 9, 194ff.
[4] Über die Besonderheiten bei der Fortsetzungsfeststellungsklage vgl. oben § 4 VII 2.
[5] Das Vorliegen einer verwaltungsrechtlichen Streitigkeit braucht nicht geprüft zu werden, da Gegenstand des Widerspruchsverfahrens nur Verwaltungsakte sein können (a. A. *Weides*, S. 194).
[6] Aus dem verwaltungsgerichtlichen Verfahren sind analog die Vorschriften über die Streitgenossenschaft (§ 64), die Beiladung (§ 65), die Vertretung (§ 67), den Ermitt-

– ordnungsgemäße und fristgemäße Einlegung des Widerspruchs,
– Rechtsschutzbedürfnis (Sachbescheidungsinteresse).[7]

2. Sachbescheidungsinteresse

Während die erstgenannten Widerspruchsvoraussetzungen sich nach den allgemeinen Darlegungen richten, ist das Sachbescheidungsinteresse im Vorverfahren regelmäßig ergeben, wenn sich der Widerspruchsführer gegen einen Verwaltungsakt oder gegen desses Versagung wehrt.

Ein Sachbescheidungsinteresse ist dann zu verneinen, wenn der Widerspruchsführer zur Verwirklichung seines Rechts eine behördliche Entscheidung nicht benötigt, wenn die Behörde mißbräuchlich in Anspruch genommen wird oder wenn der Verwaltungsakt vor Ablauf der Widerspruchsfrist vollzogen wurde oder sich erledigt hat.

Beispiele:
(a) Antrag auf Bebauungsgenehmigung für ein Grundstück, dessen Bebaubarkeit gem. § 2 I BBauG feststeht.[8] – (b) Widerspruch gegen gebührenpflichtige Verwarnung, die bereits bei dem Verwarnungsausspruch bezahlt worden war.[9]

3. Widerspruchsbefugnis

Streitig ist, ob es eine Widerspruchsbefugnis[10] analog § 42 II gibt. Muß der Widerspruch Einlegende geltend machen können, in seinen subjektiven Rechten verletzt zu sein? Auch beim Widerspruch verlagert sich das Problem weitgehend auf den Drittbetroffenen.

Daß der Gesetzgeber keinen „Popularwiderspruch" zulassen will, erhellen schon die Formulierungen der §§ 68 I Nr. 2, 70 I, 78 II, 79, die von einer *Beschwer* des Widerspruchsführers sprechen. Auch die Filter- und Vorschaltfunktion[11] des Vorverfahrens läßt dieses nur sinnvoll erscheinen, wenn eine Beeinträchtigung nicht bloßer Interessen, sondern von Rechtspositionen gefordert wird. Anderseits haben die Widerspruchsbehörden den Verwaltungsakt sowohl auf Rechtsfehler als auch auf seine Zweckmäßigkeit hin zu überprüfen (§ 68 I 1). Dadurch wird dem Widerspruchsführer ausdrücklich gestattet, allein die Unzweckmäßigkeit des Bescheides zu rügen, die ihn in seinen Rechten nicht verletzen, aber beeinträchtigen kann.[12] Eine Widerspruchsbefugnis ist demnach erforderlich; sie ist nur weniger stringent als die Klagebefugnis. Sie liegt

---

lungsgrundsatz (§ 86), die Akteneinsicht (§ 100), die Berichtigung und Ergänzung (§§ 118ff.) anzuwenden; *Kopp*, Vorb. § 68 Rdnrn. 14ff.

[7] Der Begriff Sachbescheidungsinteresse geht auf *Gierth*, DVBl 1967, 848ff., zurück. Vgl. *BVerwGE* 42, 117f.; 61, 130f.; ferner *Pietzner-Ronellenfitsch*, § 26 Rdnr. 6; *Obermayer*, in: Festschr. Boorberg-Verlag, 1977, S. 125. *Weides*, S. 241, bezeichnet es als Widerspruchsinteresse.
[8] *BVerwG*, NJW 1969, 73.
[9] *BVerwGE* 24, 8ff.
[10] Allg. zur Widerspruchsbefugnis *Pietzner-Ronellenfitsch*, § 26 Rdnrn. 1ff.; *Weides*, S. 238ff.; *Martens*, JuS 1980, 819; *Kopp*, § 69 Rdnr. 6; vgl. auch *BVerwG*, NJW 1982, 1828.
[11] *Bosch-Schmidt*, § 26 II.
[12] *VGH Kassel*, ESVGH 22, 234.

schon vor, wenn der Widerspruchsführer geltend machen kann, er sei in seinen Rechten auf Grund der Rechts- und/oder Zweckwidrigkeit des Verwaltungsaktes betroffen.[13]

4. Volle Ermessensüberprüfung

Wegen der Zweckmäßigkeitskontrolle im Vorverfahren ist eine volle Ermessensüberprüfung zulässig. Unzweckmäßig ist die angefochtene Verwaltungsentscheidung, wenn sie hinsichtlich des Entscheidungsablaufes des Ergebnisses oder der Entscheidungswirkungen den Maßstab der Sachgerechtigkeit oder Erfolgsdienlichkeit verletzt.[14]

II. Notwendigkeit und Ablauf des Vorverfahrens

1. Durchführung des Vorverfahrens als Zulässigkeitsvoraussetzung einer Klage

Vor Erhebung der Anfechtungs- und Verpflichtungsklage und aller beamtenrechtlichen Klagen[15] muß grundsätzlich ein Vorverfahren zwecks Prüfung von Rechtmäßigkeit und Zweckmäßigkeit des Verwaltungsakts durchgeführt worden sein (§ 68 I 1, II; § 126 III BRRG; § 24 II EGGVG).[16] Als Zulässigkeitsvoraussetzung dieser Klagen bedeutet dies, daß

– innerhalb eines Monats[17] nach Bekanntgabe des Verwaltungsakts, bei gesetzlich vorgesehener Zustellung des Verwaltungsakts (z. B. § 134 I BBauG für Erschließungsbeitragsbescheide) nach bewirkter Zustellung,[18] schriftlich[19] oder zur Niederschrift bei der Behörde, die den Verwaltungsakt erlassen hat, *Widerspruch erhoben* worden ist (§§ 69, 70);
– ein Widerspruchsbescheid (§ 73) ergangen bzw. über einen Widerspruch ohne zureichenden Grund in angemessener Frist sachlich nicht entschieden worden ist (§ 75 I 1).

2. Widerspruchsfrist

Die Versäumung der Widerspruchsfrist würde an sich die Klage unzulässig sein lassen; denn nach § 77 II ist ein *ordnungsgemäßes* Widerspruchsverfah-

---

[13] *Kopp*, aaO; *Pietzner-Ronellenfitsch*, aaO; *Weides*, aaO; *v. Mutius*, in: Erichsen (Hrsg.), Jura Extra – Studium und Examen, 2. Aufl. (1983), S. 164.
[14] *v. Mutius*, in: Jura Extra, S. 166.
[15] *BVerwG*, DVBl 1971, 578.
[16] Dabei braucht das in § 24 II EGGVG vorgesehene Vorverfahren, soweit es eingeführt wurde, nicht durch Gesetz oder Rechtsverordnung geregelt zu werden; ausreichend ist auch eine Allgemeinverfügung: *BVerwGE* 40, 246 ff.
[17] Vgl. dazu *Weides*, S. 217 ff. Zur Wiedereinsetzung in den vorigen Stand bei Versäumung der Widerspruchsfrist (§§ 70 II, 60) vgl. *Buri*, DÖV 1963, 498 ff.; 1964, 693 ff.; *Weller*, DÖV 1964, 691 f.
[18] *BVerwGE* 22, 16; 25, 20 f. Bei Zustellung an eine Personenmehrheit muß jeder einen Bescheid erhalten (zur Zustellung an Eheleute vgl. etwa *VGH Kassel*, NVwZ 1986, 138 f.).
[19] Zur Form des Widerspruchs vgl. *VGH Kassel*, DVBl 1964, 599 f.

§ 15. Das Vorverfahren 169

ren Zulässigkeitsvoraussetzung der Klage. Dagegen vertritt das *Bundesverwaltungsgericht* in ständiger Rechtsprechung die Auffassung, der Behörde stehe kraft Verfügungsgewalt die Befugnis zu, die Angelegenheit noch einmal sachlich zu prüfen und entsprechend zu bescheiden.[20] Nach ihm genügt ein *erfolgloses* Widerspruchsverfahren. Ausgenommen von diesem Grundsatz sollen allerdings drittbegünstigende Verwaltungsakte sein, weil der Dritte nach Ablauf der Widerspruchsfrist infolge der Bestandskraft des Verwaltungsakts eine ,,gesicherte Rechtsposition" erlangt habe, die ihm nur beim Vorliegen einer besonderen Ermächtigungsgrundlage wieder entzogen werden dürfe.[21]

Nach § 70 II, 58 I beginnt die Frist nur bei schriftlicher Belehrung des Beteiligten über den Rechtsbehelf zu laufen. Die Belehrung muß ordnungsgemäß sein.[22] Doch braucht sie sich weder auf die Form des Rechtsbehelfs[23] noch auf Besonderheiten des Fristablaufs[24] zu beziehen. Fehlt sie oder ist sie unrichtig erteilt,[25] läuft nach § 58 II eine Jahresfrist seit Bekanntgabe. Nach h. M[26] bezieht sich diese Vorschrift nur auf den Adressaten des Verwaltungsakts, kommt also nicht zum Tragen, wenn ein Dritter den Verwaltungsakt anficht. Zu bedenken bleibt allerdings, daß im Einzelfall dem Nachbarn die Berufung darauf, ihm sei der Verwaltungsakt nicht zugestellt worden, nach Treu und Glauben verwehrt sein kann, sofern er sichere Kenntnis von der Baugenehmigung erlangt hatte oder hätte erlangen müssen, sog. *Verwirkung von prozeßrechtlichen Abwehrrechten.*[27] Doch müssen dazu besondere Voraussetzungen gegeben sein, wie etwa das Nachbarschaftsverhältnis unmittelbarer Grenznachbarn.

3. Wiedereinsetzung und neuerliche Verbescheidung

Bei Versäumung der Widerspruchsfrist kann Wiedereinsetzung in den vorigen Stand beantragt werden (§ 70 II). Zuständig zur Gewährung der Wiedereinsetzung ist die Behörde, die über den Widerspruch ,,zu befinden" hat,

---

[20] *BVerwGE* 15, 310; 18, 301; 27, 143; 57, 211; *BVerwG,* DVBl 1981, 503; BayVBl 1983, 311; DVBl 1984, 91 f. Zum Problem sogleich sub 3.
[21] *BVerwG,* DVBl 1982, 1097 f.; *OVG Saarlouis,* NVwZ 1986, 578 f.; *Niethammer,* NJW 1981, 1544 ff.; *Schütz,* NJW 1981, 2785 ff.
[22] Vgl. *BVerwGE* 28, 178 f.; *OVG Berlin,* JR 1969, 116; *BVerwGE* 37, 85; 57, 118; 59, 302.
[23] U. U. ergibt sich eine Pflicht zum Wiederaufgreifen des Verfahrens, wenn der Rechtsbehelf nur schriftlich oder zu Protokoll der Geschäftsstelle eingelegt werden darf und der Rechtsmittelführer in Unkenntnis dessen zunächst mündlich und dann verspätet schriftlich Widerspruch eingelegt hat: *BVerwGE* 50, 248.
[24] *BVerwGE* 50, 248.
[25] *VGH Kassel,* Hess. Städte- und Gemeindezeitung 1986, 100.
[26] *BVerwG,* DVBl 1969, 268; NJW 1969, 1133; *Haueisen,* NJW 1966, 2340 ff. m. Nachw.
[27] *BVerwGE* 44, 294 ff. m. Anm. *Mittenzwei,* NJW 1974, 1885, sowie Bespr. *Menger,* VerwArch 1975, 85 ff.; diese Frage war im Urteil des *BVerwG,* DÖV 1973, 350 noch offengelassen worden; ferner *OVG Lüneburg,* OVGE 39, 399 ff.; *OVG Münster,* NJW 1980, 1413; 1981, 598; *OVG Berlin,* NVwZ 1983, 165; *OVG Lüneburg,* NVwZ 1985, 507. Vgl. auch *VGH München,* BayVBl 1984, 47.

170   1. Teil. Die Sachurteilsvoraussetzungen

§ 70 II i. V. mit § 60 IV, d. h. bei Abhilfeentscheidung die Ausgangsbehörde, sonst die Widerspruchsbehörde.[28] Wiedereinsetzung darf nur gewährt werden, wenn die in § 60 I–IV geregelten Voraussetzungen, insbes. die Schuldlosigkeit der Fristversäumung, dargetan sind; es besteht insoweit kein Beurteilungs- oder Ermessensspielraum;[29] insbesondere darf über einen verspätet eingelegten Widerspruch, ohne daß die Voraussetzungen einer Wiedereinsetzung vorliegen, nicht eine erneute sachliche Entscheidung getroffen werden.[30] Dagegen gewährt die Rechtsprechung aus dem Gedanken, die Behörde sei die ,,Herrin des Vorverfahrens,''[31] die Befugnis zu neuerlicher Verbescheidung. Aus rechtsdogmatischen Gründen kann dem nicht gefolgt werden: Fristen sind Ausschlußfristen und als solche zwingendes Recht und daher von jedermann stets zu beachten. Im gerichtlichen Verfahren kann sich schließlich das Gericht als ,,Herr des Verfahrens'' über Rechtsmittelfristen auch nicht hinwegsetzen.

Das von der Gegenmeinung hauptsächlich herangezogene Argument, die Behörde dürfe auch jederzeit ohne Rücksicht auf Fristen einen erneuten Sachbescheid erlassen,[32] ist nicht stichhaltig, weil unzulässigerweise Abhilfebescheid und Zweitbescheid gleichgesetzt werden; denn im letzteren Fall wird nur der Zweitbescheid Gegenstand des neuen verwaltungsgerichtlichen Verfahrens, während es hier gerade darum geht, den ursprünglichen Bescheid aus der Welt zu schaffen. Die von der Behörde gewährte Wiedereinsetzung sollte ausdrücklich[33] geschehen, schon um die beiden möglichen Verfahren gegen den Widerspruchsbescheid oder aber gegen den Zweitbescheid voneinander abzugrenzen.

Da die Einhaltung der Fristen eine von Amts wegen zu prüfende Sachurteilsvoraussetzung darstellt, muß das Gericht stets nachprüfen, ob die Voraussetzungen der Wiedereinsetzung vorgelegen haben. Es ist an die Entscheidung der Behörde nicht gebunden;[34] dies folgt schon aus der Unanwendbarkeit des § 60 V im Rahmen des § 70 II. Wurde die Wiedereinsetzung zu Unrecht gewährt, ist die Klage wegen der bereits eingetretenen Bestandskraft des Verwaltungsakts als unzulässig abzuweisen.[35] Wurde die Wiedereinset-

---

[28] Zum Problem *Sachs*, NVwZ 1982, 421.
[29] *Kopp*, § 70 Rdnr. 11; *Sachs*, aaO; a. A. *VGH Mannheim*, NVwZ 1982, 316; *OVG Bremen*, NVwZ 1982, 456. Zum Problem insgesamt *Wallerath*, DÖV 1970, 653 ff.; *Niethammer*, NJW 1981, 1544 ff. Auch bei Versäumung der Wiedereinsetzungsfrist gibt es Wiedereinsetzung: *BVerwG*, DVBl 1986, 287.
[30] *Judick*, NVwZ 1984, 354 f.; *Kopp*, § 70 Rdnr. 9 m. w. Nachw.; *Kurz*, BayVBl 1980, 714 ff.; *Merten*, NJW 1983, 1996; *v. Mutius*, Das Widerspruchsverfahren der VwGO als Verwaltungsverfahren und Prozeßvoraussetzung, 1969, S. 196 f.; ferner oben Fußn. 20.
[31] Dazu bes. *Tschira-Schmitt Glaeser*, S. 106.
[32] BVerwGE 57, 344; BVerwG, NJW 1971, 1195; NVwZ 1983, 285; BayVBl 1983, 311; *VGH Mannheim*, NJW 1980, 2270; NVwZ 1982, 316 f.; 1984, 507 f.; *OVG Bremen*, NVwZ 1982, 456.
[33] So auch *Schmidt*, DÖV 1981, 231; *Weides*, S. 224; a. A. *Redeker-von Oertzen*, § 70 Rdnr. 5 m. w. Nachw.
[34] Ebenso *Kopp*, § 70 Rdnrn. 12 f.; *Redeker-von Oertzen*, § 70 Rdnr. 6; *Eyermann-Fröhler*, § 70 Rdnr. 8, jew. m. w. Nachw.; a. A. *Bosch-Schmidt*, § 26 IV 2 e.
[35] *Buri*, DÖV 1962, 929; *Eyermann-Fröhler*, aaO; *Bettermann*, JZ 1965, 268; *v. Mu-

§ 15. Das Vorverfahren

zung zu Unrecht versagt, kann aus den Grundsätzen der Konnexität[36] der Verfahren sowie der Prozeßökonomie das Gericht im Rahmen seiner Entscheidung zur Hauptsache auch über die Wiedereinsetzung entscheiden.[37]

4. Abhilfeentscheidung und Widerspruchsbescheid

Die Behörde, bei der der Widerspruch eingelegt worden ist, kann diesen für zulässig und begründet halten. In diesem Falle *hilft* sie *ab* (§ 72). Sie entscheidet mithin im Sinne des Widerspruchsführers.
Hilft sie nicht ab, so hat ein *Widerspruchsbescheid* zu ergehen (§ 73 I 1). Diesen erläßt grundsätzlich die nächsthöhere Behörde, soweit nicht das Gesetz eine andere Behörde bestimmt, z. B. nach § 126 III Nr. 2 BRRG die oberste Dienstbehörde in Beamtensachen. Ist die nächsthöhere Behörde eine oberste Bundes- oder oberste Landesbehörde, so verbleibt die Zuständigkeit bei der Behörde, die den Verwaltungsakt erlassen hat (§ 73 I 2 Ziff. 2).[38]

Der Bürger hat ein subjektives Recht auf Erlaß eines Widerspruchsbescheids, der notfalls mit Verpflichtungsklage durchgesetzt werden kann,[39] da die Widerspruchsbehörde erweiterte Kontrollbefugnisse gegenüber dem Verwaltungsgericht hat.

Da in Selbstverwaltungsangelegenheiten (nicht Auftragsangelegenheiten) die Zweckmäßigkeit eines Verwaltungsakts von der Aufsichtsbehörde nicht nachgeprüft werden kann, sieht § 73 I 2 Nr. 3 vor, daß die Selbstverwaltungsbehörde vorbehaltlich anderweitiger Regelung den Widerspruchsbescheid erläßt.

Beispiel:
Über den Widerspruch gegen einen Prüfungsbescheid der Industrie- und Handelskammer im Rahmen der beruflichen Fortbildung entscheidet die IHK selbst, da das Berufsbildungswesen zu ihren Selbstverwaltungsaufgaben zählt.[40]

Beachte: Ist die Bewertung von Prüfungsleistungen einem besonderen Kollegialgremium zugewiesen, so ist die Überprüfungskompetenz der Widerspruchsbehörde auf die Einhaltung des Beurteilungsspielraumes begrenzt.[41]

---

tius, aaO, S. 190; *Hofmann*, in: Festschr. f. Menger, 1985, S. 617 m. w. Nachw.; *Kopp*, § 70 Rdnr. 13. A. A. *Tschira-Schmitt Glaeser*, S. 108.

[36] Dazu *Kopp*, § 70 Rdnr. 13; *VGH Mannheim*, NVwZ 1982, 317.

[37] *Tschira-Schmitt Glaeser*, aaO; *Pietzner-Ronellenfitsch*, § 25 Rdnrn. 7ff.; *Bosch-Schmidt*, § 34 I 3f.; *Ule*, VerwProzR, Anhang zu § 37, II 2; *BVerwGE* 44, 108f.; *BVerwG*, NJW 1977, 542; 1983, 1923; BayVBl 1977, 641f.; DÖV 1981, 636. Die Gegenmeinung fordert, die Wiedereinsetzung mittels zusätzlicher Verpflichtungsklage zu erteilen, wobei das Hauptverfahren ggf. auszusetzen sei: *Weides*, S. 225; *VGH Mannheim*, NVwZ 1982, 316f.

[38] Eingehend zur zuständigen Widerspruchsbehörde *Pietzner-Ronellenfitsch*, § 28.

[39] *Kopp*, Vorbem. § 68 Rdnrn. 12f.; *VGH Kassel*, DÖV 1974, 537. Das *Bundesverwaltungsgericht* (DÖV 1975, 639f.) hat jedenfalls für die Zeit nach Ablauf der Jahresfrist des § 76 eine Pflicht der Behörde zur Entscheidung verneint. Inwieweit diese Meinung auch nach der ersatzlosen Streichung des § 76 aufrecht erhalten werden kann, bleibt abzuwarten.

[40] *BVerwGE* 70, 6.

[41] *BVerwGE* 57, 145; 70, 11.

Eine derartige Regelung ist sowohl in den Ausführungsgesetzen der Länder zur VwGO als auch in einigen anderen Landesgesetzen getroffen. Hierbei sind vor allem drei Fallgestaltungen zu unterscheiden:[42]

(a) Die Regelung des § 73 ist anzuwenden in Nordrhein-Westfalen (arg. e contrario § 7 AGVwGO) und Niedersachen – (b) Die Selbstverwaltungsbehörde prüft die Zweckmäßigkeit, die Aufsichtsbehörde die Rechtmäßigkeit des VAs: § 7 AGVwGO-BadWürtt; § 6 II AGVwGORhPf; § 6 AGVwGOSaarl; Art. 8 II GemeindePolGBay; Art. 119 GOBay; Art. 105 LKOBay. – (c) In sonstigen Selbstverwaltungsangelegenheiten sowie bei Pflichtaufgaben zur Erfüllung nach Weisung, sofern man diese überhaupt dem Bereich der Selbstverwaltung zurechnen will, entscheidet die Aufsichtsbehörde in vollem Umfang: § 8 AGVwGOBadWürtt; § 7 AGVwGONW.

5. Maßgeblicher Zeitpunkt der Entscheidung

Maßgeblicher Zeitpunkt für die Überprüfung der Sach- und Rechtslage ist der des Erlasses des Widerspruchsbescheides, d. h. Änderungen der Grundlagen des Verwaltungsaktes während des Widerspruchsverfahrens müssen berücksichtigt werden;[43] dies gilt nicht beim Widerspruch des Nachbarn gegen eine Baugenehmigung.[44]

6. Aussetzungsbefugnis des Gerichts

Hat der Kläger *keinen Widerspruch* erhoben, so ist das Gericht befugt, das Verfahren *auszusetzen,* damit der Kläger die Erhebung des Widerspruchs nachholen kann.[45] Die Aussetzung steht im Ermessen des Gerichts (vgl. § 94); eine Pflicht hierzu besteht nicht,[46] denn es ist Sache des Klägers, von sich aus die Voraussetzungen einer zulässigen Klage zu schaffen, wenn deren Erfüllung in seiner Hand liegt. Das fehlende Vorverfahren kann jedoch nur dann nachgeholt werden, wenn die Frist zur Erhebung des Widerspruchs noch läuft.[47] Bei unverschuldeter Fristversäumung kann der Betroffene Wiedereinsetzung in den vorigen Stand beantragen, §§ 70 II, 60.[48]

Bei mehreren Klägern genügt es, wenn einer von ihnen das Vorverfahren durchgeführt hat,[49] dagegen nicht, wenn zwar der ausgeschiedene Kläger erfolglos Widerspruch eingelegt hat, der jetzige Kläger aber nicht.[50]

---

[42] Ausführlich *Pietzner-Ronellenfitsch,* § 28 Rdnrn. 17 ff.
[43] *Redeker-von Oertzen,* § 73 Rdnr. 15; *v. Mutius,* in: Jura Extra, S. 166.
[44] *BVerwG,* NJW 1970, 263 m. abl. Anm. *Schuegraf,* daselbst, S. 581 f.; beachte aber *BVerwGE* 65, 313 ff.
[45] *Stich,* DVBl 1960, 379; *Bettermann,* DVBl 1959, 314; *VGH München,* BayVBl 1975, 591; a. A. *Ule,* VwGO, § 68 Anm. I.
[46] A. A. *Stich,* DVBl 1960, 379.
[47] *BVerwGE* 4, 204; *Ule,* VwGO, § 68 Anm. 3; so wohl auch *Naumann,* in: Staatsbürger und Staatsanwalt II, S. 373. Vgl. ferner *Buri,* DÖV 1962, 483 ff.; 929 ff.; *Hamann,* DÖV 1962, 892 ff.
[48] Dazu unten § 16 IV.
[49] *BVerwGE* 50, 171; *BVerwG,* DÖV 1970, 248; 1972, 390 f. (bei gemeinsam klagenden Eheleuten hat nur der Ehemann Widerspruch eingelegt).
[50] *OVG Münster,* DÖV 1970, 500 ff.

7. Förmlichkeit des Vorverfahrens

Der Widerspruchsbescheid kann wegen der besonderen Förmlichkeit des Widerspruchsverfahrens *nicht mehr formlos durch Sacheinlassung* der beklagten Behörde im Prozeß ersetzt werden, sondern muß förmlich (§ 73), insbes. mit Begründung (§ 73 III) erlassen werden;[51] unzweifelhaft gilt dies, soweit Widerspruchsbehörde und beklagte Behörde nicht identisch sind.[52]

8. Reformatio in peius

Eine *reformatio in peius* ist im Vorverfahren grundsätzlich zulässig, weil wie bei der Rücknahme fehlerhafter begünstigender Verwaltungsakte eine Interessenabwägung erfolgen muß und das Interesse des Betroffenen am Bestandsschutz (Vertrauensschutz) durch seine eigene Rechtsbehelfseinlegung gemindert ist.[53] Weithin wird dann auch § 48 VwVfG als Grundlage herangezogen.[54] Die Widerspruchsbehörde hat volle Nachprüfungskompetenzen.[55] Etwas anderes hat zu gelten, wenn ein Dritter Widerspruch gegen einen begünstigenden Verwaltungsakt einlegt. Hier ist die Widerspruchsbehörde darauf beschränkt, den angegriffenen Verwaltungsakt auf die Verletzung drittschützender Vorschriften hin zu überprüfen. Dies folgt aus § 73 i. V. m. § 72: Danach gibt die Widerspruchsbehörde einem Widerspruch dann statt, wenn sie ihn für begründet hält. Weitergehende Befugnisse stehen ihr nicht zu, insbesondere kann sie nicht auf einen unzulässigen oder unbegründeten Widerspruch eines Dritten hin den angegriffenen Verwaltungsakt aufheben oder verschlechtern.[56]

---

[51] *BSG*, DVBl 1963, 407 ff.; *VGH München*, BayVBl 1983, 309 f.; *Menger*, VerwArch 1963, 402 ff.; *Stich*, DVBl 1960, 380; *Weides*, JuS 1964, 275 f.; *Ule*, VwGO, § 68 Anm. I; *Kopp*, Vorb § 68 Rdnr. 11; a. A. das *Bundesverwaltungsgericht* in ständiger Rspr.: *BVerwGE 15, 310; zuletzt E 66, 41; BVerwG*, NVwZ 1986, 374; bestätigt von *BFHGrS*, NVwZ 1985, 686: aus Gründen der Prozeßökonomie ist ein Vorverfahren entbehrlich, wenn sich die auch für den Widerspruchsbescheid zuständige beklagte Behörde auf die Klage einläßt oder wenn der Zweck des Vorverfahrens nicht mehr erreicht werden kann. – Zur Frage der Heilung eines wegen Unzuständigkeit fehlerhaften Widerspruchsbescheides durch die zuständige Behörde im Laufe des Prozesses vgl. *BVerwG*, DVBl 1964, 357 f.; ferner *v. Mutius*, VerwArch 1972, 461 ff.

[52] *OVG Münster*, OVGE 22, 166 f.; 31, 129; *Weides*, S. 211.

[53] *BVerwGE* 14, 175 ff.; 21, 142 ff.; 30, 132 ff.; 51, 314; *BVerwG*, DÖV 1972, 789 f.; *OVG Münster*, DVBl 1976, 47 (nicht rechtskräftig); *VGH München*, DÖV 1972, 318; BayVBl 1973, 556; *OVG Lüneburg*, OVGE 21, 369; *Tschira-Schmitt Glaeser*, S. 113 ff.; *Sahlmüller*, BayVBl 1973, 543; zweifelnd *Kreppel*, BayVBl 1972, 123; a. A. *Ule*, VerwProzR, § 24 III 1; *v. Mutius*, Das Widerspruchsverfahren der VwGO, S. 220 ff. Eine Übersicht über den Stand der Meinungen geben *Renner*, DVBl 1973, 340 ff., sowie *Pietzner-Ronellenfitsch*, § 31. Die grundsätzliche Zulässigkeit hat das *BVerwGE* 51, 314; 65, 319, dahingehend modifiziert: die Regelung sei zwar dem jeweiligen Bundes- oder Landesrecht vorbehalten, werde aber begrenzt durch den Kernbestand der Grundsätze des Vertrauensschutzes und von Treu und Glauben.

[54] Zur Rücknahme von Verwaltungsakten *Skouris*, NJW 1980, 1721 ff.

[55] *Kopp*, § 68 Rdnr. 9 m. w. Nachw. Vgl. auch *BVerwGE* 65, 318 f.

[56] *Redeker-von Oertzen*, § 73 Rdnr. 21; *BVerwGE* 65, 318 f.

Die Widerspruchsbehörde darf auch einem Verwaltungsakt im Verwaltungsverfahren keine Zwangsmittelandrohung hinzufügen; diese ist ein rechtlich selbständiger Verwaltungsakt, dessen Erlaß in die Zuständigkeit der Ausgangsbehörde fällt.[57]

III. Entbehrlichkeit des Vorverfahrens

Ein Vorverfahren ist ausnahmsweise in einer Reihe von Fallkonstellationen *nicht* notwendig. Eine solche Unstatthaftigkeit[58] ergibt sich teils kraft ausdrücklicher gesetzlicher Regelung, teils aus Sinn und Zweck des Verfahrens.

Eines Vorverfahrens bedarf es nicht, wenn ein förmliches, nach der VwGO ergangenes (§ 77 I)[59] Bundes- oder Landesgesetz dies für besondere Fälle bestimmt (§ 68 I 2).[60]

Beispiele:
(a) § 20 S. 1 Ges. über die Verbreitung jugendgefährdender Schriften für Klagen gegen Entscheidungen nach diesem Gesetz;[61] – (b) § 26 IV 4 Ges. zur Wiedergutmachung nationalsozialistischen Unrechts für Angehörige des öffentlichen Dienstes;[62] – (c) § 112 NWGO für die Anfechtung von repressiven Aufsichtsmaßnahmen; – (d) § 25 II KommWGBadWürtt gegen Entscheidungen von Wahlprüfungsbehörden; – (e) § 26 AZGBln bei Prüfungsentscheidungen in Hochschul- und Fachschulangelegenheiten; – (f) § 41 S. 2 KommWGNW; – (g) §§ 74 I 2, 70 VwVfGBadWürtt;[63] – (h) § 70 VwVfG bei Verwaltungsakten, die in einem förmlichen Verwaltungsverfahren ergehen.[64]

Beachte zu (h): Förmliches Verfahren ist ein rechtssatzmäßig geregeltes Verfahren, das die Entlastungsfunktion des Widerspruchsverfahrens überflüssig macht. Es muß mit gerichtsähnlich ausgestalteter mündlicher Verhandlung ausgestattet sein. Rechtliches Gehör muß gewährt sein. Dazu gehören *Prüfungsverfahren* in der Regel nicht.

Eines Vorverfahrens bedarf es auch nicht, wenn der Verwaltungsakt von einer obersten Bundesbehörde oder von einer obersten Landesbehörde erlassen worden ist, außer wenn ein Gesetz die Nachprüfung vorschreibt (§ 68 I 2 Nr. 1),

Beispiele:
§ 126 III 1 BRRG, § 55 PBefG, § 22 WBO.[65]

oder

wenn ein Dritter durch einen Widerspruchsbescheid erstmalig beschwert wird (§ 68 I 2 Nr. 2).[66]

---

[57] *VGH München,* NJW 1982, 460.
[58] Vgl. dazu *Weides,* S. 203 ff.
[59] A. A. *VGH München,* BayVBl 1969, 434.
[60] Übersicht bei *Redeker-von Oertzen,* § 68 Rdnrn. 10 f.; zur teilweisen Abschaffung des Vorverfahrens in Bayern s. *BVerfGE* 35, 65 ff. m. Bespr. *v. Mutius,* VerwArch 1974, 321 ff.
[61] Weitere Beispiele bei *Ule,* VwGO, § 68 Anm. II 3; vgl. *BVerwGE* 17, 155.
[62] *BVerwGE* 25, 348 ff.
[63] *VGH Mannheim,* NVwZ 1986, 234 f.
[64] Eine gleichlautende Bestimmung enthält § 70 VwVfG NW. Infolge der weiteren Fassung dieser Bestimmung ist § 6 I AGVwGO NW verdrängt, was der Landesgesetzgeber Nordrhein-Westfalen übersehen hat.
[65] *BVerwGE* 23, 296 f.
[66] Vgl. *BVerwG,* DVBl 1965, 26; *BVerwGE* 29, 201.

§ 16. Die Klagefrist

Beispiele:
(a) Der Antrag eines Wohnungssuchenden wird abgelehnt, sein Widerspruch hat dagegen Erfolg. Hierdurch ist der Vermieter erstmalig beschwert. – (b) Die Bauerlaubnis wird im Widerspruchsverfahren erteilt. Hierdurch ist der Nachbar erstmalig beschwert.

Während in den bisher genannten Fällen das Vorverfahren vom Gesetzgeber ausdrücklich ausgeschlossen wurde, ist es sinngemäß unstatthaft, wenn der Widerspruchsbescheid eine zusätzliche selbständige Beschwer i. S. von § 79 II enthält,[67]

Beispiele:
(a) Erteilt die Verkehrsbehörde einem Unternehmer eine Genehmigung nach § 15 PBefG, z. B. zum Betrieb eines sog. Ferienziel-Reiseverkehrs, und weist den hiergegen eingelegten Widerspruch eines anderen Unternehmers als unzulässig zurück, so enthält der Widerspruchsbescheid eine zusätzliche selbständige Beschwer i. s. d. § 79 II.[68] – (b) Auch ein Verfahrensverstoß kann eine solche Beschwer i. S. von § 79 II 2 darstellen;[69]

oder wenn in einem bereits anhängigen verwaltungsgerichtlichen Verfahren der ursprüngliche Verwaltungsakt durch einen neuen ersetzt wird und dieser im Wege der Klageänderung zum Gegenstand des Verfahrens gemacht werden soll.[70]

§ 68 II verlangt ein Vorverfahren auch für Verpflichtungsklagen, aber nur, wenn der Verwaltungsakt abgelehnt worden ist. Ist die Behörde untätig geblieben, ist ein Vorverfahren entbehrlich (§ 75 S. S. 1). Die Klage kann jedoch nicht vor Ablauf von drei Monaten seit dem Antrag auf Vornahme des Verwaltungsaktes erhoben werden (s. unten § 16 III).

§ 16. Die Klagefrist

I. Grundsätze

Während das Zivilprozeßrecht nur ausnahmsweise Klagefristen kennt, bestehen für die beiden wichtigsten Klagearten der VwGO, die Anfechtungs- und Verpflichtungsklage, solche Fristen. Dies ist nicht verfassungswidrig.[1] Für die anderen Klagearten gibt es grundsätzlich[2] keine Fristen; jedoch kann

---

[67] *Eyermann-Fröhler,* § 68 Rdnr. 15; *BVerwG,* BayVBl 1980, 725.
[68] *OVG Hamburg,* DVBl 1963, 784f.; vgl. auch *BVerwGE* 44, 124ff.
[69] Eine solche Beschwer lehnt *BVerwGE* 49, 308, ab, wenn eine Verletzung von Ermessens- oder Zweckmäßigkeitserwägungen, deren Nachprüfung dem Gericht verwehrt ist, nicht vorliegt, sondern das Gericht den Mangel heilen kann. Auch bei Verletzung bloß interner Mitwirkungsrechte anderer Behörden liegt eine Beschwer nicht vor, da der Widerspruchsbehörde ein volles Nachprüfungsrecht zusteht: *BVerwG,* DÖV 1986, 109f. Zur isolierten Anfechtung eines Widerspruchsbescheids bei Verfahrensfehlern vgl. *BVerwG,* DÖV 1981, 178f.; allgemein *VGH München,* BayVBl 1983, 246.
[70] *Eyermann-Fröhler,* § 68 Rdnr. 16; *BVerwGE* 32, 247; *OVG Lüneburg,* DVBl 1979, 85.
[1] Vgl. *BVerwGE* 9, 199; 10, 267; 27, 310; 60, 270.
[2] S. aber § 126 III BRRG.

unter besonderen Umständen eine Verwirkung des Klagerechts in Frage kommen.³

Die Klagefrist ist eine gesetzliche Frist, die nur dann in Lauf gesetzt wird, wenn über die Klage, das Gericht, bei dem die Klage zu erheben ist, seinen Sitz und die einzuhaltende Frist schriftlich belehrt wurde (§ 58 I). Fehlt es an einer Rechtsbehelfsbelehrung, so gilt grundsätzlich eine Jahresfrist (§ 58 II).

II. Die Klagefrist bei Anfechtungs- und Verpflichtungsklage

Die Anfechtungs- und Verpflichtungsklage im Falle der Ablehnung des Antrags müssen innerhalb eines Monats nach Zustellung des Widerspruchsbescheids oder – wenn ein solcher nicht erforderlich war – nach Bekanntgabe des Verwaltungsakts erhoben worden sein (§ 74). Die Klagefrist ist auch dann gewahrt, ,,wenn die Klage vor Fristablauf bei einem örtlich unzuständigen Verwaltungsgericht eingeht und erst nach Fristablauf an das zuständige Verwaltungsgericht verwiesen wird.... Dies gilt auch dann, wenn das zuständige Gericht in der Rechtsmittelbelehrung richtig bezeichnet und die Verweisung erst nach Fristablauf beantragt worden ist".⁴

Die Frist beginnt jedoch nicht zu laufen, wenn der Widerspruchsbescheid nicht zugestellt⁵ wurde (§§ 73 III, 74). Eine Heilung des Zustellungsmangels scheidet wegen § 9 II VerwZustG aus. § 58 greift nicht ein, weil er an den Zeitpunkt anknüpft, an dem bei Vorhandensein der Rechtsmittelbelehrung die Monatsfrist beginnen würde.⁶,⁷

III. Die Klagefrist bei der Untätigkeitsklage

Für den Fall, daß über einen Widerspruch oder über einen Antrag auf Vornahme eines Verwaltungsakts ohne zureichenden Grund in angemessener Frist sachlich nicht entschieden ist,⁸ kann die Klage *nach Ablauf von 3 Monaten*⁹ seit der Einlegung des Widerspruchs oder seit dem Antrag auf Vornahme des Verwaltungsakts erhoben werden (§ 75 S. 2). Die Klage kann schon früher erhoben werden, wenn besondere Umstände vorliegen (§ 75 S. 2).

Die bislang bestehende Ausschlußfrist von einem Jahr für die Erhebung der Untätigkeitsklage in § 76 ist durch Änderungsgesetz vom 24. 8. 1976 (BGBl I, 2437) aufgehoben worden. Damit sind Klagen nach § 75 nunmehr ohne zeitliche Begrenzung zulässig. Durch die Beseitigung des § 76 nicht

---

³ Vgl. *Kopp,* § 74 Rdnr. 18 m. w. Nachw.
⁴ *BVerwG,* DVBl 1963, 858.
⁵ Unter bestimmten Voraussetzungen kann die öffentliche Bekanntmachung die Zustellung ersetzen: *VGH München,* NVwZ 1982, 128.
⁶ *VGH Mannheim,* DÖV 1976, 68 Nr. 14.
⁷ Zur Verwirkung des Klagerechts bei Verwaltungsakten mit Drittwirkung vgl. oben § 15 II in und zu Fußn. 27.
⁸ Vgl. dazu *Bettermann,* NJW 1960, 1081 ff.; *Löwer,* MDR 1963, 178.
⁹ Diese Frist ist eine Sperrfrist. Wird die Klage vor Ablauf der Frist erhoben, so ist das Verfahren bis zum Ablauf der in § 75 S. 2 bestimmten Zeit auszusetzen: *BVerwGE* 23, 135 ff. Dazu *Ehlers,* DVBl 1976, 71 ff.

§ 16. Die Klagefrist 177

berührt wird jedoch der Ausschluß des Klagerechts wegen Verwirkung. [10] Es bleibt abzuwarten, ob sich in der Zukunft dennoch die Jahresfrist als Anhaltspunkt für den Zeitpunkt der Verwirkung tatsächlich durchzusetzen vermag, wie dies *Kopp*[11] unter Hinweis auf einige Formulierungen der Rechtsprechung[12] prophezeit. Ob damit den gesetzgeberischen Intentionen gedient ist, wenn quasi durch die Hintertür der materielle Inhalt der aufgehobenen Vorschrift weiterhin angewendet wird, erscheint höchst problematisch, zumal auch unter der Geltung des § 76 in besonderen Fällen die Jahresfrist verlängert werden konnte. Die Begründung des Regierungsentwurfs[13] läßt diese stringente Anlehnung an die bisher geltende Rechtslage nicht zu. Abgesehen davon mag zwar durch die Eliminierung der Klagefrist der erste Schritt in Richtung auf eine Verbesserung der Rechtsposition des Bürgers nicht zu verkennen sein; es bleiben aber wichtige Fragen weiterhin offen, wie etwa nach dem Beginn der Unanfechtbarkeit sowie der Möglichkeit, aus Verwaltungsakten, die in einem Widerspruchsverfahren anhängig sind, nach Ablauf einer bestimmten Frist vollstrecken zu können.

IV. Wiedereinsetzung in den vorigen Stand

Gegen die Versäumung der Klagefrist kann die *Wiedereinsetzung in den vorigen Stand* gewährt werden (§ 60).[14] Die Klagefrist darf nicht schuldhaft versäumt sein. Die Gründe für die Wiedereinsetzung müssen mit dem Antrag oder jedenfalls innerhalb der Antragsfrist geltend gemacht werden.[15] Über die Wiedereinsetzung kann nur in der gleichen Form wie über die Klage selbst, also nur durch Vorbescheid oder Urteil, nicht aber durch Beschluß entschieden werden.[16] Lehnt das Gericht die Wiedereinsetzung ab, so kann sie nur mit den Rechtsmitteln verfolgt werden, die hinsichtlich der Hauptsache gegeben sind.[17]

Ist der Wiedereinsetzungsantrag nicht offensichtlich aussichtslos, so hat die Anfechtungsklage trotz Fristversäumnis aufschiebende Wirkung, da § 80 die Suspensivwirkung nur von der Einlegung des Rechtsmittels abhängig macht, nicht jedoch dessen Zulässigkeit fordert.[18]

---

[10] Dazu *Kopp*, NJW 1976, 1966; ders., DÖV 1977, 199 ff.; *Eyermann-Fröhler*, § 76 Rdnr. 1.
[11] VwGO, § 76 Rdnr. 2.
[12] *BVerwG*, DVBl 1976, 79; wohl auch *BVerwGE* 44, 294.
[13] Siehe die Ausführungen in BT-Dr 7/4324, S. 12 f.
[14] Zur Wiedereinsetzung *Rotter*, DVBl 1971, 359 ff.; *BVerwGE* 58, 100; *VGH München*, NVwZ 1982, 267. – Dagegen keine Wiedereinsetzung bei Versäumung der Widerrufsfrist aus einem Prozeßvergleich, weil diese keine gesetzliche Frist i. S. von § 60 ist: *OVG Münster*, DÖV 1977, 791.
[15] *BVerwG*, DÖV 1976, 168 f. – Zur Frage des Nachschiebens von Wiedereinsetzungsgründen vgl. *BVerwG*, NJW 1963, 2042 f.
[16] *OVG Lüneburg*, DVBl 1976, 947; *Kopp*, § 60 Rdnr. 29 m. Nachw.
[17] *Kopp*, § 60 Rdnr. 32; *Redeker-von Oertzen*, § 60 Rdnr. 23.
[18] *OVG Koblenz*, NJW 1972, 1213.

2. Teil

Das Urteil

Vorbemerkung

1. Über eine Klage wird gemäß § 107 in der Regel durch Urteil entschieden. Der Beschluß kommt insbes. im einstweiligen Rechtsschutz in Frage. Anstelle eines Urteils ist nach § 84 I die Möglichkeit gegeben, unzulässige oder offenbar unbegründete Klagen bis zur Anberaumung der mündlichen Verhandlung durch einen *Vorbescheid* mit Gründen abzuweisen. Dagegen können die Beteiligten nach § 84 II binnen eines Monats Antrag auf mündliche Verhandlung stellen. Wegen dieser Möglichkeit wird vom Vorbescheid nicht allzu häufig Gebrauch gemacht.
Bedeutsamer ist der nach Art. 2 § 1 EntlG geschaffene, im Gegensatz zum Vorbescheid die Instanz beendende *Gerichtsbescheid*. Er kann nur erlassen werden, wenn das Gericht einstimmig der Auffassung ist, ,,daß die Sache keine besonderen Schwierigkeiten tatsächlicher oder rechtlicher Art aufweist und der Sachverhalt geklärt ist". Der Gerichtsbescheid hat die Wirkung eines Urteils und ist dementsprechend mit den dagegen statthaften Rechtsbehelfen anzugreifen.
2. Für die beiden wichtigsten Klagen, die Anfechtungs- und Verpflichtungsklage, sieht § 113 ausdrücklich Regelungen des Urteilsinhalts vor. In der Regel werfen auch nur diese beiden Klagen besondere Probleme auf. Für Feststellungs- oder Leistungsklagen sowie die Klagen sui generis ergibt sich der Urteilsinhalt üblicherweise aus dem Antrag, sofern diesem nach dem Gesetz entsprochen werden darf.

§ 17. Das Urteil bei Anfechtungsklagen

I. Das kassatorische Urteil

1. Die Rechtswidrigkeit des Verwaltungsakts

Sofern eine Anfechtungsklage begründet ist, sieht das Gesetz grundsätzlich die kassatorische Entscheidung vor, d. h. die Aufhebung des Verwaltungsakts (§§ 113 I 1, 114). Der Verwaltungsakt und der etwaige Widerspruchsbescheid[1] werden mit Wirkung ex tunc aufgehoben, soweit Verwaltungsakt und

---

[1] Nach § 115 kann in besonderen Fällen der Widerspruchsbescheid allein aufgehoben werden; vgl. zum Problem *Seibert*, BayVBl 1983, 174 ff.

§ 17. Das Urteil bei Anfechtungsklagen

Widerspruchsbescheid *rechtswidrig* sind und der Kläger dadurch *in seinen Rechten verletzt ist* (§ 113 I 1). Die Rechtswidrigkeit des Verwaltungsakts allein genügt mithin nicht für einen Erfolg der Klage; es müssen auch subjektive Rechte des Klägers verletzt sein, und sei es nur das (formelle) subjektive Recht auf fehlerfreien Ermessensgebrauch (unten 2, 3).

a) Rechtswidrig ist ein Verwaltungsakt, der mit dem Recht, insbesondere mit Verfassung und Gesetz, objektiv nicht übereinstimmt, der also „durch unrichtige Anwendung bestehender Rechtssätze zustande gekommen ist".[2]

Streitig ist, inwieweit Verwaltungsakte rechtswidrig sind, die in einem fehlerhaften *Verfahren* zustande gekommen sind. Hier bedarf es einer Differenzierung nach dem Zweck der Verfahrensnorm (Schutz des Klägers), nach der Heilung der Mängel im Widerspruchsverfahren und danach, ob der Verwaltungsakt nicht im Ergebnis zutreffend ist. Rechtsprechung und Lehre bewegen sich hierbei in einer unerfreulichen Kasuistik.[3] Gewisse Anhaltspunkte vermögen indes jetzt die §§ 44–47 VwVfG für die Frage der Erheblichkeit des Fehlers sowie seine Auswirkungen auf den Verwaltungsakt zu geben, wenngleich die Bestimmungen keine abschließende Regelung enthalten. Bestimmte Verfahrensmängel hat der Gesetzgeber für so gravierend erachtet, daß er im Falle ihres Vorliegens den Verwaltungsakt für nichtig erklärt. Dazu gehören die Nichterkennbarkeit der erlassenden Behörde bei einem schriftlichen Verwaltungsakt (§ 44 II Nr. 1 VwVfG), der Mangel einer gesetzlich vorgeschriebenen Urkunde (§ 44 II Nr. 2 VwVfG) sowie die Verletzung einer qualifizierten örtlichen Zuständigkeit[4] (§ 44 II Nr. 3 VwVfG). In den §§ 45–47 VwVfG werden die Folgen von Verfahrensverstößen behandelt, wobei der Gesetzgeber davon ausging, den Verwaltungsakt jedenfalls dann aufrecht zu erhalten, wenn dies mit den Erfordernissen eines wirksamen Rechtsschutzes für den Betroffenen in der Sache vereinbar erscheint.[5] § 45 VwVfG sieht die Heilung bestimmter nachholbarer Verfahrensmängel vor, § 47 VwVfG regelt die Konversion eines fehlerhaften Verwaltungsakts, und § 46 VwVfG erklärt gewisse Verfahrensfehler für unbeachtlich, wenn eine andere Sachentscheidung nicht hätte getroffen werden können. Berücksichtigt man die im VwVfG niedergelegten Grundsätze, so kann die oben angesprochene Differenzierung der Verfahrensmängel folgendermaßen gelöst werden:

Ergeht der Verwaltungsakt unter Verletzung einer Verfahrensnorm, die den Schutz des Bürgers bezweckt, ist stets Rechtswidrigkeit, u. U. sogar Nichtigkeit anzunehmen.

---

[2] *BVerwGE* 13, 31; 31, 223; *Erichsen-Martens*, in: dies., AllgVerwR, § 15 II; *Wendt*, JA 1980, 34, 85.

[3] *Bettermann*, in: Festschr. f. H. P. Ipsen, 1977, S. 271 ff.; *Badura*, in: Erichsen-Martens, AllgVerwR, § 41 III; *Rupp*, in: Festschr. f. Bachof, 1984, S. 151 ff.; *Laubinger*, VerwArch 1981, 333 ff.; *Krebs*, DVBl 1984, 109 ff. Eine Zusammenstellung der wesentlichsten Fehler von Verwaltungsakten bei *Mayer-Kopp*, § 12. Zur Bedeutung von Verfahrensfehlern vgl. auch die Nachw. unten Fußn. 8, ferner *Hill*, Das fehlerhafte Verfahren und seine Folgen im Verwaltungsrecht, 1986; *Hufen*, Fehler im Verwaltungsverfahren, 1986.

[4] Die Verletzung der örtlichen Zuständigkeit in Bausachen führt zur Nichtigkeit des Verwaltungsakts: *VGH München*, BayVBl 1976, 726.

[5] *Kopp*, VwVfG, § 44 Rdnr. 1; *Klappstein*, in: Knack, VwVfG, § 46 Rdnr. 2.

180 2. Teil. Das Urteil

Beispiele:
Zuständigkeitsfehler,[6] Nichtbeachtung vorgeschriebenen rechtlichen Gehörs, etwa § 28 VwVfG.[7]
Erscheint der Verwaltungsakt im Ergebnis zutreffend, so ist weitgehend Heilung des Verfahrens anzunehmen,[8] wie es auch § 46 VwVfG entspricht. Gemäß § 45 VwVfG können Mängel des Ausgangsverfahrens und der Entscheidung der Erstbehörde noch im Widerspruchsverfahren oder, falls ein Vorverfahren nicht stattfindet, bis zur Klageerhebung durch Nachholung oder Korrektur des fehlerhaften Verhaltens geheilt werden. Unstreitig gilt dies für gebundene Verwaltungsakte,[9] während bei Ermessensakten dies teilweise für den Fall verneint wird, daß Ausgangsbehörde und Widerspruchsbehörde nicht identisch sind.[10]
Kann ein rechtswidriger Verwaltungsakt nicht aufrecht erhalten werden, ist auch noch eine Umdeutung in einen Verwaltungsakt zu prüfen, dessen Erlaß rechtmäßig wäre. Die Voraussetzung einer Konversion sind in § 47 VwVfG geregelt.[11]

Beachte: Ein Verstoß gegen *Verwaltungsvorschriften* macht dagegen einen Verwaltungsakt nicht rechtswidrig.[12]

b) Rechtswidrige Verwaltungsakte werden nach der rechtlichen Erheblichkeit ihrer Fehler unterschieden in:
(1) *Nichtige* Verwaltungsakte, die an besonders groben Fehlern leiden – Evidenztheorie: Schwere und Offenkundigkeit des Fehlers.[13] Kurzformel: Verwaltungsakte sind nichtig, wenn ihnen ihre Fehlerhaftigkeit „auf die Stirn" geschrieben ist. Eine allgemeine Regel, wann ein Verwaltungsakt nichtig ist, enthält nunmehr die nicht abschließende[14] Aufzählung der Nichtig-

---

[6] Vgl. die Beispiele bei *Mayer-Kopp,* § 12 II–IV.
[7] *BVerwGE* 66, 113 f.; 66, 186 f.; 68, 270 ff.; *BVerwG,* NVwZ 1984, 578 f. Insgesamt zur Anhörung im Verwaltungsverfahren *Laubinger,* VerwArch 1984, 55 ff. m. umf. Nachw.
[8] *BVerwGE* 7, 106; 10, 202; 11, 99; 12, 189; 24, 23; 26, 145; 27, 296; 29, 282; 42, 26; 65, 289 f.; 69, 92; *Badura,* in: Erichsen-Martens, AllgVerwR, § 41 III; *Krebs,* DVBl 1984, 109 ff.; *Maurer,* § 10 Rdnrn. 41 ff. Zur Bedeutung der § 46 VwVfG bei grundrechtsrelevanten Verfahrensfehlern vgl. *Laubinger,* VerwArch 1982, 60 ff.; *v. Mutius,* NJW 1982, 2150 ff.; *Hufen,* NJW 1982, 2160 ff.; *Goerlich,* DÖV 1982, 631 ff.; *Ossenbühl,* NJW 1981, 375 ff.
[9] *Kopp,* § 113 Rdnr. 36 m. Nachw.
[10] *BVerwGE* 66, 186 f.; *BVerwG,* DVBl 1982, 305; s. auch *Schoch,* NVwZ 1983, 249 ff. Ausdrücklich für Zulässigkeit der Anhörung vor der Widerspruchsbehörde *BVerwGE* 66, 114 f.; *BVerwG,* NVwZ 1984, 578 f. Vgl. im übrigen *Kopp,* § 113 Rdnr. 36 m. w. Nachw.; *Wallerath,* § 7 V 4.
[11] *Badura* aaO, § 41 IV; *Wallerath,* § 7 V 5; aus der Rspr. zuletzt *BVerwG,* NVwZ 1984, 645; *VGH Mannheim,* NVwZ 1985, 349 ff.
[12] Vgl. *BVerwG,* DÖV 1957, 863 f.; *Haueisen,* NJW 1960, 1883; allgemein *Ossenbühl,* Verwaltungsvorschriften und Grundgesetz, 1968.
[13] Dazu vgl. *Wolff-Bachof* I, § 51; *Forsthoff,* S 219 ff.; *Weides,* S. 25 ff.; *Obermayer,* Grundzüge S. 73 ff.; *Götz,* S. 144 ff.; *Klappstein,* in: Knack, VwVfG, § 44 Rdnr. 3.1; *Kopp,* VwVfG, § 44 Rdnrn. 3 ff.; *Wallerarth,* § 7 V 2, jew. m. Nachw. Beispiel eines nichtigen, weil sittenwidrigen Verwaltungsakts: *VGH München,* DÖV 1986, 934 f.
[14] *Kopp,* VwVfG, § 44 Rdnr. 2.

§ 17. Das Urteil bei Anfechtungsklagen

keitsgründe in § 44 VwVfG. Nichtige Verwaltungsakte bedürfen, da sie von niemandem beachtet zu werden brauchen, an sich keiner Anfechtung und keiner gerichtlichen Aufhebung. Das hindert aber nicht, daß sie auf Anfechtungs- oder Feststellungsklage (vgl. § 4 VII 1 b) hin ausdrücklich vom Gericht aufgehoben werden. Die Aufhebung wirkt jedoch nur deklaratorisch.

(2) *Vernichtbare* Verwaltungsakte, die an minder schweren Fehlern leiden. Da ihre Fehler regelmäßig auch schwerer erkennbar sind, sind sie zunächst wirksam und von jedermann zu beachten. Sie bedürfen der Anfechtung und gerichtlichen Aufhebung.

Eine teilweise Rechtswidrigkeit und damit eine Teilaufhebung des Verwaltungsakts ist möglich („soweit"!), sofern der verbleibende (rechtmäßige) Teil rechtlich abtrennbar und rechtsbeständig ist.[15]

Beispiel:
Ein sonst gültiger Verwaltungsakt ist mit einer fehlerhaften Auflage oder mit einer fehlerhaften Befristung versehen.

c) Das Gericht hat den Verwaltungsakt auf seine Rechtmäßigkeit *umfassend* zu überprüfen und die Anfechtungsklage auch dann abzuweisen, wenn zwar nicht die Gründe vorliegen, die die Behörde geltend gemacht hat, wohl aber andere Tatsachen oder Rechtsvorschriften ihn stützen.[16] Aus diesem Grunde ist die Behörde grundsätzlich berechtigt, *Gründe nachzuschieben.*[17] Das wird auch durch § 45 II VwVfG nicht ausgeschlossen.

Beispiel:
Ein Lehrer wird nicht zum Leiter einer katholischen Bekenntnisschule ernannt, nachdem ihm von kirchlicher Seite die kirchliche Lehrbefugnis (missio canonica) entzogen worden war. Im Prozeß um die Ernennung führt die Beklagte nunmehr aus, nicht der Entzug der missio canonica als solcher, sondern das gesamte Verhältnis des Klägers zu seiner Konfession habe zu der ablehnenden Entscheidung geführt.[18]

Grenzen bestehen dann, wenn die nachträglich vorgebrachten Gründe nicht schon bei Erlaß des streitigen Verwaltungsakts vorlagen, dieser durch sie in „seinem Wesen geändert" oder die Rechtsverteidigung des Klägers beeinträchtigt wird.[19]

Merke als Faustregel:
- Bleibt der Verfügungssatz (Tenor) des Verwaltungsakts gleich, so ist eine Änderung seines Wesens in der Regel zu verneinen.
- Handelt es sich um Ermessensentscheidungen, so liegt in der Regel eine Änderung seines Wesens vor, wenn bei Entscheidungen von Kollegialorganen Gründe nachge-

---

[15] *Ule*, VwGO, § 113 Anm. I 1c; *Eyermann-Fröhler*, § 113 Rdnr. 35; *Kopp*, § 113 Rdnr. 13; *Maurer*, § 10 Rdnrn. 45 ff.; *Erichsen- Martens*, aaO, S. 15 II 3.
[16] *BVerwGE* 1, 12, und seither h. M.; vgl. die Zusammenstellung der Rspr. bei *Kopp*, § 113 Rdnr. 32.
[17] *Schoch*, DÖV 1984, 401 ff.; *Weyreuther*, DÖV 1985, 121 ff., jew. m. w. Nachw.; ferner *Tschira-Schmitt Glaeser*, S. 281 ff.; *Badura*, in: Erichsen-Martens, AllgVerwR, § 41 IV.
[18] *BVerwGE* 19, 252 ff.
[19] *BVerwGE* 13, 11; 19, 252; 38, 195; 64, 358; *BVerwG*, DVBl 1981, 464; *OVG Münster*, OVGE 26, 84; 34, 172; *OVG Münster*, NJW 1986, 1895; *VGH Mannheim*, ESVGH 13, 185.

schoben werden.²⁰ Davon zu unterscheiden ist der Fall, daß (zulässigerweise)²¹ die wesentlichen Gründe einer Ermessensentscheidung erst im verwaltungsgerichtlichen Verfahren bekanntgegeben werden.

d) Von der Rechtswidrigkeit ist die *Unrichtigkeit* zu unterscheiden. Sie liegt vor, wenn das von der Behörde Gewollte mit dem zum Ausdruck Gebrachten nicht übereinstimmt, wie etwa bei Schreib- oder Rechenfehlern. Im Falle offenbarer Unrichtigkeit kann dieser Fehler jederzeit berichtigt werden (§ 42 VwVfG).

2. Die rechtswidrige Ermessensanwendung

Auch ein Verwaltungsakt, dessen Erlaß in das *Ermessen* der Verwaltungsbehörde gestellt ist, wird aufgehoben, wenn er *rechtswidrig* ist (§ 113 I 1). Rechtswidrig ist er jedoch gemäß § 40 VwVfG, § 114 nur dann, wenn die gesetzlichen Grenzen des Ermessens überschritten sind oder von dem Ermessen in einer dem Zweck der Ermächtigung nicht entsprechenden Weise Gebrauch gemacht ist. Die vom Gericht überprüfbare Rechtswidrigkeit kann daher bei einem Ermessensakt nur auf *bestimmten* Ermessensfehlern beruhen.

Beispiel:
Ein Ausländer, der als Angehöriger eines Entwicklungslandes in Deutschland studiert hat, begehrt die Einbürgerung. Die Behörde lehnt mit dem Hinweis ab, dagegen stünden erhebliche entwicklungspolitische Belange. Das Gericht darf im Rahmen der Verpflichtungsklage nicht überprüfen, ob die allgemeinen Mindestvoraussetzungen für eine Einbürgerung gemäß § 8 RuStAG vorliegen, denn die Behörde darf diese Frage offenlassen, wenn aus anderen Gründen die Einbürgerung abzulehnen ist.²²

Wegen anderer als in § 114 genannter Ermessensfehler kann ein Ermessensakt daher nicht aufgehoben werden; das Gericht darf insbesondere sein Ermessen nicht an die Stelle des Ermessens der Behörde setzen.²³

a) Ein Verwaltungsakt ist dann eine *in das Ermessen der Behörde gestellte Entscheidung* i. S. des § 114, wenn die Behörde befugt ist, zwischen mehreren rechtlich möglichen und damit rechtmäßigen Verhaltensweisen zu wählen.²⁴

---

²⁰ *Tschira-Schmitt Glaeser*, S. 283 f.; allgem. zum Nachschieben von Gründen bei Ermessensentscheidung *BVerwG*, DVBl 1982, 304; *OVG Lüneburg*, NJW 1984, 1139.
²¹ *VGH Kassel*, ZBR 1976, 24 m. w. Nachw. Vgl. auch *Weides*, S. 161.
²² *VGH Mannheim*, DVBl 1977, 109.
²³ *Stern*, Ermessen und unzulässige Ermessensausübung, 1964, S. 21 m. Nachw.; *Ule*, VerwProzR, § 2 II 2; *Eyermann-Fröhler*, § 114 Rdnr. 6; *BVerwGE* 33, 334; *VGH Kassel*, NJW 1977, 1021; es sei denn, es ist nur eine Entscheidung ermessensfehlerfrei: *BVerwGE* 32, 20 f.; krit. zur Praxis der eingeschränkten Überprüfbarkeit von Ermessensentsch. *Rupp*, NJW 1970, 1273 ff. *Püttner* und *Kopp*, (in: Die öffentliche Verwaltung zwischen Gesetzgebung und richterlicher Kontrolle, 1985, S. 131 ff. und S. 146 ff.) weisen auf die Ausweitung der gerichtlichen Kontrolle zu Lasten der Verwaltung hin.
²⁴ Zum verwaltungsrechtlichen Ermessen allg. vgl. etwa *Wolff-Bachof* I, § 31 II; *Soell*, Das Ermessen der Eingriffsverwaltung, 1973, bes. S. 63 ff.; *Stelkens*, in: Stelkens-Bonk-Leonhardt, VwVfG, 2. Aufl. (1983), § 40 Rdnrn. 5 ff.; *Achterberg*, AllgVerwR, § 18 Rdnrn. 52 ff.; *Ule-Laubinger*, § 55 (S. 263 ff.); *Kopp*, VwVfG, § 40 Rdnr. 3; *Busch*, in: Knack, VwVfG, § 40 Rdnr. 4; *Maurer*, § 7 Rdnrn. 6 ff.; *Badura*, in: Festschr. f. Bachof, 1984, S. 169 ff.; *Bullinger*, JZ 1984, 1001 ff.; *v. Mutius*, Jura 1987, 92 ff.

§ 17. Das Urteil bei Anfechtungsklagen

Für das Ermessen ist also eine ,,Wahl- bzw. Entschließungsfreiheit" regelmäßig auf der Rechtsfolgeseite charakteristisch.[25] Dieses Ermessen ist stets volitiv (sog. Handlungs- oder Verhaltensermessen),[26] nicht kognitiv (sog. Beurteilungsermessen). Nur ausnahmsweise darf es für die Tatbestandsseite eines Rechtssatzes in Anspruch genommen werden.[27] Der Gesetzgeber gewährt es durch unterschiedliche Wendungen wie ,,kann", ,,darf", ,,ist berechtigt", ,,ist befugt", in seiner schwächeren Form durch ,,soll", ,,in der Regel".[28]

Beispiele:
(a) § 38 II JArbSchG: ,,Die Aufsichtsbehörde *kann* für Jugendliche über 16 Jahre Ausnahmen von der Vorschrift des Absatzes 1 (Verbot der Akkord- und Fließbandarbeit) bewilligen". Der Ermessensbereich beginnt allerdings erst, wenn die *gesetzlichen Voraussetzungen* erfüllt sind, d.h. wenn feststeht, daß ,,die Art der Arbeit und das Arbeitstempo eine Beeinträchtigung der Gesundheit oder der körperlichen oder geistigen Entwicklung der Jugendlichen nicht befürchten lassen".[29] – (b) Bewährungsbeförderung von Beamten gem. § 5 V 2 BBesG: Beamte, die auf Grund einer mit Erfolg abgeleisteten Tätigkeit im Eingangsamt besondere Fachkenntnisse und Erfahrung aufweisen, *können* nach Ablauf der Bewährungszeit befördert werden.[30]

Die Einräumung des Ermessens ist verfassungsgemäß;[31] der Behörde wird damit nicht die Möglichkeit beliebiger Entscheidung eingeräumt; denn sie ist auch in diesen Fällen wie die gesamte Verwaltung an Gesetz und Recht gebunden, muß also ihr Ermessen pflichtgemäß an Hand des erkennbaren Zwecks der gesetzlichen Regelung ausüben.[32] Das hat der Gesetzgeber in § 40 VwVfG noch einmal klargestellt. Rechtsstaatswidrig ist es nur, wenn das Gesetz keine oder völlig unbestimmte Maßstäbe für die Ausübung des Ermessens zum Erlaß belastender Verwaltungsakte enthält.[33] Mit § 40 VwVfG gleichlautende Bestimmungen enthalten das Sozialgesetzbuch (§ 39 SGB) und die Abgabenordnung (§ 5 AO), wobei § 39 S. 2 SGB den Zusatz enthält: Auf pflichtgemäße Ausübung des Ermessens besteht ein Anspruch.

Die durch § 114 beschränkte Nachprüfung behördlicher Ermessensentscheidungen bedeutet auch keine Ausnahme von der Bindung der Verwaltung an das Gesetz, sondern beschränkt lediglich die Kontrolldichte bei der Überprüfung von Verwaltungsakten durch die Verwaltungsgerichtsbarkeit.[34]

---

[25] *Forsthoff*, S. 87, spricht vom ,,wählenden Verhalten im Rahmen einer Wertverwirklichung"; *Wolff-Bachof* I, § 31 II c 4, vom Handeln ,,nach Gutdünken". – Beim Gesetzgeber sollte man im Verhältnis zur Verfassung grundsätzlich nicht von Ermessen, sondern von politischer Gestaltungsfreiheit sprechen.
[26] So *Obermayer*, aaO; *Wolff-Bachof* I, § 31 II a; *Bachof*, JZ 1955, 98; *Stern*, Ermessen, S. 23; *Redeker- von Oertzen*, § 114 Rdnr. 6.
[27] *Stern*, StaatsR II, § 41 III 3 c ß.
[28] Hier wird Ermessen nur für einen atypischen Ausnahmefall eingeräumt, für die typischen Fälle ist die Rechtsfolge im Gesetz vorgeschrieben (*Wolff-Bachof* I, § 31, II b; ebenso *Weides*, S. 123 m. Nachw.; *BVerwGE* 49, 23; *BVerwG*, DVBl 1983, 1004.
[29] Vgl. dazu *BVerwG*, DÖV 1964, 706 f.
[30] *BVerwG*, DÖV 1976, 136 ff.
[31] *BVerfGE* 8, 325 f.; 9, 147; *Stern*, Ermessen, S. 23; *Ule*, VerwArch 1985, 9 ff.
[32] *Ule*, VerwProzR, § 2 I 2; *Maurer*, § 7 Rdnr. 10. Vgl. auch *BVerwGE* 65, 190; *VGH Kassel*, NVwZ 1983, 551.
[33] *Stern*, StaatsR I, § 20 IV 4 (S. 806).
[34] *BVerwGE* 44, 159.

Innerhalb der Grenzen, die die Rechtsordnung einem Ermessensspielraum der Verwaltung gesetzt hat, kann sich die Behörde durch gleichmäßigen Ermessensgebrauch selbst binden (sog. *Selbstbindung der Verwaltung*).[35] Zwei Möglichkeiten sind gegeben: die Bindung kann durch Verwaltungsvorschrift[36] oder aber durch eine ständige Verwaltungspraxis[37] bewirkt werden. Die Bindungswirkung tritt nur bei einer rechtmäßigen Ermessensausübung ein, weil bei Rechtswidrigkeit Art. 3 GG nicht verletzt wird.[38] Ein Abweichen von einer rechtmäßigen Praxis ohne zureichenden Grund ist also ein Ermessensfehler.

Die rechtlich gegebene Ermessensfreiheit kann im Einzelfall derart zusammenschrumpfen, daß nur eine einzige Entschließung ermessensfehlerfrei ist (sog. *Reduzierung des Ermessens auf Null*).[39]

Beispiele:
(a) Die Möglichkeit politischer Parteien, während des Wahlkampfes sog. Wahlsichtwerbung durch Plakate im öffentlichen Straßenraum durchzuführen, bildet einen wichtigen Bestandteil der Wahlvorbereitung in der heutigen Demokratie; das der Behörde grundsätzlich eingeräumte Ermessen bei Erteilung wegerechtlicher Sondernutzungserlaubnisse wird insoweit durch das verfassungsrechtlich garantierte Recht auf Wahlkampf für den Regelfall durch den Anspruch einer Partei auf Gestattung der Wahlsichtwerbung beseitigt.[40] – (b) Die Aufenthaltserlaubnis für Ausländer, die gem. § 2 I AuslG im Ermessen der Behörde steht, *muß* bei Durchführung von Asylverfahren wegen Art. 16 II 2 GG erteilt werden.[41]

b) Im Planungsrecht wird zunehmend die Rechtsfigur des ,,Planungsermessens"[42] verwendet. Im Gegensatz zu herkömmlichen Ermessensentscheidungen, die sich auf erst zu treffende Maßnahmen beziehen, handelt es sich

---

[35] *Wallerath*, Die Selbstbindung der Verwaltung, 1969; *Pietzcker*, NJW 1981, 2087ff.; *Maunz*, DÖV 1981, 497ff.; *Ossenbühl*, DVBl 1981, 857ff.; *Hamann*, Verw Arch 1982, 28ff. Aus der Rspr. zuletzt BVerwGE 71, 346ff.
[36] *BVerwGE* 36, 323ff.; 65, 189f.; 66, 269f.; 70, 142; *BVerwG*, DVBl. 1986, 108; 1986, 111; *VGH Mannheim*, NVwZ 1984, 329; *OVG Münster*, NVwZ 1984, 600; *OVG Berlin*, DÖV 1976, 53, verlangt die Veröffentlichung von ermessensbindenden Verwaltungsvorschriften, da der Bürger seinen Gleichbehandlungsanspruch nur in Kenntnis der Verwaltungsvorschrift geltend machen kann. Das Publikationserfordernis sei bei rechtsstaatlicher Verwaltung unabdingbar. Zum Problem vgl. noch *Ossenbühl*, in: Erichsen-Martens, § 7 IV 4; *Stern*, StaatsR II, § 38 I 5.
[37] *BVerwGE* 31, 212ff.; *OVG Lüneburg*, VerwRspr 20, 166ff.; *VGH München*, ZBR 1970, 59f. Zur Selbstbindung durch Kettenverwaltungsakte vgl. *Kloepfer*, DVBl 1972, 376, unter Hinweis auf *OVG Münster*, OVGE 25, 141ff.
[38] Vgl. *Ossenbühl*, DÖV 1970, 264ff. m. Nachw.; *BVerwGE* 34, 278ff.; 36, 313ff.; 323ff. mit Bespr. *Menger*, VerwArch 1972, 213ff.; dazu *Schmidt*, JuS 1971, 184ff. In neuerer Zeit hat sich *Randelzhofer*, JZ 1973, 536ff. m. umfangr. Nachw. aus Lit. und Rspr. gegen die uneingeschränkte Geltung des Satzes ,,Gleichbehandlung nicht im Unrecht" gewandt.
[39] *Maurer*, § 7 Rdnr. 16; *Kopp*, § 113 Rdnr. 6 m. w. Nachw.
[40] BVerwG, DÖV 1975, 204, sowie DÖV 1975, 200ff.
[41] *BVerwGE* 62, 210.
[42] *Rubel*, Planungsermessen, 1982; *Gassner*, DVBl 1981, 4ff.; *Wegener*, Die Verwaltung 1981, 300ff.; *Paetow*, DVBl 1985, 369ff.; *Bullinger*, JZ 1984, 1005, 1008; *Badura*, in: Erichsen-Martens, AllgVerwR, § 42 I; zuletzt *Ronellenfitsch*, VerwArch 1986, 188ff. Aus der Rspr. vgl. etwa BVerwGE 34, 301ff.; 45, 309ff.; 47, 144ff.; 48, 56ff.; 55,

§ 17. Das Urteil bei Anfechtungsklagen

beim *Planungsermessen* um die Beurteilung und Wertung eines gegebenen Sachverhalts, die der Gesetzgeber der Behörde mit der Maßgabe überträgt, daß deren Entscheidung letztverbindlich sein soll.[43] Ob diese Unterscheidung gebietet, Planungsermessen als eigene Kategorie anzusehen, ist noch nicht abschließend geklärt,[44] wenngleich es sicher Besonderheiten aufweist, wie namentlich das Abwägungsgebot.[45]

3. Ermessensfehler[46]

Gem. § 114 unterscheidet man:
a) *Ermessensüberschreitung*[47] (§ 114 1. Var.), sog. *äußere* oder *objektive* Ermessensfehler. Sie liegen vor, wenn die Verwaltungsbehörde den ihr verfassungsmäßig zugewiesenen Kompetenzbereich verlassen oder den ihr gesetzlich gezogenen Rahmen des Ermessens überschritten hat[48] und es somit an der Rechtsgrundlage für den Verwaltungsakt fehlt. Die objektiven Ermessensfehler sind also ohne spezifisch im Ermessen ruhende Problematik. Ihre Lehre deckt sich mit der allgemeinen Lehre vom fehlerhaften Verwaltungsakt.[49] Von der Rechtsordnung mißbilligt wird das „Ermessensprodukt", das Ergebnis, ohne daß auf die Motivation der Ermessensverwaltung zurückgegriffen werden muß. Der Fehler ist unmittelbar aus der Ermessensentscheidung erkennbar.

Beispiele:
(a) Verstöße gegen den Gleichheitssatz (z. B. die Ernennung einer Beamtin wird „nur wegen ihres Geschlechts" abgelehnt oder die Behörde weicht ohne zureichenden Grund in gleichgelagerten Fällen von ihrer früheren rechtmäßigen Praxis ab).
– (b) Verstöße gegen die Rechtsstaatlichkeit und den Grundsatz der Erforderlichkeit oder Verhältnismäßigkeit wegen offenbarer Unbilligkeit, unbilliger Härte oder Nichtanwendung des geringst belastenden Mittels.[50] – (c) Mangelnde Begründung[51] oder

---

220 ff.; 56, 110 ff.; 62, 86 ff.; 64, 33 ff.; *BVerwG*, DÖV 1985, 789 f.; *VGH München*, BayVBl 1981, 405.
[43] *Kopp*, § 114 Rdnr. 23.
[44] Bejahend *Hoppe*, in: Festschr. f. Menger, 1985, S. 774 ff. m. w. Nachw.; so auch VGH München, BayVBl 1983, 83 (Rhein-Main-Donau-Kanal): „Planungsentscheidungen sind . . . von anderer rechtlicher Qualität (scil. als Verwaltungsermessen); sie sind wesentlich komplexer". Verneinend *Koch*, DVBl 1983, 1125 ff., sowie *Weyreuther*, Baurecht 1977, 295 ff.; ähnl. auch *Schmidt=Aßmann*, VVDStRL Heft 34 (1976), S. 251 ff.: nur quantitative Unterschiede.
[45] *Wienke*, BayVBl 1981, 298 ff.; *Löwer*, DVBl 1981, 528 ff., sowie die Nachw. in § 11 Fußn. 29.
[46] *Stern*, Ermessen, S. 27 ff.; ders., BayVBl 1964, 381 ff.; wie hier auch *Maurer*, § 7 Rdnrn. 11 ff. Neuestens hat es *Alexy*, JZ 1986, 701 ff., unternommen, die zur Einteilung von Ermessensfehlern vertretenen Ansichten kritisch zu würdigen. Doch erscheint auch bei nochmaligem Überdenken die hier vertretene Auffassung noch immer als zutreffend, zumal auch *Alexy* selbst keine überzeugendere Lösung anzubieten vermag.
[47] *K. H. Klein*, S. 104 ff.; *Wolff-Bachof* I, § 31 II d; *Eyermann-Fröhler*, § 114 Rdnr. 162 ff.
[48] *Wolff-Bachof* I, § 31 II d; *Eyermann-Fröhler*, § 114 Rdnrn. 16 ff.
[49] *Stern* aaO, S. 27; ebenso *Obermayer*, NJW 1963, 1184.
[50] BVerwGE 30, 313 ff.
[51] Vgl. *VGH Mannheim*, DÖV 1964, 103.

mangelnde Vollständigkeit der Ermessensabwägung. – (d) Entscheidungen, die mit einer ordnungsgemäßen Verwaltung schlechterdings nicht vereinbar sind.

b) *Ermessensunterschreitung* oder *Ermessensnichtgebrauch*,[52] wenn die Behörde in Wirklichkeit eingeräumtes Ermessen nicht walten läßt, weil sie glaubt, auf Grund zwingenden Rechts entscheiden zu müssen,[53] oder wenn sie die Grenzen ihres Ermessens für enger hält als sie sind.

c) *Ermessensfehlgebrauch*[54] (§ 114 2. Var.), sog. *innere* oder *subjektive* Ermessensfehler. Sie liegen vor, wenn die Verwaltungsbehörde ihrer Entscheidung eine Motivation zugrunde gelegt hat, die von ihr nicht angestellt werden darf, wenn also ihre Erwägungen gesetzwidrig sind, weil sie vom Zweck des Gesetzes nicht gedeckt sind. Von der Rechtsordnung mißbilligt wird die Motivierung als solche. Der Fehler liegt in der Phase des Zustandekommens der Entscheidung. Er ist erst erkenntlich, wenn man auf Motive, Absichten und Beweggründe des Urhebers der Entscheidung zurückgeht.

Beispiele:
(a) Amtspflichtwidriges Verhalten aus: Belieben im Sinne persönlichen Wollens des Amtswalters, Laune im Sinne eines unmotivierten Handelns, Konzeptlosigkeit,[55] Willkür im Sinne einer unverständigen Sach-Inkorrektheit, aus Schädigungsabsicht, Schikane, Mißbrauch – und zwar auch im Sinne politischer Voreingenommenheit (§ 35 I BRRG), etwa bei Beamtenernennungen –, aus Antipathie als persönlicher Ungunst, Sympathie als persönlicher Gunst oder aus sonstigen persönlichen Beweggründen oder Interessen, wie Eigensüchtigkeit oder Eigenvorteilhaftigkeit (auch des Hoheitsträgers als solchen), und schließlich ganz allgemein aus Unsachlichkeit, Sachfremdheit oder Widerzwecklichkeit,[56] wie z. B. der Berücksichtigung „fiskalischer" Interessen bei polizeilichen Maßnahmen. – (b) Fälle des Vorwandes: wenn die Behörde sachgemäße Erwägungen zum Ausdruck bringt, um die wahren, allein maßgeblichen, aber sachfremden Beweggründe zu verdecken.

4. Unbestimmte Gesetzesbegriffe und Beurteilungsspielraum

Keine Ermessenshandlung ist gegeben, wenn der Verwaltungsbehörde durch Rechtssatz zwingend vorgeschrieben ist, wann und wie sie etwas tun oder unterlassen „muß", wenn die Behörde also *durch zwingende Rechtssätze gebunden ist* (ius strictum).

---

[52] *Wolff-Bachof* I, § 31 II d 1 ß; *Eyermann-Fröhler*, § 114 Rdnr. 20.
[53] *BVerwGE* 15, 199; 23, 122; 31, 213; 40, 244 f.; 48, 84; 61, 110; *OVG München*, NJW 1985, 1042 f.
[54] *Eyermann-Fröhler*, § 114 Rdnrn. 19 ff. – *Wolff-Bachof* I, § 31 II d 2, und *Obermayer*, NJW 1963, 1182, sprechen hier von Ermessensmißbrauch.
[55] *OVG Koblenz*, NVwZ 1984, 579.
[56] Dieser Fehlergrund wird allerdings dann ein objektiver sein, wenn die Behörde glaubt, die die Verwaltungsmaßnahmen tragenden Beweggründe seien vom Gesetzeszweck gedeckt oder doch wenigstens sachgerecht, und deshalb ihre Erwägungen in der Entscheidung zum Ausdruck bringt (vgl. *BVerwGE* 12, 346; instruktiv auch *VGH Mannheim*, NVwZ 1986, 396 f.: die Versagung universitärer Räume an eine studentische Vereinigung mit der Begründung, das Thema der geplanten Veranstaltung werde in einer für die Universität nicht akzeptablen Weise aufbereitet, ist ermessensfehlerhaft, wenn sich die Prognose nur auf Vermutungen, nicht auf nachweisbare Tatsachen gründet. Ähnlich *VGH Mannheim*, ESVGH 32, 120).

§ 17. Das Urteil bei Anfechtungsklagen

a) Zwingendes Recht in diesem die Verwaltung bindenden Sinne liegt auch dann vor, wenn in dem Rechtssatz sog. unbestimmte Rechtsbegriffe[57] (besser: *unbestimmte Gesetzesbegriffe*) verwendet werden, wie z. B. ,,Eignung", ,,öffentliches Interesse", ,,Sachkunde", ,,wichtiger Grund",[58] ,,angemessen",[59] ,,besonderer Fall",[60] ,,Zuverlässigkeit"[61] etc. Charakteristisch für sie ist, daß sie einerseits zwar nicht eindeutig feststehen (wie z. B. eine Zahl oder eine Maßeinheit – *bestimmte Rechtsbegriffe* –), andererseits aber der Verwaltung auch kein Ermessen einräumen. Der unbestimmte Gesetzesbegriff ist vom Gesetzgeber geprägt und nach dessen Richtlinien und Zielsetzungen von der Verwaltungsbehörde auszufüllen. Er ist von der sprachlichen Mehrdeutigkeit zu unterscheiden (z. B. der Begriff Körperschaft in Art. 34 GG); Begriff und Sinn sind hier klar, nur das Wort ist inkorrekt gewählt. Unbestimmte Gesetzesbegriffe sind zunächst abstrakt aus dem Gesetzestext zu interpretieren (Auslegung), alsdann ist der ,,Fall" unter den interpretierten Text zu subsumieren. Bei der Anwendung eines unbestimmten Gesetzesbegriffs wird im Regelfall nur eine Entscheidung rechtsrichtig sein; die Verwaltungsbehörde muß sich zu einer ihr allein rechtmäßig erscheinenden Erkenntnis durchringen.[62] Nur in Grenzfällen sind mehrere Entscheidungen ,,vertretbar".

b) Hier beginnt die Fragestellung, ob die von der Verwaltungsbehörde getroffene Entscheidung einer vollen gerichtlichen Überprüfung unterliegt, mit anderen Worten, wer die letztlich verbindliche Entscheidung zu treffen hat.[63] Diese Entscheidung kann logischerweise nur *eine* Instanz treffen: das Gericht oder die Verwaltung. Diese Entscheidungskompetenz wird zutreffend mit dem Stichwort ,,Recht zur Letzterkenntnis" charakterisiert.[64] Die Vertreter einer extensiven Interpretation des nach Art. 19 IV GG lückenlos zu gewährenden Rechtsschutzes gelangen zu dem Ergebnis, den Gerichten stehe infolge ihrer Kontrollfunktion in jedem Falle eine volle Überprüfung der Verwaltungsentscheidung zu[65] mit der Konsequenz, daß häufig Sachverständige in richterlichen Hilfsfunktionen anstelle der Verwaltungsbehörde entscheiden, daß also ein nichtrichterliches Gremium durch ein anderes

---

[57] Vgl. aus jüngster Zeit m. umfass. Nachw. *Erichsen*, DVBl 1985, 22 ff., sowie *Achterberg*, AllgVerwR, § 18 Rdnrn. 39 ff.; *Bertossa*, Der Beurteilungsspielraum, Diss. Bern 1984; *Götz*, S. 90 ff.; *v. Mutius*, Jura 1987, 92 ff.

[58] Z. B. in § 3 NamensänderungsG: *BVerwG*, DÖV 1971, 240 f.; *BVerwGE* 40, 353 ff.

[59] § 84 I BSHG: *OVG Lüneburg*, DVBl 1970, 182.

[60] § 9 II MutterschutzG: *BVerwGE* 36, 161.

[61] Vgl. die umfangr. Beispiele bei *Wolff-Bachof* I, § 31 I c; *Ule*, VwGO, § 114 Anm. II 2.

[62] Vgl. aber *BVerwGE* 39, 203, das die Möglichkeit nur einer richtigen Lösung für eine Fiktion hält. Zu Recht haben sich dagegen *Ossenbühl*, DÖV 1972, 402 f.; *Ott*, NJW 1972, 1220 f., sowie *Müller*, NJW 1972, 1587, gewandt.

[63] So die Formulierung von *Bachof*, JZ 1972, 208.

[64] So *Ossenbühl*, DVBl 1974, 310 f. im Anschluß an *VGH München*, DVBl 1967, 91.

[65] *Rupp*, Grundfragen der heutigen Verwaltungsrechtslehre, 1965, S. 177 ff.; *Czermak*, NJW 1961, 1905 ff.; *ders.*, JZ 1963, 276 ff.; *ders.*, JuS 1968, 339; vgl. auch *Schmidt-Salzer*, Der Beurteilungsspielraum der Verwaltungsbehörden, 1968; *ders.*, VerwArch 1969, 261 ff.; zuletzt DVBl 1972, 391 ff.; *Achterberg*, § 18 Rdnrn. 42 ff.

nichtrichterliches ersetzt wird.[66] Da diese Ansicht auf die Dauer nicht zu befriedigenden Ergebnissen bei komplexen Sachverhalten zu führen vermochte, wurden verschiedene Lösungen angeboten:

Bachof hat 1955 die Lehre vom sog. *Beurteilungsspielraum* entwickelt, innerhalb dessen Grenzen das Gericht die behördliche Entscheidung hinzunehmen und seinem Spruch zugrundezulegen hat.[67] Dabei bezieht sich der Beurteilungsspielraum nicht auf die Auslegung des unbestimmten Rechtsbegriffs, also seines Sinngehalts, und auch nicht auf die Feststellung der der Sachverhaltsbeurteilung zugrunde gelegten Tatsachen; er bezieht sich vielmehr stets ,,nur auf die Anwendung",[68] also die Subsumtion des Sachverhalts unter den Gesetzesbegriff. *Jesch*[69] differenziert zwischen einem Begriffskern, in dessen Bereich die Entscheidung angesiedelt ist, und einem diffusen Bereich am Rande des Begriffskerns, dem ,,Begriffshof", der nach außen nicht fest abgrenzbar ist, sondern erst durch Subsumtion oder Interpretation näher bestimmt wird. In diesem Bereich kann – in engen Grenzen – eine Befugnis der Behörde anerkannt werden, selbst letztverbindlich zu entscheiden.[70]

Damit hat sich *Jesch* an die von *Ule*[71] entwickelte *Vertretbarkeitslehre* angenähert, nach der die Auslegung des unbestimmten Gesetzesbegriffs regelmäßig voll überprüfbar ist; nur in den Grenzfällen, in denen eine eindeutige Entscheidung nicht möglich ist, also mehrere Ergebnisse vertretbar sind, hat das Gericht die von der Behörde getroffene Entscheidung als rechtlich vertretbar zu respektieren und seinem eigenen Urteil zugrunde zu legen.

Ähnlich hat *Kellner*[72] die sog. *Faktorenlehre* entwickelt. ,,Die volle Kontrolle der Anwendung des unbestimmten Gesetzesbegriffs nötigt das Gericht zwar, sich vom Vorhandensein oder Nichtvorhandensein aller Faktoren zu überzeugen, die für die Konkretisierung des Begriffs im Einzelfall Bedeutung zu erlangen vermögen. Vielfach sind aber einzelne dieser Faktoren von der Verwaltung selbst gesetzt worden, und zwar legitimerweise im Rahmen ihres gestaltenden Ermessens; auch schon bloße Planung kann als ein solcher Fakor insbesondere ,von öffentlichen Interessen' der verschiedensten Art in Betracht kommen, jedenfalls wenn diese Planung vor der Realisierung steht. Wie bei den anderen Faktoren erschöpft sich die gerichtliche Überprüfung grundsätzlich in der Feststellung ihres Vorhandenseins und der Würdigung ihrer Bedeutung."[73] Allerdings ist diese Faktorenlehre nicht geeignet, neue Beurteilungsspielräume zu schaffen; sie macht vielmehr nur deutlich, daß bei unbestimmten Gesetzesbegriffen behördlich auszufüllende und gerichtlich nicht überprüfbare Determinanten existieren.[74]

Redeker[75] will zusätzlich zum allgemein anerkannten Bereich der Beurteilungser-

---

[66] Vgl. den Hinweis bei *Ossenbühl*, DÖV 1972, 802.
[67] *Bachof*, JZ 1955, 97 ff.; *ders.*, VerfR I, B 107 f.; II, B 267 ff.
[68] *Bachof*, BayVBl 1955, 30.
[69] *Jesch*, AöR 82, 177 ff., im Anschluß an *Heck*, AcP 112, 1 ff.
[70] *Jesch* aaO, S. 172, 177, 221; vgl. auch bes. S. 241: ,,Die tatsächlichen Feststellungen der Behörde müssen erkennen lassen, daß sie den Rechtsbegriff weitestgehend in beschriebene Fakten- und Erfahrungsbegriffe aufgelöst hat, und ihre Subsumtion muß als zutreffend erscheinen, wenn man unterstellt, daß weitere nicht mitgeteilte und praktisch nicht oder nur schwer mitteilbare Gründe die Entscheidung tragen".
[71] *Ule*, VerwProzR, § 2 I; *ders.*, in: Gedächtnisschr. f. W. Jellinek, 1955, S. 323 ff.; sowie DVBl 1973, 756 ff.; zuletzt *ders.*, VerwArch 1985, 15 ff. Zustimmend *Erichsen-Martens*, in: dies., AllgVerwR, § 12 II 1.
[72] DÖV 1969, 309 ff.; 1972, 806 f.; NJW 1966, 859 ff.
[73] NJW 1966, 863.
[74] Ausf. zur Faktorenlehre *Ossenbühl*, DÖV 1970, 84 ff.
[75] *Redeker*, DÖV 1971, 760 ff.

§ 17. Das Urteil bei Anfechtungsklagen 189

mächtigung weitere Ausnahmen dann zulassen, wenn es sich um die Überprüfung unabhängiger Fachausschüsse oder Planungsentscheidungen handelt. Der Verwaltung verbleibe auch in diesem Rahmen eine ,,Bandbreite der Entscheidungen". Auch *Wolff*[76] erkennt eine sog. ,,Einschätzungsprärogative" der Verwaltung an, die gerichtlich nicht ersetzbar ist, sofern das Gericht die Gründe der behördlichen Maßnahme nicht nachzuvollziehen vermag, etwa weil es auf die Abschätzung zukünftiger Entwicklungen ankommt.

c) Die Rechtsprechung,[77] einen Beurteilungsspielraum zunächst anerkennend, hat ihn dann nur noch – im wesentlichen – in folgenden Fällen bejaht:[78]

(1) bei Entscheidungen von unabhängigen, weisungsfreien, nach spezieller Fachkunde zusammengesetzten Kollegialorganen (bes. Prüfungsausschüsse oder Sachverständigengremien);[79] (2) bei Entscheidungen über persönliche Eignung, Fähigkeit und Leistung, wenn die Entscheidung länger andauernde und daher gerichtlich nicht nachvollziehbare Kenntnis des Betroffenen voraussetzt,[80] und (3) bei Entscheidungen wertenden und prognostischen Charakters, wenn die Prognose auf allgemeine politische, wirtschaftliche, soziale oder kulturelle Geamtzusammenhänge ausgerichtet ist.[81] Als Begründung für diese Ausnahmen von der vollständigen Nachprüfung wird auf die Höchstpersönlichkeit des Werturteils, auf mangelnde Entscheidungskompetenz sowie auf die fehlende Nachvollziehbarkeit durch Gerichte verwiesen.

Die von der Rechtsprechung vertretene Auffassung, den unbestimmten Gesetzesbegriff regelmäßig als voll überprüfbar zu erachten und nur unter

---

[76] *Wolff-Bachof* I, § 31 I c 4.
[77] Nachw. bei *Bachof*, JZ 1972, 208; *Maurer*, § 8 Rdnr. 22.
[78] Vgl. *Redeker-von Oertzen*, § 114 Rdnr. 14; ähnliche Zusammenfassungen bei *Ossenbühl*, DVBl 1974, 311 ff.; *Erichsen-Martens* aaO; *Wolff-Bachof* I, § 31 I c 4; *Maurer*, § 7 Rdnr. 23.
[79] Für Prüfungsentscheidungen zuletzt etwa *BVerwGE* 57, 144; 70, 9 ff.; 73, 377 f.; *BVerwG*, DÖV 1980, 380; NVwZ 1986, 377; ferner *Hummel*, Gerichtsschutz gegen Prüfungsbewertungen, 1969; *Niehues*, Schul- und Prüfungsrecht, 2. Aufl. (1983); *Bryde*, DÖV 1981, 193 ff.; *v. Mutius*, Jura 1982, 555 ff.; *Kröpil*, JuS 1985, 322 ff.; *Grupp*, JuS 1983, 351 ff.; *Seeboss*, NVwZ 1985, 525 ff. Zum Multiple-Choice-Verfahren *BVerwG*, DVBl 1981, 583; DÖV 1984, 805 mit krit. Anm. *Pietzcker;* ferner *Theuersbacher*, BayVBl 1984, 129 ff., 166 ff.; für Sachverständigengremien etwa *BVerwGE* 39, 203 ff. (Bundesprüfstelle gem. § 9 GjS); 62, 337 ff. (Ausschuß gem. SaatgutverkehrsG).
[80] *BVerwG*, DÖV 1985, 79 (Zulassung zur Promotion); *BVerwG*, JZ 1979, 469 (Bewertung einer Habilitationsschrift); *BVerwGE* 56, 47; 65, 311 (Kapazitätsermittlung zur Vergabe von Studienplätzen); *OVG Lüneburg*, OVGE 24, 329 (pädagogisch-wissenschaftliche Wertungen im Schulbereich); *BVerwG*, NVwZ 1986, 377 (pädagogisch-wissenschaftlicher Bewertungsspielraum bei einem Doktorandenverhältnis); *BVerwGE* 21, 129; 60, 245 f.; *BVerwG*, NVwZ 1982, 101; *BAG*, NJW 1981, 71 (dienstliche Beurteilung von Beamten); *BVerwGE* 61, 184 f.; 61, 199; *BVerwG*, DVBl 1981, 462; NJW 1982, 770 f., NVwZ 1986, 199; *BVerfG*, DVBl 1981, 1054; vgl. auch *Schick*, NVwZ 1982, 163 f. m. w. Nachw. (Verfassungstreue von Beamten).
[81] *Nierhaus*, DVBl 1977, 19 ff.; *Tettinger*, DVBl 1982, 421 ff.; *Ossenbühl*, in: Festschr. f. *Menger*, 1985, S. 731 ff.; *Paefgen*, BayVBl 1986, 513 ff., 551 ff. jeweils m. umfass. Nachw.; aus der Rspr. zuletzt *BVerwG*, DVBl 1986, 417; 1986, 567. In der Entscheidung vom 13. 12. 1984, NVwZ 1985, 566 ff., zur Kontrolldichte bei einer Kapazitätsverordnung hat das *Bundesverwaltungsgericht* ausdrücklich auf die größere Sachnähe des in politischer Verantwortung stehenden Verordnungsgebers abgestellt (aaO, S. 569).

besonderen, vom Gesetzgeber vorgezeichneten Fällen[82] der Verwaltung die Letztentscheidungskompetenz einzuräumen, dürfte mittlerweilen zumindest als vorherrschend angesehen werden können.[83] Die nach der Entscheidung des *Bundesverwaltungsgerichts* zum Gesetz über die Verbreitung jugendgefährdender Schriften prognostizierte ,,Renaissance der administrativen Beurteilungsermächtigung"[84] ist nicht eingetreten, wie zahlreiche Judikate der jüngeren Zeit belegen, in denen ausdrücklich an der Überprüfbarkeit[85] festgehalten wird.[86]

d) Als überprüfbar verbleibt dem Gericht auch bei einer Beurteilungsermächtigung in jedem Falle,[87] (1) ob die Verwaltung von einem zutreffenden und vollständig ermittelten Sachverhalt ausgegangen ist, (2) ob die Verwaltung die durch Auslegung des unbestimmten Gesetzesbegriffs in abstracto ermittelten Grenzen und Wertmaßstäbe eingehalten hat, (3) ob Verfahrensvorschriften nicht eingehalten wurden, (4) ob sich die Behörde von sachfremden Erwägungen leiten ließ und (5) ob die Verwaltung ihre Subsumtionserwägungen so verdeutlicht und begründet hat, daß im Rahmen des Möglichen die zutreffende Anwendung der Beurteilungsmaßstäbe erkennbar und günstigenfalls nachvollziehbar ist. In die Gruppe gerichtlich nicht nachprüfbarer

---

[82] Vgl. *Kopp*, § 114 Rdnr. 24 m. w. Nachw.: Ob ein Beurteilungsspielraum eingeräumt wurde, ist durch Auslegung der Norm unter Berücksichtigung auch der Natur der Sache festzustellen; auf den Wortlaut allein kommt es nicht entscheidend an. Vgl. auch *Tettinger*, DVBl 1982, 427.

[83] Wobei der Umfang des der Verwaltung zugestandenen Beurteilungsspielraums unterschiedlich weit gezogen wird: vgl. etwa *Ule*, VerwProzR, § 2 I: in ,,Grenzfällen" Beurteilungsspielraum; ähnlich *Kopp*, § 114 Rdnr. 33 und etwas erweiternd *Erichsen-Martens*, in: dies., AllgVerwR, § 12 II 1; *Maurer*, § 7 Rdnr. 20: Beschränkung des Beurteilungsspielraums auf ,,Ausnahmefälle"; desgl. *Redeker-von Oertzen*, § 114 Rdnr. 11, sowie BVerfGE 64, 279: ,,ausnahmsweise" entgegen Art. 19 IV GG kein Gerichtsschutz; *Tettinger*, DVBl 1982, 422: ,,atypische Sachumstände" können Gerichtskontrolle reduzieren; *Schmidt-Jortzig*, NJW 1983, 970: nur ,,gewisse Interpretationsaufgaben" der Kommunen stehen diesen ausnahmsweise zur abschließenden Beurteilung zu.

[84] *Ossenbühl*, DÖV 1972, 401 ff.

[85] Zur Kontrolldichte vgl. *Lerche*, Übermaß und Verfassungsrecht, 1968, S. 337; *Hoppe*, DVBl 1975, 686; *Quambusch*, ZBR 1976, 276; *Horn*, DVBl 1977, 13 ff.; *Battis*, JuS 1977, 163 ff.; *Hoppe*, in: Festschr. f. Menger, 1985, S. 774 ff.; *Achterberg*, Allg VerwR, § 18 Rdnrn. 39 ff.; *Kopp*, in: Die öffentliche Verwaltung zwischen Gesetzgebung und richterlicher Kontrolle, 1985, S. 149 ff.; *J. Ipsen*, AöR 107, 290 ff.; *Korbmacher*, DÖV 1978, 594 ff.; *Papier*, DÖV 1986, 621 ff.; *Ronellenfitsch*, VerwArch 1986, 186 ff.; *Sellner*, NVwZ 1986, 618 ff.; BVerwGE 48, 59; 52, 243; 56, 117; 70, 328 ff.; 71, 168; *BVerwG*, DVBl 1986, 416 ff.; NVwZ 1986, 212.

[86] BVerwGE 45, 322 f.; 55, 253 f.; 59, 190; 62, 101; 68, 271; 69, 161; *BVerwG*, DÖV 1984, 558.

[87] BVerwGE 39, 204; 56, 121; 60, 246; 62, 340; 70, 144 ff.; *BVerwG*, JZ 1979, 470; DVBl 1981, 497; 1982, 198; 1986, 417; OVG Koblenz, NVwZ 1986, 398; auch *Ossenbühl*, DÖV 1972, 405; *Alberts*, DVBl 1976, 622 ff.; *Mayer-Kopp*, § 9 IV 3; *Kopp*, § 114 Rdnr. 30; speziell zur Überprüfung von Prognose-Entscheidungen *Nierhaus* aaO, S. 24; *Tettinger*, aaO, S. 427; *Ossenbühl*, in: Festschr. f. Menger, 1985, S. 731 ff.; *Hoppe*, in: Festg. BVerwG, 1978, S. 310 ff.; *Paefgen*, BayVBl 1986, 554 f.

§ 17. Das Urteil bei Anfechtungsklagen

Wertungen gesetzlicher Begriffe gehören auch die der politischen Sphäre zuzurechnenden Tatbestandsteile in § 70 IV 2 GWB, § 5 Nr. 2 Gesetz über die Haftung des Reiches für seine Beamten.

e) Gesetzliche Regelungen, die auf der Tatbestandsseite einen unbestimmten Gesetzesbegriff enthalten, müssen nicht notwendig auf der Rechtsfolgenseite zwingendes Recht enthalten; sie können auch mit einer Ermessensentscheidung gekoppelt sein. Man spricht hier von den sog. *Mischtatbeständen*.[88] In diesen Fällen ist erst dann Raum für die Ermessensausübung der Behörde, wenn die Voraussetzungen des unbestimmten Gesetzesbegriffs vorliegen.

Beispiele:
(a) § 12 IV WPflG, wonach ein Wehrpflichtiger vom Wehrdienst auf Antrag zurückgestellt werden „soll" (Ermessen), wenn die Heranziehung zum Wehrdienst für ihn wegen persönlicher, insbesonderer häuslicher, wirtschaftlicher oder beruflicher Gründe eine „besondere Härte" (unbestimmter Gesetzesbegriff) bedeuten würde.[89] – (b) Approbation eines Ausländers gem. § 3 III BÄrzteO.[90] – (c) Die Einstellung von Beamtenbewerbern steht im Ermessen der Behörde, die zuvor die unbestimmten Rechtsbegriffe Eignung, Befähigung und fachliche Leistung der Bewerber festzustellen hatte.[91]

Ein Mischtatbestand ist jedoch dann nicht gegeben, wenn zwischen dem Begriff „unbillig" auf der Tatbestandsseite und der Folge „können" auf der Rechtsfolgenseite eine unlösbare Verbindung besteht (so § 131 RAO = § 163 AO 1977). Man kann hier vom „Koppelungstatbestand" sprechen. Bei der Besonderheit der zu würdigenden Norm ragt der Begriff „unbillig" in den Ermessensbereich hinein und bestimmt damit zugleich Inhalt und Grenzen der pflichtgemäßen Ermessensausübung.[92]

5. Der maßgebliche Zeitpunkt zur Beurteilung der Sach- und Rechtslage

Die Frage des maßgeblichen Zeitpunkts, den das Gericht zur Beurteilung der Sach- und Rechtslage seiner Entscheidung zu Grunde zu legen hat, gehört im Verwaltungsprozeß zu den nach wie vor umstrittenen Problembereichen.[93]

---

[88] *Eyermann-Fröhler*, § 114 Rdnr. 7b; auch *Kloepfer*, StuW 1971, 281.
[89] Vgl. dazu *BVerwG*, DÖV 1971, 673. Weitere Beispiele: § 31 I Nr. 2 BBG (vgl. *BVerwGE* 11, 139ff.); § 8 I Nr. 2 RuStAG; § 13 DGO (vgl. *VGH München*, VGH n. F. 7, 121).
[90] *BVerwGE* 45, 162ff.
[91] *BVerwG*, DVBl 1982, 198.
[92] *GmS-OGB*, BVerwGE 39, 355ff. m. Anm. *Kloepfer*, NJW 1972, 1411, und *Redeker*, DVBl 1972, 608, der über den Rahmen dieses Koppelungstatbestands hinaus weitere Beispiele aufzeigt, in denen eine Aufspaltung in den voll überprüfbaren unbestimmten Rechtsbegriff auf der Tatbestandsseite und ein Auswahlermessen auf der Folgeseite nicht mehr möglich ist. Dieser Weitherzigkeit ist jedoch nicht zu folgen. Mit Recht ist das *Bundesverwaltungsgericht* zurückhaltend geblieben (vgl. *BVerwGE* 39, 197ff., 209; *Seewald*, JurA 1980, 182).
[93] Vgl. *Ule*, VerwProzR, § 57 m. umfangr. Literaturangaben; ferner *Kopp*, in: Festschr. f. Menger, 1985, S. 695ff.; *Breuer*, DVBl 1981, 302; jüngst *Schenke*, NVwZ 1986, 522ff.

Das steht ganz im Gegensatz zum Zivilprozeß, in dem das Gericht grundsätzlich nach der Sach- und Rechtslage bei Schluß der mündlichen Verhandlung entscheidet. Die VwGO schweigt zu dieser Frage vollständig. Das Problem stellt sich in besonderer Weise bei den Anfechtungs- und Verpflichtungsklagen.

a) Maßgeblicher Zeitpunkt für die Entscheidung über ein Anfechtungsbegehren ist regelmäßig der des Ergehens des Widerspruchsbescheids, also der letzten Behördenentscheidung.[94] Dieser Grundsatz gilt sowohl für gebundene als auch für Ermessensentscheidungen.[95] Gemäß § 79 I ist nämlich Gegenstand der Anfechtungsklage der Verwaltungsakt in der Form, die er durch den Widerspruchsbescheid gefunden hat. Nach § 113 I 1 hat das Gericht *diesen* streitbefangenen Verwaltungsakt aufzuheben, soweit er rechtswidrig ist. Das Gericht übt damit reine ex-post Rechtmäßigkeitskontrolle aus.

b) Von diesem Grundsatz werden jedoch zahlreiche Ausnahmen gemacht. So wird beispielsweise für *Verwaltungsakte mit Dauerwirkung*[96] auf den Zeitpunkt der letzten mündlichen Verhandlung abgestellt.[97] Gleiches gilt für noch nicht vollzogene Verwaltungsakte, sofern die Vollziehung infolge Sach- oder Rechtslagenänderung sinnlos geworden ist,[98] oder für Verwaltungsakte, die eine Verpflichtung begründen, die nach Änderung der Sach- und Rechtslage billigerweise nicht mehr verlangt werden kann.[99] Auch wenn ein Gesetz ersichtlich auf einen anderen Zeitpunkt als den des Erlasses der Anordnung abgestellt hat[100] oder wenn es mit rückwirkender Kraft erlassen und der Verwaltungsakt dadurch rechtmäßig wird, ist der Zeitpunkt der letzten mündlichen Verhandlung maßgeblich;[101] ähnlich – jedenfalls im Erschließungsbeitragsrecht –, wenn während des gerichtlichen Verfahrens der zur ursprünglichen Rechtswidrigkeit führende Mangel geheilt wird.[102] Ungeklärt

---

[94] *Kopp*, § 113 Rdnr. 23; *ders.*, in: Festschr. f. Menger, 1985, S. 700; *Breuer*, DÖV 1981, 305; *Ule*, VerwProzR, § 57 II 2; *v. Mutius*, Jura 1979, 559; *Bosch-Schmidt*, § 39 II 1.
[95] *BVerwGE* 60, 136; 62, 287; *BVerwG*, DVBl 1982, 647.
[96] Seit der Änderung des § 35 VI GewO gilt dies für Gewerbeuntersagungen nicht mehr: *BVerwGE* 65, 1 ff. Vgl. auch *OVG Lüneburg*, NVwZ 1983, 687 f.; *VGH Kassel*, DÖV 1983, 738.
[97] *BVerwGE* 29, 221; vgl. auch *BVerwGE* 59, 7 f.; *VGH München*, NVwZ 1984, 384; BayVBl 1985, 369.
[98] S. dazu den Fall bei *Tschira-Schmitt Glaeser*, S. 277: Ein Ausländer, der seine Ausweisungsverfügung angefochten hat, wird während des gerichtlichen Verfahrens eingebürgert.
[99] *BVerwGE* 5, 351; *BVerwG*, NJW 1986, 1187, zu Fragen einer Abbruchsverfügung bei materieller Illegalität des Baus. Hier entstünde sonst sofort ein Anspruch auf Genehmigung.
[100] Zeitpunkt, an dem die angeordnete Verwaltungshandlung (Aufnahme erkennungsdienstlicher Unterlagen) durchgeführt wird; ist die Maßnahme noch nicht ausgeführt, ist der Zeitpunkt der letzten mündlichen Verhandlung der Tatsacheninstanz (hier Berufung) maßgeblich; danach eingetretene Rechtsänderungen sind unbeachtlich: *BVerwGE* 66, 197 ff.
[101] *BVerwG*, DVBl 1982, 544 f.
[102] Dazu *BVerwG*, DÖV 1983, 470; vgl. auch *VGH München*, BayVBl 1983, 307.

§ 17. Das Urteil bei Anfechtungsklagen

ist noch immer, welcher Zeitpunkt bei baurechtlichen Nachbar-(Anfechtungs)Klagen der Entscheidung zugrunde zu legen ist, wenn nach Klageeinlegung eine Rechtsänderung eintritt.[103] Es bleibt zu hoffen, daß wenigstens die Rechtsprechung diese Kasuistik in Grenzen hält.

c) Angesichts der zahlreichen Ausnahmen fehlt es im Grunde an einer klaren Linie. Ein Teil der Lehre versucht deshalb, von einem neuen Ansatz her vorzugehen.

Unabhängig vom jeweiligen Klagetyp stellt er auf den *Inhalt des Klageantrags* ab,[104] so daß es der Kläger durch die Formulierung seines Antrags in der Hand hätte, den Beurteilungszeitpunkt selbst zu bestimmen. Dies erscheint jedoch nicht unbedenklich. Tritt etwa in einem Anfechtungsverfahren während des Prozesses eine Änderung der Rechtslage zu Gunsten des Klägers ein, so wird der einmal rechtmäßig erlassene Verwaltungsakt nicht rechtswidrig,[105] es sind lediglich die Voraussetzungen für seine Aufrechterhaltung weggefallen, was dem Kläger einen Anspruch auf Widerruf oder auf Wiederaufgreifen des Verfahrens und Erlaß eines Zweitbescheids[106] gewährt. Diese Auffassung liegt auch den Regelungen der §§ 48 ff. VwVfG zugrunde. Dem Kläger ist zuzumuten, seinen Klageantrag entsprechend etwa auf Neubescheidung umzustellen.[107] Das Gericht hat das Verfahren auszusetzen, um dem Bürger die Gelegenheit zu geben, daß die Behörde im förmlich durchzuführenden Widerspruchsverfahren[108] auch eine Zweckmäßigkeitsüberprüfung vornehmen kann, die dem Gericht verwehrt ist.[109] Es erscheint daher nach wie vor angebracht, den von der Rechtsprechung[110] entwickelten, unter a) dargestellten Grundsätzen trotz der sich daraus ergebenden notwendigen Ausnahmeregelungen zu folgen.

Hier bleibt dem Kläger nur die Möglichkeit, ggf. entsprechend § 113 I 4 die ursprüngliche Rechtswidrigkeit des Verwaltungsaktes feststellen zu lassen, sofern er ein berechtigtes Interesse hat. Zu diesem Fall bes. *Schenke* aaO, S. 526 f.
[103] Vgl. *Jarass*, NJW 1983, 2849; *Bosch-Schmidt*, § 39 III 2 b bb; *Kloepfer*, VerwArch 1985, 389. Aus der Rspr. zuletzt *BVerwG*, NVwZ 1986, 206; 1986, 211.
[104] Vgl. etwa *Tschira-Schmitt Glaeser*, S. 275; *Redeker-von Oertzen*, § 108 Rdnr. 16; *Stelkens*, in: Stelkens-Bonk-Leonhardt, VwVfG, 2. Aufl. (1983), § 44 Rdnr. 5 a; *Martens*, DVBl 1970, 260 ff.; *Czermak*, BayVBl 1978, 662; *Rupp*, in: Rechtsschutz im Sozialrecht, 1965, S. 177 ff.; *Eyermann-Fröhler*, § 113 Rdnrn. 2 ff.
[105] *Ule*, VerwProzR, § 57 II 2; *Kopp*, § 113 Rdnr. 24 m. umfass. Nachw.; *ders.*, in: Festschr. f. Menger, 1985, S. 700; auch *Tschira-Schmitt Glaeser*, S. 277, die nur die Aufrechterhaltung des Verwaltungsakts für rechtswidrig erachten; aus der Rspr. *BVerwGE* 28, 294; 59, 148, 161; 60, 135; 65, 2; 68, 154; *BVerwG*, NJW 1984, 1473.
[106] Zum Wiederaufgreifen des Verfahrens siehe oben § 4 IV 2 b jj.
[107] So auch *Kopp*, § 113 Rdnr. 24. Die prozeßökonomischen Bedenken von *Tschira-Schmitt Glaeser*, S. 279, vermögen nicht recht zu überzeugen, weil damit jedenfalls die Überprüfung von Ermessenstatbeständen zu Lasten des Bürgers verkürzt würde.
[108] Sachenlassung der Behörde ohne Vorverfahren ist unzulässig, vgl. oben § 15 II 3.
[109] Dies übersehen *Tschira-Schmitt Glaeser*, aaO.
[110] Vgl. die umfass. Nachw. bei *Kopp*, § 113 Rdnr. 23.

6. Die Beweislast

Für das Urteil des Gerichts ist seine freie, aus dem Gesamtergebnis des Verfahrens gewonnene Überzeugung[111] maßgebend – Grundsatz der freien Beweiswürdigung[112] (§ 108 I 1). Diese Überzeugung gewinnt es aus seiner eigenen Rechtserkenntis („iura novit curia") und aus dem Prozeßstoff, wie er sich aus dem Vorbringen und den Schriftsätzen der Parteien (§§ 82 I, 86 IV, 108 II), der mündlichen Verhandlung (§§ 101 I, 103 III), die sich auf eine tatsächliche und rechtliche Erörterung der Streitsache zu erstrecken hat (§ 104 I), dem Inhalt der Akten (§ 103 II), sonstigen Urkunden und Auskünften (§§ 86 V, 99) und der Beweisaufnahme (§§ 86 I 2, II, 96–98) ergibt.

Beachte: Um die Vorlage von Akten oder die Verpflichtung zu Auskünften kann es einen Zwischenstreit mit der obersten Aufsichtsbehörde geben, den das Gericht nach § 99 II durch beschwerdefähigen Beschluß (vgl. unten § 23) entscheidet. Die Verpflichtung zur Aktenvorlage oder zu Auskünften besteht nicht uneingeschränkt, wie § 99 I 2 beweist. So werden etwa Auskünfte des Amtes für Verfassungsschutz für geheimhaltungsbedürftig angesehen, weil sie Rückschlüsse auf die Arbeit des Amtes zulassen.[113] Gleiches wurde für Auskünfte der Industrie- und Handelskammer angenommen, wenn sie unter Zusage der Wahrung der Vertraulichkeit der Kammer gegenüber gemacht wurden, weil die Vertraulichkeit der Information gewahrt werden muß.[114]

a) Im Gegensatz zum Zivilprozeß, in dem grundsätzlich der Verhandlungs- bzw. Beibringungsgrundsatz herrscht, der den Parteien die Hauptlast der Beschaffung des Prozeßstoffes überträgt, ist der Verwaltungsprozeß vom *Untersuchungsgrundsatz* beherrscht (§ 86 I 1).[115]

Merke: Es gibt folgende Verfahrensgrundsätze:
– Untersuchungsgrundsatz = Amtsermittlungsgrundsatz des Gerichts
– Verhandlungs-(Beibringungsgrundsatz) = Beibringung der Tatsachen durch Parteien
– Verfügungs-(Dispositionsgrundsatz) = Herrschaft der Partei über den Streitgegenstand und das Verfahren
– Offizialgrundsatz = Herrschaft des Gerichts über das Verfahren.

Diese Prozeßmaximen gelten in den verschiedenen gerichtlichen Verfahren unterschiedlich. Im Verwaltungsprozeß gelten der Untersuchungsgrund-

---

[111] Es reicht nicht aus, wenn der festgestellte Sachverhalt „lediglich wahrscheinlich" ist: *BVerwG*, DVBl 1986, 511. Bei der Gewissenserforschung von Kriegsdienstverweigerern hat man indes einen „hohen Grad an Wahrscheinlichkeit" genügen lassen: *BVerwGE* 41, 53f.; 55, 217f.; 69, 44; 70, 221f.

[112] Zuletzt etwa *BVerwGE* 68, 339ff.; 73, 338; *BVerwG*, NJW 1986, 1187; NJW 1986, 1563; *Nierhaus*, DÖV 1985, 632ff.

[113] *OVG Koblenz*, DVBl 1977, 425ff.; *VGH Kassel*, DÖV 1977, 683.

[114] *VGH Kassel*, DVBl 1977, 428ff.

[115] Zu den Prozeßmaximen vgl. *Ule*, VerwProzR, §§ 26ff.; *Schlosser*, in: Erichsen (Hrsg.), Jura Extra – Studium und Examen, 2. Aufl. (1983), S. 133ff. m.w. Hinweisen in Fußn. 1.

§ 17. Das Urteil bei Anfechtungsklagen

satz[116] und der Verfügungsgrundsatz,[117] letzterer nach Maßgabe der §§ 88, 91, 92, 106, 161 II, 173 i. V. mit §§ 306, 307 ZPO. Nach dem Untersuchungsgrundsatz erforscht das Gericht den Sachverhalt von Amts wegen, ohne an das Vorbringen der Parteien gebunden zu sein. Es darf auch nicht die Sachaufklärung einer Verwaltungsbehörde überlassen,[118] sondern muß sie selbst vornehmen. Hierbei obliegt den Beteiligten des Prozesses eine *Mitwirkungspflicht* (§ 86 I 1).[119]

Beispiele:
(a) Angaben der Beteiligten zur Erforschung innerer Vorgänge wie Gewissensentscheidung eines Kriegsdienstverweigerers[120] oder Verfassungstreue eines Beamten.[121] –
(b) Durchführung medizinischer Untersuchungen.[122]

b) Das Vorgehen bei der Erforschung des Sachverhalts liegt im pflichtgemäßen Ermessen des Gerichts.[123] Fehlt dem Gericht die eigene Sachkunde, muß es Sachverständige heranziehen, deren Überlegungen es selbstverantwortlich nachvollziehen muß. Unter der Herrschaft des Untersuchungsgrundsatzes wird somit das Gericht zur maßgeblichen Instanz, die im Rahmen des vom Kläger bestimmten Streitgegenstandes (§ 82 I) die entscheidungserheblichen Tatsachen zu ermitteln hat. Ihm obliegt insoweit eine *Aufklärungspflicht*,[124] die bis zur Grenze der Zumutbarkeit[125] reicht.

Beispiel:
Unzumutbar ist die Vernehmung von 20 000 türkischen Asylbewerbern; der Beweisantrag war wegen Unzumutbarkeit der Beweisaufnahme abzulehnen.[126]

Schöpft das Gericht die möglichen Beweismittel nicht aus, liegt ein Aufklärungsmangel i. S. von § 86 I vor, der zur Einlegung von Rechtsmitteln berechtigt.[127]

c) Den Parteien obliegt (anders als im Zivilprozeß) weder eine *Behauptungs*-[128] noch eine *Beweisführungslast*.[129] Dennoch wäre es eine Verkennung

---

[116] Zum Untersuchungsgrundsatz im Verwaltungsverfahren *Berg*, Die Verwaltung, 1976, S. 161 f.; *Pestalozza*, in: Festschr. Boorberg-Verlag, 1977, S. 185 ff.
[117] *BVerwGE* 66, 56.
[118] *BVerwGE* 2, 135; VGH Kassel, NVwZ 1982, 138 f.
[119] Vgl. *Redeker-von Oertzen*, § 86 Rdnr. 10; *Kopp*, § 86 Rdnr. 11; *Martens*, Verwaltungsverfahren, S. 81 ff. (Rdnrn. 121 ff.); *Berg*, in: Festschr. f. Menger, 1985, S. 544 f.
[120] *BVerwG*, DÖV 1985, 198; 1985, 199; NVwZ 1985, 195 f.
[121] *BVerwGE* 61, 188.
[122] *BVerwG*, NJW 1985, 2490; 1986, 270; 1986, 1563.
[123] *BVerwGE* 28, 317; 41, 53; zuletzt *BVerwG*, NJW 1986, 1187.
[124] *BVerwG*, NVwZ 1986, 37. *Redeker*, DVBl 1981, 84, will eine Aufklärungspflicht nur dann bejahen, wenn sich Aufklärungsmaßnahmen dem Gericht aufdrängen. Dagegen *Berg*, in: Festschr. f. Menger, 1985, S. 544.
[125] *BVerwGE* 70, 41.
[126] *OVG Münster*, DÖV 1981, 384.
[127] *BVerwG*, NVwZ 1982, 40; 1982, 244; 1982, 310; 1986, 36.
[128] Auch Erklärungslast genannt (*Blomeyer*, Verh. des 46. DJT 1966, Gutachten Teil 2 A, S. 4). Grdl. zu den Begriffen *Rosenberg*, Die Beweislast, 5. Aufl. (1965) § 3 und § 4; *Tietgen*, Verh. des 46. DJT 1966, Teil 2 B, S. 12; *BVerwGE* 12, 235.
[129] Sie wird zuweilen mißverständlich „subjektive bzw. prozessuale oder formelle Beweislast" genannt.

des Untersuchungsgrundsatzes, den Einfluß der Parteien auf die Sammlung des Tatsachenstoffes für irrelevant zu erklären und alles der Aufklärung des Gerichts zu überlassen. Jede Partei wird die ihr günstigen Tatsachen von sich aus vorbringen, da sie ja den Prozeß gewinnen möchte. Werden solche Tatsachen bestritten, so bedarf es einer Beweiserhebung, die nur sehr eingeschränkt abgelehnt werden kann (§ 86 II).[130] Insofern bestehen zwischen den Verfahrensarten des Zivil-, Straf- oder Verwaltungsprozesses keine Unterschiede; ebensowenig auch darin, daß jeder Beweis das Ziel hat, zur Überzeugung des Gerichts das Bestehen oder Nichtbestehen von Tatsachen,[131] die rechtserheblich sind, festzustellen.

d) Kennt der Verwaltungsprozeß wegen des Untersuchungsgrundsatzes keine Behauptungs- und Beweisführungslast, so kann daraus nicht geschlossen werden, daß in ihm auch die *objektive oder materielle Beweislast,* bisweilen auch Feststellungslast genannt, nicht besteht; denn in *jedem* Prozeß bedarf es der Regelung der Frage, zu wessen Lasten die Unerweislichkeit von Tatsachen geht, also welcher Partei das trotz aller Bemühungen zur Aufklärung und Ausschöpfung aller Beweismittel nicht zu beseitigende ,,non liquet" zum Vor- und Nachteil gereicht.[132] Die Frage der Beweislast ist daher nicht eine Regelung des Beweises, sondern der Beweislosigkeit.[133]

(1) Im Strafprozeß erteilt der Grundsatz ,,in dubio pro reo"[134] hierauf eine Antwort in dem Sinne, daß die Strafverfolgungsbehörde in vollem Umfange die Beweislast trägt. Für den Zivilprozeß läßt sich ein ähnlich deutlicher Grundsatz nicht aufstellen; es bedarf vielmehr der Auslegung der einzelnen Vorschriften des *materiellen Rechts,*[135] die in einzelnen Fällen eine ausdrückliche Regelung der Beweislastverteilung enthalten, z. B. § 282 BGB,[136] oder durch die Formulierung eine solche vorzunehmen, z. B. § 932 BGB (,,es sei

---

[130] Z. B. wegen Untauglichkeit, Unerheblichkeit des Beweismittels, Prozeßverschleppung, bereits bestehender Überzeugung des Gerichts oder aus Gründen des § 245 II StPO; vgl. *OVG Münster* v. 22. 1. 1981 – 18 A 10023/80 –.

[131] Tatsachen sind äußere oder innere Vorgänge, die bemerkbar sind oder waren (*Ule,* VerwProzR, § 49 II 1); im Gegensatz dazu stehen Rechtsfragen. Zur Unterscheidung zwischen Tat- und Rechtsfrage vgl. *Scheuerle,* AcP 157, 1; *Henke,* ZZP 81, 196, 321.

[132] Heute h. M., vgl. *Berg,* Die verwaltungsrechtliche Entscheidung bei ungewissem Sachverhalt, 1980; *Peschau,* Die Beweislast im Verwaltungsrecht, 1983; *Stern,* in: Festschr. f. Oehler, 1985, S. 473 ff.; *J. Martens,* Verwaltungsverfahren, S. 81 ff.; *Nierhaus,* BayVBl 1978, 745 ff.; *Musielak-Stadler,* Grundfragen des Beweisrechts, 1984; *Prütting,* Gegenwartsprobleme der Beweislast, 1983; *Grunsky,* § 41 III 1 m. w. Nachw.; *Thomas-Putzo,* Vorb. § 284 Anm. 7.

[133] *Nierhaus,* aaO; *Jauernig,* § 50 III 3; *Blomeyer,* Verh. d. 46. DJT 1966, Gutachten Teil 2 A, S. 1; *Tietgen,* ebenda, Gutachten Teil 2 B, S. 11.

[134] Dazu vgl. *Kleinknecht-Meyer,* Strafprozeßordnung, 37. Aufl. (1985), § 261 Rdnr. 26. Dies ergibt sich jetzt aus § 6 II MRK. Daß dieser Grundsatz nicht schlechthin gilt, ist unstr. (vgl. etwa *Schönborn,* MDR 1975, 441 ff.).

[135] Beweislastregeln gehören auch im Zivilprozeß nicht zum Prozeßrecht: *BGHZ* 31, 358; *Rosenberg-Schwab,* § 118 III 4; *Stein-Jonas,* § 282 Anm. IV 3. Für den Verwaltungsprozeß *BVerwGE* 34, 226; BVerwG, DÖV 1979, 602; *Nierhaus,* aaO; *Grunsky,* aaO, § 41 III 1; a. A. *Ule,* VerwProzR, § 50 II 2.

[136] Dazu *BVerwGE* 52, 255.

§ 17. Das Urteil bei Anfechtungsklagen

denn"). Im übrigen stellt die herrschende Zivilprozeßrechtslehre darauf ab, daß derjenige, der eine für ihn günstige Rechtsnorm in Anspruch nimmt, deren tatsächliche Voraussetzung zu beweisen hat,[137] sog. Normbegünstigungsklausel.[138] Gewiß helfen dem in dieser Hinsicht „Belasteten" Wahrscheinlichkeitsüberlegungen[139] als Beweiserleichterung; nur dürfen diese nicht der alleinige Ausgangspunkt sein, wie *Grunsky* meint.

(2) Im jüngeren Verwaltungsprozeß hat man die Grundsätze der Beweislastverteilung des älteren Zivilprozeßrechts weitgehend übernommen;[140] dafür streitet zwar nicht § 173, da es sich hierbei nicht um Verfahrensrecht handelt, sondern der *allgemeine Rechtsgrundsatz*,[141] daß die Unerweislichkeit einer Tatsache, das „non liquet", logischerweise denjenigen zu treffen hat, der daraus etwas zu seinen Gunsten abzuleiten beabsichtigt. Wer sich auf eine ihm günstige Tatsache beruft, muß gegen sich gelten lassen, wenn er diesen Umstand nicht zur Überzeugung des Gerichts nachweisen kann. Insoweit handelt es sich um das prozessuale Spiegelbild der alten Rechtsweisheit: casum sentit dominus. Zu Recht haben daher Rechtsprechung und Schrifttum übereinstimmend gefolgert: Die Unerweislichkeit einer Tatsache geht grundsätzlich zu Lasten des Beteiligten, der aus ihr eine ihm günstige Rechtsfolge herleitet.[142] Damit ist die jeweilige prozessuale Stellung als Kläger oder Beklagter nicht maßgeblich, wie man ursprünglich annahm, wohl aber gewinnt die *Klageart* Bedeutung, ohne allerdings den letzten Ausschlag zu geben.[143]

---

[137] *BGHZ* 53, 245; 53, 369; 61, 118; *Rosenberg*, Die Beweislast, 5. Aufl. (1965), S. 98; *Blomeyer*, Zivilprozeßrecht, 1963, § 69 III; a. A. *Grunsky*, § 41 III 2.

[138] Vgl. den Fall Anastasia: *BGHZ* 53, 245.

[139] *BFH*, HFR 1964, 167; *BVerwGE* 41, 53 ff.; Bedenken bei *Bettermann*, Verh. d. 46. DJT 1966, Bd. II. S. E 28.

[140] *Tietgen*, Gutachten, S. 10 f.; *BVerwGE 13*, 40; *Maetzel* und *Redeker*, Verh. d. 46. DJT, Bd. II, S. E 102 ff. – Allerdings ist der Verwaltungsprozeß in der günstigeren Situation, daß wegen des Untersuchungsgrundsatzes die Tatsachenermittlung seltener unaufgeklärt bleibt als im Zivilprozeß, weswegen der Beweislastproblematik auch geringere Aufmerksamkeit geschenkt wird. Bislang gab es wenig monographische Untersuchungen, vgl. dazu die Nachw. oben Fußn. 132. Vielleicht schreckte aber auch, was *Schmidt* für den Zivilprozeß festgestellt hat: „In der Beweislast ist man im wesentlichen über die im 19. Jhdt. wurzelnde ‚glanzvolle' Monographie *Rosenbergs* (Die Beweislast, 5. Aufl. 1965) nicht hinausgekommen, was in der Rechtsprechung zu einer im deutschen Recht ganz ungewöhnlichen Kasuistik geführt hat" (JuS 1975, 431).

[141] *BVerwG*, JZ 1975, 414 sub b. *Stein-Jonas*, u. a., § 282 Anm. IV 2: Gewohnheitsrecht. *BVerwGE* 41, 53 m. Anm. *Berg*, NJW 1973, 1093: allgemeine Regel des Verwaltungsrechts.

[142] So die Grundlagenuntersuchung von *Musielak*, Die Grundlagen der Beweislast im Zivilprozeß, 1975, S. 288 m. w. Nachw. Aus dem Verwaltungsprozeß *Bettermann*, Referat z. 46. DJT, 1966, S. E 27, 38; *BVerwGE* 3, 115; 14, 181; 18, 171; 20, 213; 41, 56 f.; 44, 268 ff.; 45, 132; 47, 339; 55, 296 ff.; 61, 189; *Eyermann-Fröhler*, § 86 Rdnr. 5; *Kopp*, § 108 Rdnr. 13; *Redeker-von Oertzen*, § 108 Rdnr. 12; *Lüke*, JuS 1966, 587; *Ule*, VerwProzR, § 50 II 3. Kritik meldet an *J. Martens*, Verwaltungsverfahren, Rdnrn. 158 ff.

[143] Die Klageart wird überbetont bei *Ule* und *Kopp*, aaO; wie im Text *Schunck-De Clerck*, § 86 Anm. 1 c bb. Zur Beweislastverteilung bei Nachbarklagen neuestens *Sonntag*, Die Beweislast bei Drittbetroffenenklagen, 1986.

In Konsequenz des oben gegebenen allgemeinen Grundsatzes gilt folgendes: Wer ein Recht in Anspruch nimmt, trägt die Beweislast für die rechtsbegründenden, wer ein Recht leugnet, trägt die Beweislast für die rechtshindernden, rechtsvernichtenden und rechtshemmenden Tatsachen.[144] Allerdings ist häufig nicht ohne weiteres der einzelnen materiell-rechtlichen Norm zu entnehmen, ob ein Tatumstand als rechtshindernd oder sein Fehlen als rechtsbegründend formuliert ist. Hierzu bedarf es stets einer genauen Analyse der Vorschrift und der sie beeinflussenden *Verfassungsrechtsnormen*, insbesondere inwieweit einerseits ein grundrechtlich an sich gestattetes Tun kontrollierend reglementiert wird oder andererseits verfassungsrechtlich geschützte Positionen und Rechtsgewährungen nicht in Rede stehen.[145] Generell kann folgender *Faustregel Schunck-De Clercks* gefolgt werden:[146] Wenn der Bürger einen Rechtsanspruch auf eine Leistung oder die Vornahme eines Verwaltungsakts geltend macht, so trägt er die Beweislast für die den Anspruch begründenden, die Behörde die Beweislast für die dem Anspruch entgegenstehenden Umstände; greift hingegen die Behörde durch Verbote, Gebote, Rücknahme von Genehmigungen, Forderungen von Abgaben oder Leistungen in die bestehende Rechtsposition des Bürgers ein, so trifft sie die Beweislast für die den Eingriff rechtfertigenden Umstände. Hier handelt es sich indessen um eine Faustregel; stets bedarf es der sorgfältigen Analyse der einzelnen Norm.

aa) Für die *Anfechtungsklage* ergibt sich daraus folgende Konsequenz: Da sie sich gegen einen belastenden Verwaltungsakt richtet (vgl. oben § 4 II), trifft grundsätzlich die Behörde die Beweislast dafür, daß die tatbestandlichen Voraussetzungen ihrer Eingriffsermächtigung auch in tatsächlicher Hinsicht gegeben sind.[147] Für etwaige Ausnahmeumstände, wozu auch Ermessensfehler gehören, trägt der Anfechtungskläger die Beweislast.[148] Komplizierter liegt die Situation bei Verpflichtungsklagen (vgl. unten § 18 I 4).

Beispiele:
(a) Die Behörde hat die Tatsachen zu beweisen, aus denen sich eine Gefahr für die öffentliche Sicherheit oder Ordnung ergibt. Der Anfechtungskläger hat zu beweisen, daß die Ordnungsverfügung lediglich den Zweck hat, die den Ordnungsbehörden obliegende Aufsicht zu erleichtern (§ 20 II 2 OBGNW); hier handelt es sich um einen Ausnahmetatbestand! – (b) Die Behörde hat die Umstände zu beweisen, aus denen sich die Abgabepflicht (z. B. Hundesteuer) ergibt; der Pflichtige, daß es sich ausnahmsweise um einen Fall von Abgabefreiheit als Blindenhund handelt. – (c) Der Anfechtungskläger unterliegt, wenn der Ermessensfehler, z. B. Antipathie des handelnden Beamten, bei

---

[144] *Schunck-De Clerck*, aaO; *Redeker-von Oertzen*, § 108 Rdnr. 12; *BSG*, NJW 1958, 39; *OVG Koblenz*, AS 4, 333; *BVerwGE* 20, 214; 44, 265 ff. m. Bespr. *Berg*, JuS 1977, 23 ff. m. w. Nachw.; *Rosenberg-Schwab*, § 118 III 2; *Stein-Jonas*, § 282 Anm. IV 4. Abw. *Bruns*, Zivilprozeßrecht, 2. Aufl. (1979), § 32 III 2 c.
[145] Vgl. dazu für den Bereich des Prüfungsrechts *BVerwGE* 70, 147 f., das auch Gesichtspunkte wie Rechtsstaatsprinzip und Gewährung effektiven Rechtsschutzes zur Frage der Beweislastverteilung heranzieht.
[146] AaO; ihr folgt *Redeker-von Oertzen*, aaO.
[147] Übereinstimmend *Ule*, aaO; *Kopp*, § 108 Rdnr. 15; *Redeker-von Oertzen*, § 108 Rdnr. 13 m. w. Nachw.; *Bettermann*, aaO, S. E 39.
[148] Vgl. die Vorstehenden und *Eyermann-Fröhler*, § 86 Rdnrn. 6, 7.

§ 17. Das Urteil bei Anfechtungsklagen

einer Polizeiverfügung nicht auf Grund von Tatsachen zur Überzeugung des Gerichts festgestellt wird. Ermessen gewährt Wahlfreiheit, es sei denn (Ausnahmetatbestand), daß besondere Umstände diese als mißbräuchlich ausgeübt erweisen. – (d) Den Kriegsdienstverweigerer trifft die Beweislast, wenn die tatsächlichen Voraussetzungen seiner Gewissensentscheidung gegen den Dienst mit der Waffe nicht nachgewiesen sind.[149] – (e) Für die Rücknahme eines begünstigenden Verwaltungsakts trägt die Behörde die Beweislast (Eingriff in eine Rechtsposition), es sei denn, der Begünstigte hat den Verwaltungsakt mit unlauteren Mitteln erwirkt.[150] Doch kann im Rahmen der freien Beweiswürdigung des Richters die beweisbedürftige Tatsache als erwiesen bewertet werden, wenn sich der Anfechtungskläger seiner Mitwirkungspflicht, etwa der Duldung einer medizinischen Untersuchung, entzieht und damit den Beweis vereitelt.[151]

bb) Die für die Anfechtungklage angestellten Überlegungen gelten auch für die *Feststellungsklage*.

Beispiel:
(a) Der Kläger hat im Prozeß über seine Staatsangehörigkeit zu beweisen, daß er Kind deutscher Eltern ist; die beklagte Behörde, daß er ausnahmsweise die deutsche Staatsangehörigkeit verloren hat. – (b) Im Streit um die Wahlberechtigung hat die Behörde zu beweisen, daß die bürgerlichen Ehrenrechte durch Urteil aberkannt sind (Ausnahmetatbestand).

cc) Da auch im *Verwaltungsverfahren* der Untersuchungsgrundsatz gilt (vgl § 24 VwVfG), sind die dargestellten Prinzipien der materiellen Beweislastverteilung auch hier maßgeblich.[152]

II. Das Leistungs- und Feststellungsurteil

Neben oder an Stelle der Aufhebung des Verwaltungsakts können nach § 113 I bis III noch andere Urteilsformeln in Frage kommen. Sie haben – von einer Ausnahme abgesehen – den Charakter eines Leistungs- oder Feststellungsurteils. Nach § 113 I 2, 3 ist die Verurteilung zur Rückgängigmachung der Vollziehung des Verwaltungsakts (sog. Folgenbeseitigung) zulässig (unten 1). Neben der Aufhebung des Verwaltungsakts kann gemäß § 113 III zusätzlich die Verurteilung zur Leistung ausgesprochen werden (unten 2). Neben der Aufhebung kann nach § 113 II auch die Ersetzung des Verwaltungsakts durch einen anderen erfolgen (unten 3). Insoweit handelt es sich allerdings wieder um ein Feststellungsurteil. Schließlich kann nach § 113 I 4 die Feststellung erfolgen, daß der Verwaltungsakt rechtswidrig gewesen ist.

---

[149] *BVerwGE* 41, 53 ff.; *BVerwG*, NVwZ 1982, 40 f.; ferner *Tietgen*, aaO, S. 47 ff., und *Bettermann* aaO, S. E 39 f.; *Redeker-von Oertzen*, § 108 Rdnr. 13; s. aber oben in und zu Fußn. 120.
[150] *BVerwGE* 34, 225 ff.
[151] So zur Klage gegen die Entziehung der Fahrerlaubnis gem. § 4 I StVG *BVerwG*, NJW 1985, 2490; 1986, 270; 1986, 1563; anders bei der Klage eines Beamten gegen die Feststellung des Verlustes seiner Dienstbezüge wegen schuldhaften unerlaubten Fernbleibens vom Dienst: *BVerwGE* 73, 338; vgl. auch *OVG Koblenz*, DÖV 1985, 331 m. Anm. *Nierhaus*, DÖV 1985, 632 ff.
[152] Ebenso *Wolff-Bachof* III, § 156 IV c 2 γ Rdnr. 36; *Badura*, in: Erichsen-Martens, AllgVerwR, § 40 II 2.

1. Die Verurteilung zur Folgenbeseitigung

Die Verwaltungsbehörde kann – neben der Aufhebung des rechtswidrigen Verwaltungsakts und des etwaigen Widerspruchsbescheids (§ 113 I 2: „auch"!)[153] verpflichtet werden, die Vollziehung eines Verwaltungsakts in bestimmter Weise rückgängig zu machen (die Folgen zu beseitigen),[154] wenn der Verwaltungsakt *bei Erlaß des Urteils bereits vollzogen ist.* Voraussetzung ist, daß der Kläger die Rückgängigmachung der Vollziehung beantragt hat (§ 113 I 2), daß sie tatsächlich und rechtlich möglich[155] und ihre Art und Weise spruchreif ist (§ 113 I 3).

Beispiel:
Die Verwaltungsbehörde hat dem Kläger die Fahrerlaubnis entzogen und zugleich nach § 80 II Nr. 4 die sofortige Vollziehung dieses Verwaltungsakts angeordnet. Dementsprechend ist der Führerschein des Klägers eingezogen worden. Der Kläger hat gegen die Entziehung der Fahrerlaubnis die Anfechtungsklage erhoben. Kommt das Verwaltungsgericht zu der Überzeugung, daß die Entziehung rechtswidrig ist, so kann es neben der Aufhebung der Entziehungsverfügung auf Antrag des Klägers die Verwaltungsbehörde verpflichten, die Vollziehung dieser Entziehungsverfügung durch Rückgabe des eingezogenen Führerscheins rückgängig zu machen.[156]

Der Anspruch auf Folgenbeseitigung ist aus prozeßökonomischen Gründen im Anfechtungsprozeß zusammen mit dem Anfechtungsbegehren zu erheben.[157] § 113 I 2, 3 sind nicht die materiell-rechtliche Rechtsgrundlage des Folgenbeseitigungsanspruchs; diese liegt bei Fehlen einer spezialgesetzlichen Regelung in Art. 20 III, 1 III GG.

Ein Unterfall des Folgenbeseitigungsanspruchs ist der öffentlich-rechtliche Erstattungsanspruch;[158] er ist gegeben, wenn im Rahmen öffentlich-rechtlicher Rechtsverhältnisse finanzielle Leistungen ohne Rechtsgrund erbracht oder sonstige rechtsgrundlose unmittelbare Vermögensverschiebungen vorgenommen worden sind.[159]

Beispiel:
Neben der Aufhebung eines rechtswidrigen Gebührenbescheides kann die Behörde zur Rückzahlung der bereits bezahlten Gebühr verpflichtet werden.

---

[153] Dazu § 4 VI 2 d.
[154] *Weyreuther,* Gutachten B zum 47. DJT, 1968; *Rößlein,* Der Folgenbeseitigungsanspruch, 1968; *Rupp,* JA 1979, 506 ff.; *Ossenbühl,* Staatshaftungsrecht, 2. Aufl. 1983, S. 201 ff.; *Rüfner,* in: Erichsen-Martens, AllgVerwR, § 53 V; *Maurer,* § 29 Rdnrn. 1 ff.; aus der Rspr. zuletzt *BVerwG,* DVBl 1986, 1078 ff., m. umfangr. Nachw.
[155] *OVG Münster,* NJW 1984, 1982 f.
[156] Vgl. *VGH Kassel,* DÖV 1963, 389 ff.
[157] *BVerwG,* NJW 1983, 472.
[158] *E. Weber,* Der Erstattungsanspruch, 1970; *Mörtel,* BayVBl 1970, 396 ff.; *Wallerath,* DÖV 1972, 221 ff.; *Erichsen-Martens,* in: dies., AllgVerwR, § 30 III; *Schwerdtfeger,* Rdnrn. 325 ff.; *Ossenbühl,* Staatshaftungsrecht, S. 210 ff.; *H. Weber,* JuS 1986, 29 ff.
[159] Definition des *OVG Münster,* OVGE 25, 286 ff.; vgl. ferner *BVerwGE* 30, 296 ff.; 32, 228 ff.; 36, 108 ff.; *BVerwG,* NJW 1973, 2122 ff.

§ 17. Das Urteil bei Anfechtungsklagen 201

2. Die Verurteilung zur Leistung (§ 113 III)

Neben der Aufhebung des rechtswidrigen Verwaltungsakts und des etwaigen Widerspruchsbescheids kann eine Verurteilung zur Leistung erfolgen,[160] wenn neben der Aufhebung des Verwaltungsakts eine Leistung verlangt werden kann. Insoweit können Aufhebungs- und Leistungsanspruch miteinander verbunden werden.

Beispiel:
Ein Beamter verlangt Aufhebung der Entlassungsverfügung und Zahlung des Gehalts, das ihm für die Zeit *nach* der Entlassung zusteht.[161]

3. Die Neufestsetzung des Verwaltungsakts

Ausnahmsweise kommt statt der Aufhebung eine *Änderung (Ersetzung) des Verwaltungsakts* (§ 113 II) in Frage – ersetzendes Gestaltungsurteil. Es steht im Ermessen des Gerichts, von seiner Ersetzungsbefugnis Gebrauch zu machen. Folgende Fälle kommen in Betracht:
a) *Festsetzung der Leistung in anderer Höhe.* Statt der Aufhebung des Verwaltungsakts kann eine Leistung in anderer Höhe festgesetzt werden, wenn der angefochtene Verwaltungsakt eine Leistung in Geld oder anderen vertretbaren Sachen betrifft.

Beispiel:
Gebührenbescheid.

Der angefochtene Verwaltungsakt kann also ausnahmsweise durch einen anderen ersetzt werden.[162] Voraussetzung ist, daß die Festsetzung der Höhe der Leistung durch den angefochtenen Verwaltungsakt rechtswidrig war (§ 113 I 19) und daß die Höhe der Leistung zwingend aus Rechtsvorschriften abzuleiten und nicht dem Ermessen überlassen ist. Das Gericht ist nicht befugt, die Leistung nach seinem Ermessen festzusetzen.[163]
b) *Ersetzung der Feststellung durch eine andere.* Sie kann statt der Aufhebung des Verwaltungsakts erfolgen, wenn der angefochtene Verwaltungsakt eine Feststellung betrifft (sog. feststellender Verwaltungsakt).[164] Auch hier in diesem Falle kann also der angefochtene rechtswidrige Verwaltungsakt geändert werden. „Auch hier muß die richtige Feststellung unmittelbar aus dem Gesetz abzulesen, d. h. Ermessen muß ausgeschaltet sein".[165]

---

[160] Vgl. dazu *Ule*, VwGO, § 113 Anm. III; *Eyermann-Fröhler*, § 113 Rdnr. 58. § 113 III zieht die Folgerung aus der nach § 44 zulässigen Verbindung von Anfechtungs- und Leistungsklage. Vgl. auch *VGH München*, BayVBl 1982, 693.
[161] *Ule*, VwGO, § 113 Anm. III.
[162] Vgl. *Ule*, VwGO, § 113 Anm. I 4; *Eyermann-Fröhler*, § 113 Rdnr. 58; *Müller*, NJW 1963, 23f.
[163] H. M.; vgl. *BVerwGE* 32, 52; 38, 312; 44, 22; 65, 288; 69, 91f.; *OVG Münster*, DVBl 1985, 1021.
[164] *BVerwGE* 65, 288; 69, 91: Feststellung der Berechtigung zur Kriegsdienstverweigerung.
[165] *Müller*, NJW 1963, 23f.

Beispiel:
Der Kläger erhebt Anfechtungsklage gegen die Feststellung der Behörde, daß seinem Grundbesitz nicht die Eigenschaft eines Eigenjagdbezirks i. S. d. § 7 BJagdG zukomme. Im Falle der Rechtswidrigkeit dieses feststellenden Verwaltungsakts kann statt dessen Aufhebung die Feststellung getroffen werden, daß dem Grundbesitz die Eigenschaft eines Eigenjagdbezirks zukommt.[166]

4. Feststellung, daß der Verwaltungsakt rechtswidrig gewesen ist (§ 113 I 4)

Die Feststellung, daß der Verwaltungsakt rechtswidrig war (Feststellungsurteil), erfolgt dann, wenn er sich nach Erhebung der Anfechtungsklage, aber vor Erlaß des Urteils erledigt hat. Dieses Klagebegehren wird mit der sog. *Fortsetzungsfeststellungsklage*, einem Unterfall der Anfechtungsklage,[167] verfolgt; der i. d. R. erforderliche Antrag bewirkt keine Klageänderung,[168] da der Klagegrund nicht verändert wird.[169] Erledigt hat sich der Verwaltungsakt, wenn die sich aus ihm ergebende Beschwer weggefallen ist.[170] Das kann z. B. durch Zurücknahme, Zeitablauf, Tod eines Beteiligten erfolgt sein.

Beispiele:
(a) Der Kläger erhebt als Straßenanlieger Anfechtungsklage gegen eine auf drei Monate befristete Verkehrssperrung. Die Frist von drei Monaten läuft vor Erlaß des Urteils ab.[171] – (b) Eine Versammlung wird nicht zugelassen oder verboten; ihr vorgesehener Termin ist vor Entscheidung des Gerichts verstrichen.[172]

Voraussetzung für die Feststellung ist ein Antrag des Klägers, der jedoch nicht ausdrücklich gestellt zu sein braucht.[173] Ferner ist ein berechtigtes Interesse des Klägers an der Feststellung erforderlich (dazu oben § 12 III 2). Ein solches Interesse ist insbesondere bei Verwaltungsakten, die sich durch Zeitablauf erledigt haben, bei Wiederholungsgefahr, erstrebtem Schadensersatz oder Rehabilitationsinteresse anzuerkennen.[174]

Ein Fortsetzungsfeststellungsurteil ergeht entsprechend § 113 I 4 für den Fall, daß sich der Verwaltungsakt vor Klageerhebung erledigt hat oder daß das ursprüngliche Klagebegehren mittels Verpflichtungsklage zu verfolgen war (dazu oben § 4 VII 2 und unten § 18 II 2).

---

[166] *VGH München*, DVBl 1960, 735 f.; *Ule*, VwGO, § 113 Anm. I 4.

[167] *BVerwGE* 26, 167, wo sämtliche Sachurteilsvoraussetzungen einer Anfechtungsklage auch für die Fortsetzungsfeststellungsklage für anwendbar erklärt werden. Vgl. auch oben § 4 VII 2.

[168] *BVerwGE* 59, 148 ff.; 66, 78.

[169] Vgl. aber *OVG Lüneburg*, NVwZ 1983, 49: Übergang zeitlich unbefristeter Verpflichtungsklage auf Fortsetzungsfeststellungsklage der Rechtswidrigkeit einer einzigen Ablehnung ist Klageänderung.

[170] *Eyermann-Fröhler*, § 113 Rdnr. 39: *Menger-Erichsen*, VerwArch 1968, 181: „Wegfall des Regelungsobjekts"; *Redeker-von Oertzen*, § 107 Rdnr. 13: Die Hauptsache ist erledigt, wenn durch diese Umstände eine Lage eingetreten ist, die eine Entscheidung über den Klageanspruch erübrigt und ausschließt.

[171] *Ule*, VwGO, § 113 Anm. I 3 a.

[172] *OVG Saarlouis*, DÖV 1973, 863.

[173] *BVerwG*, DVBl 1957, 58 f.; *Ule*, aaO; Antrag kann auch hilfsweise gestellt werden: *BVerwG*, BayVBl 1984, 729.

[174] Dazu oben § 12 III 2.

§ 18. Das Urteil bei Verpflichtungsklagen

I. Das Vornahmeurteil

1. Das Erfordernis der Spruchreife

Bei Verpflichtungsklagen ist Urteilsinhalt grundsätzlich die *Verpflichtung zur Vornahme der beantragten Amtshandlung* – sog. Vornahmeurteil.[1] Die Verwaltungsbehörde wird verpflichtet, die beantragte ,,Amtshandlung" (= Verwaltungsakt) vorzunehmen, soweit die Ablehnung oder Unterlassung des Verwaltungsakts rechtswidrig und der Kläger dadurch in seinen Rechten verletzt ist (§ 113 IV 1, 2).

Die Verpflichtung der Verwaltungsbehörde wird nur dann ausgesprochen, wenn die Sache spruchreif ist (§ 113 IV 1). Spruchreife bedeutet Entscheidungsreife für das Gericht.[2] Sie liegt vor, ,,wenn das Gericht nach den von ihm getroffenen Feststellungen über die Verpflichtung der Verwaltungsbehörde zum Erlaß des beantragten Verwaltungsakts entscheiden kann."[3]

Bei *rechtlich gebundenen* Verwaltungsakten liegt die Spruchreife vor, wenn alle gesetzlichen Voraussetzungen für den Erlaß des Verwaltungsakts gegeben sind. Nötigenfalls hat das Gericht gem. § 86 die Spruchreife herzustellen, d. h. den Sachverhalt in dem zur Sachentscheidung erforderlichen Umfang selbst aufzuklären.[4] Unzulässig ist es, den ablehnenden Bescheid der Verwaltungsbehörde schon deshalb, weil die von der Behörde geltend gemachten Gründe widerlegt sind, in der Art einer Zurückweisung ohne eigene Aufklärung aufzuheben und der Behörde die Prüfung etwaiger weiterer Gründe zwingenden Rechts zu überlassen.[5]

Beispiel:[6]
Der Kläger hat einen Antrag auf Erteilung einer Einzelhandelserlaubnis gem. § 3 EinzelhandelsG zum Betrieb einer Apotheke gestellt. Diese ist zu versagen, wenn er nicht sachkundig und nicht zuverlässig ist. Die Behörde hat den Antrag wegen Vorstrafen des Klägers abgelehnt. Der Kläger erhebt Verpflichtungsklage. Das Verwaltungsgericht kommt zu der Überzeugung, daß der Kläger zuverlässig ist, weil er sich seit vielen Jahren straffrei geführt habe. Die Sache ist noch nicht spruchreif, wenn weiter die Sachkunde des Klägers bestritten ist. Das Verwaltungsgericht *muß* die Sache spruchreif machen, indem es über die von der Behörde noch nicht geprüfte Sachkunde Beweis erhebt.[7]

---

[1] *Ule*, VwGO, § 113 Anm. II, § 107 Anm. II 3; *Eyermann-Fröhler*, § 42 Rdnr. 4.
[2] *Bettermann*, NJW 1960, 563.
[3] *Ule*, VwGO, § 113 Anm. II; ebenso *Eyermann-Fröhler*, § 113 Rdnr. 61.
[4] *Ule*, VwGO, § 113 Anm. II; *Eyermann-Fröhler*, § 113 Rdnr. 62; BVerwGE 64, 356; 66, 258; 69, 201; BVerwG, DVBl 1983, 33; VGH Kassel, NVwZ 1982, 136 ff.
[5] BVerwGE 11, 100.
[6] Vgl. *Schrödter*, S. 60; beachte aber BVerfGE 19, 330 ff.: Sachkundenachweis nach § 3 III Ziff. 1 EinzelhandelsG ist verfassungswidrig.
[7] Anders jedoch VGH München, BayVBl 1982, 367, wo das Gericht bei einer Klage auf Erteilung einer Taxi-Konzession die Sache nicht durch Ermittlungen über den Nachweis der Sachkunde des Klägers spruchreif gemacht hat, sondern lediglich ein

2. Teil. Das Urteil

Eine Ausnahme gilt nur dann, wenn noch bestimmte (vor allem technische) Prüfungen erforderlich sind, die nur durch besondere sachkundige Behörden vorgenommen werden können; in diesem Ausnahmefall ist das Gericht nicht verpflichtet, Spruchreife herbeizuführen.[8] Mit der Rechtskraft des Urteils ist die Behörde verpflichtet, den dem Urteilstenor entsprechenden Verwaltungsakt zu erlassen. Kommt sie dieser Verpflichtung nicht nach, kann der Bürger das Vollstreckungsverfahren gegen die Behörde einleiten (§ 172). Hat sich zwischenzeitlich die Rechtslage zu Ungunsten des Bürgers geändert, darf die Behörde diesen Einwand mittels Vollstreckungsabwehrklage (§ 767 ZPO i. V. mit § 167) geltend machen.

Beispiel:
Nach rechtskräftiger Verpflichtung der Behörde zur Erteilung einer Bauerlaubnis an den Kläger tritt ein neuer Bebauungsplan in Kraft, nach dem das Bauvorhaben nicht mehr zulässig ist.[9]

Unter ,,Amtshandlung" ist auch bei Verpflichtungsklage nur ein Verwaltungsakt zu verstehen.[10] Der Begriff ,,Amtshandlung" in § 113 will weitergehend auch den Urteilsinhalt von *sonstigen Leistungsklagen* festlegen, die nicht die Verpflichtung zum Erlaß eines Verwaltungsakts zum Gegenstand haben.[11]

Beispiel:
Bei einer Leistungsklage die Rückgabe des eingezogenen Führerscheins (Amtshandlung, die *nicht* Verwaltungsakt ist), wenn die Entziehung der Fahrerlaubnis rechtswidrig war.

2. Die Spruchreife bei Ermessensverwaltungsakten

Die Verpflichtung der Verwaltungsbehörde zur Vornahme kann auch ausgesprochen werden, wenn die Ablehnung oder Unterlassung eines Verwaltungsakts, dessen Erlaß in das Ermessen der Verwaltungsbehörde gestellt ist, rechtswidrig ist. Das setzt jedoch voraus, daß auch hier trotz des eingeräumten Ermessens – oder der Gewährung einer Beurteilungsermächtigung[12] – die Sache spruchreif ist. Das ist sie nur in dem Ausnahmefall, daß allein der beantragte Verwaltungsakt ermessensrichtig ist und jede andere Entscheidung Ermessensfehler enthielte – sog. Ermessensreduzierung auf Null.[13] In

---

Bescheidungsurteil erließ, in dem es die Grundsätze aufgezeigt hat, wann die Behörde eine Konzession zu erteilen hat.
[8] *Ule*, VwGO, § 113 Anm. II; *Eyermann-Fröhler*, § 113 Rdnr. 62; *Schrödter*, S. 60; *Kopp*, § 113 Rdnr. 85 m. umfangr. Nachw.; *Redeker*, DVBl 1981, 83 ff.
[9] *BVerwGE* 70, 229 ff.
[10] Vgl. § 4 III; ferner *Ule*, VwGO, § 113 Anm. II; *Menger-Erichsen*, VerwArch 1969, 385 ff.; *Redeker-von Oertzen*, § 113 Rdnr. 18; *Rupp*, AöR 85, 306 f.; *Schäfer*, DVBl 1960, 838; *BVerwGE* 31, 301 ff.; a. A. *Bettermann*, NJW 1960, 650; *Eyermann-Fröhler*, § 113 Rdnr. 60 i. V. mit § 42 Rdnr. 17.
[11] *Stern*, JuS 1963, 71.
[12] *BVerwG*, DVBl 1982, 29 ff.
[13] *BVerwGE* 69, 94; *BVerwG*, DVBl 1982, 306; *OVG Münster*, OVGE 27, 291 ff. m. Nachw.; *VGH Kassel*, NVwZ 1982, 138. *Jellinek* (Gesetz, Gesetzesanwendung und Zweckmäßigkeitserwägung, 1913, S. 267 ff.) bezeichnete dies als ,,Schädlichkeitsgrenze". Insgesamt *Martens*, JuS 1962, 245 ff.

§ 18. Das Urteil bei Verpflichtungsklagen 205

diesem Fall gilt für die Prüfungs- und Entscheidungspflicht des Gerichts das oben für rechtlich gebundene Verwaltungsakte Gesagte. Sind dagegen – wie in der Regel – mehrere Entscheidungen ermessensrichtig, so ist die Sache nicht spruchreif, weil das Gericht nicht das der Behörde zustehende Ermessen an deren Stelle ausüben darf.[14]

3. Der maßgebliche Zeitpunkt zur Beurteilung der Sach- und Rechtslage

Bei Leistungsurteilen kommt es regelmäßig auf die Sach- und Rechtslage zur Zeit der Entscheidung, d. h. zur Zeit der letzten mündlichen Verhandlung, an.[15] Doch können sich aus dem materiellen Recht Abweichungen von diesem Grundsatz ergeben. In neuester Zeit scheint sich die Tendenz zu entwickeln, neben den drei herkömmlicherweise anerkannten Ausnahmen auch bei Ermessensentscheidungen[16] und bei Entscheidungen mit behördlichem Beurteilungspielraum[17] auf einen anderen Zeitpunkt, hier den der letzten behördlichen Beurteilung, abzustellen. Die weitere Entwicklung bleibt zu beobachten.

In den folgenden drei Ausnahmefällen ist die Rechtslage in einem früheren Zeitpunkt zu berücksichtigen:
(1) Bei *Anträgen auf Berufszulassungen* gilt der Zeitpunkt der Antragstellung, wenn der Antragsteller durch inzwischen erfolgte Rechtsänderung seines früher bestehenden Anspruchs verlustig gegangen ist.[18]

Beispiele:
(a) Erteilung einer Apothekenkonzession.[19] – (b) Erteilung der Fahrerlaubnis.[20] – (c) Zulassung zur Rechtsanwaltschaft.[21] – (d) Zulassung zum Studium.[22]

(2) Die Sach- und Rechtslage im Zeitpunkt des Erlasses der angefochtenen Entscheidung oder gar der Zeitpunkt der Antragstellung sind dem Urteil zugrundezulegen, wenn der Kläger einen Anspruch auf *Anerkennung dauernder Leistungspflichten* geltend macht.[23] Voraussetzung hierfür ist das Be-

---

[14] *Bettermann,* NJW 1960, 654; *Ule,* VwGO, § 113 Anm. II; *Eyermann-Fröhler,* § 113 Rdnr. 62; *BVerwGE* 11, 98.
[15] Vgl. *Ule,* VwGO, § 108 Anm. III 2; *Kopp,* § 113 Rdnr. 95, jew. m. w. Nachw.; ders., in: Festschrift f. Menger, 1985, S. 704ff.; *Schröer,* DVBl 1969, 241 ff.; *BVerwGE* 29, 304; 31, 171; 37, 152f.; 51, 25; 52, 4; 56, 249; 61, 2; 62, 90; 68, 364; 69, 198; *VGH Kassel,* NJW 1986, 84.
[16] *BVerwG,* NJW 1982, 1413.
[17] *BVerwGE* 69, 191 f.
[18] Weil die Behörde den aus einer schuldhaft amtspflichtwidrigen Unterlassung oder Ablehnung einer beantragten Amtshandlung entstandenen Schaden dadurch wiedergutzumachen hat, daß sie im Wege der Naturalrestitution oder der Folgenbeseitigung die beantragte Amtshandlung nunmehr vornimmt; *Heise,* DÖV 1972, 272 m. w. Nachw.
[19] *BVerwGE* 4, 88.
[20] *BVerwG,*DVBl 1960, 778.
[21] *BVerwG,* NJW 1961, 1275.
[22] *BVerwG,* NJW 1973, 1812; DÖV 1974, 62f.; DVBl 1982, 731; NVwZ 1984, 444.
[23] *Redeker-von Oertzen,* § 108 Rdnr. 23.

stehen des Anspruchs noch im Zeitpunkt der letzten mündlichen Verhandlung.

Beispiel:
Zuerkennung von Versorgungsbezügen.[24]

(3) Den dritten Fall bilden die sog. *Zeitabschnittsgesetze* im Wirtschafts- und Steuerrecht; hier erstreckt die neue gesetzliche Regelung ihren zeitlichen Geltungswillen nicht auf die noch nach altem Recht beantragten Verwaltungsakte. Bei deren Erledigung ist folglich die frühere Rechtslage zu berücksichtigen.[25]

Insgesamt sei bemerkt, daß sich ein sklavisches Festhalten an der gewählten Klageart nicht empfiehlt. Entscheidend kommt es darauf an, was der Kläger begehrt, und das bestimmt letztlich der Klageantrag.[26]

4. Die Beweislast

Schwieriger als bei der Anfechtungs- und Feststellungsklage gestaltet sich die Beweislastverteilung bei der Verpflichtungsklage.

a) Nach den oben § 17 Ib wiedergegebenen Grundsätzen hat der Kläger die Beweislast für die rechtsbegründenden Tatsachen der Rechtsnorm, aus der er den Anspruch auf Erlaß eines Verwaltungsakts ableitet. Er muß also die tatsächlichen Voraussetzungen seines subjektiven Rechts beweisen.[27] Ausnahmsweise entgegenstehende rechtsvernichtende Tatsachen hat die Behörde zu beweisen. Gerade hier bedarf es einer besonders sorgfältigen Prüfung der Struktur der Rechtsnorm, insbesondere bei den Verboten mit Erlaubnisvorbehalt, um das Regel-Ausnahme-Schema zu ermitteln. Entscheidend dürfte insoweit die das materielle Verwaltungsrecht *motivierende und konkretisierende Verfassungsnorm* sein.[28] Erweitert erst das Verwaltungsrecht den Rechtskreis des Bürgers, indem es einen Anspruch, z. B. auf eine Subvention, auf eine Sondernutzung, auf Lastenausgleich gewährt, ohne daß es sich um grundsätzlich bereits verfassungsrechtlich verbürgte Rechtspositionen handelt, so geht ein non liquet hinsichtlich der anspruchsbegründenden Tatsachen zu Lasten des Klägers. Handelt es sich hingegen um eine an sich bereits grundrechtlich gewährte Rechtsposition, die nur durch ein präventives Verbot mit Erlaubnisvorbehalt eingeschränkt ist, so trägt die Behörde die Beweislast, wenn sich die für ihre rechtsvernichtenden Voraussetzungen maßgeblichen Umstände nicht beweisen lassen.[29] Letzteres gilt für die Bauerlaubnis (Art. 2, 14 GG), für gewerbliche Erlaubnisse (Art. 12 GG) oder andere im Rahmen der allgemeinen Handlungsfreiheit (Art. 2 GG) liegende Betätigungen (z. B. Gemeingebrauch).

---

[24] *OVG Münster,* OVGE 8, 87 ff.
[25] *Redeker-von Oertzen,* aaO; *Ule,* VerwProzR, § 57 II 1.
[26] So auch *Bachof,* VerfR II B Nr. 243 f.; *Eyermann-Fröhler,* § 113 Rdnrn. 8 ff.; *Tschira-Schmitt Glaeser,* S. 233 f.
[27] Vgl. BVerwGE 12, 235 f.; 20, 211 ff.; 21, 212 f.; *Ule,* VerwProzR, § 50 II 3; *Kopp,* § 108 Rdnrn. 11 ff.; *Redeker-von Oertzen,* § 108 Rdnr. 13.
[28] *Tietgen,* Gutachten 46. DJT 1966, Teil 2 B, S. 37, 40 ff.
[29] *Schrödter,* S. 68 f.; im Erg. ebenso *Kopp,* aaO; *Ule,* aaO.

§ 18. Das Urteil bei Verpflichtungsklagen

Beispiele:
(a) Ein Anspruch auf eine Bescheinigung nach dem HäftlingshilfeG ist abzuweisen, wenn der Sachverhalt, aus dem diese Ansprüche abzuleiten sind, vom Kläger nicht bewiesen werden kann.[30] – (b) Die Behörde hat die Beweislast für das Nichtvorhandensein einer Lebensgrundlage in der Bundesrepublik Deutschland, da Flüchtlingen aus der DDR das Grundrecht der Freizügigkeit zusteht.[31] – (c) Die Behörde hat die Beweislast, daß ein Gewerbetreibender nicht zuverlässig ist;[32] bei der Erteilung der Fahrerlaubnis hat der Kläger Ausbildung und Prüfung nachzuweisen, die Behörde die trotzdem fehlende Eignung, z. B. wegen Analphabetismus.[33] – (d) Die Verpflichtungsklage auf Erteilung eines Waffenscheins gemäß §§ 30 I Nr. 3, 36 II WaffenG ist erfolglos, wenn es dem Kläger nicht gelingt, Umstände darzutun, aus denen sich ergibt, daß in seinem Fall ein Bedürfnis für das Führen einer Waffe besteht.[34]

b) Auf dieser Grundlage läßt sich auch der zu Meinungsverschiedenheiten Anlaß gebende Fall der Einstellung von Beamtenbewerbern, deren Verfassungstreue zweifelhaft ist, lösen. Ein Rechtsanspruch auf Einstellung in das Beamtenverhältnis auf Lebenszeit besteht nicht.[35] Art. 33 II GG verbietet nur, bei vorhandener Stelle sowie gegebener Eignung und Befähigung und den sonstigen normativen Voraussetzungen ermessensmißbräuchlich die Einstellung abzulehnen. Nach der ausdrücklichen Formulierung des § 4 I Nr. 1 BRRG (der wortgleich mit den Beamtengesetzen der Länder ist) *darf* ein Bewerber *nur* eingestellt werden, wenn er Gewähr für seine Verfassungstreue bietet. Das aber heißt, seine Verfassungstreue muß zur Überzeugung der Einstellungsbehörde feststehen. Ein non liquet geht zu Lasten des Bewerbers.[36] Es handelt sich beim Gewährbieten für die Verfassungstreue des Bewerbers um ein rechtsbegründendes Tatbestandsmerkmal, nicht um ein rechtsvernichtendes in dem Sinne, daß die Einstellungsbehörde das Fehlen der Verfassungstreue zu beweisen hätte. Insoweit kann ich dem *Bundesverwaltungsgericht*[37] nicht zustimmen, wenn es ausführt, ,,daß der Dienstherr im Rechtsstreit unterliegen muß, wenn es nicht gelingt, Umstände darzutun und festzustellen, aus denen sich hinreichende Zweifel daran herleiten lassen, daß

---

[30] *BVerwGE* 12, 230 ff.
[31] *BVerwGE* 3, 308; 5, 31.
[32] Zutr. *Kopp*, § 108 Rdnr. 14; teilweise a. A. *Redeker-von Oertzen*, § 108 Rdnr. 13. Das von *Redeker* gegebene Beispiel bei der Bauerlaubnis ist irreal, da es hinsichtlich einer Zufahrt zum Grundstück kein non liquet geben kann.
[33] *OVG Münster*, NJW 1975, 181.
[34] *BVerwG*, DÖV 1975, 709 f.
[35] *BVerwG*, NJW 1975, 1641 mit Anm. *Kemper*, DÖV 1975, 670 ff.; *Stern*, Zur Verfassungstreue der Beamten, 1974, S. 27 m. w. Nachw. in Fußn. 111; *Schütz*, BeamtenR des Bundes und der Länder, Teil 8, § 1 Rdnr. 4; *Schmidt=Aßmann*, NJW 1980, 16.
[36] Vgl. *Stern*, aaO, S. 20, 28 f. Im Erg. ebenso *BVerfG*, NJW 1975, 1641, obwohl es – nicht ganz verständlich – eine ,,Beweislast" leugnet; es übersieht, daß in der Struktur der Vorschrift des § 4 I Nr. 1 BRRG (*darf nur* eingestellt werden, *wer Gewähr bietet*) die Beweislastregelung enthalten ist. Der 46. DJT hat in seiner verfahrensrechtlichen Abteilung die Mahnung an den Gesetzgeber beschlossen, stets auch bei der Neuregelung die Verteilung der Beweislast zu bedenken: Sitzungsbericht, S. E 130.
[37] DVBl 1975, 822 f. Merkwürdigerweise ist die vergleichbare Entscheidung *BVerwGE* 20, 214 nicht zitiert. Das *BVerwG* hat seine Rechtsauffassung bestätigt in *BVerwGE* 61, 189.

der Bewerber die ... Gewähr bietet". Freilich schränkt das *Bundesverwaltungsgericht* diese These selbst wieder ein und überbürdet dem Bewerber die Beweislast, dargebotene Zweifel zu zerstreuen. Für die Praxis mag sich daraus eine akzeptable Handhabe ergeben. Dogmatisch ist indessen die Prämisse des *Bundesverwaltungsgerichts* unrichtig, da es übersieht, daß für den Bewerber kein Rechtsanspruch[38] auf Einstellung besteht, weswegen er *alle* rechtsbegründenden Voraussetzungen für die Beamtenernennung zu beweisen hat; das ist unbestritten hinsichtlich Prüfungen, der Eigenschaft als Deutscher und anderer Ernennungsvoraussetzungen. Die Behörde hat die Beweislast, daß die Zeugnisse gefälscht sind (Ausnahme). Nichts anders gilt auch für die Gewähr der Verfassungstreue, die konstitutives Element für eine Einstellung ist. Das *Bundesverwaltungsgericht* hält die fehlende Verfassungstreue zu Unrecht für eine rechtshindernde Ausnahme. Darin liegt sein Trugschluß.

c) Das für die Verpflichtungsklage Ausgeführte gilt auch für die *Leistungsklage*.

Beispiel: Ein Beamter klagt wegen zu wenig gezahlter Dienstbezüge. Ihn trifft für den anspruchsbegründenden Umstand der Minderzahlung die Beweislast.

II. Das Bescheidungs- und Feststellungsurteil

1. Das Bescheidungsurteil

Die Verpflichtung der Verwaltungsbehörde, den Kläger unter Beachtung der Rechtsauffassung des Gerichts zu bescheiden, soweit die Ablehnung oder Unterlassung des Verwaltungsakts rechtswidrig und der Kläger dadurch in seinen Rechten verletzt ist – sog. *Bescheidungsurteil* –,[39] wird dann ausgesprochen, wenn die Sache *nicht spruchreif* ist („andernfalls", § 113 IV 2). Bei rechtlich gebundenen Verwaltungsakten wird dies – wie oben ausgeführt – nur ausnahmsweise der Fall sein, wenn nämlich das Gericht nicht zur Aufklärung des Sachverhalts und damit zur Herstellung der Spruchreife verpflichtet ist. Bei Ermessensentscheidungen und Beurteilungsermächtigungen dagegen ist die Sache in der Regel nicht spruchreif, es sei denn, der Ermessensspielraum ist auf Null reduziert.[40]

Als Klageart ist auch dann, wenn die Sache noch nicht spruchreif ist, eine Verpflichtungsklage zu wählen. Die vom *OVG Hamburg*[41] vorgeschlagene

---

[38] „Die Garantie der freien Wahl des Berufs, der im öffentlich-rechtlichen Staatsdienst geleistet werden will, gibt also keinen subjektiven Anspruch" (*BVerfGE* 39, 369).
[39] *Bettermann,* NJW 1960, 654.
[40] *BVerwGE* 69, 94; *BVerwG,* DVBl 1982, 306; *VGH Kassel,* NVwZ 1982, 138.
[41] *OVG Hamburg,* DVBl 1966, 39; vgl. dazu *OVG Hamburg,* DVBl 1968, 262; *BVerwG,* BayVBl 1978, 23; DVBl 1981, 774; a. A. *OVG Münster,* OVGE 22, 185. Anders wiederum *VGH Mannheim,* DVBl 1976, 641: Angefochten war die Gesamtnote einer schriftlichen Arbeit in der zweiten Prüfung zum Lehrerexamen. Hinsichtlich dieser Gesamtnote sowie hinsichtlich des Gesamtergebnisses der Prüfung wählte das Gericht eine Bescheidungsklage als richtige Klageart. Zum Problem vgl. insgesamt *Czermak,* BayVBl 1981, 427 ff., sowie *Schröder,* in: Festschr. f. Menger, 1985, S. 487 ff.

§ 18. Das Urteil bei Verpflichtungsklagen

„Bescheidungsklage" findet keine Stütze im Gesetzestext. Denn die Frage, ob der Erlaß des Verwaltungsakts im Ermessen der Behörde steht oder nicht, ist eine Frage der Begründetheit, nicht der Zulässigkeit, die richtige Klageart kann folglich nicht danach bestimmt werden. Auch dürfte für den Bürger schwer festzustellen sein, ob Spruchreife bereits eingetreten ist oder nicht. Diese Frage würde aber wegen der in § 88 geregelten Dispositionsmaxime für den Urteilsspruch bedeutsam werden. Beschränkt jedoch der Kläger von Anfang an sein Klagebegehren auf den Erlaß eines Bescheidungsurteils, so verbleibt für das Gericht kein Raum zur weiteren Prüfung, ob etwa der Anspruch dem Kläger sogleich im Urteil zuzuerkennen ist.[42] Auf die Kosten kann der Erlaß eines Bescheidungsurteils, wenn eine Verpflichtung der Behörde beantragt war – der Kläger unterliegt insoweit[43] –, keinen Einfluß haben.[44]

Als Faustregel läßt sich also merken: bei gebundenen Verwaltungsakten in der Regel Spruchreife und daher Vornahmeurteil nach § 113 IV 1; bei Ermessensakten in der Regel keine Spruchreife und daher nur Bescheidungsurteil nach § 113 IV 2.

Neben der Verpflichtung zur Vornahme oder zur (Neu-) Bescheidung ist meines Erachtens entgegen der herrschenden Meinung eine ausdrückliche Aufhebung des etwa entgegenstehenden ablehnenden Verwaltungsakts und des Widerspruchsbescheids aus Gründen der Rechtsklarheit und Rechtssicherheit erforderlich.[45]
Vornahme- und Bescheidungsurteil haben den Charakter eines Leistungsurteils.

2. Das Feststellungsurteil

Ferner kommt als Urteilsformel in Frage die Feststellung, daß die Ablehnung oder Unterlassung des Verwaltungsakts rechtswidrig und – gegebenenfalls – die Verwaltungsbehörde zur Vornahme des beantragten Verwaltungsakts verpflichtet war (analog § 113 I 4, IV; *Feststellungsurteil*). Die Feststellung, daß die Ablehnung oder Unterlassung des Verwaltungsakts *rechtswidrig* war, erfolgt dann, wenn sich die Ablehnung oder Unterlassung nach Erhebung der Klage, aber vor Erlaß des Urteils tatsächlich oder rechtlich *erledigt* hat. § 113 I 4 ist im Rahmen einer Verpflichtungsklage entsprechend anzuwenden,[46] da insoweit eine Lücke in der Verfahrensregelung besteht und keine Gründe vorhanden sind, den Verpflichtungskläger bei einer Erledigung schlechter zu stellen als den Anfechtungskläger.[47] Für die Voraussetzungen

---

[42] *BVerwGE* 69, 201. Allgemein zur Bindungswirkung eines Bescheidungsurteils *BVerwGE* 29, 1 ff.; *BVerwG*, DVBl 1970, 281.
[43] *Bettermann*, DVBl 1966, 40; *OVG Münster*, OVGE 22, 185 f.; *Eyermann-Fröhler*, § 113 Rdnr. 64.
[44] So *Redeker-von Oertzen*, § 113 Rdnr. 22; *Schrödter*, S. 63.
[45] Vgl. bereits oben § 4 IV 1; s. auch *Kopp*, § 113 Rdnr. 72.
[46] Vgl. oben § 4 VII 2.
[47] *BVerwG*, DVBl 1964, 278.

der Feststellung gilt das bei der Anfechtungsklage zu § 113 I 4 Gesagte[48] entsprechend.

Neben der Feststellung, daß die Ablehnung oder Unterlassung des Verwaltungsakts rechtswidrig war, wird ausgesprochen, daß die Verwaltungsbehörde *verpflichtet* war, den beantragten Verwaltungsakt vorzunehmen, sofern die Sache *spruchreif* war.[49] Das folgt aus entsprechender Anwendung des § 113 IV.[50]

---

[48] Vgl. oben § 17 II 4.
[49] Hierzu eingehend *Eyermann-Fröhler*, § 113 Rdnr. 66. Vgl. auch *VGH München*, NJW 1959, 2181 f. (noch zu § 79 I Halbs. 2, III VGG).
[50] *Eyermann-Fröhler*, § 113 Rdnr. 66.

3. Teil
Grundzüge des Rechts der Rechtsmittel und der Wiederaufnahme des Verfahrens

§ 19. Die Rechtsmittel im allgemeinen

I. Grundsatzfragen des Rechtsmittelrechts

1. Rechtsmittel und Rechtsbehelf

Wie in allen gerichtlichen Verfahrensordnungen ist auch in der VwGO ein Teil des Gesetzes den Rechtsmitteln gewidmet. Dieser gliedert sich in die Abschnitte Berufung (§§ 124–131), Revision (§§ 132–145) und Beschwerde (§§ 146–152). Die Wiederaufnahme des Verfahrens (§ 153) ist bereits in der Überschrift von den Rechtsmitteln abgehoben. Sie gehört zu den Rechtsbehelfen,[1] zu denen ferner zu rechnen sind:

- Antrag auf Wiedereinsetzung in den vorigen Stand (§ 60);
- Antrag auf Urteilsberichtigung oder -ergänzung (§§ 119, 120);
- Antrag auf mündliche Verhandlung (§§ 84 II, 123 IV);[2]
- Antrag auf gerichtliche Entscheidung, sog. Erinnerung (§§ 151, 165);
- die Klagen des Vollstreckungsverfahrens (§ 167 i. V. m. der ZPO);
- die Verfassungsbeschwerde als außerordentliches Rechtsschutzmittel (Art. 93 I Nr. 4a GG, § 90 BVerfGG);
- die Beschwerde an die Europäische Kommission für Menschenrechte (§ 25 Europ. Konvention zum Schutze der Menschenrechte und Grundfreiheiten);
- die Gegenvorstellung als Anregung an das Gericht, seine Entscheidung nochmals zu überprüfen.[3]

Merke: Bereits aus § 58 I geht die Unterscheidung von Rechtsbehelf und Rechtsmittel hervor. Rechtsbehelf ist der übergreifende Begriff (Oberbegriff). Unter ihm wird

---

[1] Der Rechtsbehelfsbegriff harrt noch immer einer klaren Konturierung. Die Gesetze verwenden ihn teils im umfassenden, gerichtliche und nicht-gerichtliche Rechtsbehelfe umgreifenden Sinne, z. B. in § 58 I, teils, wie in § 839 III BGB, im spezifischen Sinne. ZPO und StPO kennen zahlreiche besondere Rechtsbehelfe, die anderen Verfahrensordnungen nicht bekannt sind: Einspruch gegen Versäumnisurteil oder Strafbefehl, Abänderungsklage nach § 323 ZPO, Klageerzwingungsverfahren nach § 172 StPO. Im Verwaltungsverfahren gibt es mehrere nicht gerichtliche Rechtsbehelfe von unterschiedlicher Wirkung. In ihm wird zwischen förmlichen und formlosen Rechtsbehelfen unterschieden (vgl. § 79 VwVfG).
[2] Hier ist § 312 EntlG zu beachten.
[3] Sie wird allgemein für zulässig gehalten (vgl. *Kopp*, Vorb. § 124 Rdnr. 9), gibt aber keinen Anspruch auf Überprüfung.

jedes von der Rechtsordnung gewährte Mittel zur Verwirklichung eines Rechts verstanden. Sie werden in gerichtliche und nichtgerichtliche Rechtsbehelfe eingeteilt. Unter den gerichtlichen Rechtsbehelfen ist zwischen ordentlichen und außerordentlichen sowie den Rechtsmitteln zu differenzieren. Die ordentlichen Rechtsbehelfe sind generell gewährt, wie die einzelnen Klagen (1. Teil § 4), die außerordentlichen nur bei Vorliegen besonderer Voraussetzungen.

Die VwGO normiert in ihrem Teil III keine allgemeinen Grundsätze über Rechtsmittel. Solche müssen aus den Abschnitten über Berufung, Revision und Beschwerde sowie der allgemeinen Prozeßrechtslehre abgeleitet werden. Daraus ergeben sich nicht geringe Schwierigkeiten des Rechtsmittelrechts.

a) Berufung und Revision richten sich gegen *Urteile* (§§ 117, 124 I, 132 I), die Beschwerde gegen *Beschlüsse* (§ 122), *Anordnungen* (z. B.: §§ 55, 67 II, 94)[4] und gegen *Verfügungen* des Gerichtsvorsitzenden (§ 146 I), soweit nicht die Ausnahmen des § 146 II und III vorliegen.

Beachte jedoch namentlich die besonderen Regelungen für die Nichtzulassungsbeschwerde (unten IV)!

b) Aufgrund dieses je spezifischen Angriffsmittels kann sich eine Unsicherheit ergeben, welches Rechtsmittel in Frage kommt, wenn die Art der Entscheidung nicht zweifelsfrei erkennbar ist oder das Gericht eine seiner Art nach falsche Entscheidung getroffen hat.

Beispiel:
Urteil statt Beschluß oder umgekehrt bzw. die Entscheidung ist überhaupt nicht gekennzeichnet.

Das Problem der Anfechtung der sog. *inkorrekten Entscheidung*[5] spielt in allen Prozessen eine Rolle. Im Verwaltungsprozeß ist es nicht so gravierend, da Bestandteil des Urteils stets auch eine Rechtsmittelbelehrung zu sein hat (§ 117 II Nr. 6) und auch Beschlüsse in der Praxis mit einer solchen versehen werden, obschon § 122 den § 117 nicht in Bezug nimmt. Die Lösung dieses Problems erfolgt nach dem Grundsatz, daß den Beteiligten des Prozesses durch die inkorrekte Entscheidung keine Nachteile entstehen dürfen. Nach der sog. Meistbegünstigungstheorie kommt sowohl das Rechtsmittel in Frage, das der Bezeichnung der Entscheidung entspricht, als auch dasjenige, das der Rechtsmittelführer hätte, wenn die Entscheidung in der richtigen Form ergangen wäre.[6]

2. Suspensiveffekt und Devolutiveffekt

Die Rechtsmittel der VwGO ermöglichen wie die Rechtsmittel aller Prozeßordnungen die Überprüfung einer gerichtlichen Entscheidung durch ein Gericht höherer Instanz auf Antrag eines Beteiligten des Rechtsstreits.[7] Für sie charakteristisch sind *Suspensiv-* und *Devolutiveffekt*.

---

[4] Weitere Beispiele bei *Redeker-von Oertzen*, § 146 Rdnr. 3.
[5] Vgl. *Rosenberg-Schwab*, § 136 m. w. Nachw.
[6] H. M.; vgl. die Nachweise aus der Rspr. bei *Kopp*, § 124 Rdnr. 22; ferner *Ule*, VerwProzR, § 61 IX 1.
[7] Es gewinnt nichts, das Rechtsmittel als „Klage" auf „Aufhebung der angefochte-

§ 19. *Die Rechtsmittel im allgemeinen* 213

a) Suspensiveffekt bedeutet Hemmung des Eintritts der (formellen) Rechtskraft (oben 1. Teil § 13 II) der angefochtenen gerichtlichen Entscheidung.[8] Mit dem Suspensiveffekt ist zugleich die aufschiebende Wirkung in der Vollziehbarkeit (Vollstreckbarkeit) der angefochtenen Entscheidung verbunden, bei der Beschwerde jedoch nur im Ausnahmefall des § 149.

b) Devolutiveffekt bedeutet die Überleitung der angefochtenen gerichtlichen Entscheidung in eine höhere Instanz.[9]

3. Vor- und Nachteile der Gewährung von Rechtsmitteln

Rechtsmittel haben ihren Grund in der Fehlsamkeit menschlichen Erkenntnisvermögens und von daher gebotener Kontrollmöglichkeit für die Beteiligten des Prozesses, aber auch des Staates als Träger der Gerichte, der seine Institutionen für den Rechtsstreit zur Verfügung stellt und gewährleisten muß, daß seine Gerichte „richtig",[10] einheitlich und auf qualitativ hohem Niveau entscheiden. Der Nachteil der Einräumung von Rechtsmitteln liegt in der Verlängerung der Prozeßdauer. Zwischen diesen positiven und negativen Faktoren hat jede Verfahrensordnung abzuwägen; innerhalb dieser ist meist noch zusätzlich zwischen einzelnen Gegenständen, Streitwerten oder anzuwendenden Normen sowie der Intensität der Kontrolle differenziert. Die rechtspolitische Diskussion erkennt in neuerer Zeit zunehmend die Notwendigkeit, eine Kosten-Nutzen-Analyse gerade im Recht der Rechtsmittel vorzunehmen. Mehr und mehr setzt sich der Gedanke einer Begrenzung der Rechtsmittel durch – ein Gedanke, der bereits dem Gesetz zur Entlastung der Gerichte (BGBl I [1978], 446) zu Grunde liegt.[11] Diese Entwicklung ist mit der Verfassung (Art. 19 IV GG) vereinbar; denn nach ganz h. M. wird ein Instanzenzug nicht als garantiert angesehen.[12] Die VwGO hat mit der zulassungsgebundenen Revision des § 132 bislang schon manchen Maßstab gesetzt,[13] die ZPO ist in §§ 546 I, 554 b seit der Novelle vom 8. 7. 1975 gefolgt.[14] Ähnliche Regelungen enthalten § 72 ArbGG, § 115 I FGO sowie § 160 SGG.

---

nen Entscheidung" zu bezeichnen (*Gilles*, Rechtsmittel im Zivilprozeß, 1972, S. 25). Klage ist die Einleitung eines Prozesses, er dauert fort bis zur Rechtskraft. Ihren Eintritt zu verhindern, erstrebt das Rechtsmittel. Zu *Gilles* vgl. *Bettermann*, ZZP 88 (1975), 365 ff.
[8] *Rosenberg-Schwab*, § 135 I 1 a; *Jauernig*, § 72 I; *Thomas-Putzo*, Vorbem. § 511 Anm. I 1 A; *Baumbach-Lauterbach*, Vorbem. § 511 Anm. 1 B; *Eyermann-Fröhler*, § 124 Rdnr. 18.
[9] *Jauernig*, aaO; *Rosenberg-Schwab*, § 135 I 1 b; *Grunsky*, in: Stein-Jonas, § 124 Rdnr. 19.
[10] Gegen die Annahme, daß die Rechtsmittelentscheidung von Amts wegen „richtiger" ist, *J. Martens*, S. 179; *ders.*, ZRP 1977, 211.
[11] Einführung des Gerichtsbescheids (§ 1), Beschränkung der Berufung (§ 4).
[12] *BVerfGE* 49, 340; 65, 90; a. A. *Lorenz*, in: Festschr. f. Menger, 1985, S. 143 (154).
[13] Allg. zur Zulassung der Revision *Prütting*, Die Zulassung der Revision, 1977.
[14] Zur Verfassungsmäßigkeit *BVerfGE* 49, 148; 54, 277; 66, 331.

4. Die Prüfungskompetenz des Rechtsmittelgerichts

Rechtsmittel führen zu einer Nachprüfung der gerichtlichen Entscheidung. Diese ist in tatsächlicher und/oder rechtlicher Hinsicht denkbar. Bei Berufung und Beschwerde erfolgt sie in beider Hinsicht (§ 128), bei der Revision nur in rechtlicher Hinsicht (§ 137 II). Das Berufungs- und Beschwerdegericht entscheidet also im Rahmen des Antrags[15] in vollem Umfang als zweite Instanz. Zur Beschränkung bei der Revision s. unten § 21 II 2.

Beachte: Nach §§ 527 ff. ZPO ist durch die „Vereinfachungsnovelle" zur ZPO vom 3. 12. 1976 (BGBl I, 3281) neues Vorbringen in der Berufungsinstanz nur eingeschränkt zulässig. Das ist grundsätzlich nicht verfassungswidrig.[16]

5. Die Entscheidung des Rechtsmittelgerichts

Die Rechtsmittel des Verwaltungsprozesses sind nicht auf die Aufhebung der angefochtenen Entscheidung beschränkt (kassatorische Wirkung), sondern erlauben eine neue Entscheidung in der Sache durch das Rechtsmittelgericht.

a) Im Falle der Berufung ist die Entscheidung in der Sache durch das Berufungsgericht sogar die Regel. Eine Zurückverweisung an das Verwaltungsgericht ist nur unter den in § 130 I abschließend genannten Voraussetzungen zulässig. Liegt einer dieser Fälle vor, so steht es im Ermessen des Berufungsgerichts, ob es zurückverweisen will.[17]

b) Im Falle der Revision hat das Revisionsgericht Wahlfreiheit, ob es selbst entscheiden oder an das Berufungsgericht – bei Sprungrevision an das Verwaltungsgericht – zurückverweisen will (§ 144 III).

Beachte: Eine Entscheidung in der Sache selbst kommt nur in Frage, wenn die Tatsachenfeststellungen ausreichen und Beweiserhebungen nicht mehr nötig sind.

c) Im Falle der Beschwerde hat das Verwaltungsgericht die Möglichkeit, seiner Entscheidung selbst abzuhelfen (§ 148 I), andernfalls legt es die Sache dem Beschwerdegericht vor.

II. Die Zulässigkeit eines Rechtsmittels

1. Die Unterscheidung von Zulässigkeit und Begründetheit

Wie bei der Klage (oben § 1 II) ist auch beim Rechtsmittel zwischen seiner (prozessualen) Zulässigkeit und seiner (materiell-rechtlichen) Begründetheit zu unterscheiden. Nur wenn das Rechtsmittel zulässig ist, kann es in der Sache Erfolg haben. Fehlt es an einer Zulässigkeitsvoraussetzung, so darf nicht über seine Begründetheit verhandelt oder entschieden werden; das Rechtsmittel muß als *unzulässig verworfen* werden (§§ 125 II 2, 144 I).

---

[15] Vgl. dazu *VGH Kassel,* NJW 1980, 358.
[16] *BVerfGE* 36, 97 f.
[17] *BVerwGE* 7, 100; 15, 118.

§ 19. Die Rechtsmittel im allgemeinen 215

Merke: Es ist zu unterscheiden zwischen den spezifischen Zulässigkeitsvoraussetzungen eines Rechtsmittels und den Sachurteilsvoraussetzungen einer Klage. Die letzteren gehören im Rechtsmittelverfahren in der Regel[18] zur Begründetheit. In der Revision gilt dies auch für die Zulässigkeitsvoraussetzungen der Berufung.[19]

Beispiele:
(a) Das Verwaltungsgericht gibt der Klage statt, obwohl der verwaltungsgerichtliche Rechtsweg nicht gegeben ist. Die Berufung des Beklagten ist begründet; das Oberverwaltungsgericht hat die Klage als unzulässig abzuweisen. – (b) Das Verwaltungsgericht weist die Klage wegen mangelnder Klagebefugnis ab. Die Berufung des Klägers ist begründet, wenn er die Klagebefugnis besitzt. Im Rahmen der Begründetheitsprüfung des Rechtsmittels ist über diese Sachurteilsvoraussetzung zu verhandeln.

Es ist daher richtig, von spezifischen *Rechtsmittelzulässigkeitsvoraussetzungen* zu sprechen, die von den Sachurteilsvoraussetzungen abzuheben sind. Diese Rechtsmittelzulässigkeitsvoraussetzungen werden unten 2 behandelt; sie sind zum Teil für alle drei Rechtsmittel gemeinsam, zum Teil sie speziell für jedes Rechtsmittel.

Wie bei den Sachurteilsvoraussetzungen für die Klage hat das Gericht *zuerst* von Amts wegen die Rechtsmittelzulässigkeitsvoraussetzungen zu prüfen. Sie dürfen nicht „dahingestellt" bleiben, wenn sich etwa zeigt, daß das Rechtsmittel ja doch unbegründet ist.[20] Das Gericht darf ein Rechtsmittel auch nicht zugleich als unzulässig und als unbegründet behandeln. Nur wenn die Zulässigkeit feststeht, darf in die Begründetheitsfrage eingetreten werden. Diese *goldene Regel* des Prozeßrechts sollte nicht verletzt werden. Sie hat, wie vor allem *Jauernig*[21] nachgewiesen hat, ihren guten Sinn.

Merke: Erweist sich in einer Übungsaufgabe ein Rechtsmittel als unzulässig, so ist in der Regel geboten, in einem Hilfsgutachten seine Begründetheit zu erörtern, um den Aufgabentext erschöpfend zu behandeln. Die gelegentlich in der Gerichtspraxis anzutreffende ungute Handhabung zu formulieren: „Das Rechtsmittel kann keinen Erfolg haben", um dann ein evidentes Unbegründetheitselement herauszuheben und schwierige Zulässigkeitsfragen zu übergehen, sollte jedenfalls in der Universitätsübung, im Referendar- und Assessorexamen unterbleiben.

2. Die Rechtsmittelzulässigkeitsvoraussetzungen

Rechtsmittelzulässigkeitsvoraussetzungen sind:

– Statthaftigkeit des Rechtsmittels (vgl. §§ 125 II 2, 143 I 1) (a);
– Wahrung von Form und Frist (§§ 124 II und III, 139, 147) (b);
– Beschwer (c);
– Zulassungserfordernis im Falle der §§ 131 I 1, 132 I 2 (d);

---

[18] Ausnahmen: s. unten 2e.
[19] *BVerwG,* DVBl 1986, 285.
[20] A. A. *OLG Köln,* NJW 1974, 1515 m. Anm. *Gottwald,* NJW 1974, 2241; *KG,* NJW 1976, 2353; *Grunsky,* in: Stein-Jonas, Einl. II (Rdnrn. 5 ff.) vor § 511. Dieser Ansicht ist nicht zu folgen (vgl. oben § 1 III und *Jauernig,* in: Festschr. f. Schiedermair, 1976, S. 289; *Rosenberg-Schwab,* § 137 I). Sie schafft Unklarheiten über den Umfang der Rechtskraft der Entscheidung und vermengt die klare dualistische Struktur des Prozeßrechts.
[21] *Jauernig,* § 72 IV m. Nachw.

216   3. Teil. *Grundzüge des Rechts der Rechtsmittel*

– Beteiligtenfähigkeit, Prozeßfähigkeit, Postulationsfähigkeit (vgl. oben 1. Teil §§ 8, 10) (e);
– Kein Verlust des Rechtsmittels durch Verzicht (§§ 127, 141) (f).

Wie bei den Sachurteilsvoraussetzungen ist auch bei den Rechtsmittelzulässigkeitsvoraussetzungen die Prüfung der Reihenfolge umstritten.[22] Die Reihenfolge ist kein Dogma. Die vorstehende erscheint zweckmäßig, weil sie sich an das Gesetz anlehnt (§§ 125 II 1, 143 I 1) und vom Besonderen zum Allgemeinen – ausgenommen im Falle f – fortschreitet. Das Gericht wird ohnehin nur die zweifelhaften Voraussetzungen im Urteil erörtern, sich im übrigen mit der Formel begnügen: Das Rechtsmittel ist zulässig und (un-) begründet.

Die Rechtsmittelzulässigkeitsvoraussetzungen müssen teils schon bei Einlegung des Rechtsmittels (a–d), teils und jedenfalls bei der Entscheidung des Rechtsmittelgerichts (e–f) vorliegen.

a) *Statthaftigkeit* ist ein ausschließlich im Recht der Rechtsmittel üblicher Begriff (§§ 125 I 1, 143).[23] Ein Rechtsmittel ist statthaft, wenn es für eine Entscheidung dieser Art überhaupt gegeben und von einer zum Gebrauch des Rechtsmittels berechtigten Person eingelegt ist.[24]

Beispiele:
(a) Gegen Urteile ist die Berufung oder die Revision statthaft, nicht aber die Beschwerde. Gegen Beschlüsse ist die Beschwerde, nicht aber die Berufung oder die Revision statthaft (vgl. §§ 124 I, 132 I 1, 134 I 1, 146). – (b) Gegen Urteile des Bundesverwaltungsgerichts ist kein Rechtsmittel statthaft. – (c) Nur den ,,Beteiligten" (§ 63) steht die Befugnis zu, Rechtsmittel einzulegen (§§ 124 I, 132 I 1, 146 I); der quivis ex populo ist davon ausgeschlossen.

Merke: Statthaftigkeit bedeutet: Die Entscheidung muß ihrer *Art nach* mit dem eingelegten Rechtsmittel angefochten werden können und der Rechtsmittelführer muß zu den *Rechtsmittelberechtigten* gehören.

Dieser Begriff der Prozeßrechtslehre ist nicht unumstritten; die VwGO verwendet ihn, definiert ihn aber nicht. Die hier gegebene Definition folgt der h. M. namentlich in der Zivilprozeßrechtswissenschaft. Gelegentlich wird der Begriff weitergehend begriffen unter Einbeziehung der Zulassung und der Beschwer,[25] gelegentlich enger unter Ausschluß der Rechtsmittelberechtigung.[26]

b) Nach §§ 124 II, 139 I sind Berufung und Revision innerhalb eines Monats nach Zustellung des vollständigen Urteils, nach § 147 die Beschwerde innerhalb von zwei Wochen nach Bekanntgabe der Entscheidung einzulegen.

---

[22] Vgl. die Reihenfolge bei *Kopp*, Vorbem. § 124 Rdnr. 28; *Redeker-von Oertzen*, § 124 Rdnr. 3; *Pietzner-Ronellenfitsch*, § 3 Rdnr. 14; *Tschira-Schmitt Glaeser*, S. 247f.
[23] Vgl. auch §§ 519 b, 554 a, 574 ZPO.
[24] *Rosenberg-Schwab*, aaO, § 137 II 1; *Blomeyer*, Zivilprozeßrecht, § 97 I; *Grunsky*, in: *Stein-Jonas*, Einleitung vor § 511, Rdnr. 7. Der Begriff ist nicht zweifelsfrei geklärt (vgl. *GemS-OGB*, *BVerwGE* 68, 379f.).
[25] Z. B. *Kopp*, Vorbem. § 124 Rdnr. 28 im Anschluß an *Eyermann-Fröhler*, § 124 Rdnr. 3, und *Obermayer*, Grundzüge, S. 261 f.
[26] So *Ule*, VerwProzR, § 61 III 1.

§ 19. Die Rechtsmittel im allgemeinen

Die Revision ist zusätzlich spätestens innerhalb eines weiteren Monats[27] zu begründen (§ 139 I); diese *Frist* kann verlängert werden (§ 139 I 2). Bei einer unverschuldeten Fristversäumnis kann Wiedereinsetzung in den vorigen Stand gem. § 60 beantragt werden.[28]

Beachte: Für die Einlegung der Revision und der Revisionsbegründung besteht Anwaltszwang (§ 67 I).

Berufung und Beschwerde sind schriftlich oder zur Niederschrift des Urkundsbeamten der Geschäftsstelle des iudex a quo (Gericht der angefochtenen Entscheidung) oder des iudex ad quem (Rechtsmittelgericht) einzulegen (§§ 124 II, 147). Die Revision kann nur schriftlich bei dem Gericht eingereicht werden, dessen Urteil angefochten wird (§ 139 I).

Im Falle der schriftlichen Einlegung muß das Rechtsmittel eigenhändig und handschriftlich unterschrieben sein.[29] Ein Faksimile reicht nicht aus. Es genügt aber eine mechanisch (etwa durch Photokopie) vervielfältigte Unterschrift.[30] Telegraphische oder fernschriftliche Einlegung genügt nach ständiger Rechtsprechung, wobei auch die fernmündliche Aufgabe bei dem Absendepostamt und fernmündliche Durchsage durch das Ankunftspostamt ausreichen. Eine fernmündliche Einlegung bei Gericht ist nicht ausreichend.[31]

Berufung, Revision und Beschwerde müssen die angefochtene Entscheidung angeben und einen bestimmten Antrag enthalten (§§ 124 III, 139 II). Bei der Revision müssen auch die verletzte Rechtsnorm und, soweit Verfahrensmängel gerügt werden, die Tatsachen bezeichnet werden, die den Mangel ergeben. Rechtsmittel dürfen wie alle Prozeßhandlungen nicht unter Bedingungen oder Vorbehalt eingelegt werden.[32]

c) Ebenso wie die Statthaftigkeit ist auch die *Beschwer* ein Begriff namentlich des Rechtsmittelrechts.[33] Sie hat gewisse Ähnlichkeit mit der Klagebefugnis des § 42 II – Verletzung eigener Rechtspositionen – und ist eine Erscheinungsform des Rechtsschutzbedürfnisses.[34] Aus diesem Grunde bedarf es für die Zulässigkeit eines Rechtsmittels keiner zusätzlichen Prüfung des Rechtsschutzbedürfnisses.[35] Eine Beschwer ist dann gegeben, wenn dem Rechtsmit-

---

[27] Die Revisionsbegründungsfrist beginnt nicht ab Einlegung der Revision zu laufen, sondern läuft vom Ende der gesetzlichen Revisionsfrist an (*BVerwGE* 36, 342).
[28] Zur Fristversäumung durch eine Behörde vgl. *VGH Kassel*, NVwZ 1986, 393.
[29] *Eyermann-Fröhler*, § 81 Rdnr. 1.
[30] *BVerwGE* 36, 296.
[31] *BVerwGE* 17, 166 ff.
[32] *Kopp*, Vorbem. § 124 Rdnr. 25.
[33] Vgl. seine Verwendung auch im Recht des Widerspruchsverfahrens (§§ 68 I Nr. 2, 70 I 1), das Verwandtschaft mit dem Rechtsmittelrecht aufweist. Beim Verwaltungsakt spricht man weniger von Beschwer als häufiger von Belastung.
[34] *Rosenberg-Schwab*, § 137 II 3; *Blomeyer*, aaO., § 97 II; *Bettermann*, ZZP 1969, 27; *Grunsky*, in: Stein-Jonas, Einleitung vor § 511, Rdnrn. 9, 17.
[35] *BGH*, NJW 1972, 112. Zu Unrecht wird häufig das Rechtsschutzbedürfnis als Rechtsmittelzulässigkeitsvoraussetzung genannt. „Allenfalls kann bei ganz besonderer Sachlage eine Prüfung angezeigt sein, ob trotz Vorliegens der Beschwer eine unnötige, zweckwidrige oder mißbräuchliche Beschreitung des vom Gesetz vorgesehenen Rechtsmittelwegs anzunehmen ist".

telführer durch die angefochtene Entscheidung etwas versagt wurde, was er beantragt hatte – sog. *formelle* Beschwer.³⁶

Beispiele:
(a) Die Beschwer fehlt, wenn der Partei alles zugesprochen wurde, was sie beantragt hatte. – (b) Die Beschwer des Klägers ist gegeben, wenn nur seinem Hilfsantrag, nicht aber seinem Hauptantrag entsprochen wurde. – (c) Beide Parteien sind beschwert, wenn der Kläger teils obsiegt und teils unterliegt. – (d) Aus nachteiligen Urteilsgründen kann i. d. R. keine Beschwer abgeleitet werden,³⁷ es sei denn, die ungünstige Rechtsauffassung des Gerichts führt zur Beeinträchtigung subjektiver Rechte.³⁸

Dies könnte den Eindruck erwecken, daß die Frage der Feststellung der Beschwer keine Schwierigkeiten bereitet. Dennoch gehört ihre Prüfung zum umstrittensten Kapitel des Rechtsmittelrechts,³⁹ wie die folgenden noch nicht eindeutig geklärten Beispiele zeigen.

(a) Beschwer des Beklagten, wenn Abweisung durch Prozeßurteil (oben § 1 II) statt Sachurteil? Ja, weil die Rechtskraftwirkung unterschiedlich ist (oben § 13 II).⁴⁰ – (b) Beschwer des Beklagten, wenn die Klage als unbegründet statt als unzulässig abgewiesen wurde? Ja, weil seinem weiterreichenden Antrag nicht entsprochen wurde.⁴¹ Im umgekehrten Fall fehlt die Beschwer. – (c) Beschwer des Klägers oder des Beklagten, wenn andere Sachurteilsvoraussetzungen bzw. materiell-rechtliche Gründe im Urteil angenommen wurden, als die Parteien geltend gemacht hatten? Grundsätzlich nein, da zwischen Antrag und Urteil keine Minderung vorliegt.⁴² – (d) Gesetzlich entschieden ist, daß allein eine Beschwer im Kostenpunkt nicht ausreicht (§ 158 I).

Die bisherigen Beispiele haben nur auf Kläger und Beklagten abgestellt. Rechtsmittelbefugt sind aber auch andere Beteiligte (§ 63), wie der Beigeladene (§ 65) oder der Vertreter des öffentlichen Interesses. Für sie gilt Besonderes. Da der Beigeladene keinen Antrag zu stellen braucht, kann es für seine Beschwer nur darauf ankommen, ob er durch die Entscheidung materiell-rechtlich beschwert ist – sog. *materielle* Beschwer.⁴³ Beim Vertreter des öffentlichen Interesses wird eine Beschwer, soweit er nicht zum Vertreter des

---

³⁶ Vgl. *BVerwGE* 29, 261 ff.: h. M.; aus der Lehre etwa *Ule*, VerwProzR, § 61 III 3; *Tschira-Schmitt Glaeser*, S. 248; *Bettermann*, ZZP 1969, 24 ff.; *ders.*, Die Beschwer als Klagevoraussetzung, 1970; *Rosenberg-Schwab*, § 137 II 3 a; *Pietzner-Ronellenfitsch*, § 3 Rdnr. 11; *Kopp*, Vorbem. § 124 Rdnrn. 39 ff. m. w. Nachw. aus der Rspr.
³⁷ *BVerwG*, NJW 1980, 2268.
³⁸ *BVerwG*, NVwZ 1984, 718.
³⁹ Vgl. im Strafprozeß *Kleinknecht*, StPO, 37. Aufl. 1985, Vorbem. § 296 Rdnrn. 12 ff. Vgl. im Zivilprozeß *Grunsky*, aaO.
⁴⁰ *BVerwGE* 10, 148; 29, 211; *BVerwG*, DÖV 1968, 732.
⁴¹ *BGH*, LM § 511 ZPO Nr. 8; a. A. *Bettermann*, ZZP 1969, 35.
⁴² *BVerwGE* 4, 16; 4, 283; 17, 352; *BGH*, LM § 511 ZPO Nr. 6; ausgenommen, die Tragweite der in Frage stehenden Gründe ist nicht dieselbe: *BVerwG*, DVBl 1961, 449; *BVerwGE* 19, 213; *Bettermann*, ZZP 1969, 57.
⁴³ *BVerwGE* 16, 275; 47, 19; *BVerwG*, BayVBl 1974, 293. Diese Beschwer wird teilweise für den Zivilprozeß generell angenommen: vgl. *Brox*, ZZP 1968, 379 ff.; *Bettermann*, aaO; *Ohndorf*, Die Beschwer und die Geltendmachung der Beschwer als Rechtsmittelvoraussetzungen im dt. ZPR, 1972, passim. Vgl. im übrigen oben § 8 III.

§ 19. Die Rechtsmittel im allgemeinen

Staates bestimmt ist, nicht verlangt; er hat nicht Parteiinteressen, sondern Gemeinwohlbelange zu vertreten.[44]

Merke: Für die Parteien des Rechtsstreits bemißt sich die Frage der Beschwer nach dem Grundsatz der formellen Beschwer, d. h. danach, ob das Urteil im Vergleich zum Antrag etwas versagt. Eine Beschwer allein durch die Gründe reicht nicht aus.[45]

d) Im Verwaltungsprozeß[46] bedürfen Revision und Berufung in bestimmten Fällen einer Zulassung. Während es einer Zulassung für die Berufung im Verwaltungsprozeß nur bedarf, wenn ein Bundesgesetz oder ein Landesgesetz sie nach § 131 I eingeführt haben,[47] ist die *Revision generell von der Zulassung* abhängig (§ 132 I 2), es sei denn, die Revision wird auf die Verfahrensmängel des § 133 gestützt (sog. zulassungsfreie Verfahrensrevision).

Merke: Es ist zu unterscheiden zwischen:
– erstens der zulassungsfreien Verfahrensrevision; sie ist ausschließlich gegeben im Falle der Verfahrensmängel des § 133;
– zweitens der zulassungsgebundenen Revision; sie kommt bei allen materiell-rechtlichen Rügen und solchen Verfahrensmängeln in Frage, die nicht unter § 133 fallen.

Ein davon zu unterscheidendes Problem ist, ob die Revision auf Bundes- oder Landesrecht gestützt werden kann (§ 137). S. im einzelnen unten § 21 II 1.

e) Für *Beteiligten-, Prozeß- und Postulationsfähigkeit* gilt das oben (§§ 8, 10) Gesagte.

Beachte: Im Verfahren vor dem Bundesverwaltungsgericht bedarf es für jeden Beteiligten der Vertretung durch einen Rechtsanwalt oder einen Rechtslehrer an einer deutschen Hochschule (§ 67 I 1).

f) Nach §§ 127, 141 kann auf Rechtsmittel nach Erlaß der Entscheidung verzichtet werden. Ein *Verzicht* macht ein trotzdem eingelegtes Rechtsmittel unzulässig. Rechtsmittel können auch zurückgenommen werden (§§ 126, 140, 155 II); dies kann bis zur Rechtskraft der Entscheidung über das Rechtsmittel erfolgen. Nach Stellung der Anträge in der mündlichen Verhandlung bedarf sie der Einwilligung des Beklagten und im Falle seiner Teilnahme auch des Vertreters des öffentlichen Interesses. Sofern die Frist noch läuft, kann ein zurückgenommenes Rechtsmittel erneut eingelegt werden. Im Falle der Zurücknahme eines Rechtsmittels ist nur über die Kosten zu entscheiden (§§ 126 II, 140 II, 155 II). Verzicht und Rücknahme sind Prozeßhandlungen.[48]

---

[44] *Eyermann-Fröhler,* § 124 Rdnr. 5; *Ule,* VerwProzR, § 61 III 3; *BVerwGE* 7, 226.
[45] A. A. *Grunsky,* in: *Stein-Jonas,* Einleitung vor § 511, Rdnrn. 52 ff.; *Bettermann,* ZZP 1969, 64; wie im Text *Rosenberg-Schwab,* § 137 II 3a; *Kopp,* Vorbem. § 124 Rdr. 40; *Eyermann-Fröhler,* aaO.
[46] Vgl. auch die Besonderheiten im SGG (*Redeker-von Oertzen,* Anm. zu Abschn. 13), in § 115 I FGO und in § 564 I n. F. ZPO. Allgemein dazu *Weyreuther,* Revisionszulassung und Nichtzulassungsbeschwerde in der Rechtsprechung der obersten Bundesgerichte, 1971, bes. Rdnrn. 7 ff.
[47] Solche Gesetze sind z. B. die sog. Sicherstellungsgesetze; ferner § 33 Zweites WohngeldG v. 14. 12. 1973; § 10 Gesetz über die unentgeltliche Beförderung von Kriegsbeschädigten, § 46 BundesleistungsG i. d. F. v. 27. 9. 1961.
[48] Sie können auch unter den Parteien außergerichtlich vereinbart werden.

220   3. Teil. Grundzüge des Rechts der Rechtsmittel

Eine Verwirkung des Rechts, ein Rechtsmittel einzulegen, dürfte angesichts der kurzen Rechtsmittelfristen praktisch nicht in Frage kommen.[49] Das gilt auch bei unterlassener Rechtsmittelbelehrung, da die Frist noch immer unter einem Jahr bleibt (§ 58 I).

§ 20. Die Berufung

I. Statthaftigkeit

Das Rechtsmittel der Berufung ist gegen Urteile – End-, Teil- oder Zwischenurteile – des Verwaltungsgerichts statthaft (§§ 46 Nr. 1, 124 I).[1] Den Urteilen gleichgestellt sind Gerichtsbescheide (Art. 2 § 1 II EntlG).

Ausnahmsweise kann es gegen Urteile des Verwaltungsgerichts auch die Revision zum Oberverwaltungsgericht anstelle der Berufung unter den Voraussetzungen der §§ 46 Nr. 3, 145 geben, wenn der Landesgesetzgeber die Berufung nach § 131 ausgeschlossen und die Revision nach § 145 an das Oberverwaltungsgericht zugelassen hat. Diese gesetzliche „Sprung"-Revision ist unabhängig von den Erfordernissen der §§ 132 II, 133. Sie ist zusätzliches Rechtsmittel neben der gegen das Oberverwaltungsgericht nach den allgemeinen Vorschriften zulässigen Revision.

Beachte ferner die Fälle der gewillkürten Sprungrevision[2] gemäß §§ 49 Nr. 2, 134 und der Revision an Stelle der Berufung nach §§ 49 Nr. 2, 135 (unten III 1).

Ist die Berufung gemäß § 131 I oder Art. 2 § 4 EntlG als zulassungsgebundene gestaltet, so gelten im wesentlichen die gleichen Voraussetzungen, wie bei der zulassungsgebundenen Revision (vgl. unten § 21 I 1).

II. Nachprüfungskompetenz und Entscheidung des Berufungsgerichts

Ist die Berufung eingelegt sowie statthaft und zulässig, so wird das Verfahren vor dem Berufungsgericht (Oberverwaltungsgericht bzw. Verwaltungsgerichtshof) in gleicher Weise durchgeführt wie das erstinstanzliche Verfahren. Damit findet eine volle Nachprüfung des angefochtenen Urteils in tatsächlicher und rechtlicher Hinsicht statt. Für das Verfahren des Berufungsge-

---

[49] Für die nicht fristgebundene einfache Beschwerde des Zivilprozesses vgl. Rosenberg-Schwab, § 148 III 6 d.

[1] Ausnahme: Vgl. z. B. § 34 I WPflG; § 32 IV AsylVfG – eine Vorschrift, der heute in der Gerichtspraxis im Zuge der zahlreichen Asylklagen erhebliche Bedeutung zukommt; dazu BVerfG, DVBl 1986, 509f., unter Bezug auf BVerfGE 65, 93. Weitere Ausnahmen sind angeführt bei Eyermann-Fröhler, § 135 Rdnr. 1.

[2] Zur Frage, ob auch der Beigeladene als Rechtsmittelgegner anzusehen ist und demzufolge der Sprungrevision zustimmen muß, vgl. die (dies ablehnende) Entscheidung GmS-OGB, NJW 1976, 1682 ff.

§ 20. Die Berufung

richts gelten grundsätzlich die Vorschriften des erstinstanzlichen Verfahrens (§ 125 I). Es können insbesondere neue Tatsachen und Beweismittel vorgebracht werden (§ 128 S. 2).[3] Eine Grenze der Nachprüfung bildet lediglich der Berufungsantrag (§§ 128 S. 1, 129).

Beachte: Legt nur eine Partei Berufung ein, so kann das Urteil nicht zu ihren Ungunsten geändert werden (Verbot der reformatio in peius). S. aber unten bei der Anschlußberufung, § 22.

Einer besonderen Berufungsbegründung bedarf es im Gegensatz zur Revision nicht (arg. § 139 I 1).

Das Berufungsgericht hat nach § 130 grundsätzlich selbst zu entscheiden. Eine Sachentscheidung darf es jedoch nur fällen, wenn die Berufung statthaft und sonst zulässig ist (§ 125 II). Dies ist seine erste Prüfungsaufgabe. Fehlt es an einer Rechtsmittelzulässigkeitsvoraussetzung, so wird durch Urteil oder Beschluß die Berufung als unzulässig verworfen (§ 125 II 2, 3). Dagegen ist Revision oder Beschwerde nach Revisionsgrundsätzen gegeben (§§ 132, 133, 125 II 4).

Ist die Berufung zulässig, so entscheidet das Berufungsgericht zur Sache. Das erstinstanzliche Urteil kann bestätigt, aufgehoben oder abgeändert werden. Als besonderes Problem ist hierbei zu beachten, daß auch das Berufungsgericht die Sachurteilsvoraussetzungen der Klage von Amts wegen zu prüfen hat.

Beispiel:
Erkennt erst das Berufungsgericht, daß z. B. der Rechtsweg zu den Verwaltungsgerichten nicht gegeben ist, so ist die Klage unzulässig; ein erstinstanzliches Urteil, das die Klage zugesprochen oder als unbegründet abgewiesen hat, muß aufgehoben werden. Das OVG erläßt ein Prozeßurteil.

Merke: Die Sachurteilsvoraussetzungen der Klage sind in der Regel Begründetheitsfragen im Rechtsmittelverfahren! Eine Ausnahme gilt nur im Falle der Voraussetzungen unter § 19 II 2e, sofern nicht z. B. die Beteiligtenfähigkeit erst im Rechtsmittelverfahren verloren gegangen ist.

Art. 2 § 5 EntlG räumt die Möglichkeit einer erleichterten Zurückweisung der Berufung ein.[4]

Bei Zurückverweisung der Sache vom Berufungsgericht an das Verwaltungsgericht ist dieses an die rechtliche Beurteilung der Berufungsentscheidung gebunden (§ 130 II). Die Fälle zulässiger Zurückverweisungen (§ 130 I Nr. 1–3) sind grundsätzlich nicht analogiefähig.[5]

---
[3] Vgl. demgegenüber §§ 527 ff. ZPO.
[4] Zur Verfassungsmäßigkeit dieser Regelung s. *BVerwG*, DVBl 1986, 286.
[5] *Ule*, VerwProzR, § 62 V 1; *Kopp*, § 130 Rdnr. 5.

§ 21. Die Revision

I. Statthaftigkeit und besondere Zulassungsvoraussetzungen

Die Revision an das Bundesverwaltungsgericht (§ 49) ist gegen Urteile des Oberverwaltungsgerichts (§ 49 Nr. 1) nach § 132 und gegen Urteile des Verwaltungsgerichts (§ 49 Nr. 2) in den Fällen des § 134 und des § 135 – sog. Sprungrevision[1] – statthaft. Ferner ist die Revision an das Oberverwaltungsgericht im Falle des § 145 zu beachten (oben § 201).

Merke: Die Sprungrevision gegen Urteile des Verwaltungsgerichts ist die Ausnahme. Sie ist als *gewillkürte* möglich, wenn der Rechtsmittelgegner zustimmt[2] und das Verwaltungsgericht sie zugelassen hat (§ 134 I 1). Die Voraussetzung der Zulassung regelt § 134 III. Sinn dieses Instituts ist, in grundsätzlichen Fragen rascher eine letztinstanzliche Entscheidung zu erreichen.

Von anderer Art ist die *gesetzliche* „Sprung"-Revision an Stelle der bundesgesetzlich durch § 135 ausschließbaren Berufung. Davon hat der Gesetzgeber in wenigen Fällen Gebrauch gemacht.[3]

Als revisionsfähige Entscheidungen kommen ebenso wie bei der Berufung nur Urteile – End- oder Teilurteile und Zwischenurteile nach §§ 109 und 111 – in Frage. Urteilen gleichgestellt sind die Gerichtsbescheide (Art. 2 § 1 II EntlG).

Unzulässig ist die Revision gegen Urteile nach § 123 IV über die Rechtmäßigkeit einer einstweiligen Anordnung und im Normenkontrollverfahren nach § 47.

Beachte aber die Vorlagepflicht nach § 47 V.

Entgegen der Berufung ist die Revision nicht ohne weiteres zulässig. Auf Grund der §§ 132–135 gelten einschränkende Vorschriften, die den Sinn haben, das Bundesverwaltungsgericht zu entlasten.[4] Die gesetzlichen Bestimmungen sind nicht gerade überzeugend klar gefaßt. Folgende zwei Grundgedanken sind im Auge zu behalten:

Erstens: Die Revision ist grundsätzlich zulassungsgebunden (§ 132 I); zu dieser sog. *zulassungsgebundenen Revision* unter 1).

Beachte: Auch die Sprungrevision nach § 134 I und die Revision bei Ausschluß der Berufung nach § 135 sind zulassungsgebunden.

---

[1] Dazu *Schaeffer,* NVwZ 1982, 21 ff.; *BVerwG,* NVwZ 1982, 372 f. Bei einer asylrechtlichen Verbundklage kann eine unzulässige Sprungrevision in eine Berufung umgedeutet werden: *BVerwG,* DVBl 1986, 103.
[2] *BVerwG,* NVwZ 1986, 119 f.: Zustimmung muß schriftlich erklärt sein.
[3] Die Einschränkung der Revision ist mit dem GG vereinbar, *BVerfGE* 19, 323.
[4] § 75 I ErsatzdienstG; vgl. ferner die Sonderregelungen in § 339 LAG; § 34 I WPflG; § 23 KgfEG. Es steht zu erwarten, daß davon in Zukunft häufiger Gebrauch gemacht werden wird (*Maetzel,* DÖV 1977, 626 ff.).

§ 21. Die Revision

Zweitens: Zulassungsfrei ist die Revision nur im Falle des § 133. Danach kann sie nur auf die in dieser Bestimmung genannten Verfahrensmängel gestützt werden; zu dieser sog. *zulassungsfreien Verfahrensrevision* unter 2).

1. Die Zulassung durch das Oberverwaltungsgericht

Nach § 132 I entscheidet das Oberverwaltungsgericht über die Zulassung der Revision im Berufungsurteil von Amts wegen im Tenor oder in den Gründen des Urteils. Eine Beschränkung der Revisionszulassung durch das Oberverwaltungsgericht auf die Klärung einer bestimmten Rechtsfrage ist unwirksam;[5] das ganze Urteil unterliegt der Überprüfung. Eine besondere Begründung für die Zulassung ist nicht nötig, aber zweckmäßig.[6] Eines Antrags auf Zulassung bedarf es nicht, weil hierbei nicht zur Sache, sondern über eine prozessuale Rechtsfolge befunden wird.[7] Ist die Revision zugelassen worden, die Entscheidung über die Zulassung aber versehentlich nicht in das Urteil aufgenommen worden, so ist eine Berichtigung nach § 118 zulässig. Durch Urteilsergänzung nach § 120 darf jedoch eine Revision nicht mehr zugelassen werden, weil ansonsten nach Ablauf der Revisionsfrist ein Rechtsmittel gegen ein bereits rechtskräftiges Urteil eröffnet werden könnte.[8]

Die Zulassung durch das Oberverwaltungsgericht bindet das Bundesverwaltungsgericht,[9] es sei denn, die Zulassung verstößt gegen gesetzliche Vorschriften, wie etwa in folgenden Fällen:

– die Revision ist unstatthaft;[10]
– die Voraussetzungen für die Zulassung liegen offensichtlich nicht vor.[11]

Ist die Revision versehentlich oder bewußt nicht zugelassen worden, so kann dagegen der besondere Rechtsbehelf der *Nichtzulassungsbeschwerde* nach § 132 III erhoben werden (unten IV).

Die Revision ist durch das Oberverwaltungsgericht nach § 132 II zuzulassen, wenn

erstens die Rechtssache grundsätzliche Bedeutung hat (sog. *Grundsatzrevision*) – dazu a – oder

zweitens das Urteil von einer Entscheidung des Bundesverwaltungsgerichts

---

[5] *BVerwGE* 49, 234 f. Zum Stand der Meinungen, die eine teilweise Zulassung bejahen, vgl. die Nachweise bei *Prütting,* Die Zulassung der Revision, 1977, S. 232 ff.
[6] *BVerwGE* 14, 344.
[7] *Eyermann-Fröhler,* § 132 Rdnr. 21.
[8] *Weyreuther,* Revisionszulassung und Nichtzulassungsbeschwerde, 1971, Rdnr. 174; *Prütting,* aaO, S. 268; *Rosenberg-Schwab,* § 143 I 1 d; *Eyermann-Fröhler,* aaO; *Kopp,* § 132 Rdnr. 34; *Redeker-von Oertzen,* § 132 Rdnr. 18; *BGHZ* 44, 395; *OLG Koblenz,* MDR 1976, 940; a. A. *Müller,* NJW 1955, 1740.
[9] *BVerwGE* 48, 372 ff.; *Weyreuther,* aaO, Rdnrn. 175 ff. m. w. Nachw.
[10] *BVerwGE* 1, 11; 18, 56. Es besteht eine nicht unerhebliche Kasuistik (vgl. *Prütting,* S. 252 ff. mit weiteren Beispielen aus der Rechtsprechung).
[11] *Eyermann-Fröhler,* § 132 Rdnr. 22; *BVerwGE* 42, 230; 43, 229; 48, 271 mit Bespr. *Lässig,* DVBl 1976, 223 f. Eine eingeschränkte Bindung statuiert jetzt § 546 I 3 ZPO n. F. Allgemein *Lässig,* Die fehlerhafte Rechtsmittelzulassung und ihre Verbindlichkeit für das Rechtsmittelgericht, 1977.

abweicht und auf dieser Abweichung beruht (sog. *Divergenzrevision*) – dazu b – oder

drittens bei einem geltend gemachten Verfahrensmangel die angefochtene Entscheidung auf dem Verfahrensmangel beruhen kann – dazu c – (sog. *zulassungsgebundene Verfahrensrevision*).

a) Grundsätzliche Bedeutung einer Rechtssache ist dann gegeben, wenn die Klärung der für die Beurteilung des Streitfalles maßgeblichen Rechtsfrage wesentliche Bedeutung für die einheitliche Auslegung und Anwendung oder für die Fortbildung des Rechts hat. Das *Bundesverwaltungsgericht* hat diese Anforderungen folgendermaßen umschrieben: Grundsätzliche Bedeutung existiert dann, wenn das Urteil „eine grundsätzliche und bisher höchstrichterlich noch nicht entschiedene Rechtsfrage aufwirft, die im Interesse der Rechtseinheit oder der Fortbildung des Rechts der revisionsgerichtlichen Klärung bedarf."[12] Die Rechtseinheit muß durch die Klärung der Rechtsfrage in ihrem Bestand erhalten oder die Weiterentwicklung des Rechts muß gefördert werden.[13] Die Rechtsfrage kann eine solche des materiellen oder formellen Rechts sein.[14] Im einzelnen[15] bedeutet dies:

(1) Es muß sich um eine Rechtsfrage handeln;
(2) diese muß klärungsbedürftig[16] und klärungsfähig sein;
(3) diese muß von grundsätzlicher Bedeutung sein, d. h. ihre konkrete Fallbezogenheit muß für eine unbekannte Vielzahl von Fällen verallgemeinerungsfähig[17] sein, und ihre Entscheidung muß der Einheit und Fortbildung des Rechts dienen.[18]

Beispiele: (a) Auslegung eines unbestimmten Rechtsbegriffs. – (b) Verfassungswidrigkeit einer Vorschrift.[19] – (c) Abweichung von der Rechtsprechung eines anderen obersten Bundesgerichts.[20]

Die klärungsbedürftige Rechtsfrage und ihre grundsätzliche Bedeutung sind zu bezeichnen und zu begründen.[21]

An der grundsätzlichen Bedeutung einer Rechtssache fehlt es, wenn das *Bundesverwaltungsgericht* überhaupt nicht zur Entscheidung der Rechtssache berufen ist, weil sie nicht dem Bundesrecht angehört (§ 137I).[22]

---

[12] JZ 1976, 444.
[13] *BVerwG*, NVwZ 1982, 250; NVwZ 1984, 103.
[14] Vgl. etwa *BVerwGE* 2, 212; *BVerwG*, DVBl 1974, 910; NVwZ 1982, 115.
[15] Vgl. *Weyreuther*, aaO, Rdnrn. 52 ff.; *Prütting*, aaO, S. 101 ff., bes. S. 104; *Rosenberg-Schwab*, § 143 I 3a; *Kopp*, § 132 Rdnr. 9.
[16] *BVerwG*, NJW 1986, 1188.
[17] Jüngst etwa *BVerwG*, NVwZ 1986, 380, zum NDR-Staatsvertrag. Auch mehrere Prozesse zur gleichen Rechtsfrage genügen noch nicht (*Rosenberg-Schwab*, aaO).
[18] *BVerwG*, MDR 1968, 348; NVwZ 1986, 376; *BSG*, MDR 1976, 259; *Friederichs*, NJW 1976, 1876.
[19] *BSG*, MDR 1976, 260.
[20] Str., vgl. *Kopp*, § 132 Rdnr. 10.
[21] *BVerwG*, NVwZ 1982, 250; 1984, 103.
[22] *BVerwGE* 1, 3, 19; *BVerwG*, NJW 1975, 2356; NVwZ 1986, 379; 1986, 380; *BayVerfGH*, VGH n. F. 28, 182; *Weyreuther*, Rdnrn. 69 ff.; 108; *Eyermann-Fröhler*, § 132 Rdnr. 13.

§ 21. Die Revision

b) Die Revision ist auch zuzulassen, wenn das Urteil des Oberverwaltungsgerichts von einer Entscheidung (Urteil oder Beschluß) des Bundesverwaltungsgerichts abweicht und auf dieser Abweichung beruht. Der Grund hierfür liegt in der Wahrung der Einheitlichkeit und der geordneten Fortentwicklung der Rechtsprechung in der Verwaltungsgerichtsbarkeit. Eine Abweichung von anderen obersten Bundesgerichten genügt nicht. Nach § 1811 Gesetz zur Wahrung der Einheitlichkeit der Rechtsprechung der obersten Gerichtshöfe des Bundes v. 16. 6. 1968 (BGBl I, 661) steht jedoch eine Entscheidung des Gemeinsamen Senats der obersten Gerichtshöfe einer Entscheidung des Bundesverwaltungsgerichts gleich.[23] Notwendig ist hier die Gleichartigkeit der Rechtsfrage, auch wenn sie in verschiedenen Gesetzen enthalten ist. Das Urteil beruht dann auf der Abweichung von der Entscheidung des Bundesverwaltungsgerichts, wenn zumindest die Möglichkeit besteht, daß das Oberverwaltungsgerichts, hätte es die Auffassung des Bundesverwaltungsgerichts zu Grunde gelegt, zu einem anderen Ergebnis gekommen wäre.[24]

Wie bei der Grundsatzrevision verlangt auch die Divergenzrevision, daß das Urteil auf revisiblem Recht (unten II 1) beruht.[25]

c) Die Revision ist schließlich zuzulassen, wenn bei einem geltend gemachten *Verfahrensmangel* die angefochtene Entscheidung auf dem Verfahrensmangel beruhen kann. Hierbei geht es um die Kontrolle des Bundesverwaltungsgerichts über die Einhaltung des Verfahrensrechts durch die vorinstanzlichen Verwaltungsgerichte. Verfahrensmängel nach § 132 II Nr. 3 sind nur solche, die nicht unter die zulassungsfreie Revision des § 133 fallen.[26] Nur um gerichtliche Verfahrensmängel darf es sich handeln, nicht um solche des Verwaltungsverfahrens.

Beispiele:
Unterlassung des rechtlichen Gehörs, ungenügende Sachaufklärung, Verstoß gegen Erfahrungssätze oder Denkgesetze, Übergehen von Beweisanträgen, Nichtbeachtung notwendiger Beiladung.

Merke: Die Beweislastregeln jedoch gehören zum materiellen Recht.

Dieser Zulassungsgrund ist redaktionell unglücklich gefaßt. Man könnte meinen, er käme nur in Frage, wenn über die Verfahrensfrage im Berufungsverfahren diskutiert und das Oberverwaltungsgericht einen zur Auffassung einer Partei verfahrensrechtlich abweichenden Standpunkt einnimmt, auf Grund dessen dann eine abweichende Entscheidung zustandekommt. So ist es indessen nicht gemeint. Die Bestimmung kommt faktisch nur in Frage – und insoweit unterscheidet sie sich von den Fällen a und b – im Nichtzulassungsbeschwerdeverfahren, und zwar aus folgenden Gründen: „Angefochtene Entscheidung" im Sinne des § 132 II Nr. 3 ist das Urteil des Oberverwal-

---

[23] Entsprechend lautet jetzt die Formulierung in der Neufassung des § 546 I Nr. 2 ZPO.
[24] *BVerwGE* 1, 1; 14, 342; 24, 91; *BVerwG*, NVwZ 1982, 115; 1986, 377; 1986, 379.
[25] *BVerwGE* 1, 19.
[26] *BVerwGE* 12, 107. Eine Übersicht über mögliche Verfahrensmängel gibt *Redeker-von Oertzen*, § 132 Rdnrn. 13 ff.

tungsgerichts selbst; dieses Urteil muß einen Verfahrensmangel dergestalt enthalten, daß, würde er nicht vorliegen, der Rechtsmittelführer eine ihm günstigere Entscheidung erhielte. Dies stellt sich in aller Regel jedoch erst nach Abfassung des Urteils heraus. Insofern kommt eine Zulassung durch das Oberverwaltungsgericht regelmäßig nicht in Frage.

Merke: Die Zulassungsgründe a–c sind nicht abschließend. Spezialgesetze haben weitere Fälle hinzugefügt: § 127 Nr. 1 BRRG, § 34 II WPflG,[27] § 339 I LAG, § 23 I KgfEG, § 75 ZDG.

2. Die zulassungsfreie Revision

Bei bestimmten abschließend in § 133 aufgezählten Verfahrensmängeln ist die Revision zulassungsfrei. Die fünf Nummern des § 133 nennen bestimmte schwerwiegende Verfahrensfehler, bei denen nur auffällt, daß die Verletzung rechtlichen Gehörs, obwohl Grundrecht (Art. 103 I GG), fehlt. Die Verfahrensmängel decken sich mit den sog. absoluten Revisionsgründen des § 138, bei denen unwiderleglich vermutet wird, daß das Urteil auf einer Rechtsverletzung beruht. Die Fälle sprechen für sich und sind dem gesamten Prozeßrecht geläufig.[28]

Lies die Entscheidung über den „mit dem Schlaf kämpfenden Richter" und der daraus resultierenden nicht vorschriftsmäßigen Besetzung des Gerichts (§ 133 Nr. 1).[29]

Bei der Verfahrensrevision, der des § 133 und der des § 132 II Nr. 3 ist zu beachten, daß nach § 139 II die Tatsachen genau bezeichnet werden müssen, aus denen sich der Verfahrensmangel schlüssig ergibt. Das Bundesverwaltungsgericht darf nicht zusätzlich ermitteln müssen.

Beispiele:
(a) Wenn gerügt wird, der Richter habe geschlafen, dann muß „Zeit, Dauer, Einzelheiten des Verhaltens, wie Schließen der Augen, laute Atemzüge" angegeben werden.[30]
– (b) Die Rüge mangelnder Sachaufklärung wegen Nichtvernehmung von Zeugen muß die Zeugen und die Tatsache, die sie bezeugen sollen, angeben.[31]

Merke: Fehlt es an dieser Angabe, so ist die Revision unzulässig, da eine Formvorschrift für die Revisionseinlegung mißachtet ist.[32]

Wird die Revision nur auf Verfahrensmängel gestützt, so darf das Bundesverwaltungsgericht nur über den geltend gemachten Verfahrensmangel entscheiden (§ 137 III 1). Das Revisionsgericht ist also an bestimmte Revisionsgründe gebunden. Die Nachprüfung materiellen Rechts oder anderer Verfah-

---

[27] *BVerwG*, NJW 1976, 1705.
[28] Vgl. § 551 ZPO, § 338 StPO.
[29] *BVerwG*, DÖV 1961, 275; 1972, 324 Nr. 162; 1974, 105 Nr. 34; NJW 1981, 413; DÖV 1986, 437.
[30] *BVerwG*, DÖV 1972, 324 Nr. 162, bestätigt von *BVerwG*, DÖV 1974, 105 Nr. 34.
[31] *BVerwGE* 5, 12; *BVerwG*, DÖV 1960, 957; NJW 1962, 832; DVBl 1972, 680; NJW 1976, 1705.
[32] Über die Rigidität des Bundesverwaltungsgerichts vgl. NJW 1980, 2268.

§ 21. Die Revision

rensfehler ist ihm verwehrt, es sei denn, es liegen zugleich die Voraussetzungen des § 132 II Nr. 1 und 2 vor. In diesem Falle prüft das Bundesverwaltungsgericht umfassend (§ 137 III 2). Die Beschränkung auf die geltend gemachten Verfahrensmängel gilt nicht, soweit von Amts wegen zu berücksichtigende Verfahrensverstöße im Urteil des Oberverwaltungsgerichts vorhanden sind, wie etwa Sachurteilsvoraussetzungen.[33]

Merke: Zu § 137 III, der Prüfungsbefugnis des Revisionsgerichts, kommt man erst, wenn die Revision zugelassen oder zulassungsfrei ist.[34] Diese Prüfungsbefugnis ist umfassend bei materiell-rechtlichen Revisionsgründen (§ 137 III 2), eingeschränkt bei Verfahrensverstößen (§ 137 III 1).

II. Die Verletzung von Bundesrecht

Die Revision kann nach § 137 I nur darauf gestützt werden, daß das angefochtene Urteil auf der Verletzung von *Bundes*recht beruht. Dies ist eine Begründetheits-, nicht eine Zulässigkeitsvoraussetzung der Revision.[35] Wird also nur Landesrecht als verletzt gerügt, so ist die Revision als unbegründet zurückzuweisen, ausgenommen im Falle des § 127 Nr. 2 BRRG, wo Landesrecht vom Bundesgesetzgeber als revisibel erklärt ist, und im Falle des Art. 99 GG, wo Landesrecht durch den Landesgesetzgeber für revisibel erklärt werden kann.

Merke: Folgende Fragen sind für § 137 I zu stellen: Ist eine *Rechtsnorm* verletzt? Ist sie „revisibel"? Beruht die Entscheidung auf der Verletzung einer revisiblen Rechtsnorm? Auf diese Fragen geben §§ 137, 138, 144 IV Antwort.

1. Revisibles und nicht revisibles Recht

Sog. revisibles Recht ist also nur das *Bundes*recht; dieses allein ist Prüfungsmaßstab des Bundesverwaltungsgerichts. Zum revisiblen Recht gehören namentlich:

- das Verwaltungsprozeßrecht der VwGO;[36]
- alles sonstige Bundesrecht,[37] einschließlich des in Berlin geltenden, sowie die von Bundesorganen erlassenen Rechtsverordnungen;
- das nach Art. 124 und 125 GG als Bundesrecht fortgeltende Reichsrecht;
- die nach Art. 25 GG inkorporierten und transformierten Völkerrechtssätze;
- die Staatsverträge des Bundes;[38]

---

[33] *Kopp*, § 137 Rdnr. 40.
[34] *BVerwGE* 19, 158.
[35] *Eyermann-Fröhler*, § 137 Rdnr. 1; *BVerwG*, NVwZ 1982, 116; 1982, 309.
[36] Dazu zählt auch das EntlG: *BVerwG*, BayVBl 1986, 534; zur Revisibilität des Verwaltungsrechts vgl. *Kirchhof*, in: Festschr. f. Menger, 1985, S. 813 ff.
[37] Zur – revisionsgerichtlich überprüfbaren – Anwendung von Bundesrecht zählt auch die Auslegung von Landesrecht, wenn sich das Berufungsgericht zu einer durch Bundesrecht bestimmten Auslegung verpflichtet fühlte: *BVerwGE* 49, 301.
[38] *BVerwGE* 44, 160.

228   3. Teil. Grundzüge des Rechts der Rechtsmittel

- das Recht der Europäischen Gemeinschaften;[39]
- ehemaliges Besatzungsrecht;[40]
- das im ganzen Bundesgebiet geltende Gewohnheitsrecht;[41]
- die allgemeinen Rechtsgrundsätze des Verfassungsrechts[42] sowie des Verwaltungsrechts,[43] soweit sie Bundesrecht ergänzen;[44]
- Denkgesetze, Erfahrungssätze, technische Normen, allgemeine Feststellungen, die der Auslegung und Anwendung von Bundesrecht dienen oder es ergänzen.[45]

Nicht revisibles Recht ist mithin grundsätzlich das *Landesrecht.*

Das gilt auch dann, wenn eine Norm des Landesrechts zur näheren Ausgestaltung auf Bundesrecht verweist; denn diese Regelung gilt im Land nicht kraft des Gesetzesbefehls des Bundesgesetzgebers, sondern des Landesgesetzgebers.[46]

Wichtige Ausnahmen: (1) § 137 I Nr. 2: Vorschriften eines Landesverwaltungsverfahrensgesetzes, die im Wortlaut mit dem VwVfG übereinstimmen; (2) § 127 I Nr. 2 BRRG: Vorschriften der Landesbeamtengesetze und Landespersonalvertretungsgesetze.

Landesrecht muß das Bundesverwaltungsgericht in der Form und mit dem Inhalt hinnehmen (arg. § 137 I, § 173 VwGO i. V. mit § 562 ZPO), in der es das Oberverwaltungsgericht angewandt hat.[47] Eine Prüfung ist nur dahingehend zulässig, ob der Inhalt dieses Rechts mit Bundesrecht übereinstimmt.[48]

Beachte: Hier wird namentlich das Verfassungsrecht wichtig!

Beispiele:
(a) Bei einer polizeilichen Festnahme ist zu prüfen, ob die zum Eingriff ermächtigende Norm gegen Art. 2 II 2, 3 GG verstößt.[49] – (b) Durchsucht die Polizei Wohnungen, so ist die polizeiliche Eingriffsnorm auf ihre Vereinbarkeit mit Art. 13 GG sowie dem Verhältnismäßigkeitsprinzip zu überprüfen.[50]

2. Tatsachenfeststellungen

Das Bundesverwaltungsgericht hat auch die *Tatsachenfeststellung* des Oberverwaltungsgerichts hinzunehmen (§ 137 II). Der Sachverhalt ist also

---

[39] *BVerwGE* 35, 277; *BVerwG,* DÖV 1974, 825 Nr. 322. Zum Problem vgl. *Spanner,* BayVBl 1970, 341.
[40] *BVerwGE* 41, 3; 41, 13.
[41] Nachw. bei *Eyermann-Fröhler,* § 137 Rdnr. 7; *Ule,* VerwProzR, § 63 IV 3.
[42] Nachw. bei *Kopp,* § 137 Rdnr. 7.
[43] Etwa *BVerwG,* DÖV 1971, 857, zum Folgenbeseitigungsanspruch.
[44] So die ständige Rechtsprechung des *Bundesverwaltungsgerichts;* Nachw. bei *Kopp,* § 137 Rdnr. 5; weitgehend *Ule,* aaO. Die Streitfrage ist erheblich entschärft durch den Erlaß des VwVfG.
[45] *Kopp,* § 137 Rdnrn. 8, 24.
[46] *BVerwG,* NVwZ 1986, 739 m. w. Nachw.
[47] *BVerwGE* 10, 282. Über die vom *Bundesverwaltungsgericht* gemachten Ausnahmen *Kopp,* § 137 Rdnr. 31.
[48] *BVerwGE* 11, 96; 41, 231; 45, 55; 56, 310; 57, 39.
[49] *BVerwGE* 45, 55f.
[50] *BVerwGE* 47, 34.

§ 21. Die Revision

vom Revisionsgericht so zu übernehmen, wie er in Tatbestand und Gründen des angefochtenen Urteils wiedergegeben ist. Nur in begrenztem Umfang darf es neue Tatsachen berücksichtigen.[51] Der Revisionskläger kann jedoch gegen die tatsächlichen Feststellungen vorgehen, wenn diese unter Verletzung bundesrechtlicher Verfahrensbestimmungen, der Denkgesetze, allgemeiner Auslegungsgrundsätze oder Erfahrungsgrundsätze zustande gekommen sind. Gleiches gilt, wenn erhobene Beweise unzulänglich gewürdigt wurden.[52]

3. Die Kausalität der Rechtsverletzung

Das Urteil des Oberverwaltungsgerichts muß auf einer *Rechtsverletzung* beruhen (§§ 137 I, 138). Dies bedeutet: Es muß zumindest die Möglichkeit bestehen, daß das Gericht ohne den Rechtsverstoß zu einem für den Rechtsmittelführer günstigeren Ergebnis hätte gelangen können.[53] Die Verletzung der Rechtsnorm muß für das Urteil im Ergebnis ursächlich gewesen sein.

Beispiele:
(a) Ein unbestimmter Rechtsbegriff wurde falsch ausgelegt. – (b) Revisible Rechtsnormen wurden unrichtig angewandt. – (c) Ermessensermächtigungen wurden nach §§ 40 VwVfG, 114 VwGO rechtswidrig gehandhabt.[54]

Merke: Unrichtige Rechtsanwendung sind Interpretations- und Subsumtionsfehler sowie Verstöße gegen Erfahrungssätze und Denkgesetze.

Auch wenn eine Rechtsverletzung gegeben ist, führt die Revision nach § 144 IV dennoch nicht zum Erfolg, wenn das Urteil aus anderen Gründen im Ergebnis richtig ist.[55] Für diese Vorschrift ist der Gedanke der Prozeßökonomie maßgeblich: Der Revisionsführer hat mit seiner Rüge Erfolg, muß aber erleben, daß im Falle der Zurückverweisung das Oberverwaltungsgericht wieder im gleichen Sinne entscheidet.

Beispiele:
(a) Ein Urteil, das aus Zuständigkeitsgründen zu Unrecht die Klage abweist, ist aber im Ergebnis richtig, weil der materiell-rechtliche Anspruch nicht besteht.[56] – (b) Die Urteilsgründe bejahen einen Anspruch aus dem Rechtsgrund des § X; diese Bestimmung ist falsch angewandt; der Anspruch besteht aber aus dem Rechtsgrund des § Y.

Das Gesetz hilft dem Rechtsmittelführer jedoch in einem Punkt: Nach § 138 ist ein Urteil stets auf einer Rechtsverletzung beruhend, wenn einer der sog. *absoluten Revisionsgründe* dieser Bestimmung vorliegt. Sie sind mit § 133 (wesentliche Verfahrensmängel) identisch und nur um die Versagung des rechtlichen Gehörs erweitert (§ 138 Nr. 3). In diesem Fall hat die Revision auch dann Erfolg, wenn sich das Urteil im Ergebnis als zutreffend erweist; § 144 IV kommt also nicht zum Tragen.[57] § 138 bedeutet eine unwider-

---
[51] *Kopp*, § 137 Rdnr. 26; ferner *BVerwG*, DVBl 1986, 518.
[52] *Kopp*, § 137 Rdnrn. 24 ff.
[53] *BVerwGE* 14, 342.
[54] Zur Überprüfung der Auslegung von Willenserklärungen vgl. *BVerwG*, NVwZ 1982, 196 f.
[55] Dazu *BVerwG*, NVwZ 1986, 392; 1986, 471.
[56] S. *Eyermann-Fröhler*, § 144 Rdnr. 4.
[57] *Redeker-von Oertzen*, § 144 Rdnr. 3; *Kopp*, § 144 Rdnr. 6.

legliche Vermutung, daß bei Vorliegen eines seiner sechs Fälle Bundesrecht verletzt ist und zugleich das Urteil auf dieser Gesetzesverletzung beruht. In diesem Fall bedarf es also für das Bundesverwaltungsgericht keiner Prüfung der Kausalität zwischen Urteil und Gesetzesverletzung. Andere als in § 138 genannte Verfahrensmängel verlangen ebenso wie die materiell-rechtlichen Rechtsfehler stets die Untersuchung der Kausalität.

III. Verfahren und Entscheidung des Revisionsgerichts

Das Revisionsgericht führt sein Verfahren grundsätzlich nach den Regeln des Berufungsverfahrens durch (§ 141). Da in diesem auf das erstinstanzliche Verfahren verwiesen wird (§ 125 I), ist dieses maßgebend. Doch gelten einige Besonderheiten, wie Ausschluß von Klageänderung und Beiladung (§ 142), und solche, die sich aus dem Charakter der Revision als einer Kontrolle in rein rechtlicher Hinsicht ergeben (§ 137 II).

Das Revisionsgericht hat wie das Berufungsgericht zunächst Statthaftigkeit und Zulässigkeit zu prüfen (§ 143). Fehlt es daran, so verwirft es die Revision als unzulässig durch Beschluß (§ 144 I).[58]

Ist die Revision statthaft und zulässig, so ist ihre Begründetheit zu prüfen. Ist sie unbegründet, weil keine Verletzung revisiblen Rechts vorliegt (§§ 137, 138), oder ist das angefochtene Urteil im Ergebnis richtig (§ 144 IV), so weist das Bundesverwaltungsgericht die Revision als unbegründet zurück (§ 144 II). Ist die Revision begründet, so kann das Bundesverwaltungsgericht entweder in der Sache selbst entscheiden oder das angefochtene Urteil aufheben und die Sache zur anderweitigen Verhandlung und Entscheidung grundsätzlich an die Vorinstanz[59] zurückverweisen (§ 144 III).

Ob es den einen oder den anderen Weg wählt, steht in seinem Ermessen. Einen Hinweis auf die Ermessensanwendung gibt jedoch § 137 II: Zurückverweisung ist immer dann angebracht, wenn noch Tatsachenfeststellungen und Beweiserhebungen erforderlich sind. Im Falle der Zurückverweisung ist das Gericht an die rechtliche Beurteilung des Bundesverwaltungsgerichts gebunden (§ 144 VI).[60] Im Falle einer neuerlichen Revision gegen das neue Urteil des Oberverwaltungsgerichts ist auch das Bundesverwaltungsgericht grundsätzlich an sein früheres Urteil gebunden – Grundsatz der Selbstbindung des Revisionsgerichts.[61]

Da Aufgabe des Revisionsgerichts auch und vor allem die Wahrung der Einheitlichkeit und der Fortentwicklung des Rechts ist,[62] erweist sich dafür

---

[58] War die Berufung unzulässig, etwa weil bei Streitwert unter 500 DM die Zulassung fehlte, dann ist die Revision gegen das Berufungsurteil unzulässig, weil eine Sachurteilsvoraussetzung fehlt: *BVerwG*, DVBl 1986, 285; 1986, 840.
[59] Vgl. aber § 144 V; Ausnahmen bei *Kopp*, § 144 Rdnr. 9. Allg. zur Zurückverweisung *Stüer*, in: Festschr. f. Menger, 1985, S. 782 ff.
[60] Dazu *Tiedtke*, Die innerprozessuale Bindungswirkung von Urteilen der obersten Bundesgerichte, 1976; BVerwG, NVwZ 1982, 182.
[61] *Kopp*, § 144 Rdnr. 15; ebda. auch zu den Ausnahmen.
[62] Diese Funktion des Revisionsgerichts stellt namentlich *Weyreuther*, aaO, Rdnr. 2, heraus.

§ 21. Die Revision

die Existenz des *Großen Senats* des *Bundesverwaltungsgerichts* unentbehrlich (§ 11). Dieser muß angerufen werden, wenn in einer Rechtsfrage ein Senat des Bundesverwaltungsgerichts von der Entscheidung eines anderen Senats abweichen will (§ 11 III). Er *kann* angerufen werden, wenn der erkennende Senat in einer Rechtsfrage von grundsätzlicher Bedeutung der Auffassung ist, daß die Fortbildung des Rechts oder die Sicherung einer einheitlichen Rechtsprechung eine Entscheidung des Großen Senats erfordern (§ 11 IV). Die Entscheidung des Großen Senats ist für den erkennenden Senat bindend (§ 11 V 2). Der Große Senat entscheidet nur über die vorgelegte Rechtsfrage. Der Große Senat kann seinerseits zur Anrufung des Gemeinsamen Senats der obersten Gerichtshöfe verpflichtet sein (§§ 2, 4 Gesetz zur Wahrung der Einheitlichkeit derRechtsprechung der obersten Gerichtshöfe des Bundes).

IV. Die Nichtzulassungsbeschwerde

Die VwGO hat die Revision als grundsätzlich zulassungsgebunden ausgestaltet (oben I 1). Zugleich hat sie aber auch einen Rechtsbehelf geschaffen, um die Frage der Zulassung oder Nichtzulassung durch das Oberverwaltungsgericht überprüfen zu lassen: die sog. *Nichtzulassungsbeschwerde* nach § 132 II–V. Für sie gelten teils die gleichen Grundsätze wie für die Einlegung der Revision selbst, wie etwa

- revisionsberechtigter Beteiligter,
- Monatsfrist,
- schriftliche unbedingte Einlegung,
- Einlegung beim iudex a quo,[63]
- Anwaltszwang,
- Begründungszwang, und zwar bereits innerhalb der Beschwerdefrist (§ 132 III 3),

teils besondere Regelungen.

Die Nichtzulassungsbeschwerde muß zwar nicht als solche bezeichnet werden, doch muß erkennbar sein, daß eine solche gewollt ist. Eine Revision kann nicht in eine Nichtzulassungsbeschwerde umgedeutet werden.[64] In der Beschwerdeschrift müssen die drei in Frage kommenden Zulassungsgründe gemäß § 132 II Nr. 1–3 „mit einem Mindestmaß an Klarheit und Verständlichkeit"[65] dargelegt werden (§ 132 III 3). Für die Einlegung gelten die gleichen Voraussetzungen wie für die Einlegung der Revision nach § 139. Ebenso sind Statthaftigkeit und Zulässigkeit der Nichtzulassungsbeschwerde zu prüfen.

Beispiel:
Die Nichtzulassungsbeschwerde ist unstatthaft, wenn die zulassungsfreie Revision nach § 133 gegeben ist.[66]

---

[63] Einlegung beim iudex ad quem wahrt nicht die Frist (*BVerwGE* 32, 358); eine Verlängerung der Frist ist nicht möglich (*BVerwGE* 32, 359), wohl aber Wiedereinsetzung nach § 60 (oben 1. Teil, § 16 IV).
[64] *BVerwG*, NJW 1962, 1076; *BFH*, NJW 1969, 79; *Friederichs*, NJW 1976, 1875.
[65] *BVerwG*, BayVBl 1974, 52.
[66] Vgl. *Eyermann-Fröhler*, § 132 Rdnr. 23.

Die Einlegung der Beschwerde hemmt die Rechtskraft des Urteils des Oberverwaltungsgerichts (§ 132 IV).

Das Oberverwaltungsgericht kann der Beschwerde durch zu begründenden Beschluß abhelfen (§ 132 V 1). Hilft es ab, so ist das Revisionsgericht an die Zulassung gebunden (oben I 1). Will es ihr nicht abhelfen, so hat es die Beschwerde dem Bundesverwaltungsgericht vorzulegen. Dieses entscheidet durch Beschluß, der unter bestimmten Umständen keiner Begründung bedarf (§ 132 V 2). Über den sachlichen Erfolg der Revision wird im Beschwerdeverfahren nicht entschieden, sondern allein darüber, ob die Voraussetzungen der Zulassung nach § 132 II vorliegen.[67] Eine Abweisung der Beschwerde macht das Urteil des Oberverwaltungsgerichts rechtskräftig (§ 132 V 3).

§ 22. Anschlußberufung und Anschlußrevision

Der Rechtsmittelführer, vom Gesetz Rechtsmittelkläger genannt, auch wenn er nicht Kläger der ersten Instanz war, möchte das Urteil zu seinen Gunsten ändern. Führt er das Rechtsmittel allein durch, so droht ihm keine Verschlechterung. Das Gesetz gewährt aber dem Berufungs- bzw. Revisionsbeklagten sowie den anderen Beteiligten nach §§ 127, 141 die Möglichkeit, sich dem Rechtsmittel seinerseits anzuschließen; dies entspricht der Billigkeit, wenn die andere Partei erst kurz vor Ablauf der Rechtsmittelfrist ein Rechtsmittel einlegt. Es entspricht auch der Prozeßökonomie, denn oft werden Rechtsmittel nur eingelegt, wenn auch die andere Partei ein solches ergreift. Man nennt das Rechtsmittel, mit dem man sich anschließt, die sog. *Anschlußberufung* bzw. *Anschlußrevision*.[1] Damit wird das Rechtsmittelgericht in die Lage versetzt, das Urteil gegenüber dem Rechtsmittelkläger zu „verbösern", anders ausgedrückt: auch der Rechtsmittelbeklagte kann das Urteil zu seinen Gunsten geändert erhalten. Insofern handelt es sich um ein besonderes prozessuales Angriffsmittel. Voraussetzung für die Anschließung ist nur, daß ein Rechtsmittel eingelegt ist und daß die Anschließung – postulationsfähig – bis zum Schluß der mündlichen Verhandlung erklärt wurde.[2]

Die Möglichkeit der Anschließung haben auch Beteiligte, die auf Rechtsmittel verzichtet oder die Rechtsmittelfrist versäumt haben oder nicht beschwert sind (vgl. § 127 II). Sie können insbesondere im Berufungsverfahren (nicht im Revisionsverfahren – § 142) die Klage erweitern, Widerklage erheben oder eine Änderung der Kostenentscheidung erreichen.

---

[67] *BVerwGE* 13, 342; *BVerwG*, NVwZ 1982, 43 f.. Trotz Vorliegen der Voraussetzungen des § 132 II kann die Revision aber analog § 144 IV nicht zugelassen werden, wenn sich die angefochtene Entscheidung aus anderen Gründen als richtig darstellen würde, vgl. nur: *BVerwG*, Buchholz, 310 § 144 VwGO, Nrn. 31, 33, 34.
[1] Allgemeine Literatur bei *Fenn*, FamRZ 1976, 259; *Klamaris*, Das Rechtsmittel der Anschlußberufung, 1975.
[2] *BVerwGE* 15, 319 f. Die Form- und Fristvorschrift für Rechtsmittel gilt insofern nicht.

§ 23. Die Beschwerde

Statt der Anschließung können natürlich selbständig Rechtsmittel eingelegt werden von denen, die beschwert sind.

Beispiel:
Hat das Urteil der Klage teils stattgegeben, teils sie abgewiesen, so können Kläger und Beklagte jeweils selbständig Rechtsmittel einlegen; denn beide sind beschwert. Ist die Klage abgewiesen worden, so kann nur der Kläger Rechtsmittel einlegen; der Beklagte kann sich nur anschließen.

Bei der Anschließung ist zwischen *selbständiger* und *unselbständiger* zu unterscheiden.[3] Selbständig ist die Anschließung, die innerhalb noch laufender Rechtsmittel eingelegt wurde, unselbständig diejenige, die nicht innerhalb der Rechtsmittelfrist erklärt wurde. Die Unterscheidung hat ihren Grund in § 127 S. 2: Eine unselbständige Anschließung wird unwirksam, wenn das Hauptrechtsmittel zurückgenommen oder als unzulässig verworfen wird. Die unselbständige Anschließung ist also vom Bestand des Hauptrechtsmittels abhängig. Dies gilt nicht für die selbständige. Sie wird von Zurücknahme oder Unzulässigkeit des Hauptrechtsmittels nicht berührt.

§ 23. Die Beschwerde

Die *Beschwerde* ist gegen Entscheidungen des Verwaltungsgerichts, ausnahmsweise auch gegen Entscheidungen des Oberverwaltungsgerichts (§ 152)[1] statthaft, die nicht Urteile und Vorbescheide sind, und gegen Entscheidungen des Vorsitzenden[2] dieses Gerichts, soweit nicht das Gesetz etwas anderes bestimmt (§ 146 I). Danach sind Beschwerden grundsätzlich gegen Beschlüsse, Verfügungen und Anordnungen statthaft.

Beispiele:
Sitzungspolizeiliche Anordnungen (§ 55), Anordnungen über die Bestellung eines Bevollmächtigten (§ 67 II), der Aussetzung des Verfahrens (§ 94).[3]

Nach § 146 II und III sind bestimmte ausdrücklich genannte Beschlüsse und prozeßleitende Verfügungen, d. h. Entscheidungen des Gerichts oder des Vorsitzenden über den Fortgang des Verfahrens, unanfechtbar. Nach anderen gesetzlichen Vorschriften sind unanfechtbar die folgenden Beschlüsse:
– Bewilligung der Wiedereinsetzung (§ 60 V);
– Beiladungsbeschlüsse (§ 65 III 3);
– positive Beschlüsse über Anträge nach § 80 V gemäß § 80 VI 2;
– Verweisungsbeschlüsse nach § 83 II;
– Beschlüsse über Klageänderungen nach § 91 III;

---

[3] *Rosenberg-Schwab,* § 139 II; *Blomeyer,* § 100; *Ule,* VerwProzR, § 61 VII; *Redeker-von Oertzen,* § 127 Rdnrn. 5 f.; *Eyermann-Fröhler,* § 127 Rdnrn. 2 f.; *Tschira-Schmitt Glaeser,* S. 249 f.
[1] S. auch oben die besondere Nichtzulassungsbeschwerde.
[2] In den Fällen der §§ 80 V und 123 II 3 ist das Gericht anzurufen.
[3] Weitere Beispiele bei *Redeker-von Oertzen,* § 146 Rdnr. 3.

- Beschlüsse über die Nichtaufnahme bestimmter Vorgänge in das Protokoll nach § 105 II;
- Beschlüsse über die Ablehnung der Sprungrevision nach § 134 II 2;
- Beschlüsse über die Bewilligung der Prozeßkostenhilfe.[4]

Eine *weitere Beschwerde* gibt es im Verwaltungsprozeß nicht; das Bundesverwaltungsgericht soll nicht zusätzlich belastet werden.[5] Über Beschwerden entscheidet das Bundesverwaltungsgericht ausnahmsweise in den Fällen des § 49 Nr. 3, deren wichtigster, die sog. Nichtzulassungsbeschwerde, oben (§ 21 IV) behandelt wurde.

Im Gegensatz zu den anderen Rechtsmitteln hat die Beschwerde grundsätzlich keine aufschiebende Wirkung, jedoch kann das Gericht der angefochtenen Entscheidung oder dessen Vorsitzender bestimmen, daß die Vollziehung der angefochtenen Entscheidung einstweilen auszusetzen ist (§ 149 I). Diese Befugnis hat auch das Beschwerdegericht, obwohl es das Gesetz nicht ausdrücklich vorsieht.[6]

Hält das Gericht oder der Vorsitzende, dessen Entscheidung angefochten wird, die Beschwerde für begründet, so ist ihr abzuhelfen oder unverzüglich dem Beschwerdegericht vorzulegen (§§ 148, 150). Beschwerdegericht ist das Oberverwaltungsgericht, das stets durch Beschluß entscheidet (§ 150). Die Beschwerde wird als unzulässig verworfen im Falle ihrer Unstatthaftigkeit oder ihrer sonstigen Unzulässigkeit, als unbegründet zurückgewiesen im Falle ihrer Unbegründetheit. Ist sie begründet, so entscheidet das Gericht in der Sache selbst oder verweist analog § 130 zurück an das Verwaltungsgericht.[7] Die Beschwerdeentscheidung ist zu begründen (§ 122 II).

Merke: Die Statthaftigkeits- und Zulässigkeitsvoraussetzungen sind die gleichen wie bei der Berufung (oben § 20 I).

Für das Beschwerdeverfahren gelten grundsätzlich die Vorschriften der §§ 146 ff. Enthalten sie keine einschlägigen Regelungen, so sind die Vorschriften über das Berufungsverfahren, das seinerseits ergänzend auf das erstinstanzliche Verfahren verweist (§ 125 I), heranzuziehen.[8] Daraus wird z. B. die Zulässigkeit einer *Anschlußbeschwerde* gefolgert.[9]

---

[4] § 166 VwGO i. V. mit § 127 II 1 ZPO i. d. F. des Gesetzes über die Prozeßkostenhilfe vom 13. 6. 1980, BGBl I, 677.
[5] Dies gilt auch, wenn das Oberverwaltungsgericht statt durch Beschluß durch Urteil entschieden und Revision zugelassen hat (hier Vollstreckungsverfahren nach § 167 VwGO, §§ 887 ff. ZPO): *BVerwG, DÖV* 1986, 248.
[6] *Ule,* VerwProzR, § 64 III.
[7] *VGH München,* BayVBl 1974, 15.
[8] *Redeker-von Oertzen,* § 146 Rdnr. 12.
[9] Vgl. *Ule,* VerwProzR, § 61 VII; *Redeker-von Oertzen,* § 146 Rdnr. 12; *BVerwG,* DVBl 1986, 353.

§ 24. Die Wiederaufnahme des Verfahrens

Die Wiederaufnahme eines rechtskräftig beendeten Verfahrens ist nach § 153 I unter den gleichen Voraussetzungen zulässig wie im Zivilprozeß. Es sind also die §§ 578–591 ZPO entsprechend anwendbar. Danach ist zwischen den außerordentlichen Rechtsbehelfen der Nichtigkeitsklage (§ 579 ZPO) und der Restitutionsklage (§ 580 ZPO) zu unterscheiden. Beide Vorschriften zählen die Wiederaufnahmegründe abschließend auf. Gegenstand der Wiederaufnahme können nur Urteile, Vorbescheide und Beschlüsse sein, die ein Verfahren rechtskräftig abgeschlossen haben. Dazu gehören auch Nichtzulassungsbeschlüsse nach § 132 V, Entscheidungen nach § 80 V und § 123 sowie abweisende Normenkontrollurteile nach § 47.[1]

Ein Wiederaufnahmeverfahren wird im Wege der Klage in Gang gebracht (§ 585 ZPO), und zwar innerhalb einer Frist von einem Monat seit Kenntnis des Wiederaufnahmegrundes (§ 586 ZPO) grundsätzlich beim Gericht des ersten Rechtszuges (§ 584 ZPO). Das Verfahren[2] läuft dann in drei Stufen (§§ 589, 590 ZPO) ab:

erstens: Prüfung der Zulässigkeit der Wiederaufnahme,
zweitens: Prüfung der Begründetheit der Wiederaufnahme,
drittens: neue Verhandlungen und Entscheidungen in der Sache selbst.

Ist die Zulässigkeit und Begründetheit des Wiederaufnahmevorbringens gegeben,[3] so ist eine erneute Sachprüfung durchzuführen, die die frühere Entscheidung als richtig bestätigen oder eine rückwirkende Ersetzung des alten Urteils durch ein neues bewirken kann (sog. iudicium rescissorium).

Beispiel für Urteile: *Martens,* Mustertexte zum Verwaltungsprozeß, 1977, S. 100ff.

Beteiligte des Wiederaufnahmeverfahrens sind die Beteiligten des Vorprozesses. Nach § 153 II sind auch der Vertreter des öffentlichen Interesses und der Oberbundesanwalt im Verfahren vor dem Bundesverwaltungsgericht zur Wiederaufnahmeklage befugt.

---

[1] Nicht unstr., vgl. *Kopp,* § 153 Rdnr. 5; *Ule,* VerwProzR, § 65 I 1; *Eyermann-Fröhler,* § 153 Rdnr. 1. Prozeßvergleiche gehören nicht dazu (*BVerwGE* 28, 332).
[2] Ausführlich *Rosenberg-Schwab,* § 162; *Eyermann-Fröhler,* § 153 Rdnrn. 20ff.
[3] Hierbei geht es nur um die Frage der Zulässigkeit der Wiederaufnahmeklage bzw. des Vorliegens des behaupteten Wiederaufnahmegrundes. Ist beides nicht der Fall, so ist die Wiederaufnahmeklage als unzulässig bzw. unbegründet abzuweisen (iudicium rescindens).

Schema: Vorläufiger Rechtsschutz

Vorbemerkung: Aufgaben, in denen die Frage nach vorläufigem Rechtsschutz gestellt wird, nehmen zu. Vorläufiger Rechtsschutz kann *neben* Rechtsschutz in der Hauptsache oder *isoliert* zu behandeln sein. In jedem Falle bereitet seine Darstellung zusätzliche Schwierigkeiten. Das nachstehende Schema will eine Hilfestellung für die dabei auftauchenden Probleme geben.

I. Ausgangsfrage: Statthaftigkeit des Verfahrens nach § 80 *oder* nach § 123?

1. Der Anwendungsbereich des § 80 erstreckt sich nur auf die Fälle, in denen Rechtsschutz in der Hauptsache durch Anfechtungsklage zu gewähren ist.
2. Für alle anderen Fälle kommt eine einstweilige Anordnung nach § 123 in Frage: Verpflichtungs-, Leistungs-, Unterlassungs-, Feststellungsklage, organschaftliche Streitigkeiten, Normenkontrolle.

Beachte: Die speziellen Voraussetzungen einer einstweiligen Anordnung im Normenkontrollverfahren nach § 47 VII weichen von denen des § 123 I etwas ab.

3. Falsch bezeichnete Anträge sind (vom Gericht) umzudeuten (§§ 86 III, 88).

II. Vorläufiger Rechtsschutz im Rahmen des § 80

Beispiel:
Die Behörde entzieht die Fahrerlaubnis und ordnet zugleich an, daß der Führerschein sofort herauszugeben ist. Rechtsschutz in der Hauptsache erfolgt durch Widerspruch und Anfechtungsklage; vorläufiger Rechtsschutz nach § 80 V.

1. Widerspruch und Anfechtungsklage haben aufschiebende Wirkung, es sei denn, es handelt sich nach § 80 II Nr. 1–3
   - um öffentliche Abgaben oder Kosten,
   - unaufschiebbare Anordnungen und Maßnahmen von Polizeivollzugsbeamten oder – analog – Anordnungen durch Verkehrszeichen,
   - andere durch Bundesgesetz vorgeschriebene Fälle.

   a) Die Ausgangs- und Widerspruchsbehörde können in diesen Fällen aber die Vollziehung aussetzen.
   b) Die Voraussetzungen hierfür sind teils in § 80 IV geregelt, teils hat eine Interessenabwägung im Sinne von § 80 II Nr. 4 stattzufinden. Das Vollzugsinteresse ist gegenüber dem Hemmungsinteresse des Antragstellers abzuwägen. Die Erfolgsaussichten des Rechtsbehelfs sind hierbei zu berücksichtigen.
   c) Auch das Gericht der Hauptsache kann die Vollziehung auf Antrag nach den gleichen Voraussetzungen aussetzen (§ 80 V).

Schema: Vorläufiger Rechtsschutz

2. Liegt kein Fall des § 80 II Nr. 1–3 vor, sondern ein „normaler" Verwaltungsakt, so ist kraft Gesetzes (ohne Antrag) der Vollzug des Verwaltungsaktes durch Widerspruch oder Anfechtungsklage gehemmt (§ 80 I).

Beachte: Es gilt grundsätzlich die Vollziehbarkeits-, nicht die Wirksamkeitstheorie zur Beurteilung der Bedeutung der aufschiebenden Wirkung (oben § 6 II 1a).

3. Jedoch kann die Behörde gemäß § 80 II Nr. 4, III kraft ausdrücklicher, grundsätzlich schriftlich zu begründender Anordnung die sofortige Vollziehung im öffentlichen Interesse oder im überwiegenden Interesse eines Beteiligten anordnen.

4. Dagegen kann vorläufiger Rechtsschutz nach § 80 V beantragt werden. Das Verfahren nach § 80 kommt grundsätzlich auch bei Verwaltungsakten mit Doppelwirkung und mit Drittwirkung in Frage (oben 1. Teil § 6 II 4d).

Beispiel:
Verwaltungsakt mit Auflagen bzw. Bauerlaubnis mit Dispens von nachbarschützenden Vorschriften; vorläufiger Rechtsschutz gegen den Vollzug der Auflagen bzw. durch den belasteten Nachbarn nach § 80 V.

5. Zulässigkeitsvoraussetzungen des Verfahrens nach § 80 V
   a) Die allgemeinen Sachurteilsvoraussetzungen müssen gegeben sein; in der Regel sind zu prüfen:
   aa) keine Exterritorialität,
   bb) Verwaltungsrechtsweg nach § 40 I,
   cc) Möglichkeit von Widerspruch oder Anfechtungsklage (kein Fristablauf!),
   dd) Beteiligten- und Prozeßfähigkeit,
   ee) richtiger Antragsgegner,
   ff) Rechtsschutzbedürfnis.
   b) Die besonderen Voraussetzungen des Verfahrens nach § 80 V
   aa) Ordnungsgemäße Antragstellung,
   bb) Antragsbefugnis analog § 42 II,
   cc) Zuständigkeit der Gerichte.
6. Beschluß über die Begründetheit des Antrags
   a) Anordnung der aufschiebenden Wirkung – ganz oder teilweise – in den Fällen des § 80 II Nr. 1–3,
   b) Wiederherstellung der aufschiebenden Wirkung im Falle des § 80 Nr. 4,
   c) Aufhebung (Rückgängigmachung) der Vollziehung im Falle des Vollzugs des Verwaltungsakts.
   Die Begründetheit hängt von der Abwägung der Interessen ab, wobei die Erfolgsaussichten insofern zu berücksichtigen sind, als bei ernsthaften Zweifeln an der Rechtmäßigkeit des Verwaltungsakts das Interesse des Antragstellers am vorläufigen Rechtsschutz Vorrang genießt, während bei offensichtlich rechtmäßigem Verwaltungsakt das Interesse des Begünstigten Vorrang genießt.

III. Vorläufiger Rechtsschutz nach § 123

Beispiel:
Behörde lehnt Zulassung zum Studium ab. Rechtsschutz in der Hauptsache erfolgt durch Verpflichtungsklage, vorläufiger Rechtsschutz durch einstweilige Anordnung nach § 123 I.

1. Statthaftigkeit; das Hauptsacheverfahren darf keine Anfechtungsklage sein (§ 123 V).
2. Die allgemeinen Sachurteilsvoraussetzungen müssen gegeben sein; in der Regel sind zu prüfen:
   a) keine Exterritorialität,
   b) Verwaltungsrechtsweg nach § 40 I,
   c) bei Verpflichtungsklage und Leistungklage Klagebefugnis (§ 42 II), bei Normenkontrolle Nachteil im Sinne des § 47 II,
   d) Beteiligten- und Prozeßfähigkeit,
   e) richtiger Antragsgegner,
   f) Rechtsschutzbedürfnis.
3. Die besonderen Voraussetzungen der einstweiligen Anordnung nach § 123 I
   a) Ordnungsgemäße Antragstellung,
   b) Zuständigkeit des Gerichts,
   c) zwei Arten von Anordnungs*ansprüchen:* Sicherungsanspruch nach Satz 1 verlangt einen Individualanspruch, Regelungsanspruch nach Satz 2 ein streitiges Rechtsverhältnis im Sinne des § 43 I.

   Beachte: Beide Arten sind nicht scharf zu trennen, da auch aus einem Rechtsverhältnis subjektive Rechte ableitbar sind.

   d) Anordnungs*grund:* Gefahr einer Vereitelung oder wesentlichen Erschwerung der Rechtsverwirklichung bzw. Abwendung wesentlicher Nachteile oder drohender Gewalt oder Notwendigkeit der einstweiligen Anordnung aus anderen Gründen.
   e) Grundsätzlich keine endgültige Befriedigung, sondern nur Sicherung des Rechts; grundsätzlich keine Vorwegnahme der Hauptsache, es sei denn, nur so kann der durch Art. 19 IV GG garantierte effektive Rechtsschutz verwirklicht werden.

   Beachte: Bei Ermessensentscheidungen darf einstweilige Anordnung nicht mehr zubilligen, als das Gericht im Hauptsacheverfahren zuerkennen darf (§ 113 IV).

4. Beschluß über die Begründetheit des Antrags. Der Antrag ist begründet, wenn Anordnungsanspruch und Anordnung glaubhaft gemacht sind.
   Der Erlaß der einstweiligen Anordnung steht im Ermessen des Gerichts. Im Rahmen der Ermessensprüfung hat eine Interessenabwägung stattzufinden, in die die Erfolgsaussichten des Hauptsacheverfahrens einzubeziehen sind (oben § 6 III 3).

Paragraphenverzeichnis

Die angegebenen Fundstellen beziehen sich auf die Seitenzahlen. Die *kursiv* gedruckten Zahlen verweisen auf die Haupterörterungsstellen.

VwGO
§ 4: 116
§ 11: 153, 231
§ 12: 153
§ 35: 121
§ 36: 121
§ 40: 6, 9ff., 23, 30, 37, 40, 43ff., 53, 55, 61, 73, 82, 91, 162, 237, 238
§ 41: 6, 57
§ 42: 3, 6, *62ff.*, 93, 109, 123f., 129, 133f., *153ff.*, 161f., 164, 167, 217, 237f.
§ 43: 62, 82, 87ff., 113, 137, 142f., 145, 154, 238
§ 44: 179f.
§ 44a: 66, 138
§ 45: 6, *117f.*
§ 46: 118, 220
§ 47: 6, *94ff.*, 98f., 103, 112, 118, 136, 148, 152, 153, 162, 164, 222, 235f., 238
§ 48: 6, 118, 136
§ 49: 96, 118, 220, 222, 234
§ 50: 6, 61, 118, 136, 172
§ 52: 54, 118f.
§ 53: 119
§ 55: 212, 233
§ 58: 169, 176, 211, 220
§ 60: 151, 170, 177, 211, 217
§ 61: 6, 95, 121ff., 133, 162
§ 62: 6, 133f.
§ 63: 121, 130, 152, 216, 218
§ 64: 166
§ 65: 125f., 166, 218, 233
§ 66: 125, 127, 137
§ 67: 6, *134f.*, 166, 212, 217, 219, 233
§ 68: 5f., 64, *166ff.*, 174f.
§ 69: 166, 168
§ 70: 5, 167ff., 172
§ 72: 171, 173
§ 73: 168, 171ff., 176
§ 74: 6, 64, 176
§ 75: 64, 168, 175, 176
§ 76: 176, 177
§ 77: 162, 168, 174
§ 78: 6, *131ff.*, 167
§ 79: 62, 167, 175, 192

§ 80: *101ff.*, 115, 136, 141, 147, 177, 185, 200, 233, 235ff.
§ 81: 6, 136, 149
§ 82: 6, 136, 150, 194f.
§ 83: 61, 119, 233
§ 84: 178, 211
§ 86: 167, 194ff., 203, 236
§ 88: 150, 195, 209, 236
§ 90: 6, 99, 149f.
§ 91: 149, 195, 233
§ 92: 150, 195
§ 94: 172, 212, 233
§ 96: 194
§ 97: 194
§ 98: 194
§ 99: 96, 194
§ 100: 69, 167
§ 101: 194
§ 103: 194
§ 104: 194
§ 105: 233
§ 106: 150, 195
§ 107: 178
§ 108: 194
§ 109: 222
§ 111: 82, 222
§ 113: 64f., 82, 85, 90f., 137, 139, 145, 149f., 152, *178ff.*, 192, 199, 200ff., 208ff., 238
§ 114: 179, *182ff.*, 229
§ 117: 212
§ 118: 223
§ 119: 211
§ 120: 211, 223
§ 121: 6, 111, 126, 149, 152
§ 122: 212, 234
§ 123: 101ff., *111ff.*, 136, 141, 147, 163, 185, 211, 222, 235f., 238
§ 124: 211ff., 215ff., 220, 227
§ 125: 96, 211, 214ff., 221, 227, 230, 234
§ 126: 211, 219
§ 127: 211, 216, 219, 232f.
§ 128: 211, 214, 221
§ 129: 211, 221
§ 130: 152, 211, 214, 221, 234

§ 131: 211, 215, 219 ff.
§ 132: 96, 211 ff., 215 f., 219 ff., 225 f., 231 f., 235
§ 133: 211, 219 ff., 225 f., 229, 231
§ 134: 211, 216, 220, 222, 233
§ 135: 211, 220, 222
§ 136: 96, 211
§ 137: 211, 214, 219, 224, 226 ff.
§ 138: 211, 226 f., 229 f.
§ 139: 211, 215 ff., 221, 226, 231
§ 140: 211, 219
§ 141: 211, 216, 230, 232
§ 142: 211, 230, 232
§ 143: 211, 215 f., 230
§ 144: 152, 211, 214, 227, 229, 230
§ 145: 211, 220, 222
§ 146: 110, 116, 211 f., 216, 233
§ 147: 211, 215 ff.
§ 148: 211, 214, 234
§ 149: 211, 213, 234
§ 150: 211, 234
§ 151: 211
§ 152: 96, 211, 233
§ 153: 151, 211, 235
§ 155: 219
§ 158: 218
§ 161: 150, 195
§ 165: 211
§ 166: 234
§ 167: 82, 204, 211
§ 169: 82
§ 170: 82
§ 172: 204
§ 173: 7, 61, 82, 117, 127, 150, 152, 195, 197, 228
§ 179: 39, 73
§ 187: 50, 53, 105
§ 190: 118
§ 191: 82
§ 193: 118

AGVwGO

BadWürtt.: § 7: 172
§ 8: 172
Nds.: § 5: 124
§ 7: 124
NW: § 5: 124
§ 7: 172
§ 8: 105
§ 55: 106
RhPf.: § 6: 172
§ 17: 63
Saarl.: § 6: 172

§ 15: 63, 161
§ 17: 124
Schl.H.: § 6: 124

EGGVG

§ 23: 39, 40, 57, 73
§ 24: 168

GVG:

§ 13: 9, 11, 37
§ 18: 8
§ 19: 8
§ 20: 8
§ 21 e: 116
§ 21 g: 116
§ 152: 41

VwVfG

§ 1: 67, 124
§ 6: 103, 106
§ 13: 128
§ 17: 129
§ 18: 129 f.
§ 19: 129 f.
§ 24: 199
§ 28: 106, 180
§ 35: 67, 72, 103
§ 36: 63
§ 38: 70 f.
§ 40: 156, 182 f., 229
§ 42: 182
§ 44: 90, 179 f.
§ 44 a: 138, 179?
§ 45: 179 ff.
§ 46: 179 f.
§ 47: 179 f.
§ 48: 55, 173, 193
§ 49: 38
§ 51: 79 f., 151
§ 54: 11, 74
§ 55: 74
§ 62: 46
§ 67: 130
§ 69: 129 f.
§ 70: 174
§ 73: 129 f.
§ 74: 129
§ 79: 3
§ 97: 47, 55

ZPO

§ 133: 116
§ 138: 116

Fundstellen = Seitenzahlen

§ 153: 116
§ 157: 41
§ 253: 149
§ 256: 137, 153
§ 259: 154
§ 265: 127
§ 281: 150
§ 306: 195
§ 307: 195
§ 318: 152
§ 323: 82
§ 330: 7
§ 527: 214, 221
§ 546: 213
§ 554b: 213
§ 562: 228
§ 578: 235

§ 579: 116, 235
§ 580: 235
§ 581: 235
§ 582: 235
§ 583: 235
§ 584: 235
§ 585: 235
§ 586: 235
§ 587: 235
§ 588: 235
§ 589: 235
§ 590: 235
§ 766: 82
§ 767: 82, 204
§ 916: 101
§ 927: 116
§ 1043: 82

Stichwortverzeichnis

Die angegebenen Fundstellen beziehen sich auf die Seitenzahlen. Die *kursiv* gedruckten Zahlen verweisen auf die Haupterörterungsstellen

Abänderungsklage 82, 211
Abgabenangelegenheiten 48
Abgeordnetenentschädigung 31
Abgeordnetenstatus 31, 33
Abhilfeentscheid 170
Abhilfeentscheidung 170, 171 ff.
Abstrakte Normenkontrolle 99
Abwägungsgebot 33, 157, 164 f., 185
Abwehranspruch, öffentlich-rechtlicher 85 ff.
Änderung der Sach- und Rechtslage *79 ff.*, 96, 153, 172, 192
Äußerung, unverbindliche 70
Akteneinsicht 88, 167
Aktenvorlage 194
Aktivlegitimation 131, 156
Allgemeinverfügung 72, 103, 105, 168
Allgemeinverbindlicherklärung 72
Allgemeinverbindlichkeit von Normenkontrollen 96
Amtsermittlungsgrundsatz 194
Amtshaftung 45 ff., 59, 85, 90, 96, 144 f., 150, 152
Amtshandlung 64, 82, 204
Amtspflichtverletzung s. Amtshaftung
Amtspflichtwidrige Unterlassung 205
Anfechtungsklage 6, 10, 60 f., *62 ff.*, 81, 83, 90, 92, 94, 103 f., 109, 111, 123, 118 f., 133, 139, 143, 145, 147, 149, 153, 163 f., 181, 193, 198 f., 201 f., 206, 210
– Abgrenzung zur Verpflichtungsklage 64 ff.
– atypische 62
– Aufsichtsklage 63
– Beanstandungsklage 63
– Beweislast 194
– isolierte 65 f., 139
– Klagebefugnis 153
– Klagefrist 175, *176 ff.*
– von Nebenbestimmungen 64
– Prozeßführungsbefugnis 154
– Rechtsschutzbedürfnis 138
– Streitgegenstand 149
– Urteilsinhalt 178 ff.
– Vorverfahren 166 ff.

– Zeitpunkt der Entscheidung 191 ff.
Anfechtungsurteil 104
Anfragen, parlamentarische 74
Anhörungsrecht 33, 106, 128
Anliegergebrauch 26 f.
Anordnung 212, 233
– der aufschiebenden Wirkung 101, 108
– dienstliche 75
– einstweilige 83, 101, 112 ff., 136, 147, 163
– der sofortigen Vollziehung 105 ff., 107, 123
Anschlußberufung 232 f.
Anschlußbeschwerde 234
Anschlußrevision 232 f.
Anschluß- und Benutzungszwang 20, 47
Anspruch
– auf behördliches Einschreiten 156
– auf ermessensfehlerfreie Entscheidung 81, 159
– auf Herausgabe 112
– auf informatorische Bescheidung 3, 10
– auf Leistung 112
– auf sachliche Entscheidung 3 f., 79
– auf Unterlassen 112
– auf Wiederaufgreifen des Verfahrens 81
Anstalt
– nichtrechtsfähige 122
– Nutzungsverhältnis 29 f.
– des öffentlichen Rechts 11, 15, 17, 29, 77, 122
– Ordnung 97
Antragsbefugnis 95, 98, 109, 148, 162, *164 f.*
– besondere 147
Antrag auf mündliche Verhandlung 178
Anwaltszwang 134, 217, 231
Arbeitslosenversicherungsangelegenheiten 49
Arrestverfahren 101
Asylrecht 65, 79, 184, 222
s. auch Ausländerrecht
Auffangzuständigkeit 44
Aufhebung der Vollziehung 101

Aufhebungsklage gegen Schiedsspruch 82
Aufklärungspflicht 195, 208, 226
Auflage 63, 181
– modifizierende 64
Aufopferung 37, 44, 150
Aufrechnung 58 f.
Aufsicht, staatliche 122
Aufsichtsbehörde 4, 63, 67, 72, 92, 126, 171, 183, 194
Aufsichtsbeschwerde 3
Aufsichtsklage 63, 161
Aufsichtsmaßnahme 92, 160, 174
Aufsichtsverfügung 67
Auftragsvorgabe 12
Aufzählungsgrundsatz 9
Ausbildungsförderung 20 f., 35, 54, 114, 143
Ausführungsverordnung 97
Ausgangsbehörde 106, 170, 180
Ausgleichsansprüche 55
Auskunfterteilung 14 f., 70, 84, 194
Ausländerrecht 34, 109, 139
Aussagegenehmigung 75, 118
Aussetzung
– der Vollziehung 108 f., 136
– aufschiebende Wirkung 146, *162 ff.*
– des Verfahrens 59, 98, *172 ff.*
Aussetzungsverfahren 107, 109

Bauerlaubnis 112, 175, 204, 206
Baugenehmigung 66, 111, 125, 126, 154, 158, 172
Bauleitplanung 95
Baurecht 38 f., 78
Beamtenrecht 14, 28, 43, 54, 70, 75 f., 84, 85, 140, 143, 158, 168
– Beförderung 159
– Befreiungsanspruch des Beamten 47, 117
– Disziplinarrecht 50
– Ernennung 159
– Fürsorgeverpflichtung 48, 54, 58, 150
– Konkurrentenklage 158
– Rückgriffsanspruch des Staates 47
– Umsetzung 10
– Versetzung 52
– Zusicherung 53
– gerichtliche Zuständigkeit 53
Beanstandungsklage 63
Beanstandungsverfahren, objektives 94, 147, 163
Bebauungsplan 73, 95, 96, 148, 152, 164, 165, 204

Bedarfsdeckungsgeschäft 12
Bedingung 63, 110
Befreiungsanspruch 47
Befristung 63, 110, 181
Begriffshof 188
Begriffskern 188
s. auch unbestimmter Gesetzesbegriff
Begnadigungsrecht 56 f.
Behauptungslast 195
Behörde 67, 74, 106, 132
Behördenbegriff 124, 133
Behördenprinzip 124
Beibringungsgrundsatz 194
Beigeladene 218, 220
Beiladung 96, 111, 125 f., 130, 161, 166, 218, 230, 233
– notwendige 125 ff., 225
Beistand 6, 133, 135
Bekanntgabe 130
Bekanntmachung 128
– öffentliche 130
Beliehener 67
Benutzungsordnung 122
Benutzungsverhältnis 15, 123
– von Anstalt des öffentl. Rechts 29
– von öffentlichen Einrichtungen 15
– Haftung aus B. 46 f.
Berufsgerichtsbarkeit 52
Berufskammern 48, 52, 72 f., 93, 122
Berufsrecht 72
Berufung 105, 128, 151, 192, 211 ff., *220 ff.*, 234
– Anschlußberufung 232 f.
– Begründung 221
– Beklagter 232
– Beschränkung 213
– in Disziplinarangelegenheiten 50
– Statthaftigkeit 220 ff.
– Urteil 127
– Verfahren 220, 230
Besatzungsrecht 228
Bescheid, rechtsmittelfähiger 81
Bescheidungsbegehren 91
Bescheidungsklage 91, 208 f.
Bescheidungsurteil 65, 81, 115, *208 ff.*
Beschluß 57, 73, 116, 127, 151, 177 f., 194, 212, 216, 230. *232 ff.*
Beschwer 215, 217 ff.
– formelle 218 f.
– materielle 218
Beschwerde 39, 96, 110, 116, 151, 211 ff., 221, *233 ff.*, 234

Fundstellen = Seitenzahlen 245

- Anschlußbeschwerde 234
- gegen Disziplinarverfügung 50
- an die Europäische Kommission für Menschenrechte 211
- formlose 3
- Nichtzulassung 212, 223, 233, 234
- Nichtzulassungsbeschwerdeverfahren 225
- Statthaftigkeit 233
- keine aufschiebende Wirkung 234
Beseitigungsansprüche 86
Besetzung des Gerichts 88, 116, 226
Bestandskraft 84, 106
Bestandsschutz 173
Beteiligte 121, 125, 128, 134, 152, 216, 218, 232
Beteiligtenfähigkeit 6, 95, 96, *120 ff.*, 216, 219, 221
Beteiligungsfähigkeit 95
Betriebsverhältnis 75
Beurteilungsermächtigung 204
Beurteilungsspielraum 2, 170, 171, *186 ff.*, 188, 189, 205
Bevollmächtigter 133 ff.
Beweisantrag 225
Beweisaufnahme 102, 194
- Erhebung 196, 214, 230
Beweisführungslast 195
Beweislast 85, *194 ff.*, 198, 206 ff.
- objektive oder materielle 196
- Regeln 225
- Verteilung 196, 197
Beweismittel 221
Beweiswürdigung 194, 199, 229
Bewilligungsbescheid 84
Bindungswirkung
- an Gesetz und Recht 144
- Rechtskraftwirkung 38, 59 f., 151
- Tatbestandswirkung 38, 59 f., 151 f.
Bundesbahn 15
Bundespatentgericht 53
Bundespost 15, 43
Bundesverwaltungsgericht 118, 224
- Großer Senat 231
Bußgeldbescheid 42

Chancengleichheit 130
culpa in contrahendo 47

Darlegungslast 129, 155
Daseinsvorsorge 11, 15

Datenschutz 70
Devolutiveffekt 212 f.
Dienstaufsicht 4
Dienstaufsichtsbeschwerde 3 f.
Dienstgericht 43 f.
Dienstvergehen 43, 50
Dienstverhältnis, besonderes 28
s. auch Gewaltverhältnis, besonderes
Dienstverhältnis, faktisches öffentlich-rechtliches 54
Dienstvorschriften 77
Dispositionsgrundsatz s. Dispositionsmaxime
Dispositionsmaxime 194, 209
Disziplinarbehörden 152
Disziplinarmaßnahmen 76
Disziplinarrecht
- formelles 50
- materielles 43, 50
Disziplinarverfahren 50
Divergenzrevision 224
Doppelnatur von Rechtsakten 24, 72
Drittbetroffenenklage 65 f., 71, 103, 111, 126, 157 ff., 167
Drittrechtsverhältnis 89, 162
Durchführungsverordnung 97

Ehrengerichtsbarkeit 52
Ehrverletzung 14, 30, 84 ff.
Eilverfahren 59 f.
Einbürgerung 74, 125, 127, 182
Eingemeindung 33, 73, 157
Eingriff, enteignungsgleicher 37 f., 55, 96, 145
Eingriffsverwaltung 11, 62
Einrichtung, kommunale 16, 18, 21
Einrichtung, öffentliche 15 f., 122
- Benutzungsordnung 16
- Benutzungsverhältniss 15, 21, 26
- Zulassung 16 f.
Einschätzungsprärogative 189
Einspruch 3
Einvernehmen, gemeindliches 79
Einwendungen 129
Einwendungslast 129
Einzelbegnadigung 56
Einzelnote 77
Empfehlung 70
Endurteil 220, 222
Enteignung 37 ff., 45, 150
s. auch Aufopferung
Entlastungsgesetz 1, 221, 227
Entschädigungsansprüche 37 ff., 148

Entschädigung, inkorrekte 212
Entscheidung, gerichtliche
– Antrag auf E. 211
– maßgeblicher Zeitpunkt 191 ff., 205 ff.
Entscheidungsgründe 152
Enumerationsprinzip 9, 30, 33, 56, 62, 91 f.
Erforderlichkeitsprinzip 85, 86, 185
Erinnerung 82, 211
Erledigung der Hauptsache 128, 139
Erledigung des Verwaltungsaktes 90
Erledigungsanträge 150
Ermessen 2, 64, 80, 102, 115, *182ff.*, *192f.*, 199, *204ff.*, 209f.
– Auswahlermessen 191 Fußn. 92
– Beurteilungsermessen 183
– Ermächtigung 156, 229
– Planungsermessen 184 f.
– Reduzierung auf Null 204, 208
– Richtlinie 77
– Spielraum 170, 184
– Verfassungsmäßigkeit 183
Ermessensfehler 81 ff., *185f.*, 198
Ermessensmißbrauch 63, 186, 207
Ermessensnichtgebrauch 186
Ermittlungsverfahren, staatsanwaltschaftliches 166
Ersatzschule 12, 24 f., 29
Ersatzvornahme 69, 103, 105
Erschließungsbeitrag 45, 192
Erschließungsbeitragsbescheide 168
Erschließungsvertrag 23
Erstattungsanspruch 24, 29, 84, 144, 200
Erwerbswirtschaft 12, 29
Evidenztheorie 180
Europäische Gemeinschaften 9, 228
Exterritorialität 8

Fachaufsicht in Auftragsangelegenheiten 160
Fachausschüsse 189
Faktorenlehre 188
Fakultät 123, 146, 163
Festnahme, vorläufige 41
Feststellung des Verbots einer Vereinigung 118, 136
Feststellungsinteresse 89, 142
Feststellungsklage 62, 82, 83, *87ff.*, 91, 92, 94, 103, 109, 112, 119, 133, 153, 178, 181, 199, 206
– Fortsetzungsfeststellungsklage 90 f.
– inzidente 89
– negative 142

– Rechtsschutzbedürfnis 141
– Subsidiarität 82, 87, 149
Feststellungsklage, vorbeugende 83, 88, 89, 141, 145
Feststellungslast 196
Feststellungsurteil *199ff.*, *208ff.*, *209ff.*
Feststellungswirkung 151, 152
Finanzgericht 48
Flächennutzungsplan 73
Flurbereinigungsgericht 118
Folgenbeseitigungsanspruch 38, 85, 86, 91, 145, *200ff.*, 228
Forderungsverletzung, positive 46
Formenmißbrauch 67 f.
Fortsetzungfestellungsklage 90 f., *145*, 202
Fortsetzungsfeststellungsurteil 202
Fraktionen 31, 33, 123, 125, 147
Freiheitsentziehung 43
Fristablauf 104
Fristversäumung 170, 172, 177, 217
Fürsorgepflicht, beamtenrechtliche 48, 54, 58, 150

Gebietskörperschaften, kommunale 133
Gegenvorstellung 3 f., 211
Gehör, rechtliches 180, 225, 226, 229
Gemeinde 11 f., 23, 77, 93, 97, 124, 127, 132, 158, 160
Gemeinderecht 91 f., 93
Gemeingebrauch 26 f., 206
Gemeinsamer Senat der obersten Gerichtshöfe 231
Generalklausel
– des § 40 VwGO 9 ff., 82
– des § 23 EGGVG 40
– polizei- und ordnungsrechtliche 156
Gericht der Hauptsache 109 Fußn. 57, 115
Gerichtsbarkeit
– deutsche 6, 8 f.
– ordentliche 11, 14, *17ff.*, *37ff.*, 73
Gerichtsbescheid 178, 213, 220, 222
Gerichtsstände 118, 149
Gesamtnote 77, 208
Geschäftsfähigkeit 133 f.
Geschäftsführung ohne Auftrag 46
Geschäftsverteilung 116
Geschäftsverteilungsplan 116
Gesetzesbegriff, umbestimmter 115, *186ff.*, 187, 191
Gesetzgebung, negative 95
Gesetzmäßigkeit der Verwaltung 157

Gestaltungsklage 65, 81f., 91, 142, 201
- allgemeine 62, 81
Gestaltungsurteil 65, 177ff.
Gewaltverhältnis, besonderes 3, 28f., 51, 75ff.,
   s. auch Sonderstatusverhältnis
Gewerberecht 9, 18f., 38, 87f., 113
Gewohnheitsrecht 96, 228
Glaubhaftmachung 115
Gnadenakt 55f., 74
Großer Senat des Bundesverwaltungsgerichts 231
Großverfahren 1, 101, 103, 109, 110, 129, 155ff., s. auch Rechtsschutz, vorläufiger
Großvorhaben 118, 128
Grundsatz des fairen Verfahrens 129
Grundsatzrevision 224
Grundverhältnis 75f.
Güterabwägung 106

Hauptsache 114,139
- Gericht der 109
Hauptsacheverfahren 59, 101ff., 110, 115, s. auch Rechtsschutz vorläufiger
Hausrecht 147
- öffentlich-rechtliches 13, 17
- privatrechtliches 13, 35
Hausverbot 13, 35
Heilung von Mängeln 5
Herausgabeanspruch 112
Hilfsgeschäfte, fiskalische 29
Hochschulrecht 32, 51, 70, 78, 101, 113, 133ff.
Hoheitsakt, gerichtsfreier 55ff.
Hoheitsakte, schlichte 82

Immissionen 192
Immissionsschutz 13, 127, 192
Innenrechtsstreitigkeiten 92, 124
Interesse
- berechtigtes 65, 83, 202
- Berechtigte 137, 142, 165
- rechtliches 125, 126, 127, 137, 142
- rechtlich geschütztes 164
Interessenabwägung 81, 102, 106f., 109ff., 115, 107, 173
Insich-Prozeß 124f.
   s. auch Streitigkeit, innerorganschaftliche
Inzidententscheidung 59, 89

Justizbehörde, Polizei als 40f.
Justizverwaltungsakte 39ff., 117

- Doppelfunktion der Polizei 40f.
- Widerruf einer Begnadigung 57
- Zuweisung an Strafgerichte 39
- Zuweisung an Zivilgerichte 39

Kartellbehörden 42
Kindergarten 13, 35
Kindergeld 50, 54
Kirchenaustritt 34, 36
Kirchenbaulast 34
Kirchenbedienstete 36
Kirchengericht 36, 53
Kirchenrecht 11, 13, *34ff.*, 89
Klageänderung 149, 202, 230, 233
Klageantrag 150
Klageart 6, 10
Klagearten sui generis 91, 93, 94, 153, 178
Klagebefugnis 5f., 62, 124ff., 137, *153ff.*, 215, 217
- Anfechtungsklagen 153
- Ausdehnung 162
- Bedeutung 153
- bei der Feststellungsklage 162ff.
- bei Klagearten sui generis 163
- Leistungsklagen 153ff.
- im verwaltungsgerichtlichen Normenkontrollverfahren 169
- bei vorläufigen Rechtsschutzverfahren 162ff.
- bei Verpflichtungsklagen 153ff.
Klagefrist 6, 64, 104, 145, *175ff.*
- bei Anfechtungsklagen *176ff.*
- bei Verpflichtungsklagen *176ff.*
Klagerücknahme 155
Klagesystem 3, *61ff.*
Koalitionsvereinbarung 33
Körperschaft des öffentlichen Rechts 11, 67, 77, 121, 122, 132
Kollegialorgane 181, 189
Kommunalrecht s. Gemeinderecht
Kommunalverfassungsstreitverfahren 91, 93, 103, 112, 121, 124, 125
Konkurrentenklage 9, 18, 90, 113, *158f.*
- ausschließliche 159
- negative 158f.
- positive 65, 159
Kontrolldichte 183, 189
Konversion 179f., 222
Koppelungstatbstand 191

Ladung 128, 130
Landesverfassungsgericht 94, 98
Leistungsanspruch 112

Stichwortverzeichnis

Leistungsbescheid 9, 23, 59, 68, 84, 140
Leistungsklage 4, 23, 74, *82ff.*, 87, 91, 92, 93, 103, 112, 119, 133, 137, 139, 140, 142, 143, 149, 153
– allgemeine 58, 62, 75, 87
– besondere 64
– kassatorische 62
– Klagebefugnis 153
– Prozeßführungsbefugnis 154
– auf Realakte 84
– Rechtsschutzbedürfnis 138
– Streitgegenstand 150
– Subsidiarität 82
– auf öffentlich-rechtliche Willenserklärung 84
– auf Zahlungsansprüche 83
Leistungsurteil 65, 144, *199ff.*, 205, 209
Leistungsverhältnis, öffentlich-rechtliches 46
Leistungsverwaltung 11, 30, 64
Letztverbindlichkeit 188

Massenverfahren 1, *128*, 161
Maßnahmen, vorbereitende 69
Meistbegünstigungstheorie 212
Ministerklage 33
Mischtatbestände 191
missio canonica 35, 181
Mitteilung 70
Mitwirkungsbehörde 78, 126
Mitwirkungspflicht 195
Multiple-Choice-Verfahren 189
Musterprozeß 129

Nachbarklage 66, 71, 111, 126, 158, 193, 197
Nachschieben von Gründen 177, 181 f.
Nachteil 164, 165
Natur der Sache 190
Naturalrestitution 205
Nebenbestimmung 63
Neubescheidung 65, 193
Neugliederung, kommunale 97, 124
Nichtigkeitsklage 235
Nichtzulassungsbeschwerde 212, 223, *231ff.*, 233 Fußn. 1, 234
Nichtzulassungsbeschwerdeverfahren 225
Non liquet 196, 197, 206, 207
Normbegünstigungsklausel 197
Normenkontrollverfahren, verwaltungsgerichtliches 6 f., 62, *94ff.*, 118, 123, 125, 136, 152, 222

– Allgemeinverbindlichkeit 96
– Bedeutung 94 f.
– Gegenstand 96
– Prüfungsmaßstab 98
– vorläufiger Rechtsschutz 103, 112
– Rechtsschutzbedürfnis 147
– Revision 94
– Verweisung 120
numerus clausus 32, 77
Nutzungsordnung, privatrechtliche 15

Oberbundesanwalt 121, 134, 235
Oberverwaltungsgericht 118
Observanz 89
Offizialgrundsatz 194
Ordensverleihung 74
Ordnungsmäßigkeit der Klageerhebung 6, 104, 136
Organisationsakt 75 f., 97, 103, 117, 121
Organisationsrecht 133
Organisationsverordnung 97
Organisationsvorschriften 77
Organklage, kassatorische 92
Organrecht 31
Organstreitverfahren 31
Organverfassungsstreitigkeiten s. Streitverfahren, innerorganschaftliches

Parlament 31, 67, 74
Parteibegriff, formeller 120
Parteifähigkeit 124
Parteiordnungsverfahren 18
Partei, politische 10, 31, 33, 123, 146, *184*
– Anspruch auf Benutzung gemeindlicher Einrichtung 16 f.
– Rechtsstreitigkeit mit 17 f.
– Zuteilung von Sendezeit 18, 30
Passivlegitimation 131, 132
Perpetuatio fori 149
Persönlichkeitsrecht, allgemeines 30
Person des öffentlichen Rechts, juristische 97, 121, 159
Petition 3 f., 10, 67, 71
Pflichtaufgaben zur Erfüllung nach Weisung 160, 172
Pläne 73
Planfeststellungsbeschluß 110
Planfeststellungsverfahren 73
Planungsentscheidung 189
Planungsermessen 184 f.
Planungsrecht 184
Planungsverwaltung 11
Polizei- und Ordnungsrecht 40 f., 105
– Doppelfunktion der Polizei 40 f.

Fundstellen = Seitenzahlen

- Polizei als Justizbehörde 40 f.
- präventiv-polizeiliche Tätigkeit 40 f.
Polizeiverordnung 95, 97
Polizeivollzugsmaßnahmen 68, 105
Popularklage 100, 153, 159, 163, 164, 165, 216
Popularwiderspruch 167
Post s. Bundespost
Postulationsfähigkeit 133, 135, 216, 219, 232
Präklusion 129
Pressefreiheit 27
Privatrecht 11 f.
- Abgrenzung zum öffentlichen Recht 12 ff.
Prognoseentscheidung 189
Prozeßfähigkeit 6, *133 ff.*, 216, 219
Prozeßführungsbefugnis 6, *131 ff.*, 154
Prozeßhandlungsbefugter 130
Prozeßmaximen *194 ff.*
Prozeßrecht 11
Prozeßstandschaft 124, 131, 132
Prozeßurteil 5, 7, 57, 152, 218, 221
Prozeßvergleich 24, 117
Prozeßvertretung 3 f., *133 ff.*
Prozeßvoraussetzung s. Sachurteilsvoraussetzung 4
Prüfung, summarische 110
Prüfungsausschuß 133, 189
Prüfungsentscheidung 24, 41, 76 f., 171, 189
Prüfungsnote 77
Prüfungsverfahren 174

Raumordnungsplan 73
Realakt 69, 84, 87
Recht, öffentliches 11 ff.
- Definition 11
- revisibles 225, *227 ff.*, 230
Recht, subjektives 93, 137, 149, 155, 179, 206, 218
- auf ermessensfehlerfreie Entscheidung 156, 163
Rechtsakt, innerdienstlicher 75
Rechtsbegriff, unbestimmter 2, 224, 229 s. auch Gesetzesbegriff, unbestimmter
Rechtsbehelf 105, 106, *211 ff.*
- außerordentlicher 151
- förmlicher 3 f., 211
- formloser 3, 211
- gegen behördliche Verfahrensverhandlungen 138
- unzulässiger 104

Rechtsfähigkeit, prozessuale 120
Rechtshängigkeit 6, 149
Rechtshandlungen, kirchliche 34 f.
Rechtskraft 6 f., 38, 80, 101, 104, 126, 128, *150 ff.*, 204, 219, 232, 235
- Erstreckung 161
- formelle 151, 213
- materielle 151
- Wirkung 38, 59, 151
Rechtsmißbrauch 137
Rechtsmittel *211 ff.*
- Begriff 211
- Berechtigter 216
- Statthaftigkeit 215
- Zulässigkeitsvoraussetzung 215 ff., 221
- Zulassung 215 f., 223 ff., 226, 231, 232
- Zurücknahme 219
Rechtsmittelbefugnis 127, 218
Rechtsmittelbelehrung 68, 176, 220
Rechtsmittelbeschränkung 1
Rechtsmittelfrist 169, 216, 220, 232
Rechtsmittelgerichte 118, *214 ff.*
Rechtsmittelverzicht 151, 216, 232
Rechtsmittelzulässigkeitsvoraussetzungen 214 ff.
Rechts- und Funktionsnachfolge 124, 127, 151, 152
Rechtsnorm 62, 72 f., 76, 88 f., 227
Rechtsreflex 156
Rechtsschutz, vorbeugender 82 f., 88 f., 101 f., 113, 141
Rechtsschutz, vorläufiger 59, 62, 94, *100 ff.*, 138, 178
Rechtsschutzgarantie 31, 34, 44, 55, 60, 82, 94, 100, 104, 106 f., 112, 114, 129, 143, 187
Rechtsschutzbedürfnis 6, 62, 66, 83, 87, *136 ff.*, 166, 217
- allgemeines 137, 138
- besonderes 83, 87, 91, 137, 141, 142
Rechtsschutzinteresse, besonderes 89, 113, 154
Rechtsstaatsprinzip 1, 67, 100, 130, 185
Rechtsträgerprinzip 124
Rechtsverhältnis 87, 88, 92, 113, 142
Rechtsverletzung 61 ff., 81, *154 ff.*, 229 ff.
Rechtsverordnung 72, 73, 95, 97, 105
Rechtswegkompetenz 116
Rechtswegverweisung *57 ff.*, 176
reformatio in peius *173 ff.*, 221
Regelungsanordnung 112, 113
Regiebetriebe, verselbständigte 122
Regierungsakt 55 ff., 73

Rehabilitationsinteresse 146, 202
Restitutionsklage 235
Revision 96, 105, 151, 211 ff., 222 ff., 227,
   231
– absolute Revisionsgründe 226, 229
– Anschlußrevision 232 f.
– sbegründung 217
– Beklagter 232
– Beschränkung 214
– Divergenzrevision 224 f.
– Sprungrevision 220, 222
– Grundsatzrevision 223 f.
– im Normenkontrollverfahren 94
– Revisionsverfahren 127, 230 ff.
– Sprungrevison 214, 220, 222
– Statthaftigkeit 222, 231
– Verfahrensrevision 219, 224, 226
– zulassungsfreie 225, 226 ff., 231
– zulassungsgebundene 213, 219 ff., 231
Richter, gesetzlicher 116
Richteranklage 32
Richterverhältnis 43 f., 75
Rückenteignung 37 f.
Rückforderungsanspruch 20 f., 24, 30, 33,
   54, 58
Rundfunkanstalten 93
Rundfunkrecht 29 f., 119, 122
– Zuteilung von Sendezeit 18, 30

Sachbescheidungsinteresse 167
Sacheinlassung der Behörde 173
Sachen, öffentliche 25 f.
Sachlegitimation 123, 131, 132, 155
Sachurteilsvoraussetzungen 4, 6, 8 ff.,
   115, 131, 136, 153, 170, 202, 215, 221,
   227
– Reihenfolge der Prüfung 5 f.
Sachverständigengremien 189
Sammelverfügung 103
Satzung 72, 95, 96 f.
Schadensersatzansprüche 30, 42, 44 f., 47,
   54, 59, 84 f., 145, 148, 202
Schiedsgerichtsbarkeit 11, 17 f.
Schiedsspruch 82
Schlüssigkeitstheorie 154
Schmerzensgeld 30
Schuldverhältnis, gesetzliches 47
Schuldverhältnis, öffentlich-rechtliches
   46
Schule
– Ersatzschule 12, 24
– Prüfungsentscheidung 24
Schulrecht 72, 76, 102, 107

Schutznormtheorie 155
Selbstbindung
– der Verwaltung 184
– des Revisionsgerichts 230
Selbstverwaltung
–, richterliche 117
Selbstverwaltungsangelegenheit 63, 97,
   171 f.
Selbstverwaltungsbehörde 171
Selbstverwaltungskörperschaft 92, 93,
   132, 159
Selbstverwaltungsrecht 72, 77, 160
Sicherungsanordnung 112
Soldatenverhältnis 51 f.
Sondernutzung 26 f., 184, 206
Sonderstatusverhältnis 28 f., 138,
   s. auch Gewaltverhältnis, besonderes
Sozialgerichte 42, 49 f., 54
Sozialhilfe 115, 144
Sozialrecht 207
Sozialvericherungsangelegenheiten 49 f.
Sparkassen 122
Spruchkörperprinzip 116
Spruchreife 200, 208, 209, 210
Sprungklage 65
Sprungrevison 220, 222
Staatsvermögen 26
Staatsvertrag 32, 119, 224, 227
Statthaftigkeit
– der Berufung 220 f.
– der Beschwerde 233 f.
– einer Klage 66, 88
– eines Rechtsmittels 215
– der Revison 230 ff.
Steuerberater 48
Stiftung des öffentlichen Rechts 11, 67,
   121 ff.
Störungsabwehr 13
Strafgericht 37
Strafprozeß 196
Strafrecht 11
Streitgegenstand 80 f., 136, 149 ff., 195
Streitgenossenschaft 128, 166 Fußn. 6
Streitigkeit
– kirchenrechtliche 13, 34 f.
– nicht verfassungsrechlicher Art 9,
   30 ff., 34, 61
– öffentlichrechtliche 9 ff., 12
– privatrechtliche 11 ff.
– verfassungsrechtliche 10, 30 ff., 100,
   118
Streitverfahren, innerorganschaftliches
   91 ff., 103, 112, 163 ff.

Streitverfahren, kontradiktorisches 95, 96
Subjektionstheorie 11
Subjektstheorie, erneuerte 11
Subordinationstheorie 11
Subsidiaritätsklausel 142 ff.
Substantierungs- und Darlegungslast 129
Suspensiveffekt 103 ff., 110, 146, 177, 212 ff.
– Wiederherstellung 109, 111 f.

Tarifvertrag 72
Tatbestandswirkung 38, 59 ff., 151 f.
Teilanfechtung 62, 64
Teilurteil 220, 222
Treu und Glauben 137

Umdeutung 143, 180, 222
Umsetzung, beamtenrechtliche 10, 75
Umweltschutz 156
Universität 13, 53, 70, 77 f., 93, 97, 101, 114, 123 f., 132, 163, 186
Universitätsverfassungsstreit 93
Untätigkeitsklage 64
– Klagefrist 176 ff.
– Unterlagen, erkennungsdienstliche 40 f.
Unterlassungsanspruch 83, 86 f., 112, 141
Unterlassungsklage 62, *82 f.*, 103, 112, 144
– vorbeugende 82 f., 141, 153
Untersuchungsausschuß 56, 67, 74
Untersuchungsgrundsatz 194 ff.
Urteil 57, 73, 151, *178 ff.*, 212, 216, 222, 225, 235
– Bescheidungsurteil 65, 81, 115, *208 ff.*
– Endurteil 220, 222
– Feststellungsurteil *199 ff.*, 207 ff., 209 ff.
– Gestaltungsurteil 65, 178 ff.
– Leistungsurteil *199 ff.*, 209
– maßgeblicher Zeitpunkt 191 ff., 205 ff.
– Prozeßurteil 218, 221
– Sachurteil 218
– Teilurteil 220, 222
– Verpflichtungsurteil 115, 203 ff.
– Vornahmeurteil 203 ff.
– kassatorische Wirkung 178 ff., 214
– Zwischenurteil 220, 222
Urteilsberichtigung 166, 211, 222
Urteilsergänzung 166, 211, 222

Verbalbehauptungstheorie 154
Verbandsklage 160, 161

Verbot mit Erlaubnisvorbehalt 206
Vereinigung 95, 123
Vereinsverbot 6
Verfahren
– ehrengerichtliches 52
– schriftliches 130
– summarisches s. Rechtsschutz, vorläufiger
Verfahrensart 6
Verfahrensfehler 190, 217
Verfahrensgrundsätze 1, 60, *194 f.*
Verfahrensrevision, zulassungfreie 219, 224
Verfassungsbeschwerde, 32, 37, 100, 110, 117, 121, 151, 211
– Subsidiarität 99, 110
Verfassungsorgan 31 ff.
Verfassungsrecht 1, 11, 32 f., 74, 99, 198, 206, 213, 228
Verfassungsrechtsakt s. Regierungsakt
Verfassungsrechtsstreitigkeit 10, *30 ff.*, 100, 118
Verfassungsrechtsweg 7, *30 ff.*, 37, 59, 99
Verfassungsschutzamt 14, 70, 194
Verfassungstreuepflicht
– der Beamten 189, 195, 207
– der Soldaten 51
Verfügung 212, 233
– einstweilige 114, 194 f.
– prozeßleitende 233
– sgrundsatz 194, 195
Verfügung, wiederholende 79, 149, 152
Vergleich 150
Verhältnismäßigkeitsprinzip 85, 107, 185
Verhandlung, mündliche 116, 130, 194
– Antrag auf 211, 205 f., 219, 232
Verhandlungsgrundsatz 194
Verjährung 149
Verkehr, kommunikativer 27 f.
Verkehrszeichen 68, 72, 105
Verordnung 97
Verpflichtungsklage 10, 60, 62, *63 ff.*, 87, 90, 92, 102 f., 112, 119, 126, 133, 139, 142, 149, 153, 163, 164, 171, 182, 198, 202, 208
– Abgrenzung zur Anfechtungsklage 64 ff.
– Beweislast 206 ff.
– Klagebefugnis 153 ff.
– Klagefrist 175 ff.
– Prozeßführungsbefugnis 154
– Rechtsschutzbedürfnis 138 f.
– Streitgegenstand 150

- Urteil 115, *203 ff.*
- Urteilsinhalt 178
- Vorverfahren *166 ff.*
- Zeitpunkt der Entscheidung 191 f.
Versäumnisurteil 7, 211
Versagungsgegenklage 64
Versetzung, beamtenrechtliche 52
Vertrag, öffentlich-rechtlicher 10 f., 15, *21 ff.*, 74, 84, 140
- Erfüllungsansprüche 23
- koordinationsrechtlicher 74
- Schadensersatzansprüche 24, 47
- subordinationsrechtlicher 74
- verfassungrechtlicher 32
Vertreter, gesetzlicher 133 f.
Verteter des öffentlichen Interesses 121, 134, 135, 218, 219, 235
Vertretungszwang 134
Verwahrung, öffentlich-rechtliche 45
Verwaltung
- fiskalische 12 ff., 29
- schlichthoheitliche 11
Verwaltungsäußerung, schlichte 10, 61, 64
Verwaltungakt 2, 4, 9 f., 56, 59, 61 ff., *67 ff.*, 87, 92, 102 ff., 126 f., 138 ff., 152 ff., 174 ff., 185, 198 f., 203
- Ankündigung 70
- begünstigender 63, 94, 111, 139, 173
- belastender 62, 66, 103, 156, 183
- Bestandskraft 80, 84, 106, 169, 170
- mit Dauerwirkung 192
- mit Doppelwirkung 110
- mit Drittwirkung 111, 157
  s. auch Drittbetroffenenklage
- drohender 83
- erledigter 90, 145, 202, 209
- Ersetzung von 199, 201
- feststellender 103, 201, 202
- Form 67
- formaler 70
- formloser 67, 78
- gebundener 81, 180, 203, 205, 208, 209
- gestaltender 103, 112
- Heilung von Mängeln 179 ff.
- der Hoheitsverwaltung 125
- der Mehr-Länder-Behörden 119
- mehrstufiger 78
- mitwirkungsbedürftiger 74, 78
- Nachprüfung durch BPatG 53
- Nebenbestimmung 63 f.
- nichtiger 75, 87, 90, 145, 162, *180 ff.*
- privatrechtsgestaltender 139

- rechtswidriger 62, 68, 81, 85 f., 109, 110, 201, 203, 208
- Rücknahme 81, 139, 173, 199
- sittenwidriger 180
- stillschweigender 64, 78
- Teilaufhebung 181
- unanfechtbarer 104
- unrichtiger 182
- vernichtbarer 90
- im förmlichen Verwaltungsverfahren 174
- Vollstreckbarkeit 213
- Vollziehung 48, 103
- Widerruf 139, 193
- zusammengesetzter 78
Verwaltungsanordnung 76
Verwaltungsgerichtsbarkeit, besondere
- Berufsgerichte 52 f.
- Bundespatentgericht 52
- Disziplinargerichte 50 ff.
- Finanzgerichte 48
- Kirchengerichte 52
- Sozialgerichte 49 f.
- Wehrdienstgerichte 51 f.
Verwaltungshandeln, schlichtes 86
Verhaltungshandlungen 67 f.
Verwaltungsprivatrecht 13
Verwaltungsprozeßordnung 1, 111
Verwaltungsrechtsweg *9 ff.*, 68, 221
Verwaltungsverfahren 66, 132, 166, 174, 199, 225, 228
- Verwaltungsvermögen 26
Verwaltungsvollstreckung 43, 59, 103 ff.
Verwaltungsvorschrift 77, 97, 180, 184
Verwarnung, gebührenpflichtige 139, 167
Verweis, schriftlicher 76
Verweisung 57
- Bindungswirkung bei V. 59
Verweisungsbeschluß 233
Verwirkung
- von prozeßrechtlichen Abwehrrechten 169
- der Antragsbefugnis 165
- des Klagerechts 176, 177
- der Rechtsmittelbefugnis 220
Völkerecht 8, 11, 74, 227
Vollstreckungsabwehrklage 82, 204
Vollstreckungsverfahren 204, 211
Vollziehbarkeitstheorie 104
Vollziehung
- Anordnung *105 ff.*, 109, 123
- Aufhebung 101, 108
- Aussetzung 108 f.

- faktische 109
- sofortige 69, 105 ff.
Vollziehungsinteresse 105, 107
Vollzugseinstellungsverfahren 101, 108
Vorbehaltklausel, verfassungsgerichtliche 98
- Vorbescheid 177, 178, 235
Vorfrage, verwaltungsrechtliche 144
Vorfragenkompetenz 38, 59
Vorkaufsrecht, gesetzliches 21
Vorlagepflicht des Gerichts 96, 153, 222
Vornahmeurteil *203 ff.*, 209
Vorverfahren 4 ff., 64, 90, *166 ff.*, 173, 180, 193 Fußn. 108
- Entbehrlichkeit 174 ff.
- Notwendigkeit und Ablauf 168 ff.
- als Verwaltungsverfahren 166
- maßgeblicher Zeitpunkt der Entscheidung 172 ff.
- Zulässigkeitsvoraussetzungen 166
- Zweckmäßigkeitsprüfung 166 ff., 193
s. auch Widerspruchsverfahren
Vorwegnahme der Hauptsache 113 ff.

Wählerverzeichnis 145
Wahlakt 91, 93 f.
Wahlanfechtung
- kommunale 164
- vorläufiger Rechtsschutz 112
Wahlkampfkostenerstattung 33
Wahlprüfungsverfahren, verwaltungsrechtliche 93, *164 ff.*
Wahrung der Einheitlichkeit des Rechts 230 f.
Weisungen der Aufsichtsbehörde 160
Widerklage 232
Widerspruch s. Widerspruchsverfahren, Vorverfahren
- sbehörde 106, 109, 125 Fußn. 35, 147, 170, 173, 180
- sbefugnis 167 ff.
- sfrist 90, 168 ff.
Widerspruchsbescheid 104, 125, 136, 168, *171 ff.*, 176, 192, 200, 201, 209
- isolierte Anfechtung 175
- rechtswidriger 179
Widerspruchsverfahren 103 ff., 108, 111, 138, 143, *166 ff.*, 180, 193, 217
- Kontroll- und Korrekturfunktion 125

- Zweckmäßigkeitsprüfung 166 ff., 193
s. auch Vorverfahren
Widerruf ehrenkränkender Behauptungen 84, 87
Wiederherstellung der aufschiebenden Wirkung 146, *162 ff.*
Wiederholungsgefahr 146, 202
Wiederaufgreifen des Verfahrens 81, 151, 169, 193
Wiederaufnahme des Verfahrens 151, 211 ff., *235 ff.*
Wiedereinsetzung in den vorigen Stand 151, 168, 169, 170, 172, *177 ff.*, 211, 217, 231, 233
Wiederherstellung der aufschiebenden Wirkung 101
Willenserklärung, öffentlich-rechtliche 84
Wirksamkeitstheorie 104
Wirkung, aufschiebende 101, 103 ff.
- Anordnung 101, 108
- Beschwerde 234
- Wegfall 105
- Wiederherstellung 101, 108
Wirkungskreis, übertragener 132

Zahlungsanspruch 83, 140
Zeitabschnittsgesetze 206
Zeitpunkt, maßgeblicher der Entscheidung 191 ff., 205 ff.
Zulassung 126, 219
- eines Rechtsmittels 215, 226, 231, *233 ff.*
Zulassungsstreitigkeit 17, 48, 103, 114, 126, 158
Zurückverweisung 221, 229, 230
Zusage 70 f.
Zuständigkeit
- des angerufenen Gerichts 109, 116, 119
- funktionelle 116 f.
- örtliche 116 f.
- sachliche 116 f.
- kraft Sachzusammenhangs 45
Zustandshaftung 127
Zustimmung 127
Zwangsmitgliedschaft 113, 122
Zwang, unmittelbarer 103
Zwangsgeld 103, 105
Zweckmäßigkeitskontrolle 167, 193
Zweistufentheorie 20 f.